공기업·은행·금융권 최종 합격을 위한
추가혜택

JN381703

본 교재 인강 20% 할인쿠폰

AC6BCC3834EK5000

이용방법
- 해커스잡 사이트(ejob.Hackers.com) 접속 후 로그인 ▶
- 사이트 메인 우측 상단 [나의 정보] 클릭 ▶
- [나의 쿠폰 - 쿠폰/수강권 등록]에 위 쿠폰번호 입력 후 강의 결제 시 사용

* ID당 1회에 한해 등록 및 사용 가능
* 본 교재 인강 외 이벤트 강의 및 프로모션 강의에는 적용 불가, 쿠폰 중복 할인 불가합니다.

시험장까지 가져가는 재무관리 핵심이론/OX 정리노트 (PDF)

1235F35329ABDDAB

이용방법
- 해커스잡 사이트(ejob.Hackers.com) 접속 후 로그인 ▶
- 사이트 메인 중앙 [교재정보 - 교재 무료자료] 클릭 ▶
- 교재 확인 후 이용하길 원하는 무료자료의 [다운로드] 버튼 클릭 ▶
- 위 쿠폰번호 입력 후 다운로드

공기업 경영학 인강 24시간 수강권

8D0ECC9876D06000

이용방법
- 해커스잡 사이트(ejob.Hackers.com) 접속 후 로그인 ▶
- 사이트 메인 우측 상단 [나의 정보] 클릭 ▶
- [나의 쿠폰 - 쿠폰/수강권 등록]에 위 쿠폰번호 입력 ▶
- [마이클래스 - 일반강좌]에서 수강 가능

* ID당 1회에 한해 등록 및 사용 가능

* 이 외 쿠폰 관련 문의는 해커스 고객센터(02-537-5000)로 연락 바랍니다.

무료 바로 채점 및 성적 분석 서비스

이용방법
- 해커스잡 사이트(ejob.Hackers.com) 접속 후 로그인 ▶
- 사이트 메인 상단 [교재정보 - 교재 채점 서비스] 클릭 ▶ 교재 확인 후 채점하기 버튼 클릭

* ID당 1회에 한해 이용 가능

▲ 바로 이용

공기업 취업의 모든 것, 해커스잡 **ejob.Hackers.com**

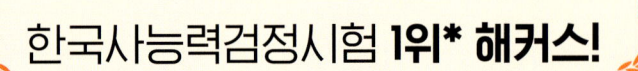

해커스 한국사능력검정시험 교재 시리즈

* 주간동아 선정 2022 올해의 교육 브랜드 파워 온·오프라인 한국사능력검정시험 부문 1위

빈출 개념과 **기출 분석**으로
기초부터 문제 해결력까지
꽉 잡는 기본서

해커스 한국사능력검정시험
한권합격 심화 [1·2·3급]

스토리와 **마인드맵**으로 개념잡고!
기출문제로 점수잡고!

해커스 한국사능력검정시험
2주 합격 심화 [1·2·3급] 기본 [4·5·6급]

시대별/회차별 기출문제로
한 번에 합격 달성!

해커스 한국사능력검정시험
시대별/회차별 기출문제집 심화 [1·2·3급]

개념 정리부터 **실전까지!**
한권완성 기출문제집

해커스 한국사능력검정시험
한권완성 기출 500제 기본 [4·5·6급]

빈출 개념과 **기출 선택지**로
빠르게 합격 달성!

해커스 한국사능력검정시험
초단기 5일 합격 심화 [1·2·3급]
기선제압 막판 3일 합격 심화 [1·2·3급]

해커스공기업

쉽게 끝내는

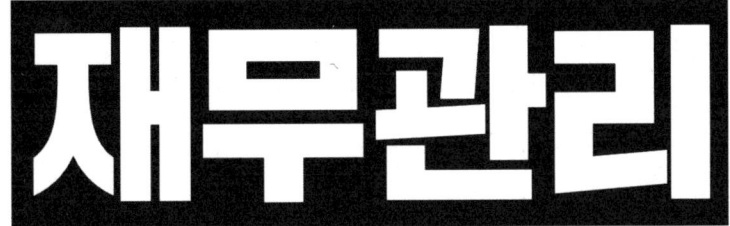
기본서

해커스

윤민호

학력
- 연세대학교 경제학과 졸업
- 한국외국어대학교 경영학 석사

약력
- (현) 공인회계사
- (현) 해커스 경영아카데미 재무관리 강사
- (전) 안진회계법인 근무
- (전) 유리자산운용㈜ 자산운용본부 근무
- (전) 국민은행 증권운용팀 근무
- (전) 웅지경영아카데미 재무관리 강사

저서
- 해커스 윤민호 재무관리
- 해커스 윤민호 객관식 재무관리
- 해커스 윤민호 재무관리연습
- 재무관리, 나우퍼블리셔
- 객관식 재무관리, 나우퍼블리셔
- 재무관리연습, 더블유에이티

공기업 재무관리 전공 시험 합격 비법, 해커스가 알려드립니다.

"비전공자한테는 어렵지 않을까요?"
"많은 양의 재무관리 공부는 어떻게 해야 하나요?"

많은 학습자가 공기업 재무관리 전공 시험의 학습방법을 몰라 위와 같은 질문을 합니다.
방대한 양과 어려운 내용 때문에 어떻게 학습해야 할지 갈피를 잡지 못하고
막연한 두려움을 갖는 학습자들을 보며 해커스는 고민했습니다.
해커스는 공기업 재무관리 전공 시험 합격자들의 학습방법과
최신 출제 경향을 면밀히 분석하여 단기 완성 비법을 이 책에 모두 담았습니다.

『해커스공기업 쉽게 끝내는 재무관리 기본서』
전공 시험 합격 비법

1. 시험에 항상 출제되는 주요 이론을 체계적으로 학습한다.
2. 다양한 출제예상문제를 통해 실전 감각을 키운다.
3. 최신 출제 경향과 난이도를 반영한 기출동형모의고사로 마무리한다.
4. 시험 직전까지 '시험장까지 가져가는 재무관리 핵심이론/OX 정리노트(PDF)'로 핵심 내용을 최종 점검한다.

이 책을 통해 공기업 재무관리 전공 시험을 준비하는 수험생 모두
합격의 기쁨을 누리시기 바랍니다.

목차

공기업 재무관리 전공 시험 학습 방법　6
공기업 재무관리 전공 시험 안내　10
공기업 재무관리 합격을 위한 회독별 학습플랜　14

PART 1 기업재무론 - 확실성하의 가치평가

제1장　확실성하의 기업가치평가
01 재무관리의 의의와 목표　18
02 기업의 현금흐름　19
03 화폐의 시간가치　22
출제예상문제　26

제2장　확실성하의 투자안의 가치평가
01 자본예산의 기초개념　32
02 투자안의 현금흐름 측정　33
03 투자안의 경제성분석　35
04 순현재가치법과 내부수익률법의 비교　40
05 자본예산의 현실적 적용　43
06 최적소비-투자결정　45
출제예상문제　50

PART 2 기업재무론 - 불확실성을 고려한 가치평가

제1장　포트폴리오이론
01 자본비용의 의의　62
02 위험과 수익률　63
03 포트폴리오이론　70
출제예상문제　80

제2장　자본자산가격결정모형
01 자본자산가격결정모형의 기초개념　86
02 무위험자산의 존재와 투자의사결정　87
03 시장포트폴리오와 체계적위험　91
04 체계적위험과 증권시장선　95
05 CAPM의 실증검증과 이에 대한 비판　98
출제예상문제　100

제3장　시장모형과 차익거래가격결정이론
01 시장모형　112
02 차익거래가격결정이론　116
출제예상문제　124

제4장　자본구조이론
01 자본구조이론의 의의　128
02 자본구조이론의 기초개념　129
03 전통적 자본구조이론　135
04 MM의 무관련이론　136
05 MM의 수정이론　140
06 개인소득세를 고려한 자본구조이론　146
07 기타의 자본구조이론　150
출제예상문제　154

해커스공기업 쉽게 끝내는 재무관리 기본서
취업강의 1위, **해커스잡**
ejob.Hackers.com

제5장 부채사용 투자안의 가치평가
- 01 위험조정할인율법   164
- 02 확실성등가법   168
- 출제예상문제   170

PART 3 기업재무론 – 특수주제

제1장 사업결합 – 합병과 취득(M&A)
- 01 사업결합의 기초개념   174
- 02 사업결합의 경제성분석   177
- 03 인수가격의 결정   178
- 출제예상문제   182

제2장 기업재무론의 기타주제
- 01 배당정책   186
- 02 재무비율분석   191
- 출제예상문제   196

PART 4 금융투자론

제1장 주식의 가치평가와 투자전략
- 01 주식가치평가의 기초개념   206
- 02 내재가치평가모형   207
- 03 상대가치평가모형   213
- 04 증권분석과 주식투자전략   214
- 출제예상문제   218

제2장 채권의 가치평가와 투자전략
- 01 채권가치평가의 기초개념   226
- 02 채권수익률   228
- 03 이자율의 기간구조와 위험구조   230
- 04 듀레이션   233
- 05 채권투자전략   236
- 출제예상문제   240

제3장 선물가격의 결정과 투자전략
- 01 선물거래의 기초개념   248
- 02 균형선물가격   250
- 03 금융선물   253
- 04 선물거래의 분류   256
- 출제예상문제   260

제4장 옵션가격의 결정과 투자전략
- 01 옵션거래의 기초개념   264
- 02 옵션가격결정의 기초   267
- 03 옵션투자전략   271
- 출제예상문제   276

제5장 옵션가격결정모형
- 01 이항옵션가격결정모형   282
- 02 블랙–숄즈옵션가격결정모형   289
- 03 옵션을 이용한 위험관리   291
- 04 옵션가격결정모형의 응용   293
- 출제예상문제   296

제6장 금융투자론의 기타주제
- 01 국제재무관리   302
- 02 스왑   307
- 출제예상문제   310

기출동형모의고사
- 제1회 기출동형모의고사   316
- 제2회 기출동형모의고사   320
- 정답 및 해설   324
- 회독용 답안지   331

부록
- 기초수학   338
- 기초회계   350
- 이자요소   362

[온라인 제공]
**시험장까지 가져가는
재무관리 핵심이론/OX 정리노트(PDF)**

공기업 재무관리 전공 시험 학습 방법

1 출제 가능성이 높은 핵심 이론을 체계적으로 학습한다!

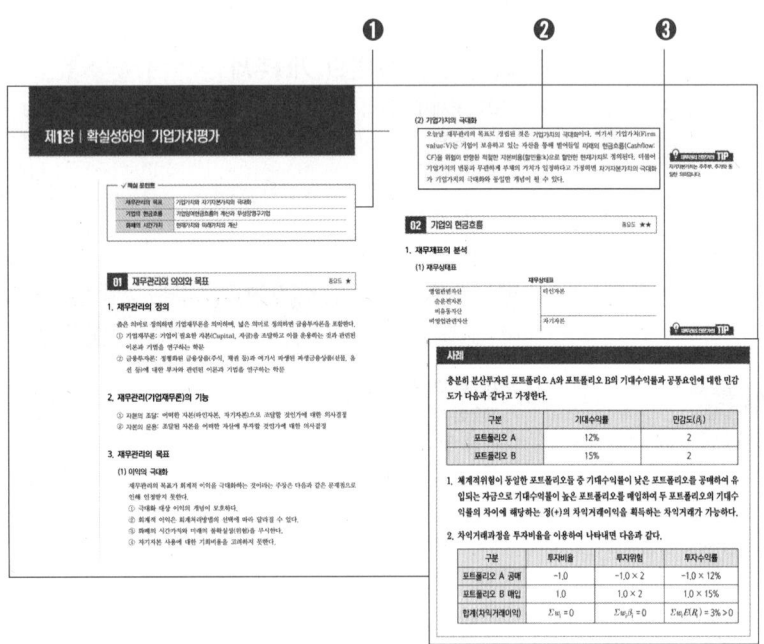

❶ 핵심 포인트
앞으로 학습할 내용을 표로 정리하여 이론 학습 전후로 읽으면서 자연스레 포인트를 익힐 수 있다.

❷ 중요한 내용 표시
시험에 꼭 나오는 중요한 내용은 보라색 글씨로 표시하여 표시된 내용을 암기하면 더욱 효과적으로 학습할 수 있다.

❸ 사례
이론에 대한 구체적인 사례로 어려운 이론도 보다 쉽고 정확하게 이해할 수 있다.

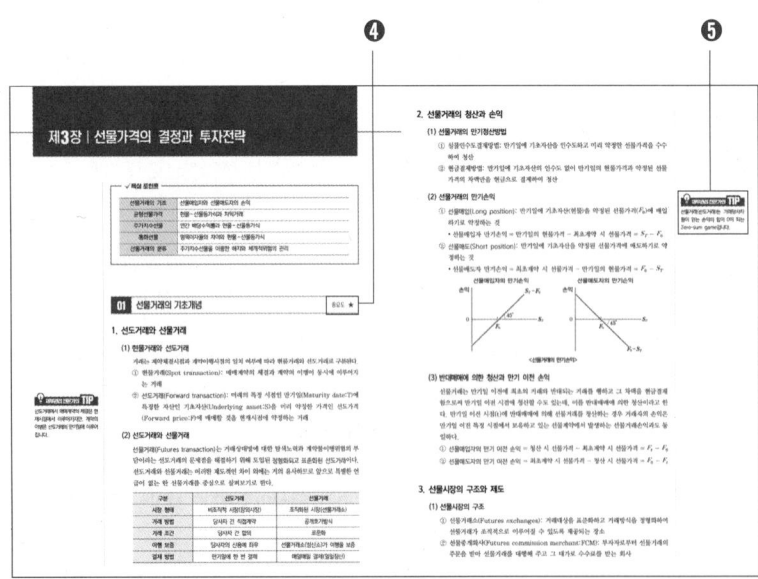

❹ 중요도 표시
중요도를 ★~★★★로 표시하여 방대한 양의 재무관리 이론 중 어느 부분을 더 중점적으로 공부할지에 대한 전략을 세울 수 있다.

❺ 재무관리 전문가의 Tip
재무관리 전문가인 저자 선생님이 제안하는 이론 이해에 도움이 되는 Tip으로 이론을 재미있고 풍부하게 배울 수 있다.

해커스공기업 쉽게 끝내는 재무관리 기본서
취업강의 1위, 해커스잡
ejob.Hackers.com

2 예제 및 시험문제 미리보기와 출제예상문제로 실전 감각을 키운다!

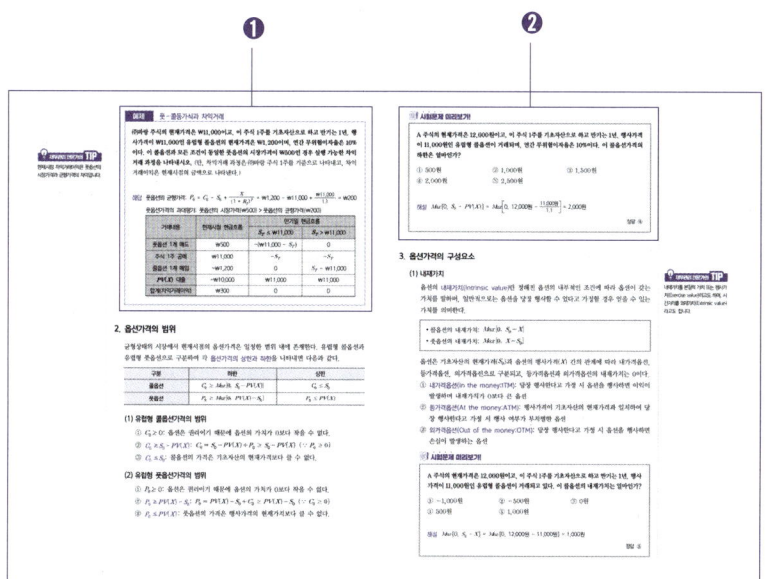

❶ 예제

핵심 이론에 대한 계산문제로 학습한 이론을 문제에 적용하며 이론을 정확히 이해하였는지 점검할 수 있다.

❷ 시험문제 미리보기!

출제 경향을 반영한 핵심 이론에 대한 문제로 이론 복습과 출제 경향 파악을 동시에 할 수 있다.

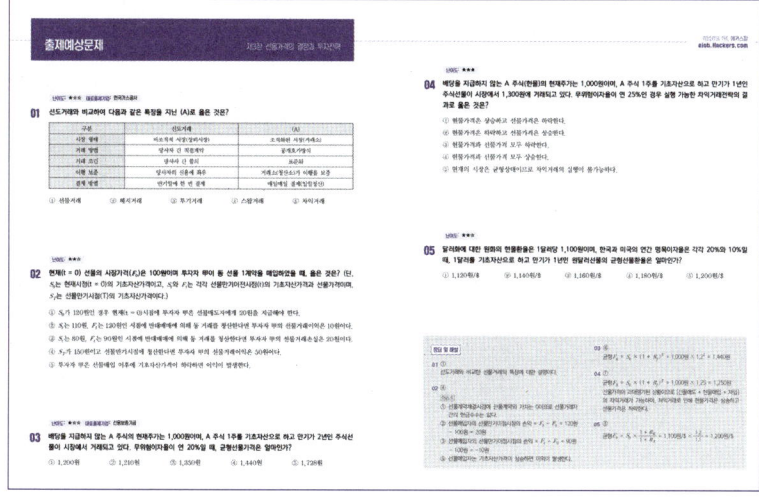

출제예상문제

공기업 재무관리 전공 시험에 출제될 가능성이 큰 다양한 유형과 난이도의 문제를 풀어보며 실전 감각을 키울 수 있다. 정답에 대한 상세한 해설뿐 아니라 오답에 대한 해설도 꼼꼼히 수록하여 모든 문제를 내 것으로 만들 수 있으며, 난이도와 대표출제기업을 분석하여 기업별 출제 경향도 확인할 수 있다.

공기업 재무관리 전공 시험 학습 방법 **7**

공기업 재무관리 전공 시험 학습 방법

3 최신 출제 경향과 난이도를 반영한 기출동형모의고사로 마무리한다!

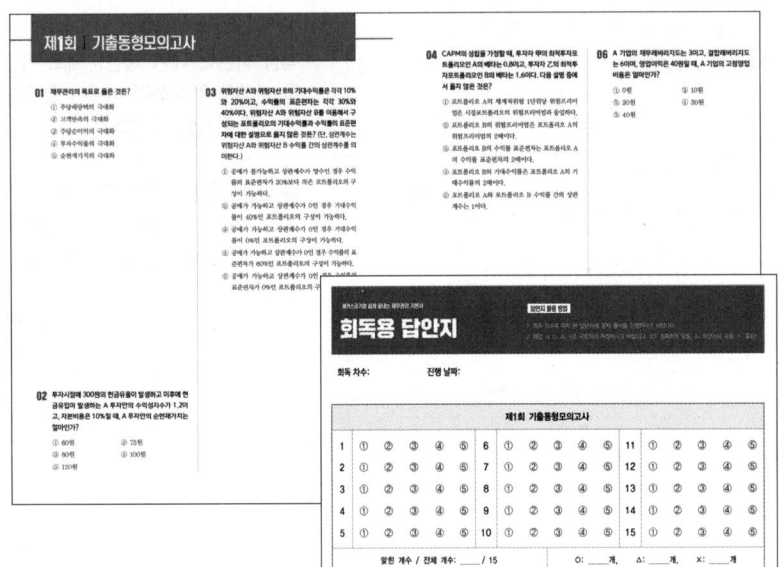

기출동형모의고사(총 2회분)
최신 출제 경향과 난이도를 반영한 기출동형모의고사 2회분을 통해 실전을 대비하며 자신의 실력을 점검해 보고 실전 감각을 극대화할 수 있다.

3회독용 답안지
기출동형모의고사에 회독용 답안지를 활용하여 실전 대비 연습을 할 수 있으며, 정확하게 맞은 문제[O], 찍었는데 맞은 문제[△], 틀린 문제[×]의 개수를 체크하여 회독 회차가 늘어감에 따라 실력 향상 여부도 확인할 수 있다.

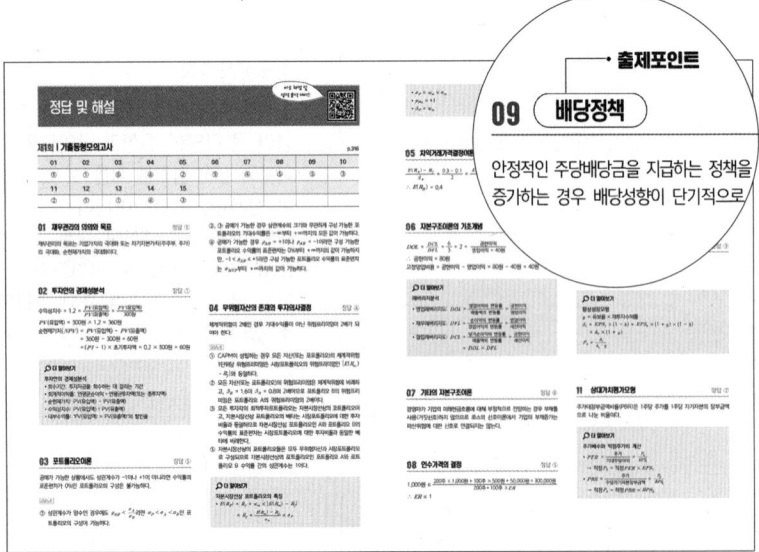

출제포인트 활용 방법
기출동형모의고사 2회분을 풀어보며 다시 봐야 할 문제(틀린 문제, 풀지 못한 문제, 헷갈리는 문제 등)는 각 문제에 관련된 출제포인트를 목차에서 찾아 보다 쉽게 취약한 부분을 복습할 수 있다.

바로 채점 및 성적 분석 서비스
해설에 수록된 QR코드를 통해 기출동형모의고사의 정답을 입력하면 성적 분석 결과를 확인할 수 있고 성적 위치와 취약 영역을 파악할 수 있다.

4 시험 직전까지 PDF 자료집으로 핵심 내용을 최종 점검한다!

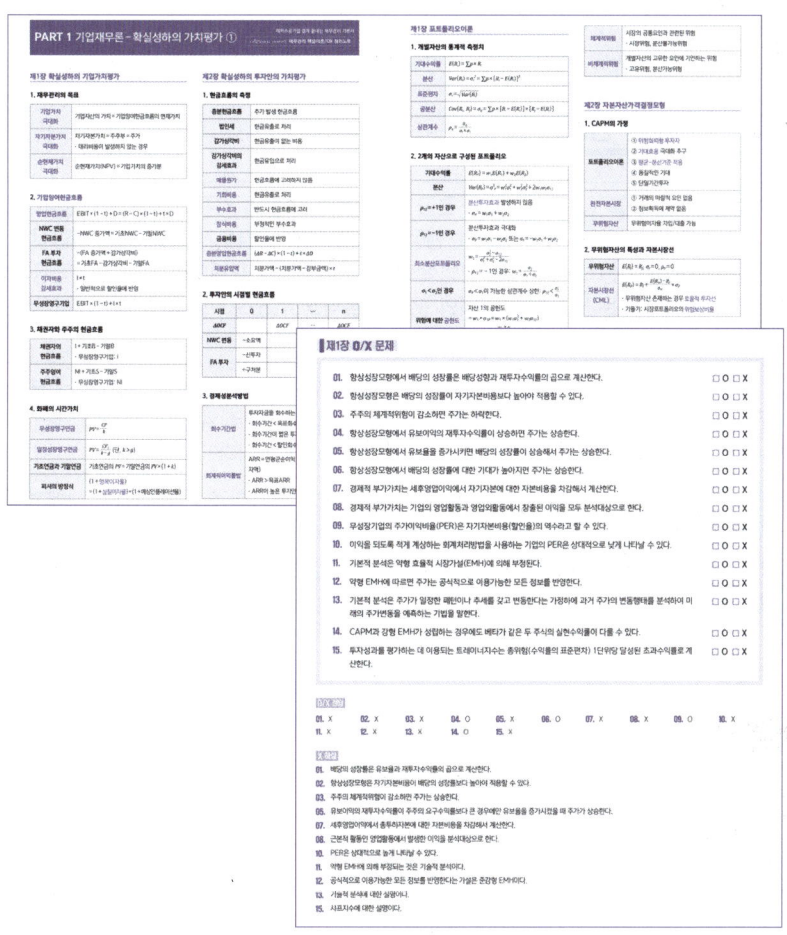

시험장까지 가져가는 재무관리 핵심이론/OX 정리노트(PDF)

해커스잡 사이트(ejob.Hackers.com)에서 제공하는 '시험장까지 가져가는 재무관리 핵심이론/OX 정리노트(PDF)'로 시험 직전까지 시험에 자주 출제되는 내용을 최종 점검할 수 있다.

공기업 재무관리 전공 시험 안내

공기업 재무관리 전공 시험이란?

대다수의 공기업·공사공단은 채용 시 직무능력평가를 치르며 직무능력평가를 전공 시험으로 대체하는 기업이 있습니다. 전공 시험은 대체로 경영학, 경제학, 회계학, 행정학, 법학 등으로 구성되며, 기업마다 단일전공으로 하나의 전공에 대해 시험을 보는 경우와 통합전공으로 여러 전공에 대해 시험을 보는 경우가 있습니다. 재무관리는 단일 과목으로 출제되거나, 다수의 공기업이 전공 시험에 포함하는 경영학의 하위 과목으로 출제되는 과목입니다.

공기업 재무관리 전공 시험별 특징 및 최신 출제 경향

통합 전공 시험	통합전공	'상경분야'와 '법정분야'를 같이 평가하는 전공 시험으로, 경영학, 경제학, 법학, 행정학 등을 모두 평가하거나, 3과목 중심(경영, 경제, 법 or 행정)으로 평가하는 경우가 많습니다. 통합전공 시험은 과목 수가 많고 재무관리는 그중에서도 경영학의 하위 과목으로 출제되는 만큼 단일전공 시험보다 출제 문항 수가 적고 난도는 낮지만, 지엽적인 문제가 출제될 수 있으므로 더욱 많은 학습량이 요구됩니다.
	상경통합전공	경영학과 경제학을 모두 평가하는 전공 시험으로, 보통 통합전공보다는 어렵고 단일전공보다는 쉬운 수준의 문제가 출제됩니다. 이론형 문제뿐만 아니라 중급 재무관리 수준의 주관식 계산형 문제도 출제될 수 있으므로 주관식 계산형 문제도 충분히 학습해야 합니다.
단일 전공 시험		재무관리를 단일전공으로 출제하는 기업은 많지 않지만 경영학을 단일전공으로 출제하는 경우 경영학 내에서도 재무관리의 비중이 매우 큰 편입니다. 특히, 금융공기업 전공 시험은 재무관리 출제 비중이 매우 크며, 출제 난이도는 CPA 수준으로 어려운 편입니다. 주관식 계산형 문제가 주로 출제되므로 이론형 문제뿐만 아니라 주관식 계산형 문제도 반복해서 학습해야 합니다.

공기업 재무관리 전공 시험 시행 기업

▢ 통합전공 시험 시행 기업

기업	직무/직렬	시험 과목	문항 수
국민연금공단	사무	경영, 경제, 법, 행정	50문항
한국동서발전	사무	경영, 경제, 법, 행정, 회계	50문항
한국새만금공사	행정	경영, 경제, 법	-
한국전력기술	사무	경영, 경제, 법, 행정, 회계, 시사상식	-
한국지역난방공사	사무	경영, 경제, 법, 회계	60문항
한전KDN	사무	경영, 경제, 법, 행정	50문항

상경통합전공 시험 시행 기업

기업	직무/직렬	시험 과목	문항 수
서울신용보증재단	사무	경영, 경제	40문항
인천항만공사	사무	경영, 경제	50문항
한국교통안전공단	행정	경영, 경제	30문항
한국도로공사	행정	경영, 경제, 회계	-

단일전공 시험 시행 기업

기업	직무/직렬	시험 과목	문항 수
기술보증기금	일반	경영/경제 중 택 1	-
신용보증기금	금융사무	경영/경제 중 택 1	-
인천국제공항공사	경영	경영	-
예금보험공사	금융일반	경영, 금융시사상식	46문항
주택도시보증공사	경영	경영	80문항
한국가스공사	사무	경영	50문항
한국공항공사	행정	경영	50문항
한국관광공사	일반	경영/경제/법 중 택 1	-
한국농어촌공사	경상	경영/경제 중 택 1	40문항
한국도로교통공단	일반	경영/경제/법/행정 중 택 1	50문항
한국석유공사	상경	경영	40문항
한국수자원공사	행정	경영/경제/법/행정 중 택 1	30문항
한국자산관리공사	금융일반	경영	70문항
한국전력거래소	사무	경영/경제 중 택 1	-
한국주택금융공사	행정	경영/경제 중 택 1	60문항
한국투자공사	경영관리일반	경영	50문항
한국투자공사	투자운용	재무관리	50문항
한국투자공사	투자관리	재무관리, 통계	50문항
SGI서울보증	금융일반	경영/경제/통계 중 택 1	-

*공기업 재무관리 전공 시험 시행 기업은 2024년 이후 시행된 기업의 채용정보를 기준으로 하였으며, 기업별 채용정보는 변경될 수 있으므로 상세한 내용은 기업별 채용공고를 반드시 확인하시기를 바랍니다.

공기업 재무관리 전공 시험 안내

공기업 재무관리 전공 시험을 대비하는 학습자의 질문 BEST 5

공기업 재무관리 전공 시험을 준비하는 학습자들이 가장 궁금해하는 질문 BEST 5와 이에 대한 재무관리 전문가의 답변입니다. 학습 시 참고하여 공기업 재무관리 전공 시험에 효율적으로 대비하세요.

재무관리 전공 시험은 어떻게 공부해야 효율적일까요?

이론을 여러 번 회독하여 반복적인 학습을 통해 정확히 암기하는 것이 중요합니다.

재무관리는 이론이 낯설고 어려워 이론 학습에 많은 노력이 필요하며 이론을 여러 번 반복하여 복습하는 방식으로 접근하는 것이 가장 효율적입니다. 특히, 이론이 중요한 재무관리는 이론 학습 없이 문제 풀이만으로 감을 잡기 어려우므로 학습 시간을 줄이기 위해 이론 학습을 생략하고 문제 풀이를 반복하기보다는 이론 반복 학습에 집중하는 것이 가장 효과적이고 효율적인 학습 전략입니다.

재무관리 전공 시험을 시행하는 공기업은 어디가 있을까요?

2024년~2025년 기준으로 신용보증기금, 예금보호공사, 한국투자공사, 한국가스공사 등 기업에서 재무관리 전공 시험을 시행하고 있습니다.

다만, 기업마다 단일전공/상경통합전공/통합전공 여부와 출제 문항 수가 다르니 p.10~11의 [공기업 재무관리 전공 시험 안내] 정보와 기업의 채용공고를 확인하시고, 원하시는 기업의 난이도, 과목, 문항 수에 맞게 전략을 수립하여 준비하시기를 바랍니다.

재무관리 분야 학습 경험이 없는 비전공자도 독학할 수 있을까요?

비공전자도 충분히 학습할 수 있으니 중간에 포기하지 않고 끝까지 노력하는 것이 중요합니다.

비전공자는 처음에는 방대한 이론 학습이 버겁거나, 이론 학습 후 바로 문제를 풀기 어려울 수 있습니다. 이때는 해커스잡(ejob.Hackers.com) 사이트에서 제공하는 동영상강의의 도움을 받으며 꾸준히 복습하고, 처음 학습할 때는 해설과 문제를 함께 읽으며 내용을 이해한 후 다시 문제를 풀어보는 방법을 추천합니다. 회독 차수를 늘려가며 같은 이론과 문제를 반복 학습하다 보면 본인도 모르게 어느새 유형별 문제 풀이법을 터득할 것입니다.

재무관리 전공 시험 단기 합격을 위해서는 얼마나 공부해야 할까요?

본인의 실력 및 학습 성향에 맞는 회독별 학습플랜에 따라 대체적으로 60일 정도 공부하면 충분합니다.

보통 전공 시험은 1년 이상 학습하는 수험생이 많으나, 본인의 실력 및 학습 성향에 맞는 회독별 학습플랜에 따라 반복 학습하면 더욱 짧은 기간에 공기업 재무관리 전공 시험에 대비할 수 있습니다. 재무관리 배경지식이 없는 비전공자가 고득점을 목표로 한다면 60일 학습 후 30일 복습하는 것을 추천하며, 물론 그 이후에도 시험 당일까지 반복해서 학습하는 것이 가장 좋습니다.

재무관리 전공 시험 난이도가 어떻게 되나요?

통합전공과 단일전공의 난이도 차이가 큰 편입니다.

기업마다 출제 난이도는 다르지만, 보통 통합전공은 이론형 문제 위주로 출제되어 가장 난도가 낮고 상경통합전공은 난도 낮은 이론형 문제와 난도 높은 주관식 계산형 문제가 함께 출제되며, 단일전공은 CPA 수준으로 난이도가 가장 높다고 볼 수 있습니다. 재무관리는 학습하기 전에는 너무나 생소하고 이론의 양이 많고 어렵게 느껴지지만, 본 교재로 반복해서 학습하면 통합전공 시험이나 상경통합전공 시험 문제는 어떤 난이도로 출제되어도 어렵지 않게 느껴질 것이며, 단일전공 시험에도 도전할 수 있습니다.

공기업 재무관리 합격을 위한 회독별 학습플랜

자신에게 맞는 학습플랜을 선택하여 본 교재를 학습하세요.
해커스잡(ejob.Hackers.com)에서 제공하는 시험장까지 가져가는 재무관리 핵심이론/OX 정리노트(PDF)를 복습 혹은 시험 전 단기 공부 시 활용하시길 바라며, 더 효과적인 학습을 원한다면 해커스잡에서 제공하는 동영상강의를 함께 수강해 보세요.

2회독 학습플랜

재무관리 비전공자 또는 재무관리를 처음 학습하는 분에게 추천해요.

재무관리 기본기가 부족하여 이론을 집중적으로 학습해야 하는 분은 이론을 정독하며 반복 학습 후 출제예상문제와 기출동형모의고사를 풀며 정리한다면 60일 안에 시험 준비를 마칠 수 있어요.

1일 ☐	2일 ☐	3일 ☐	4일 ☐	5일 ☐
[1회차] 부록 학습	[1회차] PART 1 학습			[1회차] PART 2 학습
기초수학/기초회계 학습	제1장 학습	제2장 학습		제1장 학습
6일 ☐	7일 ☐	8일 ☐	9일 ☐	10일 ☐
			제3장 학습	
제2장 학습				
11일 ☐	12일 ☐	13일 ☐	14일 ☐	15일 ☐
제4장 학습				
16일 ☐	17일 ☐	18일 ☐	19일 ☐	20일 ☐
	[1회차] PART 3 학습			
제5장 학습	제1장 학습		제2장 학습	
21일 ☐	22일 ☐	23일 ☐	24일 ☐	25일 ☐
[1회차] PART 4 학습				
제1장 학습		제2장 학습		제3장 학습
26일 ☐	27일 ☐	28일 ☐	29일 ☐	30일 ☐
제3장 학습	제4장 학습		제5장 학습	
31일 ☐	32일 ☐	33일 ☐	34일 ☐	35일 ☐
		[1회차] 실전 대비 연습		
제5장 학습	제6장 학습	제1회 기출동형모의고사	제2회 기출동형모의고사	틀린 문제 이론 복습
36일 ☐	37일 ☐	38일 ☐	39일 ☐	40일 ☐
[2회차] PART 1 학습		[2회차] PART 2 학습		
제1장 학습	제2장 학습	제1장 학습	제2장 학습	제3장 학습

41일 ☐	42일 ☐	43일 ☐	44일 ☐	45일 ☐
			[2회차] PART 3 학습	
제4장 학습		제5장 학습	제1장 학습	제2장 학습
46일 ☐	**47일 ☐**	**48일 ☐**	**49일 ☐**	**50일 ☐**
[2회차] PART 4 학습				
제1장 학습	제2장 학습	제3장 학습	제4장 학습	제5장 학습
51일 ☐	**52일 ☐**	**53일 ☐**	**54일 ☐**	**55일 ☐**
	[2회차] 실전 대비 연습			마무리 학습
제6장 학습	제1회 기출동형모의고사	제2회 기출동형모의고사	틀린 문제 이론 복습	PART 1 복습
56일 ☐	**57일 ☐**	**58일 ☐**	**59일 ☐**	**60일 ☐**
PART 2 복습	PART 3 복습	PART 4 복습	제1~2회 기출동형모의고사 복습	전체 복습

1회독 학습플랜

재무관리 전공자 또는 이론에 자신 있는 분에게 추천해요.

재무관리 기본기가 충분하여 문제 풀이 능력을 집중적으로 향상시켜야 하는 분은 이론을 간단히 학습 후 문제 풀이에 집중한다면 20일 안에 시험 준비를 마칠 수 있어요.

1일 ☐	2일 ☐	3일 ☐	4일 ☐	5일 ☐
PART 1 학습		PART 2 학습		
제1장 학습	제2장 학습	제1장 학습	제2장 학습	제3장 학습
6일 ☐	**7일 ☐**	**8일 ☐**	**9일 ☐**	**10일 ☐**
			PART 3 학습	
제4장 학습		제5장 학습	제1장 학습	제2장 학습
11일 ☐	**12일 ☐**	**13일 ☐**	**14일 ☐**	**15일 ☐**
PART 4 학습				
제1장 학습	제2장 학습	제3장 학습	제4장 학습	제5장 학습
16일 ☐	**17일 ☐**	**18일 ☐**	**19일 ☐**	**20일 ☐**
	실전 대비 학습		마무리 학습	
제6장 학습	제1회 기출동형모의고사	제2회 기출동형모의고사	PART 1~2 복습	PART 3~4 복습

해커스공기업 쉽게 끝내는 재무관리 기본서

취업강의 1위, 해커스잡 ejob.Hackers.com

PART 1

기업재무론 – 확실성하의 가치평가

제1장 / 확실성하의 기업가치평가

제2장 / 확실성하의 투자안의 가치평가

제1장 | 확실성하의 기업가치평가

> **✓ 핵심 포인트**
>
> | 재무관리의 목표 | 기업가치와 자기자본가치의 극대화 |
> |---|---|
> | 기업의 현금흐름 | 기업잉여현금흐름의 계산과 무성장영구기업 |
> | 화폐의 시간가치 | 현재가치와 미래가치의 계산 |

01 재무관리의 의의와 목표   중요도 ★

1. 재무관리의 정의

좁은 의미로 정의하면 기업재무론을 의미하며, 넓은 의미로 정의하면 금융투자론을 포함한다.
① 기업재무론: 기업이 필요한 자본(Capital, 자금)을 조달하고 이를 운용하는 것과 관련된 이론과 기법을 연구하는 학문
② 금융투자론: 정형화된 금융상품(주식, 채권 등)과 여기서 파생된 파생금융상품(선물, 옵션 등)에 대한 투자와 관련된 이론과 기법을 연구하는 학문

2. 재무관리(기업재무론)의 기능

① 자본의 조달: 어떠한 자본(타인자본, 자기자본)으로 조달할 것인가에 대한 의사결정
② 자본의 운용: 조달된 자본을 어떠한 자산에 투자할 것인가에 대한 의사결정

3. 재무관리의 목표

(1) 이익의 극대화

재무관리의 목표가 회계적 이익을 극대화하는 것이라는 주장은 다음과 같은 문제점으로 인해 인정받지 못한다.
① 극대화 대상 이익의 개념이 모호하다.
② 회계적 이익은 회계처리방법의 선택에 따라 달라질 수 있다.
③ 화폐의 시간가치와 미래의 불확실성(위험)을 무시한다.
④ 자기자본 사용에 대한 기회비용을 고려하지 못한다.

(2) 기업가치의 극대화

오늘날 재무관리의 목표로 정립된 것은 **기업가치의 극대화**이다. 여기서 기업가치(Firm value:V)는 기업이 보유하고 있는 자산을 통해 벌어들일 **미래의 현금흐름(Cashflow: CF)**을 위험이 반영된 적절한 자본비용(할인율:k)으로 할인한 현재가치로 정의된다. 더불어 기업가치의 변동과 무관하게 부채의 가치가 일정하다고 가정하면 **자기자본가치의 극대화**가 기업가치의 극대화와 동일한 개념이 될 수 있다.

> **재무관리 전문가의 TIP**
> 자기자본가치는 주주부, 주가와 동일한 의미입니다.

02 기업의 현금흐름 중요도 ★★

1. 재무제표의 분석

(1) 재무상태표

재무상태표

영업관련자산	타인자본
순운전자본	
비유동자산	
비영업관련자산	자기자본

① **순운전자본(Net working capital:NWC)**: 영업관련 유동자산과 영업관련 유동부채의 순액

② **타인자본**: 채권자로부터 조달한 이자발생부채(차입금, 사채 등)

> **재무관리 전문가의 TIP**
> **영업관련 유동자산**
> 현금, 매출채권, 재고자산, 선급비용 등
>
> **영업관련 유동부채**
> 매입채무, 미지급비용 등

(2) 포괄손익계산서

포괄손익계산서

수익(매출액)	R
매출원가와 현금유출영업비용	− C
감가상각비	− D
영업이익	= EBIT
이자비용	− I
세전이익	= EBT
법인세비용(t%)	− T
당기순이익	= NI

① 수익·비용항목 중 감가상각비(Depreciation:D)와 이자비용을 제외한 영업현금흐름과 관련없는 손익은 포함하지 않는다.

② **현금영업이익**: 수익(Revenue:R)에서 매출원가와 현금유출영업비용(Cost:C)을 차감한 금액(R − C)으로, EBITDA(Earnings before interest, taxes, depreciation and amortization)라고도 표현한다.

③ **영업이익**은 EBIT(Earnings before interest and taxes), **세전이익**은 EBT(Earnings before taxes), **당기순이익**은 NI(Net income)라고도 표현한다.

2. 기업잉여현금흐름과 주주잉여현금흐름

(1) 기업잉여현금흐름의 계산

기업잉여현금흐름(Free cashflow to the firm:FCFF)이란 기업이 고유의 영업활동을 통해 창출한 현금흐름에서 영업활동을 위한 투자를 하고 남은 현금흐름을 말하며, 다음과 같은 4가지 현금흐름으로 구분하여 계산할 수 있다.

① 영업현금흐름(Operating cashflow:OCF)
$$= EBIT \times (1-t) + D = (R-C) \times (1-t) + t \times D$$

② 순운전자본(Net working capital:NWC) 변동에 따른 현금흐름
= 기초순운전자본 − 기말순운전자본

③ 비유동자산(Fixed asset:FA) 투자에 따른 현금흐름
= 기초비유동자산 − 감가상각비 − 기말비유동자산

④ 이자비용의 감세효과($I \times t$) = 이자비용 × 법인세율

(2) 채권자의 현금흐름과 주주의 현금흐름

기업잉여현금흐름은 채권자의 현금흐름과 주주의 현금흐름의 합계와 일치하며, 기업잉여현금흐름에서 채권자의 현금흐름을 차감한 주주의 현금흐름을 **주주잉여현금흐름**(Free cashflow to equity:FCFE)이라고도 한다.

- 채권자의 현금흐름 = 이자비용 − 추가차입액 + 부채상환액
  = 이자비용 + 기초부채 − 기말부채
- 주주의 현금흐름 = 배당금 − 유상증자 + 자사주매입
  = 배당금 + 기초자기자본 + 유보 − 기말자기자본
  = 당기순이익 + 기초자기자본 − 기말자기자본

예제 기업잉여현금흐름

비교식 재무상태표와 포괄손익계산서를 이용하여 기업잉여현금흐름과 채권자의 현금흐름 및 주주의 현금흐름을 계산하고자 한다. 자산과 유동부채는 모두 영업활동과 관련된 것이며, 이자비용의 감세효과는 현금흐름에 고려하는 것으로 가정한다.

재무상태표

구분	기초	기말	구분	기초	기말
유동자산	₩100	₩300	유동부채	₩60	₩200
유형자산	400	550	장기차입금	150	170
			자본	290	480
합계	₩500	₩850		₩500	₩850

재무관리 전문가의 TIP

이자비용의 감세효과($I \times t$)
현금유입으로 처리하여 기업잉여현금흐름에 가산하는 방법을 적용할 수도 있고, 현금유입으로 처리하지 않고 자본비용 계산 시 세후타인자본비용을 적용하여 자본비용(할인율)에 반영할 수도 있다.

감가상각비의 감세효과($t \times D$)
현금의 유출이 없는 비용인 감가상각비가 과세소득 계산 시 비용으로 인정되어 법인세유출액이 감소되는 효과를 말합니다.

포괄손익계산서	
매출액	₩750
매출원가와 현금유출영업비용	(450)
감가상각비	(25)
영업이익	275
이자비용	(25)
세전이익	250
법인세비용(t = 20%)	(50)
당기순이익	₩200

물음 1 기업잉여현금흐름을 계산하시오.

　　　2 채권자의 현금흐름과 주주의 현금흐름을 계산하시오.

해답 1 **기업잉여현금흐름**
- 영업현금흐름 = ₩275 × (1 − 0.2) + ₩25 = ₩245
- 순운전자본 변동에 따른 현금흐름 = (₩100 − ₩60) − (₩300 − ₩200) = −₩60
- 비유동자산 투자에 따른 현금흐름 = ₩400 − ₩25 − ₩550 = −₩175
- 이자비용의 감세효과 = ₩25 × 0.2 = ₩5
- ∴ 기업잉여현금흐름 = ₩245 + −₩60 + −₩175 + ₩5 = ₩15

　　　2 **채권자의 현금흐름과 주주의 현금흐름**
- 채권자의 현금흐름 = ₩25 + ₩150 − ₩170 = ₩5
- 주주의 현금흐름 = ₩200 + ₩290 − ₩480 = ₩10

(3) 무성장영구기업의 현금흐름

재무관리에서는 논의의 편의를 위해 기업의 **영업이익이 영구히 일정하게 지속**되고, **감가상각비만큼의 단순재투자**만 하여 기업의 현금흐름이 영구히 일정하게 발생하는 상황을 가정하는 경우가 있다.

- 기업잉여현금흐름 = EBIT × (1 − t) + I × t
- 채권자의 현금흐름 = 이자비용(I)
- 주주의 현금흐름 = 배당금 = 당기순이익(NI)

① 영구히 동일한 수준의 순운전자본이 유지되므로 순운전자본 변동에 따른 현금흐름은 ₩0이다.
② 비유동자산의 가치감소분(감가상각비)만큼의 단순재투자를 가정하므로 매년도 비유동자산 투자에 따른 현금흐름은 감가상각비와 일치한다.
③ 타인자본과 관련하여 영구적으로 일정액의 부채를 사용하면서 일정액의 이자를 영구히 지급한다.
④ 성장을 위한 재투자(유보)를 하지 않는다고 가정하므로 발생된 당기순이익 전액을 주주에게 배당으로 지급한다.

03 화폐의 시간가치   중요도 ★★

1. 화폐의 시간가치의 기본개념

화폐의 시간가치란 화폐, 즉 현금(흐름)의 발생시점에 따른 가치를 의미한다. 현금(흐름)은 동일한 금액이라 할지라도 그 발생시점에 따라 가치가 달라진다는 것이다.

> **재무관리 전문가의 TIP**
>
> 유동성선호로 인하여 현재의 현금을 포기하는 경우 그 대가인 이자(Interest)를 요구하게 되며, 현재의 금액에 대한 이자의 비율을 이자율(Interest rate)이라고 합니다.

(1) 유동성선호

유동성선호(Liquidity preference) 는 사람들이 동일한 금액의 현금에 대해서 미래의 현금보다 현재의 현금을 선호하는 것을 말한다.
① 소비의 시차선호: 일반적으로 사람들은 미래의 소비보다 현재의 소비를 선호한다.
② 실물투자기회의 존재: 투자기회를 이용해서 더 많은 미래의 부를 창출할 수 있다.
③ 인플레이션: 미래의 현금은 실질구매력이 감소될 수 있다.
④ 미래의 불확실성: 미래의 현금은 예상대로 실현되지 않을 위험이 존재한다.

(2) 단리계산방법과 복리계산방법

① 단리계산방법: 원금에 대해서만 이자계산
② 복리계산방법: 원금뿐만 아니라 이미 발생한 이자에 대해서도 이자계산
- 금융기관에서 이자계산을 할 때나 기업에서 재무의사결정을 할 때는 일반적으로 복리계산방법을 사용한다.

2. 미래가치와 현재가치

(1) 단일금액의 미래가치와 현재가치

① 미래가치(Future value: FV): 현재의 일정 금액을 미래의 특정 시점의 가치로 환산한 것
- $(1+R)^n$: 복리이자요소 또는 **미래가치이자요소(Future value interest factor: FVIF)**

$$FV_n = PV \times (1+R)^n = PV \times FVIF_{(R,\,n)}$$

> **시험문제 미리보기!**
>
> 연간 이자율이 10%인 경우 현재 100원의 2년 후 미래가치는 얼마인가?
>
> ① 100원 ② 110원 ③ 119원
> ④ 120원 ⑤ 121원
>
> 해설 $FV_2 = PV \times (1+R)^2 = 100원 \times 1.1^2 = 121원$
>
> 정답 ⑤

② 현재가치(Present value:PV): 미래의 일정 금액을 현재시점의 가치로 환산한 것

- $\frac{1}{(1+R)^n}$: 현재가치이자요소(Present value interest factor:PVIF)

$$PV = \frac{FV_n}{(1+R)^n} = FV_n \times \frac{1}{(1+R)^n} = FV_n \times PVIF_{(R,\ n)}$$

> **재무관리 전문가의 TIP**
> 미래의 일정 금액을 현재가치로 환산하는 것을 할인(Discounting)이라고 하며, 이때 적용되는 이자율을 할인율이라고 합니다.

(2) 연금의 현재가치와 미래가치

연금(Annuity)이란 일정 기간 동안 매 기간 일정한 현금흐름이 발생하는 것을 말하며, 일반적으로 매 기간 말 현금흐름이 발생하는 경우(기말연금 또는 정상연금)를 가정한다.

① n기간 동안 매 기간 말 CF의 현금흐름이 발생하는 연금의 현재가치

- $\left[\frac{(1+R)^n - 1}{R \times (1+R)^n}\right]$: 연금의 현재가치이자요소(Present value interest factor for annuity:PVIFA)

$$PV = \frac{CF}{1+R} + \frac{CF}{(1+R)^2} + \cdots + \frac{CF}{(1+R)^{n-1}} + \frac{CF}{(1+R)^n}$$
$$= CF \times \left[\frac{(1+R)^n - 1}{R \times (1+R)^n}\right] = CF \times PVIFA_{(R,\ n)}$$

② n기간 동안 매 기간 초 현금흐름이 발생하는 연금(기초연금 또는 선불연금)의 현재가치

$$\text{기초연금의 } PV = CF + CF \times PVIFA_{(R,\ n-1)} = \text{기말연금의 } PV \times (1+R)$$

③ n기간 동안 매 기간 말 CF의 현금흐름이 발생하는 연금의 미래가치

- $\left[\frac{(1+R)^n - 1}{R}\right]$: 연금의 미래가치이자요소(Future value interest factor for annuity: FVIFA)

$$FV_n = CF \times (1+R)^{n-1} + CF \times (1+R)^{n-2} + \cdots + CF \times (1+R) + CF$$
$$= CF \times \left[\frac{(1+R)^n - 1}{R}\right] = CF \times FVIFA_{(R,\ n)}$$

시험문제 미리보기!

> 연간 이자율이 10%인 경우 현재부터 3년간 매년 초 100원씩 지급되는 연금의 현재가치는 얼마인가? (단, 연금의 현재가치이자요소는 $PVIFA$(10%, 2기간)=1.7, $PVIFA$(10%, 3기간)=2.5를 적용한다.)
>
> ① 170원 ② 200원 ③ 250원 ④ 270원 ⑤ 350원
>
> 해설 PV = 100원 + 100원 × $PVIFA$(10%, 2기간) = 100원 + 100원 × 1.7 = 270원
>
> 정답 ④

> **재무관리 전문가의 TIP**
>
> **유한등비수열의 합(S_n)**
> a = 첫째항, r = 공비
> $S_n = a + ar + ar^2 + \cdots + ar^{n-2} + ar^{n-1}$
> $rS_n = ar + ar^2 + ar^3 + \cdots + ar^{n-1} + ar^n$
> $(1-r)S_n = a - ar^n$
> $\therefore S_n = a \times \dfrac{1-r^n}{1-r}$
>
> **무한등비수열의 합(S)**
> $S = \lim_{n \to \infty} S_n = a \times \dfrac{1}{1-r}$
> (단, $|r| < 1$)

(3) 영구연금의 현재가치

① 무성장영구연금: 매 기간 말 동일한 금액의 현금흐름이 영구히 발생

$$PV = \frac{CF}{1+R} + \frac{CF}{(1+R)^2} + \frac{CF}{(1+R)^3} + \cdots + \frac{CF}{(1+R)^\infty} = \frac{CF}{R}$$

② 일정성장영구연금: 매 기간 말의 현금흐름이 일정비율로 증가하면서 영구히 발생

$$PV = \frac{CF_1}{1+R} + \frac{CF_1 \times (1+g)}{(1+R)^2} + \frac{CF_1 \times (1+g)^2}{(1+R)^3} + \cdots + \frac{CF_1 \times (1+g)^{\infty - 1}}{(1+R)^\infty} = \frac{CF_1}{R-g}$$
(단, $R > g$)

예제 영구연금의 현재가치

물음 연 이자율이 10%인 경우 주어진 각 현금흐름의 현재가치를 계산하시오.

- A: 1년 말부터 매년 말 ₩10의 무성장영구연금
- B: 2년 말부터 매년 말 ₩10의 무성장영구연금
- C: 1년 말 ₩10, 이후 매년 말 5%로 성장하는 일정성장영구연금
- D: 3년 말 ₩10, 이후 매년 말 5%로 성장하는 일정성장영구연금

해답
- A: $PV = \dfrac{₩10}{1.1} + \dfrac{₩10}{1.1^2} + \dfrac{₩10}{1.1^3} + \cdots = \dfrac{₩10}{0.1} = ₩100$
- B: $PV = \dfrac{₩10}{1.1^2} + \dfrac{₩10}{1.1^3} + \dfrac{₩10}{1.1^4} + \cdots$
  $= \dfrac{1}{1.1} \times \left[\dfrac{₩10}{1.1} + \dfrac{₩10}{1.1^2} + \dfrac{₩10}{1.1^3} + \cdots\right] = \dfrac{1}{1.1} \times \dfrac{₩10}{0.1} = ₩90.909$
- C: $PV = \dfrac{₩10}{1.1} + \dfrac{₩10 \times 1.05}{1.1^2} + \dfrac{₩10 \times 1.05^2}{1.1^3} + \cdots = \dfrac{₩10}{0.1 - 0.05} = ₩200$
- D: $PV = \dfrac{₩10}{1.1^3} + \dfrac{₩10 \times 1.05}{1.1^4} + \dfrac{₩10 \times 1.05^2}{1.1^5} + \cdots$
  $= \dfrac{1}{1.1^2} \times \left[\dfrac{₩10}{1.1} + \dfrac{₩10 \times 1.05}{1.1^2} + \dfrac{₩10 \times 1.05^2}{1.1^3} + \cdots\right]$
  $= \dfrac{1}{1.1^2} \times \dfrac{₩10}{0.1 - 0.05} = ₩165.29$

3. 이자율의 결정구조

(1) 실질(무위험)이자율과 명목(무위험)이자율

① 실질(무위험)이자율: 사람들의 소비에 대한 시차선호와 실물투자기회의 수익성이 반영된 이자율
② 명목(무위험)이자율: 실질(무위험)이자율에 예상인플레이션율까지 반영된 이자율
③ 피셔의 방정식: 경제학자 피셔(I. Fisher)가 나타낸 명목이자율과 실질이자율 간의 관계

$$(1 + 명목이자율) = (1 + 실질이자율) \times (1 + 예상인플레이션율)$$

- 여기서의 실질이자율과 명목이자율은 미래의 불확실성에 따른 위험을 반영하지 않은 이자율이므로 무위험자산에 적용될 이자율인 무위험이자율(Risk-free interest rate: R_f)에 해당한다.

시험문제 미리보기!

> 연간 실질이자율이 40%이고 연간 예상인플레이션율이 10%인 경우 연간 명목이자율은 얼마인가?
>
> ① 46%   ② 48%   ③ 50%   ④ 52%   ⑤ 54%
>
> 해설 명목이자율 = (1 + 실질이자율) × (1 + 예상인플레이션율) − 1
>   = (1 + 0.4) × (1 + 0.1) − 1 = 0.54
>
> 정답 ⑤

(2) 시장이자율

시장이자율(Market interest rate)이란 금융시장에서 자금의 수요와 공급이 균형을 이루는 점에서 결정된 이자율을 의미한다. 명목(무위험)이자율에 미래의 불확실성에 따른 위험부담에 대한 보상, 즉 위험프리미엄(Risk premium)이 가산되어 결정되며, 다음과 같은 특징이 있다.

① 금융시장의 종류와 금융자산의 위험 정도에 따라 다양한 형태로 존재하며 금융시장에서 자금의 수요와 공급이 변화함에 따라 계속 변화한다.

② 시장(또는 대안)에서의 기회비용이자 특정 현금흐름에 대해 요구되는 최소한의 수익률이며, 해당 현금흐름의 현재가치 계산 시 적용할 할인율이다.

출제예상문제

제1장 확실성하의 기업가치평가

난이도: ★☆☆

01 재무관리의 목표로 옳지 않은 것은?

① 기업가치의 극대화
② 자기자본가치의 극대화
③ 주주부의 극대화
④ 주가의 극대화
⑤ 부채의존도의 극대화

난이도: ★☆☆

02 회계적 이익의 극대화가 재무관리의 목표로 타당하지 못한 이유로 옳지 않은 것은?

① 회계적 이익에는 경영자의 이해가 반영되어 있다.
② 회계적 이익에는 주주의 기회비용이 반영되어 있다.
③ 회계적 이익에는 미래의 불확실성이 반영되어 있지 않다.
④ 회계적 이익에는 화폐의 시간가치가 반영되어 있지 않다.
⑤ 회계적 이익이 기업의 현금결제능력을 의미하지는 않는다.

난이도: ★★☆

03 기업잉여현금흐름을 이용한 기업가치평가에 대한 설명으로 옳지 않은 것은?

① 기업잉여현금흐름은 영업활동에서 창출한 현금흐름 중 영업활동에 필요한 비유동자산에 대한 투자를 하고도 남은 현금흐름을 의미한다.
② 영업이익을 기초로 영업현금흐름을 계산하는 경우 감가상각비를 가산하는 이유는 감가상각비가 현금의 유출이 없는 비용이기 때문이다.
③ 감가상각비가 과세소득 계산 시 비용으로 인정되어 법인세유출액이 감소되는 효과를 감가상각비의 법인세 감세효과라고 한다.
④ 기업잉여현금흐름은 채권자의 현금흐름과 주주의 현금흐름의 합계와 일치한다.
⑤ 이자비용의 법인세 감세효과는 할인율에 반영하는 것이 일반적이다.

난이도: ★★☆

04 기업가치 평가 시 이자비용의 법인세 감세효과를 할인율에 반영하는 경우 무성장영구기업의 현금흐름에 대한 설명으로 옳지 않은 것은?

① 기업잉여현금흐름은 세후영업이익과 동일하다.
② 기초와 기말의 순운전자본이 동일하므로 순운전자본 변동에 따른 현금흐름은 발생하지 않는다.
③ 기초와 기말의 비유동자산이 동일하므로 비유동자산 투자에 따른 현금흐름은 발생하지 않는다.
④ 기초와 기말의 타인자본이 동일하므로 채권자의 현금흐름은 영구히 일정하게 지급되는 이자비용과 동일하다.
⑤ 기초와 기말의 자기자본이 동일하므로 주주의 현금흐름은 전액 배당으로 지급되는 당기순이익과 동일하다.

정답 및 해설

01 ⑤
기업의 부채의존도가 극대화되는 경우 재무적 불안전성이 심화되어 최악의 경우 파산이 발생할 수 있으므로 재무관리의 목표로 적절하지 않다.

02 ②
회계이익에는 부채(타인자본) 사용에 대한 대가인 이자비용은 반영되어 있지만, 자기자본 사용에 대한 대가인 주주의 기회비용은 반영되어 있지 않다.

03 ①
기업잉여현금흐름은 영업활동에서 창출한 현금흐름 중 영업활동에 필요한 순운전자본과 비유동자산에 대한 투자를 하고도 남은 현금흐름을 의미한다.

04 ③
비유동자산의 가치감소분(감가상각비)만큼의 단순재투자를 가정하므로 비유동자산 투자에 따른 현금흐름은 감가상각비와 동일하다.

출제예상문제

난이도: ★☆☆

05 A 기업의 당기 매출액은 150,000원이고, 영업비용 90,000원 중 현금유출영업비용은 80,000원, 감가상각비는 10,000원이며, 이자비용은 5,000원이다. 법인세율이 40%일 때, A 기업의 당기 영업현금흐름(Operating cashflow)은 얼마인가?

① 45,000원　② 46,000원　③ 47,000원　④ 48,000원　⑤ 49,000원

난이도: ★☆☆　대표출제기업: 서울교통공사

06 현금(흐름)의 발생시점에 따른 가치인 화폐의 시간가치가 발생하는 이유에 대한 설명으로 옳지 않은 것은?

① 사람들은 유동성이 높은 자산을 보다 더 선호한다.
② 실질이자율이 0이 아닌 값을 갖는다.
③ 미래의 현금은 예상대로 실현되지 않을 가능성(위험)이 존재한다.
④ 물가상승으로 인해 미래의 현금은 실질구매력이 감소될 수 있다.
⑤ 현재의 현금은 실물투자기회에 투자하여 미래에 더 많은 부를 창출할 수 있다.

난이도: ★☆☆　대표출제기업: 서울교통공사

07 현재 100,000원을 연 20%의 이자율로 복리이자 계산하는 2년 만기 정기예금에 예치하였을 때, 해당 정기예금의 2년 후 미래가치는 얼마인가?

① 100,000원　② 120,000원　③ 121,000원　④ 140,000원　⑤ 144,000원

[08~09] 기간별 현재가치이자요소(PVIF)와 연금의 현재가치이자요소(PVIFA)가 다음과 같을 때 각 물음에 답하시오.

기간	1	2	3	4	5
PVIF	0.8	0.6	0.5	0.4	0.3
PVIFA	0.8	1.4	1.9	2.3	2.6

난이도: ★☆☆

08 1차년도부터 3차년도까지 매년 말 100원씩 받는 연금의 현재가치는 얼마인가?

① 40원 ② 50원 ③ 140원 ④ 190원 ⑤ 230원

난이도: ★★☆

09 3차년도부터 6차년도까지 매년 말 100원씩 받는 연금의 현재가치는 얼마인가?

① 132원 ② 138원 ③ 144원 ④ 150원 ⑤ 156원

정답 및 해설

05 ②
영업현금흐름 = 영업이익 × (1 − 법인세율) + 감가상각비
= (150,000원 − 90,000원) × (1 − 0.4) + 10,000원
= 46,000원

06 ②
화폐의 시간가치가 발생하는 이유는 명목이자율이 0이 아닌 값을 갖기 때문이다.

07 ⑤
$FV_2 = PV \times (1 + R)^2 = 100{,}000원 \times 1.2^2 = 144{,}000원$

[08~09]

08 ④
$PV = 100원 \times PVIFA(3기간) = 100원 \times 1.9 = 190원$

09 ②
$PV = 100원 \times PVIFA(4기간) \times PVIF(2기간)$
= 100원 × 2.3 × 0.6 = 138원

출제예상문제

난이도: ★☆☆

10 이자율이 20%이고 현재부터 A원을 매년 영구히 받는 연금의 현재가치가 600원일 때, A원은 얼마인가?

① 100원　　② 120원　　③ 150원　　④ 180원　　⑤ 200원

난이도: ★☆☆

11 할인율이 연 20%일 때, 1년도 말 400원이 유입되고 그 후 매년도 말 160원이 무성장 영구히 유입되는 현금흐름의 현재가치는 얼마인가?

① 1,000원　　② 1,200원　　③ 1,250원　　④ 1,400원　　⑤ 1,500원

난이도: ★☆☆

12 기간별 미래가치이자요소(FVIF)와 연금의 미래가치이자요소(FVIFA)가 다음과 같을 때, 3차년도부터 6차년도까지 매년 말 100원씩 받는 연금의 6차년도 말 시점의 미래가치는 얼마인가?

기간	1	2	3	4	5
FVIF	1.2	1.4	1.7	2.1	2.5
FVIFA	1.0	2.2	3.6	5.3	7.4

① 170원　　② 210원　　③ 360원　　④ 530원　　⑤ 740원

난이도: ★☆☆

13 연간 명목이자율이 32%이고, 연간 예상인플레이션율이 10%인 경우 피셔의 방정식을 이용한 연간 실질이자율은 얼마인가?

① 10%   ② 12%   ③ 20%   ④ 22%   ⑤ 45%

정답 및 해설

10 ①

$$PV = 600원 = A + \frac{A}{0.2} = A \times \left(1 + \frac{1}{0.2}\right) = A \times 6$$

$\therefore A = 100$

11 ①

$$PV = \frac{400원 + \frac{160원}{0.2}}{1.2} = \frac{400원 + 800원}{1.2} = 1,000원$$

12 ④

$FV_6 = 100원 \times FVIFA(4기간) = 100원 \times 5.3 = 530원$

13 ③

1 + 명목이자율 = 1.32 = (1 + 실질이자율) × (1 + 예상인플레이션율) = (1 + 실질이자율) × 1.1

∴ 실질이자율 = 20%

제2장 | 확실성하의 투자안의 가치평가

재무관리 전문가의 TIP

본 장에서는 현금흐름이 확실하다고 가정할 경우, 즉 자본비용이 주어져 있다고 가정할 경우 투자안의 가치평가에 대해 학습할 수 있습니다.

✓ 핵심 포인트

현금흐름측정	측정의 기본원칙과 시점별 현금흐름
경제성분석	의사결정기준과 장단점
분석방법들의 비교	순현재가치법의 우위성
현실적 적용	투자규모와 내용연수의 차이 및 자본제약

01 자본예산의 기초개념 중요도 ★

1. 자본예산의 의의와 목표

(1) 자본예산의 의의

자본예산(Capital budgeting)이란 비유동자산에 대한 투자를 효율적으로 수행하기 위해 투자안을 탐색하고 평가하여 최적투자안을 선택하는 일련의 체계적인 과정을 말한다.

(2) 자본예산의 목표

자본예산의 목표는 기업가치를 극대화하는 것이며, 기업이 투자안 채택에 있어서 총투자의 순현재가치(Net present value:NPV)가 극대화되는 의사결정을 하는 경우 이는 곧 기업가치를 극대화하는 의사결정과 일치하게 된다.

재무관리 전문가의 TIP

순현재가치

현금유입액의 현재가치에서 현금유출액의 현재가치를 차감한 금액으로, 투자에 따른 가치(부)의 증가분을 의미합니다.

2. 자본예산의 절차

일반적으로 자본예산은 아래 네 단계를 모두 의미하지만, 협의의 자본예산은 투자로부터 기대되는 현금흐름을 측정(2단계)하여 최적투자안을 선택(3단계)하는 과정이라고 할 수 있다.

① 1단계: 투자대상 물색
② 2단계: 물색된 투자대상으로부터 기대되는 현금흐름 측정
③ 3단계: 추정된 현금흐름을 기초자료로 의사결정(경제성분석)
④ 4단계: 투자 후 투자안 재평가

투자안에 대한 의사결정
- 독립적 투자안: 해당 투자안의 실행 여부 결정
- 상호배타적 투자안: 가장 우월한 투자안을 실행

02 투자안의 현금흐름 측정 중요도 ★★

1. 현금흐름 측정 시 유의사항

(1) 세후증분현금흐름

① 투자안을 실행함에 따라 추가적으로 발생하는 현금흐름을 기준으로 측정한다.
② 법인세는 현금유출로 처리한다.

(2) 감가상각비와 감가상각비의 감세효과

① 증분감가상각비는 현금유출로 처리하지 않는다.
② 증분감가상각비의 감세효과는 현금유입으로 처리한다.

(3) 매몰원가와 기회비용 및 부수효과

① **매몰원가(Sunk cost)**: 취소 불가능한 이미 과거에 발생된 지출을 의미하며, 투자안의 현금흐름 측정 시 현금유출로 처리하지 않는다.
② **기회비용(Opportunity cost)**: 투자안 실행 시 포기되는 차선의 용도에서의 이득을 의미하며, 현금유입액의 감소이므로 현금유출로 처리한다.
③ **부수효과(Side effect)**: 신규투자안 실행 시 기존 투자안의 현금흐름에 미치는 영향을 의미하며, 증분현금흐름에 고려되어야 한다.
  • **잠식비용(Erosion cost)**: 부수효과 중 부정적인 효과

(4) 금융비용

투자에 필요한 자본을 사용하는 대가로 지급하는 이자비용과 배당금 및 투자자금을 예금(대출)하는 경우 수취 가능한 이자수익의 상실 등은 할인율인 자본비용에 반영하므로 현금흐름에는 고려하지 않는다.

2. 현금흐름의 측정

(1) 투자시점의 현금흐름

① 순운전자본의 추가소요액은 현금유출로 처리한다.
② 비유동자산에 대한 투자액은 현금유출로 처리한다.
③ **구자산의 처분에 따른 현금유입액**은 현금유입으로 처리한다.

$$처분에 따른 현금유입액 = 처분가액 - (처분가액 - 장부금액) \times 법인세율$$

시험문제 미리보기!

장부금액(= 취득원가 - 감가상각누계액)이 100원인 유형자산을 150원에 처분하였다면 처분에 따른 현금유입액은 얼마인가? (단, 법인세율은 40%이다.)

① 130원　　② 140원　　③ 150원　　④ 160원　　⑤ 170원

해설　처분에 따른 현금유입액 = 처분가액 - (처분가액 - 장부금액) × 법인세율
　　　　　　　　　　　　　 = 150원 - (150원 - 100원) × 0.4 = 130원

정답 ①

(2) 투자기간 중의 현금흐름

① **증분영업현금흐름**은 연간 지속적으로 발생하지만, 투자안의 평가를 용이하게 하기 위해서 각 기간의 현금흐름이 해당 기간 말에 발생한다고 가정하는 것이 일반적이다.

$$\Delta OCF = \Delta EBIT \times (1 - t) + \Delta D = (\Delta R - \Delta C) \times (1 - t) + t \times \Delta D$$

② 순운전자본의 추가소요액만큼 현금유출로 처리한다.

(3) 투자종료시점의 추가적인 현금흐름

① 투자기간 중 소요된 순운전자본의 잔액은 현금유입으로 처리한다.
② 비유동자산의 처분에 따른 현금유입액은 현금유입으로 처리한다.

$$\begin{aligned}\text{잔존가치의 회수} &= \text{신자산의 처분유입액} - \text{구자산의 처분유입액} \\ &= \text{신자산의 처분가액} - \{\text{처분가액} - \text{장부금액(잔존가치)}\} \times \text{법인세율} \\ &\quad - [\text{구자산의 처분가액} - \{\text{처분가액} - \text{장부금액(잔존가치)}\} \times \text{법인세율}]\end{aligned}$$

예제　투자안의 현금흐름 측정

무부채기업인 ㈜파랑은 3년간 사용해오던 구기계를 신기계로 대체하는 방안을 고려하고 있다. 관련 자료는 아래와 같고 ㈜파랑의 감가상각방법은 정액법이며, 법인세율은 40%이다. 관련 현금흐름은 투자시점과 매년 말에 발생함을 가정한다.

1.

구기계	신기계
• 취득원가: ₩4,200 • 총내용연수: 8년 • 내용연수 말 추정잔존가치: ₩200 • 연간 감가상각비: ₩500 • 현재시점 처분가격: ₩3,000	• 취득원가: ₩4,500 • 총내용연수: 5년 • 내용연수 말 추정잔존가치: ₩500 • 연간 감가상각비: ₩800

2. 구기계를 신기계로 대체하는 경우 대체시점에 ₩20의 순운전자본에 대한 추가적인 투자가 필요하다.

3. 구기계를 신기계로 대체하는 경우 매출액은 매년 ₩2,000만큼 증가하고 현금유출영업비용은 매년 ₩1,600만큼 증가할 것으로 예상된다.

물음 1 구기계를 신기계로 대체하는 경우 매년의 증분영업현금흐름을 계산하시오.
    2 투자시점의 구기계 처분으로 인한 현금흐름을 계산하시오.
    3 구기계를 신기계로 대체하는 경우 시점별 증분현금흐름을 나타내시오.

해답 1 매년 증분영업현금흐름
       $\Delta OCF = (₩2,000 - ₩1,600) \times (1 - 0.4) + 0.4 \times (₩800 - ₩500) = ₩360$

    2 투자시점의 구기계 처분으로 인한 현금흐름
      (1) 구기계의 현재 장부금액: ₩4,200 - ₩500 × 3년 = ₩2,700
      (2) 구기계 처분 현금유입액 = ₩3,000 - (₩3,000 - ₩2,700) × 0.4 = ₩2,880

    3 구기계를 신기계로 대체하는 경우 시점별 증분현금흐름

시점	0	1	2	3	4	5
증분 OCF		₩360	₩360	₩360	₩360	₩360
NWC CF	-₩20					20
신기계 구입	-4,500					500
구기계 처분	2,880					-200
합계	-₩1,640	₩360	₩360	₩360	₩360	₩680

03 투자안의 경제성분석   중요도 ★★★

투자안의 현금흐름을 측정한 후에는 측정된 현금흐름을 기준으로 투자안의 경제성을 분석하여 투자안의 실행 여부를 결정해야 한다. 투자안의 경제성을 분석하는 방법은 크게 화폐의 시간가치를 고려하지 않는 비할인모형과 화폐의 시간가치를 고려하는 할인모형으로 구분된다.

1. 회수기간법

회수기간법(Payback period method)이란 투자에 소요된 투자자금을 회수하는 데 걸리는 기간인 회수기간을 기초로 투자안을 평가하는 방법을 말한다.

(1) 의사결정기준

① 독립적 투자안: 투자안의 회수기간이 목표회수기간보다 짧으면 실행한다.
② 상호배타적 투자안: 회수기간이 보다 짧은 투자안을 채택한다.

(2) 장점

① 회수기간이 짧은 투자안은 투자에 소요된 자금이 보다 조기에 회수되어 기업의 유동성을 제고할 수 있다.
② 보다 위험이 적은 투자안이라고 판단할 수 있다.

(3) 단점
① 회수기간 이후에 발생하는 현금흐름을 고려하지 않는다.
② 화폐의 시간가치를 반영하지 않는다.
- 현재가치로 환산한 현금유입액으로 투자에 소요된 자금을 회수하는 데 걸리는 기간인 '할인회수기간(Discounted payback period)'을 이용해 해결할 수 있다.

③ 목표회수기간의 설정이 자의적이므로 평가결과가 객관적이지 못하다.

할인회수기간은 회수기간에 비해 보다 길게 계산됩니다.

📋 시험문제 미리보기!

다음과 같은 현금흐름이 발생하는 투자안의 회수기간은 얼마인가?

시점	현재	1년 후	2년 후	3년 후
-100원	30원	40원	50원	60원

① 2.3년   ② 2.4년   ③ 2.5년   ④ 2.6년   ⑤ 2.7년

해설 회수기간 = 2년 + $\frac{30원}{50원}$ = 2.6년

정답 ④

2. 회계적이익률법

회계적이익률법(Accounting rate of return method:ARR법)이란 투자에 따라 발생되는 연평균 회계적순이익(연평균순이익)을 연평균투자액 또는 총투자액으로 나눈 회계적이익률을 기초로 투자안을 평가하는 방법을 말한다. 여기서 연평균투자액은 내용연수 동안 연평균 장부금액을 의미하며, 정액법으로 감가상각하는 경우 총투자액(취득원가)과 잔존가치의 합계를 2로 나눈 금액으로 간단하게 계산할 수 있다.

$$회계적이익률 = \frac{연평균순이익}{연평균투자액} \left(\text{또는 } \frac{연평균순이익}{총투자액} \right)$$

(1) 의사결정기준
① 독립적 투자안: 투자안의 회계적이익률이 목표회계적이익률보다 높으면 실행한다.
② 상호배타적 투자안: 회계적이익률이 보다 높은 투자안을 채택한다.

(2) 장점
① 계산이 간단하고 추정재무제표의 수치를 그대로 사용할 수 있어 자료구입이 용이하다.

(3) 단점
① 현금흐름이 아닌 회계적이익에 근거하여 의사결정한다.
② 화폐의 시간가치를 반영하지 않는다.
③ 목표회계적이익률의 설정이 자의적이므로 평가결과가 객관적이지 못하다.

시험문제 미리보기!

200원의 투자자금이 소요되고 내용연수 말 잔존가치가 0으로 추정되는 3년 수명의 투자안을 실행하는 경우 내용연수 동안 기대되는 매년의 당기순이익이 다음과 같이 예상된다. 감가상각방법이 정액법인 경우 해당 투자안의 회계적이익률은 얼마인가? (단, 회계적이익률은 평균투자액을 기준으로 계산한다.)

기간	1차연도	2차연도	3차연도
당기순이익	40원	50원	60원

① 50% ② 55% ③ 60% ④ 65% ⑤ 70%

해설 회계적이익률 = $\dfrac{(40원 + 50원 + 60원) \div 3년 = 50원}{(200원 + 0원) \div 2 = 100원}$ = 0.5

정답 ①

3. 순현재가치법

순현재가치법(Net present value method:NPV법)이란 투자에 따른 현금유입액의 현재가치에서 현금유출액의 현재가치를 차감하여 계산되는 순현재가치(NPV)를 기초로 투자안을 평가하는 방법이다.

$$NPV = 현금유입액의\ 현재가치 - 현금유출액의\ 현재가치$$

(1) 의사결정기준

① 독립적 투자안: 투자안의 순현재가치가 0보다 큰 경우 투자안을 실행한다.
② 상호배타적 투자안: 순현재가치가 보다 큰 투자안을 채택한다.

(2) 장점

① 투자에 따라 발생하는 모든 현금흐름을 고려한다.
② 자본비용(기회비용)을 이용한 화폐의 시간가치를 고려한다.
③ **가치가산의 원칙**이 성립한다. 즉, 여러 개의 투자안을 모두 실행하는 경우의 순현재가치는 개별투자안의 순현재가치를 단순히 합산하여 계산할 수 있다.

$$NPV_{(A+B)} = NPV_A + NPV_B$$

④ 기업가치의 극대화목표에 부합한다. 즉, 순현재가치는 투자에 따른 가치의 증가분을 의미하므로 총투자의 순현재가치가 극대화되는 의사결정을 하는 경우 이는 곧 기업가치를 극대화하는 의사결정과 일치하게 된다.

(3) 단점

① 투자안의 상대적 수익성(투자의 효율성)을 고려하지 못한다.

재무관리 전문가의 TIP

순현재가치
- 현금유입액의 현재가치가 현금유출액의 현재가치를 초과하는 크기
- 자본비용(기회비용)을 초과하여 벌어들이는 이득의 현재가치
- 가치(부)의 증가분

시험문제 미리보기!

100원의 투자자금이 소요되고 1년 후부터 100원씩의 현금유입이 매년 말 영구히 발생하는 투자안의 순현재가치는 얼마인가? (단, 투자안 평가에 적절한 할인율(자본비용)은 10%이다.)

① 800원 ② 900원 ③ 1,000원
④ 1,100원 ⑤ 1,200원

해설 $NPV = PV(유입액) - PV(유출액) = \frac{100원}{0.1} - 100원 = 900원$

정답 ②

재무관리 전문가의 TIP

수익성지수는 투자의 상대적인 수익성, 즉 투자의 효율성을 나타내는 지표로, 투자금액 단위당 벌어들이는 가치의 크기를 나타냅니다.

4. 수익성지수법

수익성지수법(Profit index method:PI법)이란 투자로부터 얻게 될 현금유입액의 현재가치를 현금유출액의 현재가치(투자원금)로 나눈 수익성지수(PI)를 기초로 투자안을 평가하는 방법을 말한다.

$$PI = \frac{현금유입액의\ 현재가치}{현금유출액의\ 현재가치}$$

(1) 의사결정기준
① 독립적 투자안: 투자안의 수익성지수가 1보다 큰 경우 투자안을 실행한다.
② 상호배타적 투자안: 수익성지수가 보다 큰 투자안을 채택한다.

(2) 장점
① 투자에 따라 발생하는 모든 현금흐름을 고려하고 화폐의 시간가치를 반영한다.

(3) 단점
① 가치가산의 원칙이 성립하지 않는다.
② 수익성지수법에 의해 선택된 투자안이 반드시 기업가치를 극대화하는 투자안은 아니다.

시험문제 미리보기!

1,000원의 투자자금이 소요되고 2년 후 1,331원의 현금유입이 발생하는 투자안의 수익성지수는 얼마인가? (단, 투자안 평가에 적절한 할인율(자본비용)은 10%이다.)

① 1.0   ② 1.1   ③ 1.15   ④ 1.21   ⑤ 1.331

해설 $PI = \frac{PV(유입액)}{PV(유출액)} = \frac{1,331원 \div 1.1^2 = 1,100원}{1,000원} = 1.1$

정답 ②

5. 내부수익률법

내부수익률법(Internal rate of return method:IRR법)이란 투자안의 내용연수 동안 얻을 것으로 기대되는 연평균투자수익률인 내부수익률(IRR)을 기초로 투자안을 평가하는 방법이다. 내부수익률은 투자안에서 발생하는 현금유입액의 현재가치와 현금유출액의 현재가치를 일치시키는 할인율로 계산되며, 이는 곧 투자안의 순현재가치를 0으로 만드는 할인율이다.

(1) 의사결정기준 – 투자형 현금흐름

투자시점에 현금유출이 발생하고 이후 현금유입이 발생하는 **투자형 현금흐름**의 내부수익률은 **투자수익률**의 개념이므로 의사결정기준은 다음과 같다.
① 독립적 투자안: 내부수익률이 **기회비용(자본비용)**보다 큰 경우 투자안을 실행한다.
② 상호배타적 투자안: 내부수익률이 보다 큰 투자안을 채택한다.

(2) 의사결정기준 – 차입형 현금흐름

투자시점에 현금유입이 발생하고 이후 현금유출이 발생하는 **차입형 현금흐름**의 내부수익률은 **부담하는 비용**의 개념이므로 의사결정기준은 다음과 같다.
① 독립적 투자안: 내부수익률이 자본비용보다 작은 경우 투자안을 실행한다.
② 상호배타적 투자안: 내부수익률이 보다 작은 투자안을 선택한다.

(3) 장점

① 투자에 따라 발생하는 모든 현금흐름을 고려하고 화폐의 시간가치를 반영한다.

(4) 단점

① 가치가산의 원칙이 성립하지 않는다.
② 내부수익률법에 의해 선택된 투자안이 반드시 기업가치를 극대화하는 투자안은 아니다.

📋 시험문제 미리보기!

100원의 투자자금이 소요되고 2년 후 121원의 현금유입이 발생하는 투자안의 내부수익률은 얼마인가?

① 5%   ② 10%   ③ 15%   ④ 21%   ⑤ 33%

해설 $100원 \times (1 + IRR)^2 = 121원 \rightarrow 100원 = \dfrac{121원}{(1+IRR)^2}$

∴ $IRR = 0.1$

정답 ②

04 순현재가치법과 내부수익률법의 비교   중요도 ★★★

1. 의사결정결과의 비교

독립적인 투자안을 평가하는 경우 NPV법과 IRR법의 의사결정결과가 동일하지만, 상호배타적인 투자안을 평가하는 경우 NPV법과 IRR법의 의사결정결과가 일치하지 않을 수 있다.

(1) 투자안의 특성과 NPV곡선의 기울기

상호배타적인 투자안은 NPV법에 의한 의사결정결과와 IRR법에 의한 의사결정결과가 상반되는 상황이 발생하는 이유는 각 투자안에서 발생하는 현금흐름의 특성에 따라 할인율(자본비용)의 변동에 따른 **NPV의 변동정도**, 즉 **NPV곡선의 기울기**가 다르기 때문이다.
① NPV곡선: 자본비용과 NPV 간의 관계를 나타내는 곡선
② NPV곡선의 기울기: 대규모 투자자금이 소요되거나 내용연수가 장기이거나 현금흐름이 내용연수 후반에 집중되는 투자안일수록 보다 가파르다.

(2) 피셔의 수익률

상호배타적인 투자안은 할인율인 자본비용이 **피셔의 수익률**(Fisher's rate of return: R_F)보다 작은 구간($k < R_F$)에서는 NPV법과 IRR법에 의한 의사결정결과가 상반되는데, 여기서 피셔의 수익률이란 두 투자안의 NPV가 동일($NPV_A = NPV_B$)해지는 할인율 수준을 말한다.

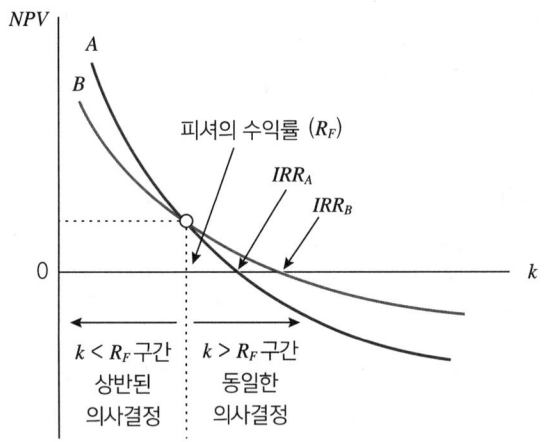

<NPV 및 IRR과 피셔의 수익률>

2. NPV법의 우위성과 IRR법의 문제점

NPV법의 의사결정결과와 IRR법의 의사결정결과가 상반되는 경우 NPV법의 의사결정결과를 따르는 것이 보다 타당하다.

(1) 재투자수익률의 가정

① NPV법: **자본비용(k)**으로 재투자 가정하며, 합리적이다.

$$NPV = -투자액 + \frac{CF_1}{1+k} + \frac{CF_2}{(1+k)^2} = -투자액 + \frac{CF_1 \times (1+k) + CF_2}{(1+k)^2}$$

② IRR법: **해당 투자안의 IRR**로 재투자 가정하며, 너무나 낙관적이고 비합리적이다.

$$투자액 = \frac{CF_1}{1+IRR} + \frac{CF_2}{(1+IRR)^2} = \frac{CF_1 \times (1+IRR) + CF_2}{(1+IRR)^2}$$

(2) 기업가치 극대화목표에 부합 여부

투자의 NPV를 극대화하는 의사결정은 기업가치 극대화목표에 부합하지만, IRR이 높은 투자안을 선택하는 것은 상대적으로 수익률이 높은 투자안을 선택하는 것일 뿐 기업가치를 극대화하는 의사결정과 반드시 일치하지는 않을 수 있다.

(3) 가치가산의 원칙

① NPV법: 가치가산의 원칙이 성립하므로 결합투자안의 NPV는 개별투자안의 NPV를 단순히 가감하여 계산할 수 있다.
② IRR법: 투자안의 성과를 상대적인 수익률로 표현하므로 여러 개의 투자안을 모두 실행하는 경우의 IRR은 개별투자안의 IRR을 단순히 합산하여 계산할 수는 없다.

(4) 의사결정기준의 적용

① NPV법: 현금흐름의 양상과는 무관하게 항상 동일한 의사결정기준이 적용된다.
② IRR법: 투자형 현금흐름인 경우와 차입형 현금흐름인 경우에 적용되는 의사결정기준이 변경되어야 하므로 일관성이 없다.

(5) 혼합형 현금흐름에 대한 평가

현금유입과 현금유출이 반복되는 혼합형 현금흐름에 IRR법을 적용하는 경우 현금유입액의 현재가치와 현금유출액의 현재가치를 일치시키는 해가 존재하지 않을 수도 있으며, 2개 이상의 해가 계산될 수도 있다.

(6) 할인율(자본비용)이 기간별로 상이한 경우

① NPV법: 각 시점별 현금흐름을 각 기간별 할인율로 할인하여 계산한다.
② IRR법: 계산된 IRR과 비교할 비교 대상 할인율의 선정이 곤란하다.

> **시험문제 미리보기!**
>
> 200원의 투자자금이 소요되고 1년 후 110원, 2년 후 132원의 현금유입이 발생하는 투자안의 순현재가치는 얼마인가? (단, 현재시점부터 1년 간의 할인율(자본비용)은 10%이고, 1년 후 시점부터 1년 간의 할인율(자본비용)은 20%이다.)
>
> ① 0원 ② 10원 ③ 50원 ④ 60원 ⑤ 80원
>
> 해설 $NPV = -200원 + \dfrac{110원}{1.1} + \dfrac{132원}{1.1 \times 1.2} = 0원$
>
> 정답 ①

3. NPV법과 IRR법의 불일치조정

(1) 수정IRR법

수정IRR(Modified IRR:MIRR)법이란 IRR법의 재투자수익률을 NPV법과 동일하게 자본비용으로 가정하여 적용하는 수정된 IRR법을 말한다.

① 수정IRR: 모든 투자안의 투자기간 중 발생하는 현금흐름이 투자종료시점까지 **자본비용으로 재투자**된다고 가정하여 투자종료시점의 미래가치를 구한 후 이를 이용해서 계산되는 IRR
② 수정IRR법을 이용하는 경우 의사결정기준은 IRR법과 동일하며, 혼합형 현금흐름인 경우에도 수정IRR법을 적용하면 복수의 IRR이 계산되는 문제점을 해결할 수 있다.
③ 수정IRR법은 NPV법과 동일한 재투자수익률의 가정하에 단지 투자의 성과를 상대적인 수익률로 표현한 것일 뿐이므로 **투자규모만 동일하다면** 수정IRR법의 의사결정결과는 NPV법의 의사결정결과와 동일해진다.

(2) 증분현금흐름을 이용한 분석

두 투자안의 기간별 현금흐름의 차이인 증분현금흐름을 대상으로 NPV법과 IRR법을 적용하면 의사결정결과의 불일치문제는 해소될 수 있다.

① 증분NPV와 **증분IRR(Incremental IRR:IIRR)**: 두 투자안의 기간별 현금흐름의 차이인 증분현금흐름을 대상으로 계산하는 NPV와 IRR
② (A−B)의 증분현금흐름을 이용해서 의사결정하는 것은 곧 투자안 B를 투자안 A로 대체하는 경우의 현금흐름을 기준으로 의사결정하는 것과 동일한 개념이다.
③ 증분$NPV_{(A-B)} > 0$인 경우: 투자안 A를 선택하는 것이 타당하다.
④ 증분$IRR_{(A-B)} > k$인 경우: 증분현금흐름이 투자형 현금흐름인 경우 투자안 A를 선택하는 것이 타당하다.
⑤ 증분IRR: 증분현금흐름의 NPV를 0으로 만드는 할인율이자 두 투자안의 NPV가 동일해지는 할인율 수준을 의미하므로 피셔의 수익률과 동일하다.
⑥ 가치가산의 원칙에 따라 증분$NPV_{(A-B)} = NPV_A - NPV_B > 0$이므로 증분NPV를 기준으로 한 의사결정결과는 개별투자안의 NPV를 기준으로 한 의사결정결과와 항상

일치하며, (A-B)의 증분현금흐름을 이용해서 의사결정하는 것은 곧 투자안 B를 투자안 A로 대체하는 단일한 투자안에 대한 의사결정이므로 증분NPV를 이용한 의사결정결과는 증분IRR을 이용한 의사결정결과와 일치하게 된다.

05 자본예산의 현실적 적용 　　중요도 ★★

1. 투자규모가 상이한 경우

(1) 투자규모가 상이한 상호배타적인 투자안들과 관련된 의사결정을 하는 경우

투자의 성과를 절대적인 금액으로 표현하는 NPV법과 상대적인 수익성으로 표현하는 IRR법 또는 PI법의 의사결정결과가 상반될 수 있다.

① NPV법: 투자규모의 차이에 대해 기회비용(자본비용)으로의 투자, 즉 NPV = 0인 투자기회를 암묵적으로 가정한다.

② IRR법과 PI법: 투자규모의 차이에 대해 해당 투자안과 동일한 투자안을 중복하여 투자할 수 있다고 암묵적으로 가정한다. 즉, 잔여자금에서도 해당 투자안과 동일한 IRR의 발생을 가정한다.

③ **중복투자**가 가능한 경우 PI법의 의사결정결과를 따르는 것이 타당하고, 중복투자가 불가능한 경우 잔여자금을 자본비용으로 투자한다고 가정하는 NPV법이나 후술하는 가중평균수익성지수법(WAPI법)의 의사결정결과를 따르는 것이 타당하다.

2. 투자자금이 제한되어 있는 경우

한정된 자금을 투자안에 배분하는 의사결정을 자본할당(Capital rationing)이라고 합니다.

현실적으로는 투자자금이 제한되어 있으므로 제한된 투자자금을 투자안들에 적절하게 배분하여 총투자의 NPV가 극대화될 수 있도록 실행할 투자안을 선택해야 한다.

(1) 투자안의 부분투자가 가능한 경우

개별투자안의 투자액 중 일부만을 투자하는 것도 가능한 경우 투자금액 단위당 벌어들이는 가치를 의미하는 수익성지수가 큰 순서대로 투자하면 총투자의 NPV를 극대화할 수 있다.

(2) 투자안의 부분투자가 불가능한 경우

투자안의 **부분투자**가 불가능한 경우 문제점은 투자안 실행 후 잔여자금이 존재할 수 있다는 것이다.

① NPV법에서는 잔여자금에 대해 자본비용으로의 투자를 가정한다.

② 수익성지수법을 적용하는 경우 잔여자금에 대해서 PI가 1인 투자안을 가정하는 **가중평균수익성지수법**을 이용하면 NPV법과 동일한 의사결정을 하게 된다.

가중평균수익성지수(WAPI)

개별투자안의 수익성지수를 투자금액을 기준으로 가중평균하여 계산하는 전체 투자금의 수익성지수를 의미합니다.

3. 내용연수가 상이한 경우

내용연수가 상이한 상호배타적인 투자안들과 관련된 의사결정을 하는 경우 투자안의 **반복투자** 가능 여부가 의사결정방법 선택의 핵심이 된다.
① NPV법: 내용연수 차이 기간 자본비용(기회비용)으로의 투자를 가정한다.
② IRR법: 내용연수 차이 기간 해당 투자안의 IRR로의 투자를 가정한다.
③ PI법: 내용연수 차이 기간 자본비용(기회비용)으로의 투자를 가정한다.

(1) 투자안의 반복투자가 불가능한 경우

투자안의 반복투자가 불가능한 경우 차이 나는 내용연수 기간 자본비용으로의 투자를 가정하는 것이 가장 합리적이다. 즉, NPV법의 투자수익률 가정이 합리적이므로 내용연수의 차이와 무관하게 개별투자안의 NPV를 비교해서 의사결정하는 것이 타당하다.

(2) 투자안의 반복투자가 가능한 경우

① 최소공배수법: 두 투자안 내용연수의 최소공배수 기간까지 반복투자하는 경우의 NPV를 비교한다.
② 무한반복투자법: 무한히 반복투자하는 경우의 NPV를 비교한다.
③ **연간균등가치법(Annual equivalent value method: AEV법)**: 투자안들의 연간균등가치를 비교한다.
  • 연간균등가치: 무한반복투자 시의 NPV와 현재가치가 동일한 매년 말의 일정한 무성장 영구현금흐름

$$\text{무한반복투자 시의 } NPV = \frac{AEV}{k} \rightarrow AEV = \text{무한반복투자 시의 } NPV \times k$$

  • 연간균등가치는 투자안을 1회 투자하는 경우의 NPV와 현재가치가 동일한 내용연수(n) 동안의 매년 말 일정한 현금흐름으로 계산할 수도 있다.

$$1\text{회 투자 시의 } NPV = AEV \times PVIFA_{(k,\ n)} \rightarrow AEV = \frac{1\text{회 투자 시의 } NPV}{PVIFA_{(k,\ n)}}$$

시험문제 미리보기!

150원의 투자자금이 소요되고 1년 후부터 매년 말 100원씩 3년간 현금유입이 발생하는 투자안의 연간균등가치는 얼마인가? (단, 현금흐름에 적용될 할인율은 연 10%이고, $PVIFA(10\%, 3기간) = 2.5$라고 가정한다.)

① 20원 ② 40원 ③ 60원
④ 80원 ⑤ 100원

해설 $NPV = -150원 + 100원 \times 2.5 = 100원$

$AEV = \dfrac{1\text{회 투자 시의 } NPV}{PVIFA(10\%,\ 3기간)} = \dfrac{100원}{2.5} = 40원$

정답 ②

4. 인플레이션을 고려한 자본예산

(1) 명목현금흐름과 실질현금흐름

명목현금흐름은 인플레이션이 반영된 현금흐름으로 미래에 실제로 발생할 것으로 예상되는 현금흐름이며, 실질현금흐름은 투자시점의 불변가격을 이용하여 측정되는 현금흐름으로 인플레이션의 효과가 반영되지 않은 현금흐름이다.

$$실질\,CF_t = \frac{명목\,CF_t}{(1+예상인플레이션율)^t}$$

$$또는\ 명목\,CF_t = 실질\,CF_t \times (1+예상인플레이션율)^t$$

명목이자율과 실질이자율 간의 관계
(1 + 명목이자율) = (1 + 실질이자율) × (1 + 예상인플레이션율)

(2) 인플레이션 효과의 고려

투자안 평가 시 현금흐름과 할인율(자본비용)에 인플레이션의 영향을 일관되게 반영해야 한다. 즉, **명목현금흐름은 명목할인율로 할인하고 실질현금흐름은 실질할인율로 할인**해야 한다.

$$\frac{명목\,CF_t}{(1+명목할인율)^t} = \frac{실질\,CF_t \times (1+예상인플레이션율)^t}{(1+실질할인율)^t \times (1+예상인플레이션율)^t} = \frac{실질\,CF_t}{(1+실질할인율)^t}$$

현금흐름과 할인율에 인플레이션의 영향을 일관되게 반영하면 두 방법의 평가결과는 동일합니다.

06 최적소비 – 투자결정   중요도 ★

소비–투자결정(Consumption–investment decision)이란 소비를 통해 얻는 효용을 극대화하기 위해 자신의 부를 현재소비와 미래소비를 위한 투자로 나누는 의사결정을 말한다.

① 단일기간: 현재시점과 1년 후 시점만을 고려한다.
② 미래현금흐름의 확실성: 투자로 인해 발생될 미래의 현금흐름을 확실히 알고 있다.
③ 완전자본시장: 거래의 마찰적 요인이 존재하지 않기 때문에 누구나 동일한 이자율로 차입 또는 대출(예금)이 가능하다.

1. 소비와 효용

(1) 효용함수

소비에 따른 개인의 주관적인 만족도를 효용(Utility;U)이라고 하며, 다음 두 가지 가정을 한다.

① 불포화만족($MU = \frac{\partial U}{\partial C} > 0$): 총효용은 소비가 증가하면 항상 증가한다.

② 한계효용의 체감($\frac{\partial MU}{\partial C} < 0$): 한계효용(Marginal utility;MU)은 소비가 증가하면 감소한다.

한계효용이란 소비의 변동에 따른 효용의 변동분을 의미합니다.

(2) 무차별곡선과 한계대체율의 체감

무차별곡선(Indifference curve:IC)이란 동일한 수준의 효용을 제공하는 현재소비(C_0)와 미래소비(C_1)의 조합들을 연결한 선을 말한다.

① **한계대체율(Marginal rate of substitution:MRS)**: 특정한 소비점(C_0, C_1)에서의 무차별곡선의 기울기
② 무차별곡선의 기울기가 보다 가파른 소비자가 상대적으로 미래소비보다 현재소비를 더 선호한다고 할 수 있다.

2. 자본시장의 존재와 최적소비의 결정

(1) 자본시장의 존재와 시장기회선

① **자본시장(Capital market)**: 시장이자율로 자금을 차입하거나 대출(예금)할 수 있는 시장을 말하며, 자본시장이 존재하는 경우 시장기회선상의 점에서 소비가 가능하다.
  - **시장기회선(Market opportunity line)**: 자본시장에서 시장이자율로의 차입 또는 대출을 통해 달성 가능한 현재소비와 미래소비의 조합을 나타내는 선
  - 시장기회선의 기울기: $-(1+시장이자율)$

동일한 시장기회선상의 소비점들은 소비의 현재가치와 부의 현재가치가 일치하므로 시장기회선을 등현가선이라고도 합니다.

(2) 최적소비의 결정

자본시장만 존재하는 상황에서 소비자의 최적소비점은 주어진 부의 수준하에서 자신의 효용을 극대화할 수 있는 점에서 결정되며, 이는 곧 주어진 시장기회선상의 점들 중 시장기회선이 개별투자자의 무차별곡선과 접하는 점에서 결정된다는 것을 의미한다.

3. 생산기회의 존재와 최적투자의 결정

(1) 생산기회의 존재와 생산기회선

생산기회란 기계나 공장과 같은 실물자산에 투자해서 미래에 수익을 얻을 수 있는 기회를 말하며, 실물투자기회라고도 한다.

① **생산기회선(Production opportunity line)**: 단일기간의 가정하에서 실물자산에 대한 현재시점의 투자액과 투자에 따라 발생하는 미래 투자수익(현금유입) 간의 관계를 나타내는 선
  - **한계전환율(Marginal rate of transformation:MRT)**: 특정한 투자점(P_0, P_1)에서 생산기회선의 기울기로, $-(1+한계투자수익률)$과 동일하다.
② 합리적인 투자자는 투자수익률이 높은 투자안에 우선적으로 투자할 것이므로 투자금액이 증가함에 따라 자본의 한계생산성을 의미하는 한계투자수익률은 체감하게 되어 생산기회선은 원점에 대해 오목한 형태로 나타난다.

생산기회선을 투자기회선이라고도 합니다.

(2) 최적투자(소비)의 결정

생산기회만 존재하는 상황에서 소비자의 최적투자(소비)점은 생산기회선상의 점들 중 개별투자자의 효용을 극대화할 수 있는 점에서 결정되며, 이는 곧 생산기회선과 개별투자자의 무차별곡선이 접하는 점에서 결정된다는 것을 의미한다.

생산기회만 존재하는 경우 최적투자(소비)점은 개별투자자의 시차선호에 따라 투자자들마다 상이하게 형성됩니다.

4. 자본시장과 생산기회를 모두 이용하는 경우의 최적의사결정

자본시장과 생산기회를 모두 이용하는 경우의 최적의사결정은 두 단계로 분리되어 이루어지는데, 이를 **피셔의 분리정리(Fisher's separation theorem)**라고 한다.

(1) 1단계: 최적투자결정

생산기회를 이용해서 투자하는 경우 투자수익률이 시장이자율(기회비용)보다 높은 생산기회들이 존재하므로 실물자산에 대한 투자를 통해 부의 현재가치를 극대화하는 최적투자결정을 할 수 있다.

① 생산기회선상의 점: 생산함수를 만족시키는 점으로, 생산기회선과 시장기회선의 접점은 한계투자수익률이 시장이자율과 같아져 생산기회선의 기울기인 한계전환율(MRT)과 시장기회선의 기울기인 $-(1 + 시장이자율)$이 같아지는 점을 의미한다.

> - 생산기회선상의 점: $f(P_0, P_1) = 0$
> - 생산기회선과 시장기회선의 접점: $MRT = -(1 + 시장이자율)$

② 최적투자결정은 개인의 주관적인 시차선호(무차별곡선)와는 무관하게 객관적인 시장이자율과 생산기회에 의해 결정되므로 모든 투자자들의 최적투자점은 시차선호와 무관하게 모두 일치하게 된다.

(2) 2단계: 최적소비결정

생산기회를 이용한 최적투자결정을 통해 부의 현재가치를 극대화한 이후에 소비에 대한 시차선호가 상이한 각 투자자들은 자본시장을 이용한 차입 또는 대출을 통해서 자신의 효용을 극대화하는 최적소비결정을 할 수 있다.

① 최적투자 후 시장기회선상의 점: 최적투자를 통해 달성된 부의 현재가치와 소비의 현재가치가 일치하는 점으로, 최적투자점에서 생산기회선에 접하는 시장기회선상의 점을 의미한다.

② 시장기회선상의 점들 중에서도 무차별곡선과 시장기회선의 접점에서 효용이 극대화된다.

> - 최적투자 후 시장기회선상의 점: $P_0 + \dfrac{P_1}{1+R} = W_0^{투자\ 전} + NPV = W_0^{투자\ 후}$
> $\qquad\qquad\qquad\qquad\qquad\qquad = C_0 + \dfrac{C_1}{1+R}$
> - 무차별곡선과 시장기회선의 접점: $MRS = -(1 + 시장이자율)$

③ 최적소비결정은 개인의 주관적인 시차선호를 반영하여 결정된다. 즉, 현재소비를 보다 선호하는 투자자는 최적투자 후 시장이자율로의 차입을 통해 현재소비를 증가시킬 수 있고, 미래소비를 보다 선호하는 투자자는 최적투자 후 시장이자율로의 대출을 통해 미래소비를 증가시킬 수 있다.

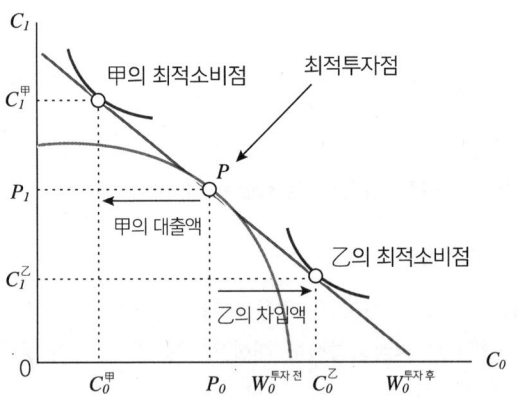

<자본시장과 생산기회를 모두 이용할 때의 최적소비결정>

따라서 자본시장과 생산기회가 모두 존재하는 상황에서 최적투자결정과 최적소비결정이 이루어지는 경우 최적투자점과 최적소비점에서는 다음과 같은 조건을 만족한다.

$$\text{MRT} = -(1 + \text{시장이자율}) = \text{MRS}$$

ejob.Hackers.com

취업강의 1위, **해커스잡**

출제예상문제

제2장 확실성하의 투자안의 가치평가

난이도: ★☆☆ 대표출제기업: 한국서부발전

01 과거의 의사결정에 의해 이미 발생하여 현재시점에서 어떠한 의사결정을 하든지 취소시킬 수 없는 비용을 의미하는 것은?

① 고정비용 ② 매몰비용 ③ 기회비용 ④ 가변비용 ⑤ 대리비용

난이도: ★☆☆

02 자본예산에서 현금흐름 분석 시 고려사항으로 옳지 않은 것은?

① 증분현금흐름을 기준으로 측정한다.
② 법인세는 현금흐름 추정 시 현금유출로 처리한다.
③ 매몰원가(Sunk cost)는 현금흐름 추정 시 현금유출로 처리한다.
④ 기회비용(Opportunity cost)은 현금흐름 추정 시 현금유출로 처리한다.
⑤ 잠식비용(Erosion cost)은 현금흐름 추정 시 현금유출로 처리한다.

난이도: ★☆☆

03 5년 전 5억 원에 구입하여 80만 원의 임대료를 받으면서 임대하고 있던 토지를 7억 원에 매각할 것인지 아니면 주차장을 신축할 것인지를 고려하고 있을 때, 관련된 현금흐름에 대한 설명으로 옳은 것은?

① 토지의 취득원가 5억 원은 현금유출로 처리한다.
② 토지의 임대료 80만 원은 기회비용이므로 현금유출로 처리한다.
③ 매각대금 7억 원은 주차장 신축안에 대한 기회비용이므로 현금유입으로 처리한다.
④ 주차장의 신축을 위해 소요되는 자금은 관련 현금흐름이므로 고려해야 한다.
⑤ 주차장 신축 시 포기되는 예상이자수익은 기회비용이므로 현금유출로 처리한다.

난이도: ★☆☆　대표출제기업: 인천교통공사

04 A 기업에서 근무하는 甲의 현재 연봉은 5,000만 원이다. 甲이 B 기업으로 이직하는 경우 연봉은 6,000만 원으로 예상되며, 개인사업을 하는 경우 세후연소득은 4,000만 원으로 예상될 때, 甲이 A 기업에서 계속 근무하는 경우의 기회비용은 얼마인가?

① 1,000만 원　② 2,000만 원　③ 4,000만 원　④ 5,000만 원　⑤ 6,000만 원

난이도: ★☆☆

05 기계장치의 구입가격은 3,000만 원이고, 내용연수는 3년이며, 정액법에 의해 잔존가치 없이 감가상각된다. 기계장치를 이용해서 생산되는 제품의 단위당 판매가격은 10만 원이고, 제품의 생산에 소요되는 단위당 변동비용은 5만 원이며, 감가상각비를 제외한 연간 고정비용은 1,500만 원일 때, 세금을 고려하지 않는 경우 연간 영업현금흐름이 0이 되는 연간 판매수량은 얼마인가?

① 300단위　② 400단위　③ 500단위　④ 600단위　⑤ 700단위

정답 및 해설

01 ②
매몰비용은 과거의 의사결정에 의해 이미 발생하여 현재시점에서 취소시킬 수 없다.

02 ③
매몰원가는 과거의 의사결정을 통해 이미 지출된 비용이어서 현재의 의사결정에 영향을 받지 않으므로 새로운 투자안의 현금흐름 추정 시 고려하지 않는다.

03 ④
[오답노트]
① 토지의 취득원가 5억 원은 매몰원가이므로 현금유출로 처리하지 않는다.
② 토지의 임대료 80만 원은 비관련원가이므로 현금유출로 처리하지 않는다.
③ 매각대금 7억 원은 주차장 신축안에 대한 기회비용이므로 현금유출로 처리한다.
⑤ 포기되는 예상이자수익은 현금흐름에서 고려하지 않는다.

04 ⑤
甲의 선택으로 인해 포기된 기회 중 가장 가치가 큰 6,000만 원이 기회비용이다.

05 ①
영업현금흐름 = Q × (10만 원 - 5만 원) - 1,500만 원 = 0
∴ Q = 300단위

출제예상문제

난이도: ★☆☆ **대표출제기업:** 예금보험공사

06 A 기업은 7년 전 내용연수는 10년이고, 내용연수 말 잔존가치는 없을 것으로 예상되는 기계를 1,000원에 구입하였다. A 기업이 이 기계를 현재 400원에 처분하는 경우 현금유입액은 얼마인가? (단, 감가상각방법은 정액법이며, 법인세율은 40%이다.)

① 320원　　② 340원　　③ 360원　　④ 380원　　⑤ 400원

난이도: ★☆☆

07 상호배타적인 두 투자안에 대한 의사결정기준과 관련된 설명으로 옳지 않은 것은? (단, 투자안들의 현금흐름은 투자시점에 현금이 유출되고 이후에 현금이 유입되는 투자형 현금흐름을 가정한다.)

① 회수기간법에서는 회수기간이 보다 긴 투자안을 선택한다.
② 회계적이익률법에서는 회계적이익률이 보다 높은 투자안을 선택한다.
③ 순현재가치법에서는 순현재가치가 보다 큰 투자안을 선택한다.
④ 내부수익률법에서는 내부수익률이 보다 높은 투자안을 선택한다.
⑤ 수익성지수법에서는 수익성지수가 보다 높은 투자안을 선택한다.

난이도: ★☆☆ **대표출제기업:** 한국마사회

08 회수기간법에 대한 설명으로 옳지 않은 것은?

① 내용연수 동안의 모든 현금흐름을 고려하는 방법이다.
② 기업의 유동성 위험에 대한 정보를 제공하는 방법이다.
③ 진부화 위험에 대한 정보를 제공하는 방법이다.
④ 화폐의 시간가치를 반영하지 않는다.
⑤ 목표회수기간의 설정이 자의적이므로 평가결과가 객관적이지 못하다.

난이도: ★★☆

09 A 기업은 보유하고 있는 토지에 건물을 신축할 것인지 아니면 주차장시설을 신축할 것인지를 고려하고 있다. 건물을 신축하는 경우 투자시점에 7억 원이 소요되며, 해당 건물은 1년 후 12억 원 매각할 수 있을 것으로 기대된다. 주차장시설을 신축하는 경우 보유토지의 제한으로 주차장시설을 80단위까지 신축할 수 있으며, 투자시점에 단위당 200만 원이 소요되고 1년 후부터 단위당 매년 100만 원의 현금유입이 영구히 발생할 것으로 기대된다. 투자안 평가에 적절한 할인율이 20%인 경우 이에 대한 설명으로 옳은 것은?

① 건물을 신축해야 한다.
② 주차장시설을 신축해야 한다.
③ 건물의 신축과 주차장시설의 신축은 무차별하다.
④ 건물과 주차장시설을 모두 신축해야 한다.
⑤ 건물과 주차장시설을 모두 신축하지 말아야 한다.

정답 및 해설

06 ③
처분시점 장부금액 = 1,000원 $- \frac{1,000원 - 0원}{10년} \times 7년$ = 300원
현금유입액 = 처분가액 - (처분가액 - 장부금액) × 법인세율
= 400원 - (400원 - 300원) × 0.4 = 360원

07 ①
회수기간법에서는 회수기간이 보다 짧은 투자안을 선택한다.

08 ①
회수기간법은 회수기간 이후의 현금흐름을 고려하지 못한다는 문제점이 있다.

09 ①
- 건물 신축의 NPV = $-7억 원 + \frac{12억 원}{1.2}$ = 3억 원
- 주차장시설 신축의 NPV = 80단위 × $\left(-200만 원 + \frac{100만 원}{0.2}\right)$
= 80단위 × 300만 원 = 2.4억 원

출제예상문제

10 신규 투자안을 실행하는 경우 투자시점에 150원이 유출되고, 1년 후와 2년 후에 각각 200원과 300원이 유입된다. 신규 투자안의 자본비용이 20%인 경우 순현재가치(NPV)의 계산식으로 옳은 것은?

① $NPV = -150원 + 200원 + 300원$

② $NPV = -150원 + \dfrac{200원}{1.2} + \dfrac{300원}{1.2^2}$

③ $NPV = -\dfrac{150원}{1.2^2} + \dfrac{200원}{1.2} + 300원$

④ $NPV = -150원 \times 1.2^2 + 200원 \times 1.2 + 300원$

⑤ $NPV = -150원 + 200원 \times 1.2 + 300원 \times 1.2^2$

11 A 기업은 투자시점에 15,000원이 소요되는 기계장치의 구입을 고려하고 있으며, 투자액은 사업기간인 10년에 걸쳐서 정액법으로 감가상각되고 투자종료시점에서의 잔존가치 및 매각가치는 없다. 기계장치를 구입하는 경우 생산되는 제품의 판매량은 매년 200개로 예상되며, 제품의 단위당 판매가격은 100원이고, 단위당 변동비는 70원, 감가상각비를 제외한 연간 총고정비용은 2,000원이다. 법인세율은 40%이고 할인율은 연 8%이며, PVIFA(8%, 10) = 6.7이라고 가정할 때, 해당 투자안의 순현재가치(NPV)는 얼마인가?

① 5,100원 ② 5,300원 ③ 5,500원 ④ 5,700원 ⑤ 5,900원

12 순현재가치법에 대한 설명으로 옳지 않은 것은?

① 내용연수 동안의 모든 현금흐름을 고려한다.
② 현금흐름 비할인모형이다.
③ 주주부의 극대화 목표에 부합하는 방법이다.
④ 투자안의 성과를 절대적인 금액으로 표현하는 방법이다.
⑤ 평가의 기준이 객관적이다.

난이도: ★☆☆　대표출제기업: 한국가스공사

13 순현재가치법에 대한 설명으로 옳지 않은 것은?

① 화폐의 시간가치를 반영하는 방법이다.
② 가치의 가산원리가 적용된다.
③ 기업가치의 극대화라는 재무관리의 목표에 가장 부합하는 방법이다.
④ 투자액의 효율성을 고려한 방법이다.
⑤ 현재가치 계산 시 적용될 자본비용의 정확한 추정이 곤란하다는 문제점이 있다.

난이도: ★★☆

14 단일기간투자를 가정할 때, 투자시점에 300원의 현금유출이 발생하고 1년 후에 현금유입이 발생하는 투자안 A의 수익성지수가 1.2이고, 자본비용은 10%일 때, 투자안 A의 내부수익률은 얼마인가?

① 24%　　② 28%　　③ 32%　　④ 36%　　⑤ 40%

정답 및 해설

10 ②
$NPV = PV(유입액) - PV(유출액) = \dfrac{200원}{1.2} + \dfrac{300원}{1.2^2} - 150원$

11 ①
감가상각비 = (15,000원 - 0원) ÷ 10년 = 1,500원
영업현금흐름 = [(100원 - 70원) × 200개 - 2,000원] × (1 - 0.4) + 0.4 × 1,500원
　　　　　　 = 3,000원
NPV = -15,000원 + 3,000원 × 6.7 = 5,100원

12 ②
순현재가치법은 화폐의 시간가치를 반영하는 현금흐름 할인모형이다.

13 ④
순현재가치법은 투자안의 성과를 절대적인 금액으로 표현하는 방법이므로 투자의 효율성(상대적인 성과)은 고려하지 못한다.

14 ③
1년 후 유입액의 현재가치 = 300원 × 1.2 = 360원
1년 후 유입액 = 360원 × 1.1 = 396원
내부수익률 = $\dfrac{396원}{300원} - 1$ = 32%

출제예상문제

난이도: ★★☆

15 투자안 A와 투자안 B의 초기투자액은 동일하지만, 화폐의 시간가치가 반영되지 않은 할인 전 현금유입액의 단순한 합계금액은 투자안 A가 투자안 B보다 많다. 두 투자안에 대한 피셔의 수익률이 10%인 경우 투자안의 NPV가 할인율 변화에 보다 민감한 투자안과 그 이유에 대한 설명으로 옳은 것은?

① 투자안 A: 내용연수가 보다 짧다.
② 투자안 B: 내용연수가 보다 길다.
③ 투자안 A: 현금흐름이 내용연수 후반부에 보다 집중된다.
④ 투자안 B: 현금흐름이 내용연수 초반부에 보다 집중된다.
⑤ 투자안 B: 현금흐름의 변동위험이 보다 크다.

난이도: ★☆☆   대표출제기업: 신용보증기금, 한국도로공사

16 순현재가치법과 내부수익률법에 대한 설명으로 옳지 않은 것은? (단, 투자시점에 현금유출이 발생하고, 이후 현금유입이 발생하는 투자형 현금흐름을 가정한다.)

① 독립적인 투자안의 경우 순현재가치법과 내부수익률법의 의사결정결과는 항상 일치한다.
② 상호배타적인 투자안의 경우 순현재가치법과 내부수익률법의 의사결정결과는 항상 일치한다.
③ 투자안의 내부수익률을 할인율로 사용해서 계산되는 순현재가치는 0이 된다.
④ 투자안의 내부수익률이 자본비용보다 큰 경우 자본비용을 할인율로 사용해서 계산되는 순현재가치는 0보다 크다.
⑤ 순현재가치법은 자본비용으로 재투자한다고 가정하며, 내부수익률법은 내부수익률로 재투자한다고 가정한다.

난이도: ★★☆

17 투자안의 경제성을 평가하는 방법에 대한 설명으로 옳지 않은 것은?

① 순현재가치법이 내부수익률법보다 우수하다.
② 내부수익률법에서는 내부수익률이 존재하지 않거나 복수로 존재하는 경우가 있을 수 있다.
③ 내부수익률법의 재투자수익률 가정을 자본비용으로 수정한 수정내부수익률법에서는 2개 이상의 내부수익률이 나오지 않는다.
④ 내부수익률이 자본비용보다 큰 경우 내부수익률은 수정내부수익률보다 큰 값을 가진다.
⑤ 순현재가치법은 재투자수익률로 자본비용을 가정하고 가치의 가산원리가 성립하며 투자액의 효율성을 고려한다.

난이도: ★★☆

18 투자안의 경제성을 평가하는 방법에 대한 설명으로 옳지 않은 것은?

① 할인율이 0%보다 큰 일반적인 상황에서 화폐의 시간가치를 반영하는 할인회수기간은 회수기간보다 짧다.
② 내부수익률법은 매기 변동하는 할인율을 반영하기가 곤란하지만, 순현재가치법은 매기 변동하는 할인율을 비교적 용이하게 반영할 수 있다.
③ 독립적인 투자안의 경우 수익성지수가 1보다 크면 투자안을 채택하고, 1보다 작으면 투자안을 기각한다.
④ 투자안의 부분적 선택이 가능한 자본할당의 경우 수익성지수가 유용하게 사용된다.
⑤ 투자규모가 상이한 상호배타적인 투자안의 경우 수익성지수법은 가중평균수익성지수법으로 보완할 수 있다.

난이도: ★★☆

19 투자안의 경제성을 평가하는 방법에 대한 설명으로 옳지 않은 것은?

① 두 투자안의 순현재가치가 같아지는 할인율을 피셔(Fisher)의 수익률이라고 한다.
② 내부수익률법을 이용해서 상호배타적인 투자안을 평가하는 경우 두 투자안의 NPV곡선의 상호 교차 여부를 검토해야 한다.
③ 상호배타적인 두 투자안의 투자규모가 동일한 경우 수익성지수법과 순현재가치법의 평가결과는 동일하다.
④ 투자안의 경제성을 분석할 때 감가상각방법에 따라서 투자안의 현금흐름이 달라져 투자안 평가에 영향을 미칠 수 있다.
⑤ 자금조달에 제약이 있는 상황에서 자본할당의 의사결정에는 수익성지수법을 사용하면 항상 최적의 투자안 조합을 결정할 수 있다.

정답 및 해설

15 ③
할인율이 0%에서 10%로 변동하는 경우 NPV의 변화가 보다 민감한 투자안은 투자안 A이며, 초기 투자액이 동일하므로 내용연수가 보다 길거나, 현금흐름이 후반부에 보다 집중된다.

16 ②
상호배타적인 투자안의 경우 할인율이 피셔의 수익률보다 작은 구간에서 순현재가치법과 내부수익률법의 의사결정결과가 상반된다.

17 ⑤
순현재가치법은 투자안의 성과를 절대적인 금액(절대적 성과)으로 표현하는 방법이므로 투자의 효율성(상대적인 성과: 내부수익률, 수익성지수)은 고려하지 못한다.

18 ①
화폐의 시간가치를 반영하는 할인회수기간은 회수기간보다 길다.

19 ⑤
부분(분할)투자가 가능한 경우 수익성지수법을 이용해서 수익성지수가 높은 투자안부터 투자해야 하지만, 부분투자가 불가능한 경우 가능한 투자조합들 중 총투자의 순현재가치(또는 가중평균수익성지수)가 극대화되는 투자안 조합을 선택해야 한다.

출제예상문제

난이도: ★★★

20 상호배타적인 투자안 A와 투자안 B의 경제성을 평가하는 방법에 대한 설명으로 옳지 않은 것은? (단, 증분현금흐름(A – B)은 투자안 A의 기간별 현금흐름에서 투자안 B의 기간별 현금흐름을 차감한 현금흐름이다.)

① 두 투자안의 투자규모가 동일한 경우 수정내부수익률법과 순현재가치법의 평가결과는 동일하다.
② 증분현금흐름(A – B)의 순현재가치가 0보다 큰 경우 투자안 A를 선택한다.
③ 증분현금흐름(A – B)의 내부수익률이 0보다 큰 경우 투자안 A를 선택한다.
④ 증분현금흐름의 순현재가치를 기준으로 한 의사결정결과는 증분현금흐름의 내부수익률을 기준으로 한 의사결정결과와 항상 동일하다.
⑤ 증분현금흐름의 내부수익률을 기준으로 한 의사결정결과는 투자안들의 순현재가치를 비교하는 의사결정결과와 항상 동일하다.

난이도: ★★★

21 투자규모와 투자기간이 동일하며 상호배타적인 투자안 A와 투자안 B의 내부수익률이 각각 15%와 20%이며, 투자안 간 증분현금흐름의 내부수익률은 10%이다. 현재시점에 현금유출이 발생하고, 이후 현금유입이 발생하는 투자형 현금흐름을 가정하는 경우 옳지 않은 것은?

① 두 투자안의 순현재가치를 같게 하는 할인율은 5%보다 높다.
② 자본비용이 5%인 경우 투자안 A와 투자안 B의 순현재가치는 모두 0원보다 크다.
③ 자본비용이 5%인 경우 투자안 A를 채택하는 것이 보다 타당하다.
④ 투자안 B는 투자안 A보다 투자기간 후기에 현금유입이 상대적으로 더 많다.
⑤ 자본비용이 15%일 때 투자안 A의 순현재가치는 0이다.

난이도: ★★★

22 내용연수가 3년인 A 기계를 구입하면 구입시점에 100원이 유출되고, 이후 매년 말 10원의 유지비용이 소요된다. PVIF(3기간) = 0.75이고, PVIFA(3기간) = 2.5인 경우 A 기계의 연간균등비용(Equivalent annual cost)은 얼마인가?

① 30원　　② 40원　　③ 50원　　④ 60원　　⑤ 70원

난이도: ★☆☆

23 완전자본시장과 실물투자기회의 존재를 가정하는 경우 최적소비-투자의사결정에 대한 설명으로 옳지 않은 것은?

① 모든 투자자들의 최적실물투자점은 동일하다.
② 시장이자율은 시장기회선 기울기의 절댓값에서 1을 차감한 값이다.
③ 현재소비를 보다 선호하는 투자자는 최적실물투자 이후에 차입을 하여 자신의 효용을 더 증가시킬 수 있다.
④ 최적실물투자점에서 한계투자수익률이 극대화된다.
⑤ 최적소비점에서 모든 투자자들의 한계대체율(MRS)이 동일하다.

정답 및 해설

20 ③
증분현금흐름(A-B)의 내부수익률을 이용해서 의사결정하는 경우 증분내부수익률과 자본비용(기회비용)을 비교해서 의사결정한다.

21 ④
투자안 A의 NPV곡선의 기울기가 보다 가파르므로 투자안 A가 투자안 B보다 투자기간 후기에 현금유입이 상대적으로 더 많다.

22 ③
1회 투자 시 비용의 PV = 100원 + 10원 × 2.5 = 125원
연간균등비용(EAC) = $\frac{125원}{2.5}$ = 50원

23 ④
최적실물투자점에서 한계투자수익률은 시장이자율과 같다.

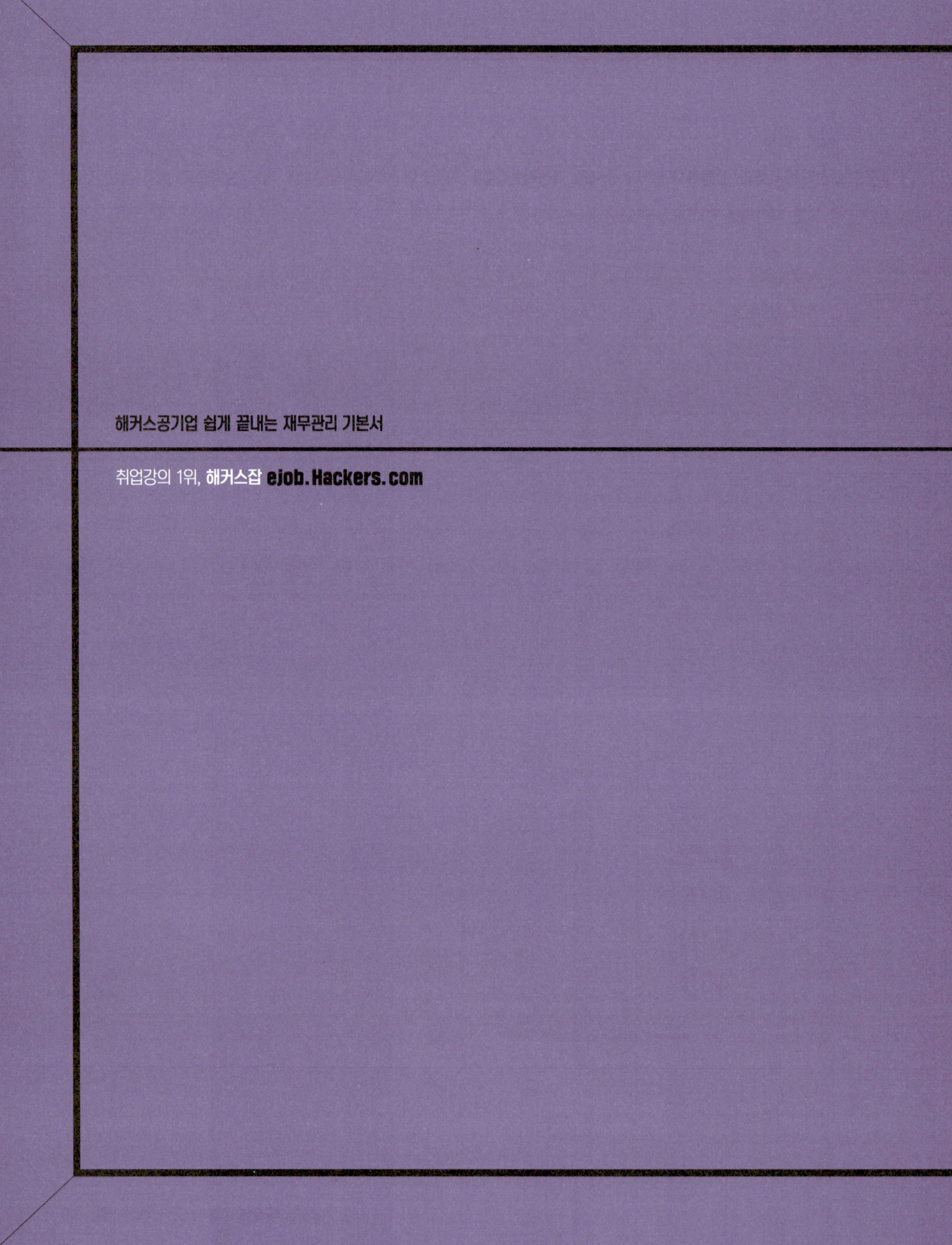

해커스공기업 쉽게 끝내는 재무관리 기본서

취업강의 1위, 해커스잡 ejob.Hackers.com

PART 2

기업재무론 - 불확실성을 고려한 가치평가

제1장 / 포트폴리오이론
제2장 / 자본자산가격결정모형
제3장 / 시장모형과 차익거래가격결정이론
제4장 / 자본구조이론
제5장 / 부채사용 투자안의 가치평가

제1장 | 포트폴리오이론

재무관리 전문가의 TIP

'제1장 포트폴리오이론'부터 '제3장 시장모형과 차익거래가격결정이론'까지는 단순화를 위해 부채를 사용하지 않는 무부채기업을 가정하여 주주의 요구수익률인 자기자본비용을 측정하는 방법에 대해 학습하고, '제4장 자본구조이론'부터 '제5장 부채사용 투자안의 가치평가'까지는 부채사용기업 또는 부채사용 투자안의 전체 자본비용인 가중평균자본비용을 측정하는 방법에 대해 학습할 수 있습니다.

✓ 핵심 포인트

통계적 측정치	기대수익률, 분산, 표준편차, 공분산, 상관계수
위험에 대한 태도	위험회피형투자자의 의사결정
투자자의 의사결정	평균 – 분산기준과 지배원리
포트폴리오이론	포트폴리오의 기대수익률과 위험
분산투자효과	상관계수에 따른 분산투자효과
위험의 구분	체계적위험과 비체계적위험

01 자본비용의 의의 중요도 ★

1. 자본비용

자본비용(Cost of capital)이란 기업이 주주나 채권자 등 자본제공자에게 지급하는 자본사용에 대한 대가를 말한다. 기업의 입장에서는 조달한 자금으로 투자해서 벌어들여야 하는 최소한의 수익률이며, 자본제공자의 입장에서는 자신이 제공한 자금에 대해 요구하는 최소한의 수익률이라고 할 수 있다.

① **타인자본비용(Cost of debt: k_d)**: 기업이 타인자본(부채)에 대해 부담해야 하는 자본비용이자 부채에 대한 채권자의 요구수익률
② **자기자본비용(Cost of equity: k_e)**: 기업이 자기자본에 대해 부담해야 하는 자본비용이자 자기자본에 대한 주주의 요구수익률
③ **가중평균자본비용(Weighted average cost of capital: k_0)**: 타인자본비용과 자기자본비용을 원천별 자본의 구성비율로 가중평균한 것으로, 기업 전체의 자본비용이자 전체 자산에 대한 요구수익률

02 위험과 수익률　　　　　　　　　　　　　　　　　　　　중요도 ★★

1. 기대수익률과 위험의 측정

위험이 존재하는 상황이란 미래의 현금흐름(또는 수익, 성과, 부)을 현재시점에서 확실하게 알 수 없고, 단지 확률분포의 형태로 예측할 수 있는 상황을 말한다. 여기서 미래현금흐름에 대한 기대치와 실제 실현되는 실제치가 같지 않을 가능성, 즉 미래현금흐름의 변동 가능성을 위험이라고 하는데, 미래의 현금흐름에 위험이 존재하는 경우 투자자(주주)들은 기대수익의 크기뿐만 아니라 위험까지 고려하여 의사결정을 할 것이다.

(1) 기대수익률

기대수익률은 미래의 각 상황에서 실현되는 수익률에 대한 기댓값을 의미한다. 각 상황에서의 실현수익률(R_{is})에 발생확률(p_s)을 곱한 후 모두 더하여 계산하며, $E(R_i)$로 표시한다.

$$E(R_i) = \sum_{s=1}^{n} p_s \times R_{is}$$

(단, p_s: 상황 s가 발생할 확률, R_{is}: 상황 s에서 자산 i의 실현수익률)

(2) 위험의 통계적 측정치

기대수익률이 동일한 경우에도 각 상황에서의 실현수익률이 기대수익률에서 벗어나는 정도, 즉 위험의 정도는 서로 다를 수 있다. 위험의 크기를 측정하는 통계적 측정치에는 수익률의 분산과 표준편차가 있다.

① 분산(Variance): 각 상황에서의 실현수익률과 기대수익률의 차이인 편차를 제곱한 값에 발생확률을 곱한 후 모두 더하여 계산하며, $Var(R_i)$ 또는 σ_i^2으로 표시한다. 분산의 단위는 확률변수 단위의 제곱이므로 분산의 단위에 대한 해석에 문제가 발생할 수 있다.

$$Var(R_i) = \sigma_i^2 = \sum_{s=1}^{n} p_s \times [R_{is} - E(R_i)]^2$$

② 표준편차(Standard deviation): 분산에 양(+)의 제곱근을 취하여 통계치의 단위가 확률변수의 단위와 동일하게 되도록 표준화한 값으로, σ_i로 표시한다.

$$\sigma_i = \sqrt{Var(R_i)}$$

(3) 확률변수들 간의 관계에 대한 통계적 측정치

위험을 측정하기 위해서는 개별자산 수익률들 간에 존재하는 상호관련성에 대해서도 측정할 필요가 있으며, 이에 대한 통계적 측정치에는 공분산과 상관계수가 있다.

① 공분산(Covariance): 각 상황에서 각 자산 수익률의 편차를 곱한 값에 발생확률을 곱한 후 모두 더하여 계산하며, $Cov(R_i, R_j)$ 또는 σ_{ij}로 표시한다.

$$Cov(R_i, R_j) = \sigma_{ij} = \sum_{s=1}^{n} p_s \times [R_{is} - E(R_i)] \times [R_{js} - E(R_j)]$$

② 공분산 값의 의미
- 양(+)의 값을 갖는 경우: 두 확률변수가 평균적으로 같은 방향으로 변동
- 음(−)의 값을 갖는 경우: 두 확률변수가 평균적으로 반대 방향으로 변동
- 0의 값을 갖는 경우: 두 확률변수가 일정한 관계없이 서로 무관하게 독립적으로 변동

③ 상관계수(Correlation coefficient): 공분산을 각 확률변수의 표준편차의 곱으로 나누어 표준화한 값으로, ρ_{ij}로 표시한다.

$$\rho_{ij} = \frac{\sigma_{ij}}{\sigma_i \times \sigma_j}$$

④ 상관계수 값의 의미
- +1의 값을 갖는 경우: 완전한 정(+)의 상관관계로, 각 상황에서의 두 확률변수는 같은 방향으로 정비례하여 변동
- −1의 값을 갖는 경우: 완전한 부(−)의 상관관계로, 각 상황에서의 두 확률변수는 반대 방향으로 정비례하여 변동
- 0의 값을 갖는 경우: 두 확률변수가 선형의 상관관계 없이 독립적으로 변동

(4) 통계적 측정치의 연산법칙

① $E(10\%) = 10\%$: 상수의 기댓값은 상수 자체이다.
② $E(3 \times R_1) = 3 \times E(R_1)$
③ $E(R_1 + R_2) = E(R_1) + E(R_2)$
④ $E(3 \times R_1 + 4 \times R_2) = 3 \times E(R_1) + 4 \times E(R_2)$
⑤ $Var(10\%) = 0$: 상수는 변동될 가능성이 없으므로 상수의 분산은 0이다.
⑥ $Var(3 \times R_1) = 3^2 \times Var(R_1)$
⑦ $Var(R_1 + R_2) = Var(R_1) + Var(R_2) + 2 \times Cov(R_1, R_2)$
⑧ $Var(3 \times R_1 + 4 \times R_2) = 3^3 \times Var(R_1) + 4^2 \times Var(R_2) + 2 \times 3 \times 4 \times Cov(R_1, R_2)$
⑨ $Cov(10\%, R_1) = 0$: 상수와 변수는 서로 독립적이다.
⑩ $Cov(R_1, R_1) = Var(R_1)$: 확률변수 자신과의 공분산은 분산과 동일하다.
⑪ $Cov(R_1, R_2) = Cov(R_2, R_1)$
⑫ $Cov(3 \times R_1, R_2) = 3 \times Cov(R_1, R_2)$

⑬ $Cov(R_1, R_2+R_3) = Cov(R_1, R_2) + Cov(R_1, R_3)$

⑭ $Cov(3 \times R_1 + 4 \times R_2, 5 \times R_3 + 6 \times R_4)$
$= 3 \times 5 \times Cov(R_1, R_3) + 3 \times 6 \times Cov(R_1, R_4) + 4 \times 5 \times Cov(R_2, R_3) + 4 \times 6 \times Cov(R_2, R_4)$

예제 기대수익률과 위험의 측정

다음은 경기상황에 따라서 주식 1과 주식 2로부터 1년 후 실현될 것으로 예상되는 수익률의 확률분포이다.

미래상황(s)	발생확률(p_s)	실현수익률(R_{is})	
		주식 1	주식 2
호황	50%	15%	20%
불황	50%	5%	0%

물음 1 주식 1과 주식 2의 기대수익률을 각각 계산하시오.
  2 주식 1과 주식 2의 수익률의 분산을 각각 계산하시오.
  3 주식 1과 주식 2의 수익률의 표준편차를 각각 계산하시오.
  4 주식 1과 주식 2의 수익률의 공분산을 계산하시오.
  5 주식 1과 주식 2의 수익률의 상관계수를 계산하시오.

해답 1 주식 1과 주식 2의 기대수익률
  • $E(R_1)$ = 0.5 × 15% + 0.5 × 5% = 10%
  • $E(R_2)$ = 0.5 × 20% + 0.5 × 0% = 10%

  2 주식 1과 주식 2의 수익률의 분산
  • $Var(R_1) = \sigma_1^2$ = 0.5 × (15% − 10%)² + 0.5 × (5% − 10%)² = 25%²
  • $Var(R_2) = \sigma_2^2$ = 0.5 × (20% − 10%)² + 0.5 × (0% − 10%)² = 100%²

  3 주식 1과 주식 2의 수익률의 표준편차
  • $\sigma_1 = \sqrt{Var(R_1)} = \sqrt{25\%^2}$ = 5%
  • $\sigma_2 = \sqrt{Var(R_2)} = \sqrt{100\%^2}$ = 10%

  4 주식 1과 주식 2의 수익률의 공분산
  $Cov(R_1, R_2) = \sigma_{12}$ = 0.5 × (15% − 10%) × (20% − 10%)
      + 0.5 × (5% − 10%) × (0% − 10%) = 50%²

  5 주식 1과 주식 2의 수익률의 상관계수
  $\rho_{12} = \dfrac{\sigma_{12}}{\sigma_1 \times \sigma_2} = \dfrac{50\%^2}{5\% \times 10\%}$ = +1

2. 기대효용극대화기준

위험이 존재하는 상황에서 투자자(주주)들은 기대수익(률)의 크기뿐만 아니라 위험까지 고려하여 최적의 대안을 선택해야 하는데, 기대수익(률)의 크기와 위험을 모두 고려한 합리적인 선택기준으로 이용되는 것이 **기대효용극대화기준**이며, 이는 기대효용이 가장 큰 대안을 선택하는 것을 의미한다.

$$E[U(W_s)] = \sum_{s=1}^{n} p_s \times U(W_s)$$

(단, $U(W_s)$: 상황 s에서의 부(W_s)에 대한 효용)

3. 투자자들의 위험에 대한 태도

투자자는 위험에 대한 태도에 따라 위험회피형, 위험중립형, 위험선호형으로 구분할 수 있는데, 투자자의 효용함수는 이러한 투자자들의 위험에 대한 태도와 밀접한 관련이 있다.

(1) 위험회피형 투자자

위험회피형(Risk averse) 투자자는 위험을 싫어하는 투자자이다. 즉, 기대수익이 동일하다면 위험이 작은 대안을 선호하고, 위험이 동일하다면 기대수익이 큰 대안을 선호한다. 합리적인 투자자의 행위는 위험회피성향을 보일 것이므로 재무관리에서는 특별한 언급이 없는 한 위험회피형 투자자를 가정한다.

① 위험회피형 투자자의 효용은 부(현금흐름)가 증가하면 효용이 증가하지만($U(W)' > 0$), 부의 증가에 따른 효용의 증가분은 감소한다($U(W)'' < 0$).
- **한계효용체감의 법칙**: 위험회피형 투자자의 효용이 부의 증가에 따라 체감적으로 증가하는 것

② **위험프리미엄(Risk premium)**: 위험회피형 투자자가 위험을 부담하는 경우 그 위험부담에 대해 요구하는 보상

③ **확실성등가(Certainty equivalent: CEQ)**: 기대효용과 동일한 효용을 제공해 주는 확실한 부의 수준

$$U(W)' = \frac{dU}{dW} > 0$$

$$U(W)'' = \frac{d^2U}{dW^2} < 0$$

〈위험회피형 투자자의 효용함수〉

> **재무관리 전문가의 TIP**
>
> 위험회피형 투자자의 효용함수는 아래로 오목한 형태로 표현되므로 계산의 편의를 위해 $U(W) = \sqrt{W}$ (단, W = 보유하는 부의 수준)로 가정하는 것이 일반적입니다.

예제 공정한 게임에 대한 의사결정

현재 ₩10,000을 보유 중인 투자자 甲이 50%의 확률로 ₩9,600을 획득하거나 50%의 확률로 ₩9,600을 지급해야 하는 게임에 직면했다. 동 게임에 참가하는 경우의 기대부는 현재부와 동일한 ₩10,000이므로 동 게임은 공정한 게임이다. 투자자 甲의 효용함수는 $U(W) = \sqrt{W}$(단, W=보유하는 부의 수준)이며, 게임의 결과는 즉각적으로 발생한다. 기대효용극대화기준에 의할 경우 다음의 물음에 답하시오. (단, 게임에 참가하기 위해 지급해야 하는 참가비는 없는 것으로 가정한다.)

물음 1 게임에 참가하는 경우의 기대효용을 계산하여 참가 여부를 결정하시오.

2 게임에 참가하는 경우의 기대효용과 동일한 효용을 제공해 주는 확실한 부의 수준, 즉 확실성등가를 계산하시오.

3 갬블의 비용(Cost of gamble), 즉 위험이 있는 게임에 참가하는 경우 발생하는 부의 감소분을 계산하시오.

4 상기 게임의 위험프리미엄을 계산하시오.

해답 1 게임에 참가하지 않는 경우의 효용 = $\sqrt{₩10,000}$ = 100
게임에 참가하는 경우의 기대효용 = $\sqrt{₩19,600} \times 0.5 + \sqrt{₩400} \times 0.5$ = 80
∴ 게임에 참가하는 경우 (기대)효용의 감소가 발생하므로 게임에 참가하지 않는 것이 유리하다.

2 확실성등가 = 80^2 = ₩6,400

3 갬블의 비용 = 현재부 − 확실성등가 = ₩10,000 − ₩6,400 = ₩3,600

4 기대부 = ₩19,600 × 0.5 + ₩400 × 0.5 = ₩10,000
위험프리미엄 = 기대부 − 확실성등가 = ₩10,000 − ₩6,400 = ₩3,600

(2) 위험중립형 투자자

위험중립형(Risk neutral) 투자자는 위험을 고려하지 않고 기대수익만 고려하는 투자자이다. 위험중립형 투자자는 위험에 대해 중립적이므로 위험의 크기와 관계없이 기대수익이 큰 대안을 선택한다.

① 위험중립형 투자자의 효용은 부(현금흐름)가 증가하면 효용이 증가하며($U(W)' > 0$), 부의 증가에 따른 한계효용은 일정하다($U(W)'' = 0$). 따라서 위험중립형 투자자의 효용함수는 직선형태를 갖는다.

② 위험중립형 투자자는 위험의 크기에 관계없이 기대수익만을 고려하기 때문에 확실성등가와 기대부가 동일하다. 따라서 위험중립형 투자자의 위험프리미엄은 항상 0의 값을 갖는다.

(3) 위험선호형 투자자

위험선호(Risk loving) 투자자는 위험을 좋아하는 투자자이다. 즉, 기대수익이 동일하다면 위험이 큰 대안을 선호하고, 위험이 동일하다면 기대수익이 큰 대안을 선호한다.

① 위험선호형 투자자의 효용은 부(현금흐름)가 증가하면 효용이 증가하며($U(W)' > 0$), 부의 증가에 따른 효용의 증가분은 증가한다($U(W)'' > 0$). 즉, 위험선호형 투자자의 효용은 부의 증가에 따라 체증적으로 증가하므로 위험선호형 투자자의 효용함수는 아래로 볼록한 형태를 보인다.

② 위험선호형 투자자는 대가를 지급하더라도 위험을 부담하고자 하는 투자자이기 때문에 확실성등가는 기대부보다 크다. 따라서 위험선호형 투자자의 위험프리미엄은 항상 음(−)의 값을 갖는다.

> **시험문제 미리보기!**
>
> 시장에서 거래되는 무위험자산의 수익률이 연 8%인 상황에서 1년 후의 가치가 동일한 확률로 ₩12,600이 되거나, ₩9,000이 될 것으로 예상되는 위험자산 A가 거래되고 있다. 위험회피형 투자자 甲은 위험자산 A에 1년간 투자하는 경우 위험부담에 대한 보상으로 구입가격의 12%에 해당하는 보상을 원한다고 가정한다. 투자자 甲의 입장에서 위험자산 A의 적정가격은 얼마인가?
>
> ① 6,000원   ② 7,500원   ③ 8,000원   ④ 8,500원   ⑤ 9,000원
>
> 해설 위험자산 A의 1년 후 기대가치 = 0.5 × ₩12,600 + 0.5 × ₩9,000 = ₩10,800
>
> 적정가격(A) = $\frac{₩10,800}{1 + 0.08 + 0.12}$ = $\frac{₩10,800}{1 + 0.2}$ = ₩9,000
>
> 정답 ⑤

4. 평균 – 분산기준

(1) 평균 – 분산기준의 의의

① **평균 – 분산기준(Mean-variance criterion)**: 자산의 기대수익률(평균)과 수익률의 분산(또는 표준편차)만을 이용하여 기대효용극대화기준과 동일한 선택을 할 수 있도록 해 주는 선택기준

② 평균 – 분산기준을 적용하기 위해서는 자산의 미래수익률에 대한 확률분포가 정규분포를 이루거나 투자자의 효용함수가 2차함수라는 가정이 필요하다.

(2) 평균 – 분산 무차별곡선

평균 – 분산 무차별곡선이란 어떤 투자자에게 동일한 기대효용을 제공하는 기대수익률과 분산(또는 표준편차)의 조합을 나타내는 곡선을 말한다. 위험회피형 투자자의 평균 – 분산 무차별곡선의 특징은 다음과 같다.

① 우상향하며 아래로 볼록하다.
② 좌상방의 무차별곡선이 보다 높은 효용수준이다.
③ 기울기가 가파를수록 위험회피정도가 심하다.

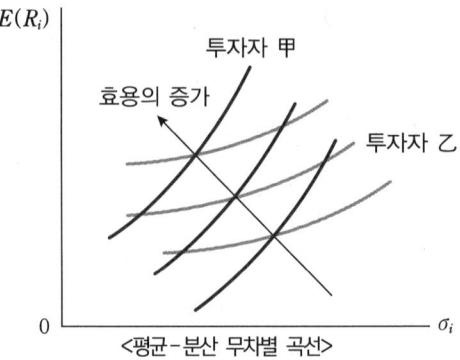

<평균 – 분산 무차별 곡선>

위험중립형 투자자의 평균 – 분산 무차별곡선
• 수평이다.
• 상방의 무차별곡선이 보다 높은 효용수준이다.

위험선호형 투자자의 평균 – 분산 무차별곡선
• 우하향하며 아래로 오목하다.
• 우상방의 무차별곡선이 보다 높은 효용수준이다.

(3) 지배원리

지배원리(Dominance principle)란 위험회피형 투자자의 경우 기대수익률이 동일하면 위험이 작은 자산을 선택하고, 위험이 동일하면 기대수익률이 높은 자산을 선택하는 것을 말한다.

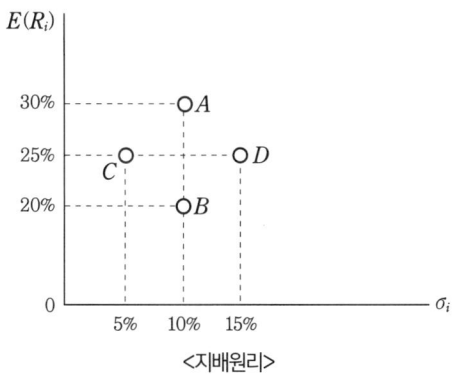

<지배원리>

위와 같은 기대수익률과 위험으로 표현되는 자산이 있는 경우 자산 A가 자산 B를 지배하고, 자산 C가 자산 D를 지배하며, 자산 A와 자산 C 간에는 지배관계가 존재하지 않는다.

① 자산 A와 자산 C는 다른 자산에 의해 지배되지 않는 **효율적 자산**이다.
② 자산 B나 자산 D는 자산 A와 자산 C에 의해 지배되는 **비효율적 자산**이다.

(4) 평균 – 분산기준에 의한 최적선택

평균 – 분산기준에 의한 최적투자자산의 선택은 두 단계를 거쳐 이루어진다.

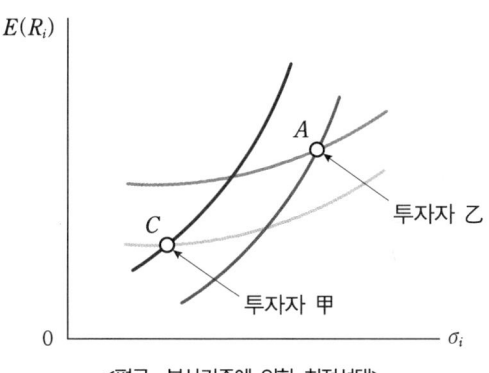

<평균 – 분산기준에 의한 최적선택>

① 1단계: 지배원리를 충족시키는 효율적 투자자산(자산 A, 자산 C) 선별
② 2단계: 효율적 투자자산 중 해당 투자자의 무차별곡선에 반영된 주관적인 위험회피 정도를 고려하여 해당 투자자의 기대효용을 극대화할 수 있는 최적투자자산 선택

03 포트폴리오이론　　　　중요도 ★★★

1. 포트폴리오이론의 기초개념

(1) 분산투자와 포트폴리오효과

① **분산투자(Diversification)**: 개별자산에 투자하지 않고 여러 개의 자산으로 구성된 자산군인 **포트폴리오(Portfolio)**에 투자하는 것
② **분산투자효과**: 포트폴리오투자(분산투자)를 하는 경우 투자자가 궁극적으로 부담하는 위험이 감소하는 것

(2) 포트폴리오이론의 가정

포트폴리오이론은 위험자산들만으로 포트폴리오를 구성해서 투자할 경우의 최적선택과정을 설명하는 이론이며, 다음과 같은 사항을 가정한다.
① 투자자들은 위험회피형이며, 기대효용을 극대화하려고 한다.
② 투자자들은 평균-분산기준에 의해 의사결정한다.
③ 투자자들은 자산의 미래수익률의 확률분포에 대해서 동질적인 기대를 한다.
④ 투자기간은 1기간이다.

>
> 분산투자효과를 포트폴리오효과라고도 합니다.
>
> 포트폴리오이론은 마코위츠(H. Markowitz)라는 학자가 주장한 이론이므로 마코위츠모형이라고도 합니다.

2. 2개의 자산으로 구성된 포트폴리오

(1) 기대수익률과 위험

① 포트폴리오의 수익률(R_P): 개별자산에 대한 투자비율(w_i)을 가중치로 한 개별자산 수익률(R_i)의 가중평균

$$R_P = w_1 R_1 + w_2 R_2$$
(단, $w_1 + w_2 = 1$)

② 포트폴리오의 기대수익률: **개별자산 기대수익률의 가중평균**이며, 개별자산에 대한 투자비율의 함수

$$E(R_P) = E(w_1 R_1 + w_2 R_2) = w_1 E(R_1) + w_2 E(R_2)$$

> **▤ 시험문제 미리보기!**
>
> 자산 1과 자산 2의 기대수익률은 각각 10%와 20%이다. 자산 1과 자산 2에 각각 40%와 60%를 투자하여 구성된 포트폴리오 P의 기대수익률은 얼마인가?
>
> ① 13%　② 14%　③ 15%　④ 16%　⑤ 17%
>
> 해설　$E(R_P) = w_1 E(R_1) + w_2 E(R_2) = 0.4 \times 0.1 + 0.6 \times 0.2 = 0.16$
>
> 정답 ④

③ 포트폴리오 수익률의 분산에는 개별자산에 대한 투자비율과 개별자산 수익률의 분산 뿐만 아니라 개별자산 수익률 간의 **공분산(상관계수)** 도 영향을 미친다.

- $Var(R_P) = Var(w_1 R_1 + w_2 R_2) = Cov(w_1 R_1 + w_2 R_2, \ w_1 R_1 + w_2 R_2)$
  $= w_1^2 Var(R_1) + w_2^2 Var(R_2) + 2w_1 w_2 Cov(R_1, \ R_2)$
- $\sigma_P^2 = w_1^2 \sigma_1^2 + w_2^2 \sigma_2^2 + 2w_1 w_2 \sigma_{12} = w_1^2 \sigma_1^2 + w_2^2 \sigma_2^2 + 2w_1 w_2 \rho_{12} \sigma_1 \sigma_2$

포트폴리오의 위험은 단순히 개별자산에 투자하는 경우의 위험보다 확연히 감소할 수 있는데, 포트폴리오 구성 시 위험이 감소되는 효과는 공분산(상관계수)에 따라 달라진다.

시험문제 미리보기!

> 자산 1과 자산 2의 수익률의 표준편차가 각각 20%와 40%이고, 수익률 간의 공분산은 0이다. 자산 1과 자산 2에 50%씩 투자하여 구성된 포트폴리오 P 수익률의 분산은 얼마인가?
>
> ① 0.05   ② 0.06   ③ 0.07   ④ 0.08   ⑤ 0.09
>
> 해설 $\sigma_P^2 = w_1^2 \sigma_1^2 + w_2^2 \sigma_2^2 + 2w_1 w_2 \sigma_{12} = 0.5^2 \times 0.2^2 + 0.5^2 \times 0.4^2 + 2 \times 0.5 \times 0.5 \times 0$
> $= 0.05$
>
> 정답 ①

(2) 완전한 정의 상관관계(ρ_{12} = +1)인 경우

개별자산 수익률 간의 상관계수가 +1인 2개의 자산으로 구성된 포트폴리오의 기대수익률과 수익률의 분산(표준편차)은 각각 다음과 같다.

- $E(R_P) = w_1 E(R_1) + w_2 E(R_2) = w_1 E(R_1) + (1-w_1) E(R_2)$
- $\sigma_P^2 = w_1^2 \sigma_1^2 + w_2^2 \sigma_2^2 + 2w_1 w_2 \times 1 \times \sigma_1 \times \sigma_2 = [w_1 \sigma_1 + w_2 \sigma_2]^2$
  $\sigma_P = w_1 \sigma_1 + w_2 \sigma_2 = w_1 \sigma_1 + (1-w_1) \sigma_2$

① **상관계수가 +1인 경우** 포트폴리오 수익률의 표준편차는 기대수익률과 동일하게 각 개별자산에 대한 투자비율을 가중치로 한 개별자산 수익률 표준편차의 가중평균이 되어 **분산투자효과는 발생하지 않는다.**

② 상관계수가 +1인 경우 포트폴리오는 개별자산들을 연결한 직선상에 놓인다.

$$w_1 = \frac{\sigma_P - \sigma_2}{\sigma_1 - \sigma_2}$$

$$E(R_P) = \frac{\sigma_P - \sigma_2}{\sigma_1 - \sigma_2} \times E(R_1) + (1 - \frac{\sigma_P - \sigma_2}{\sigma_1 - \sigma_2}) \times E(R_2)$$

$$= \frac{\sigma_1 E(R_2) - \sigma_2 E(R_1)}{\sigma_1 - \sigma_2} + \frac{E(R_1) - E(R_2)}{\sigma_1 - \sigma_2} \times \sigma_P$$

(3) 완전한 부의 상관관계($\rho_{12} = -1$)인 경우

개별자산 수익률 간의 상관계수가 -1인 2개의 자산으로 구성된 포트폴리오의 기대수익률과 수익률의 분산(표준편차)은 각각 다음과 같다.

$$\begin{aligned}
&\cdot E(R_P) = w_1 E(R_1) + w_2 E(R_2) = w_1 E(R_1) + (1-w_1) E(R_2) \\
&\cdot \sigma_P^2 = w_1^2 \sigma_1^2 + w_2^2 \sigma_2^2 + 2 w_1 w_2 \times (-1) \times \sigma_1 \times \sigma_2 = [w_1 \sigma_1 - w_2 \sigma_2]^2 \\
&\quad \sigma_P = |w_1 \sigma_1 - w_2 \sigma_2| = w_1 \sigma_1 - w_2 \sigma_2 = w_1 \sigma_1 - (1-w_1)\sigma_2 \\
&\quad \text{또는} = -w_1 \sigma_1 + w_2 \sigma_2 = -w_1 \sigma_1 + (1-w_1)\sigma_2
\end{aligned}$$

① 상관계수가 -1인 경우 포트폴리오 수익률의 표준편차는 개별자산 수익률 표준편차의 가중평균보다 감소하므로 포트폴리오효과가 발생한다.
② 상관계수가 -1인 경우 포트폴리오는 동일한 절편을 가지고 서로 반대되는 기울기를 갖는 두 직선상에 놓인다. 이러한 경우 투자비율을 조정하여 위험이 0인 포트폴리오의 구성도 가능하며, 이와 같이 **상관계수가 -1인 경우 분산투자효과는 극대화된다.**

$$w_1 = \frac{\sigma_2 + \sigma_P}{\sigma_1 + \sigma_2} \text{ 또는 } w_1 = \frac{\sigma_2 - \sigma_P}{\sigma_1 + \sigma_2}$$

$$E(R_P) = \frac{\sigma_1 E(R_2) + \sigma_2 E(R_1)}{\sigma_1 + \sigma_2} + \frac{E(R_1) - E(R_2)}{\sigma_1 + \sigma_2} \times \sigma_P$$

$$\text{또는} = \frac{\sigma_1 E(R_2) + \sigma_2 E(R_1)}{\sigma_1 + \sigma_2} - \frac{E(R_1) - E(R_2)}{\sigma_1 + \sigma_2} \times \sigma_P$$

(4) 일반적인 상관관계($-1 < \rho_{12} < +1$)인 경우

① 개별자산 수익률 간의 상관계수가 -1보다 크고 $+1$보다 작은 경우 위험자산으로 구성된 포트폴리오의 기대수익률과 위험 간의 관계는 직선이 아닌 곡선 형태로 표시되며, 곡선의 형태는 상관계수의 크기에 따라 영향을 받는다.
② 상관계수가 -1에 가까울수록 분산투자효과는 크게 발생한다.

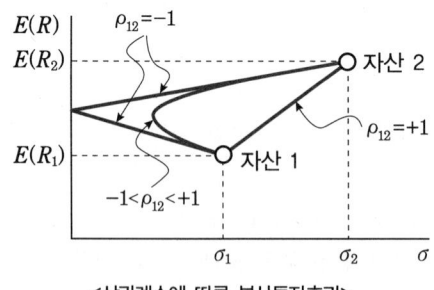

<상관계수에 따른 분산투자효과>

(5) 분산투자이득

두 위험자산 수익률 간의 상관계수가 $+1$이 아닌 한 분산투자효과는 발생하며, 이러한 경우 포트폴리오의 위험(수익률의 표준편차)은 포트폴리오를 구성하는 개별자산 수익률의 표준편차를 단순히 투자비율로 가중평균한 수치보다 감소하며 그 차이를 분산투자이득의 크기라고 할 수 있다.

3. 최소분산포트폴리오와 효율적 포트폴리오집합

(1) 최소분산포트폴리오

최소분산포트폴리오(Minimum variance portfolio:MVP)란 주어진 상관계수하에서 개별자산들로 구성된 포트폴리오들 중 위험이 가장 작은 포트폴리오를 말한다.

① 상관계수가 -1인 경우 최소분산포트폴리오는 위험이 0이 되는 포트폴리오이다.
② 최소분산포트폴리오를 구성하기 위한 개별자산에 대한 투자비율(w_1)은 포트폴리오 수익률의 분산(σ_P^2)을 투자비율(w_1)에 대해 1차 미분한 값 $\left(\frac{d\sigma_P^2}{dw_1}\right)$을 0으로 만드는 투자비율을 계산함으로써 알 수 있다.

$$\sigma_P^2 = w_1^2\sigma_1^2 + (1-w_1)^2\sigma_2^2 + 2w_1(1-w_1)\sigma_{12}$$
$$= w_1^2(\sigma_1^2 + \sigma_2^2 - 2\sigma_{12}) - 2w_1(\sigma_2^2 - \sigma_{12}) + \sigma_2^2$$
$$\frac{d\sigma_P^2}{dw_1} = 2w_1(\sigma_1^2 + \sigma_2^2 - 2\sigma_{12}) - 2(\sigma_2^2 - \sigma_{12}) = 0$$
$$\therefore w_1 = \frac{\sigma_2^2 - \sigma_{12}}{\sigma_1^2 + \sigma_2^2 - 2\sigma_{12}}$$

📋 시험문제 미리보기!

자산 1과 자산 2의 기대수익률과 수익률의 표준편차가 다음과 같고 자산 1과 자산 2의 수익률 간 상관계수가 -1인 경우 최소분산포트폴리오를 구성하기 위한 자산 1에 대한 투자비율(w_1)은 얼마인가?

구분	기대수익률	표준편차
자산 1	20%	30%
자산 2	10%	10%

① 25%　② 40%　③ 50%　④ 60%　⑤ 75%

해설 $w_1 = \frac{\sigma_2^2 - \sigma_{12}}{\sigma_1^2 + \sigma_2^2 - 2\sigma_{12}} = \frac{\sigma_2^2 + \sigma_1\sigma_2}{\sigma_1^2 + \sigma_2^2 + 2\sigma_1\sigma_2} = \frac{\sigma_2(\sigma_1 + \sigma_2)}{(\sigma_1 + \sigma_2)^2} = \frac{\sigma_2}{\sigma_1 + \sigma_2} = \frac{0.1}{0.3 + 0.1}$
$= 0.25$

정답 ①

③ $\sigma_1 < \sigma_2$인 상황에서 두 자산 수익률 간의 상관계수가 양수(+)인 경우에도 두 자산으로 구성되는 포트폴리오 수익률의 표준편차(σ_P)가 자산 1 수익률의 표준편차(σ_1)보다 작을 수 있다. 즉, $\rho_{12} < \frac{\sigma_1}{\sigma_2}$인 경우 $\sigma_P < \sigma_1 < \sigma_2$인 포트폴리오 구성이 가능하다.

> **💡 재무관리 전문가의 TIP**
>
> 상관계수가 점차 감소되는 경우 $\sigma_P < \sigma_1$이 되는 시작점은 $\sigma_{MVP} < \sigma_1$이 되는 시작점이며, 이는 MVP구성을 위한 자산 1에 대한 투자비율(w_1)이 100% 미만으로 감소되는 시작점입니다.
>
> $w_1 = \frac{\sigma_2^2 - \sigma_{12}}{\sigma_1^2 + \sigma_2^2 - 2\sigma_{12}}$
>
> $= \frac{\sigma_2^2 - \rho_{12}\sigma_1\sigma_2}{\sigma_1^2 + \sigma_2^2 - 2\rho_{12}\sigma_1\sigma_2} < 1$
>
> $\therefore \rho_{12} < \frac{\sigma_1}{\sigma_2}$

(2) 효율적 포트폴리오집합(효율적 투자선)

최소분산포트폴리오 아래쪽에 위치하는 포트폴리오들은 최소분산포트폴리오 위쪽에 위치하는 포트폴리오들에 의해 지배되므로 최소분산포트폴리오 위쪽에 위치하는 포트폴리오들의 집합을 '효율적 포트폴리오집합' 또는 '**효율적 투자선**'이라고 한다.

(3) 공매가 가능한 경우의 포트폴리오

공매(空賣)란 특정 자산을 보유하지 않은 상황에서 해당 자산을 처분하는 것으로, **공매도(Short selling)**라고도 한다. 이와 같이 특정 자산을 보유하지 않은 상황에서 해당 자산을 공매하는 경우 일정 기간 경과 후 동일 자산을 다시 매입하여 거래를 청산한다.

① 현재 보유하고 있지 않은 특정 자산의 가격이 하락할 것으로 예상된다면, 자산대차거래를 통해 해당 자산의 보유자에게서 자산을 차입한 후 처분하고 일정 기간 경과 후 동일 자산을 매입하여 상환하는 전략을 통해 해당 자산의 가격이 하락한 것만큼의 이익을 획득할 수 있다.

② 공매가 가능한 경우 자산에 대한 **(-)투자**가 가능하다.

> 예) 현재 ₩100을 보유하고 있는 투자자가 자산 1을 ₩20만큼 공매($w_1 = -0.2$)하여 유입되는 자금과 보유자금을 이용해서 자산 2를 ₩120만큼 매입($w_2 = +1.2$)하는 포트폴리오 구성

③ 자산가격의 하락을 예상하여 공매(또는 대주)를 하는 경우 미래에 반드시 해당 자산을 매입해야만 한다.

대주(貸株)란 주식의 원보유자로부터 해당 주식을 차입하는 것을 말하는데, 공매는 대주와 유사한 개념입니다.

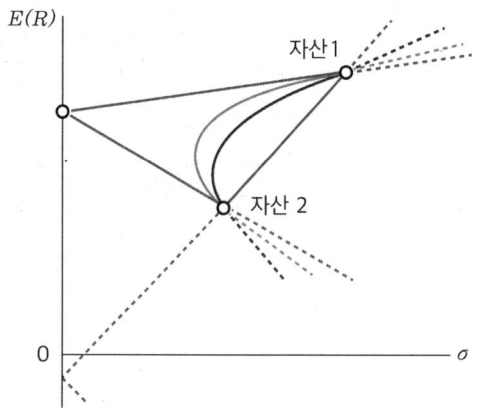

4. 3개 이상의 자산으로 구성된 포트폴리오

(1) 3개의 자산으로 구성된 포트폴리오의 기대수익률과 위험

3개의 자산으로 구성된 포트폴리오의 기대수익률과 수익률의 분산을 식으로 나타내면 다음과 같다.

> - $R_P = w_1 R_1 + w_2 R_2 + w_3 R_3$ (단, $w_1 + w_2 + w_3 = 1$)
> - $E(R_P) = w_1 E(R_1) + w_2 E(R_2) + w_3 E(R_3)$
> - $Var(R_P) = w_1^2 \sigma_1^2 + w_2^2 \sigma_2^2 + w_3^2 \sigma_3^2 + 2w_1 w_2 \sigma_{12} + 2w_2 w_3 \sigma_{23} + 2w_3 w_1 \sigma_{31}$

공분산행렬은 공분산을 직사각형의 꼴로 배열한 것을 말하는데, 3개의 자산으로 구성된 포트폴리오 수익률의 분산을 **공분산행렬**을 이용하여 나타내면 다음과 같다.

i \ j	자산 1(w_1R_1)	자산 2(w_2R_2)	자산 3(w_3R_3)
자산 1(w_1R_1)	$w_1w_1\sigma_{11} = w_1^2\sigma_1^2$	$w_1w_2\sigma_{12}$	$w_1w_3\sigma_{13}$
자산 2(w_2R_2)	$w_2w_1\sigma_{21}$	$w_2w_2\sigma_{22} = w_2^2\sigma_2^2$	$w_2w_3\sigma_{23}$
자산 3(w_3R_3)	$w_3w_1\sigma_{31}$	$w_3w_2\sigma_{32}$	$w_3w_3\sigma_{33} = w_3^2\sigma_3^2$

① 공분산행렬의 각 항은 두 자산 수익률 간의 공분산에 각 자산에 대한 투자비율을 곱한 값이며, 모든 항의 값을 더하면 포트폴리오 수익률의 분산값과 같아진다.
② 공분산행렬의 구성을 보면 대각선에 위치하는 항은 수익률의 분산으로 표현되는 부분이며, 대각선 이외의 항은 다른 자산 수익률과의 공분산으로 표현되는 부분이다.
③ 대각선 이외의 항은 대각선을 중심으로 각각 2개씩 존재하게 된다.

(2) n개의 자산으로 구성된 포트폴리오의 기대수익률과 위험

n개의 자산으로 구성된 포트폴리오의 기대수익률과 수익률의 분산을 식으로 나타내면 다음과 같다.

- $R_P = w_1R_1 + w_2R_2 + \cdots + w_nR_n = \sum_{i=1}^{n}w_iR_i$ (단, $\sum_{i=1}^{n}w_i = 1$)
- $E(R_P) = w_1E(R_1) + w_2E(R_2) + \cdots + w_nE(R_n) = \sum_{i=1}^{n}w_iE(R_i)$
- $Var(R_P) = \sum_{i=1}^{n}\sum_{j=1}^{n}w_iw_j\sigma_{ij} = \sum_{i=1}^{n}w_i^2\sigma_i^2 + \sum_{i=1}^{n}\sum_{j=1}^{n}w_iw_j\sigma_{ij}$ (단, $i \neq j$)
  $= \sum_{i=1}^{n}w_i^2\sigma_i^2 + 2 \times \sum_{i=1}^{n}\sum_{j=1}^{n}w_iw_j\sigma_{ij}$ (단, $i > j$)

n개의 자산으로 구성된 포트폴리오 수익률의 분산을 공분산행렬을 이용하여 나타내면 다음과 같다.

i \ j	자산 1	자산 2	자산 3	⋯	자산 n
자산 1	$w_1^2\sigma_1^2$	$w_1w_2\sigma_{12}$	$w_1w_3\sigma_{13}$	⋯	$w_1w_n\sigma_{1n}$
자산 2	$w_2w_1\sigma_{21}$	$w_2^2\sigma_2^2$	$w_2w_3\sigma_{23}$	⋯	$w_2w_n\sigma_{2n}$
자산 3	$w_3w_1\sigma_{31}$	$w_3w_2\sigma_{32}$	$w_3^2\sigma_3^2$	⋯	$w_3w_n\sigma_{3n}$
⋮	⋮	⋮	⋮		⋮
자산 n	$w_nw_1\sigma_{n1}$	$w_nw_2\sigma_{n2}$	$w_nw_3\sigma_{n3}$	⋯	$w_n^2\sigma_n^2$

공분산행렬의 모든 항의 개수의 합은 n^2개이며, 이 중 분산으로 표현되는 부분인 대각선 항의 개수는 n개이고, 대각선 이외의 항의 개수는 $n^2 - n$개이다.

(3) 무한히 많은 자산으로 구성된 포트폴리오의 분산투자효과

공분산행렬에서도 확인할 수 있는 바와 같이 포트폴리오를 구성하는 자산의 수가 증가할수록 포트폴리오 전체의 위험에는 개별자산의 위험(수익률의 분산)이 미치는 영향은 점차 감소하고, 개별자산 수익률 간의 공분산이 미치는 영향은 점차 증가하며, 포트폴리오에 포함되는 자산의 수를 무한히 증가시키는 경우 포트폴리오 수익률의 분산이 개별자산 수익률 간 공분산의 평균($\overline{\sigma_{ij}}$)으로 수렴한다. 즉, 무한히 많은 자산으로 포트폴리오를 구성하는 경우 궁극적으로 부담하는 위험은 **개별자산 수익률 간의 공분산의 평균($\overline{\sigma_{ij}}$)**이 된다고 할 수 있다.

(4) 체계적위험과 비체계적위험

개별자산의 위험에는 포트폴리오 구성 시 포트폴리오효과의 발생으로 인해 제거 가능한 위험과 아무리 분산투자를 해도 제거 불가능한 위험이 있다.

① 분산투자를 통해서 제거 불가능한 위험: 모든 자산의 수익률에 공통적으로 영향을 미치는 **공통요인**과 관련된 위험으로, 시장위험, 분산불가능위험 또는 **체계적위험**이라고 한다.

② 분산투자를 통해서 제거 가능한 위험: 개별자산의 **고유한 요인**에 기인하는 위험으로, 고유위험, 분산가능위험 또는 **비체계적위험**이라고 한다.

합리적인 투자자는 분산투자효과를 고려하여 개별자산에만 투자하지 않고 포트폴리오를 구성하여 투자할 것이므로 투자자가 부담하는 궁극적인 위험은 분산투자를 통해서도 제거 불가능한 위험인 체계적위험이며, 따라서 보상의 대상이 되는 위험도 체계적위험이다.

(5) 포트폴리오의 위험에 대한 개별자산의 공헌도와 공헌비율

2개의 자산으로 구성된 포트폴리오 수익률의 분산식을 정리하면 포트폴리오의 전체 위험 중 개별자산이 공헌하는 정도를 측정할 수 있다.

$$Var(R_P) = w_1^2\sigma_1^2 + w_2^2\sigma_2^2 + 2w_1w_2\sigma_{12} = \left(w_1^2\sigma_1^2 + w_1w_2\sigma_{12}\right) + \left(w_2^2\sigma_2^2 + w_1w_2\sigma_{12}\right)$$
$$= w_1\left(w_1\sigma_1^2 + w_2\sigma_{12}\right) + w_2\left(w_2\sigma_2^2 + w_1\sigma_{12}\right) = w_1\sigma_{1P} + w_2\sigma_{2P}$$

① 개별자산 i의 포트폴리오 위험에 대한 공헌도는 포트폴리오의 위험(σ_P^2) 중 개별자산이 **공헌하는 정도**를 말하며, 다음과 같이 계산된다.

$$\text{개별자산 } i \text{의 공헌도} = w_i \times Cov(R_i, R_P) = w_i \times \sigma_{iP}$$

② 개별자산 i의 포트폴리오 위험에 대한 공헌비율은 포트폴리오의 위험 중 개별자산이 **공헌하는 비율**을 말하며, 다음과 같이 계산된다.

$$\text{개별자산 } i \text{의 공헌비율} = \frac{w_i \times Cov(R_i, R_P)}{Var(R_P)} = \frac{w_i \times \sigma_{iP}}{\sigma_P^2}$$

> **시험문제 미리보기!**
>
> 자산 1과 자산 2 수익률의 표준편차가 각각 20%와 40%이고, 수익률 간의 공분산은 0이며, 자산 1과 자산 2에 50%씩 투자하여 구성된 포트폴리오 P 수익률의 분산은 0.05이다. 포트폴리오 P의 위험(수익률의 분산)에 대한 자산 1의 공헌비율은 얼마인가?
>
> ① 10%　　② 20%　　③ 30%　　④ 40%　　⑤ 50%
>
> 해설　$w_1 \times \sigma_{1P} = w_1^2 \times \sigma_1^2 + w_1 \times w_2 \times \sigma_{12} = 0.5^2 \times 0.2^2 + 0.5 \times 0.5 \times 0 = 0.01$
> 포트폴리오 P의 위험에 대한 자산 1의 공헌비율 $= \dfrac{w_1 \times \sigma_{1P}}{\sigma_P^2} = \dfrac{0.01}{0.05} = 0.2$
>
> 정답 ②

5. 효율적 투자선의 도출과 최적투자포트폴리오의 선택

(1) 효율적 투자선의 도출

위험자산만 존재하는 경우 다른 모든 자산들을 지배하는 효율적 투자선을 마코위츠의 효율적 투자선이라고 하며, 도출과정을 살펴보면 다음과 같다.

① 투자기회집합(Investment opportunity set): 시장에 존재하는 모든 위험자산들과 이들을 결합해서 구성 가능한 모든 포트폴리오들의 전체 조합

② 최소분산선(Minimum variance frontier): 투자기회집합 중 동일한 기대수익률 하에서 위험이 가장 작은 포트폴리오들의 집합

③ 최소분산포트폴리오(Global MVP): 최소분산선상의 포트폴리오 중 위험이 가장 작은 포트폴리오

④ **효율적 투자선(Efficient frontier):** 최소분산선상의 포트폴리오 중 최소분산포트폴리오 위쪽에 위치하는 포트폴리오들인 가장 효율적인 포트폴리오들의 집합

> **재무관리 전문가의 TIP**
>
> 최소분산선을 최소분산포트폴리오집합이라고도 하고, 효율적 투자선을 효율적 포트폴리오집합이라고도 합니다.

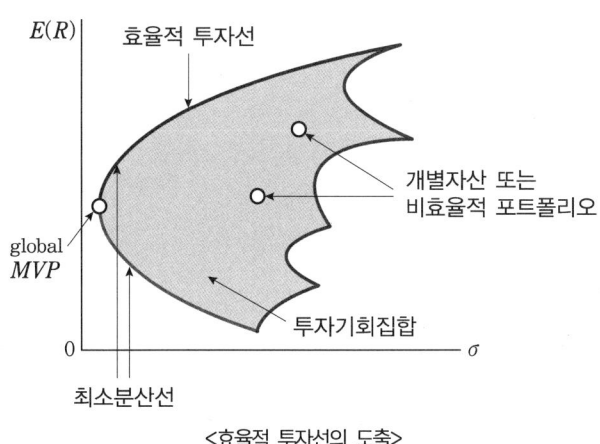

<효율적 투자선의 도출>

(2) 최적투자포트폴리오의 선택

위험자산들을 이용해서 포트폴리오를 구성하는 경우 최적투자포트폴리오의 선택은 다음 두 단계를 거쳐 이루어진다.

① 1단계: 개별 자산들로 구성되는 포트폴리오들의 기대수익률과 위험(수익률의 분산)을 비교하여 지배원리를 충족시키는 효율적 포트폴리오(마코위츠의 효율적 투자선)들을 선별한다.

② 2단계: 효율적 포트폴리오 중 투자자의 무차별곡선에 반영된 주관적인 위험회피정도를 고려하여 해당 투자자의 기대효용을 극대화할 수 있는 최적투자포트폴리오를 선택한다.

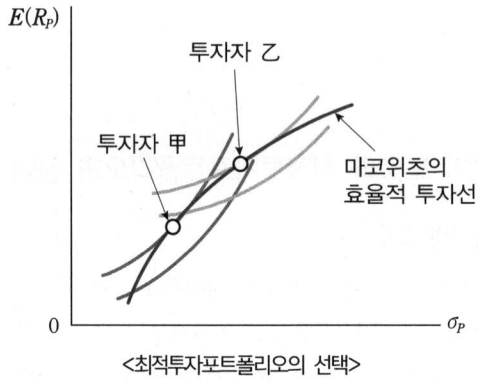

<최적투자포트폴리오의 선택>

ejob.Hackers.com

취업강의 1위, **해커스잡**

출제예상문제

제1장 포트폴리오이론

난이도: ★☆☆

01 단일기간투자를 가정할 때, 1년 후 경기가 호황인 경우 160원, 불황인 경우 80원을 투자자에게 지급하는 자산 A의 현재 적정가격이 100원이다. 1년 후 경기가 호황과 불황이 될 확률이 각각 50%일 때, 자산 A의 적정가격 계산에 적용된 적정할인율은 얼마인가?

① 연 8% ② 연 10% ③ 연 14% ④ 연 20% ⑤ 연 30%

난이도: ★☆☆   대표출제기업: 인천교통공사

02 포트폴리오이론에 대한 설명으로 옳지 않은 것은?

① 위험회피형 투자자의 경우 위험이 클수록 더 높은 기대수익률을 요구한다.
② 위험중립형 투자자의 경우 위험프리미엄은 0이다.
③ 위험회피형 투자자의 경우 기대부에 대한 확실성등가가 기대부보다 더 크다.
④ 위험중립형 투자자의 경우 위험의 크기와 관계없이 기대수익이 큰 대안을 선택한다.
⑤ 확실성등가란 기대효용과 동일한 효용을 제공해 주는 확실한 부의 수준을 말한다.

난이도: ★★☆

03 현재시점에 80원을 예금하면 1년 후 무위험하게 100원의 원리금을 수취할 수 있는 상황이다. 단일기간투자를 가정할 때 위험자산의 균형가격으로 성립될 수 없는 것은?

① 위험중립형 투자자만 있는 세계에서 1년 후 기대현금흐름이 125원인 위험자산 A의 현재가격이 100원이다.
② 위험회피형 투자자만 있는 세계에서 1년 후 기대현금흐름이 130원인 위험자산 B의 현재가격이 100원이다.
③ 위험회피형 투자자만 있는 세계에서 1년 후 기대현금흐름이 140원인 위험자산 C의 현재가격이 110원이다.
④ 위험선호형 투자자만 있는 세계에서 1년 후 기대현금흐름이 150원인 위험자산 D의 현재가격이 120원이다.
⑤ 위험선호형 투자자만 있는 세계에서 1년 후 기대현금흐름이 160원인 위험자산 E의 현재가격이 130원이다.

난이도: ★☆☆   대표출제기업: 경기평택항만공사

04 개별자산들의 기대수익률과 수익률의 표준편차에 대한 자료가 다음과 같을 때, 지배원리를 적용해서 의사결정하는 경우 위험회피형 투자자 甲의 최적투자자산으로 옳은 것은?

구분	A	B	C	D	E
$E(R_i)$	30%	40%	30%	40%	5%
σ_i	10%	10%	20%	20%	50%

① A ② B ③ C ④ D ⑤ E

정답 및 해설

01 ④

$$100원 = \frac{160원 \times 0.5 + 80원 \times 0.5}{1+k}$$

∴ $k = 0.2$

02 ③

위험회피형 투자자의 경우 기대부에 대한 확실성등가가 기대부보다 더 작다.

03 ④

무위험이자율 $= \frac{100원}{80원} - 1 = 0.25$

$P_A = \frac{125원}{1.25} = 100원$, $P_B < \frac{130원}{1.25} = 104원$,

$P_C < \frac{140원}{1.25} = 112원$, $P_D > \frac{150원}{1.25} = 120원$,

$P_E > \frac{160원}{1.25} = 128원$

04 ②

위험회피형 투자자는 위험이 동일한 경우 기대수익률이 높은 자산을 선택하고, 기대수익률이 동일한 경우 위험이 작은 자산을 선택한다.

출제예상문제

난이도: ★☆☆ 대표출제기업: 서울교통공사

05 A 주식의 기대수익률은 10%이고, B 주식의 기대수익률은 20%일 때 A 주식에 60%, B 주식에 40%를 투자하여 구성된 포트폴리오 P의 기대수익률은 얼마인가?

① 14%　　② 15%　　③ 16%　　④ 17%　　⑤ 18%

난이도: ★☆☆ 대표출제기업: 한국가스공사

06 다음과 같은 확률분포를 가지는 A 주식과 B 주식에 동일한 비율로 투자하여 구성된 포트폴리오 P의 기대수익률은 얼마인가?

상황	확률	수익률	
		자산 A	자산 B
호황	0.5	0.5	0.1
불황	0.5	−0.1	0.3

① 20%　　② 22%　　③ 24%　　④ 26%　　⑤ 28%

난이도: ★☆☆ 대표출제기업: 신용보증기금

07 포트폴리오의 분산투자효과에 대한 설명으로 옳지 않은 것은?

① 분산투자로 포트폴리오의 기대수익률이 감소하는 효과는 발생하지 않는다.
② 상관계수가 1이 아니면 두 종류 이상의 주식들만으로도 분산투자효과가 발생한다.
③ 양(+)의 상관계수를 가지는 주식들 사이에도 분산투자효과가 발생할 수 있다.
④ 완전한 분산투자는 모든 비체계적위험을 제거한다.
⑤ 포트폴리오에 포함된 주식의 종류가 많을수록 체계적위험이 0에 수렴한다.

난이도: ★☆☆   대표출제기업: 한국마사회

08 다음 설명 중에서 옳지 않은 것은?

① 위험회피형 투자자는 기대수익이 동일하면 위험이 작은 대안을 선호하고, 위험이 동일하면 기대수익이 큰 대안을 선호한다.
② 위험회피형 투자자가 위험을 부담하는 경우 그 위험부담에 대해 요구하는 보상을 위험프리미엄이라고 한다.
③ 개별자산 수익률 간의 상관계수가 작아질수록 포트폴리오 수익률의 표준편차는 작아진다.
④ 비체계적위험은 개별자산의 고유한 요인에 따른 위험으로, 시장의 전반적인 공통요인과는 무관하다.
⑤ 분산투자가 가능한 상황에서는 일반적으로 체계적위험보다는 비체계적위험을 투자의사결정의 변수로 고려한다.

정답 및 해설

05 ①
$E(R_P) = w_A E(R_A) + w_B E(R_B) = 0.6 \times 0.1 + 0.4 \times 0.2$
$= 0.14$

06 ①
$E(R_A) = 0.5 \times 0.5 + 0.5 \times (-0.1) = 0.2$
$E(R_B) = 0.5 \times 0.1 + 0.5 \times 0.3 = 0.2$
$E(R_P) = w_A E(R_A) + w_B E(R_B) = 0.5 \times 0.2 + 0.5 \times 0.2$
$= 0.2$

07 ⑤
포트폴리오에 포함된 주식의 종류가 많을수록 비체계적위험이 0에 수렴한다.

08 ⑤
분산투자가 가능한 상황에서는 일반적으로 비체계적위험보다는 체계적위험을 투자의사결정의 변수로 고려한다.

출제예상문제

난이도: ★☆☆ **대표출제기업:** 대구환경공단

09 위험에 대한 설명으로 옳지 않은 것은?

① 분산투자효과가 발생하는 경우에도 모든 위험을 완전히 제거하는 것은 불가능하다.
② 비체계적위험은 파업이나 경영진의 변동 등과 같이 특정 기업에만 해당하는 상황의 변동에서 발생되는 위험을 말한다.
③ 체계적위험은 거시경제변수와 같이 모든 위험자산에 영향을 미치는 변동성을 말한다.
④ 개별자산의 비체계적위험은 포트폴리오에 포함된 다른 자산의 비체계적위험의 영향을 받지 않는 것이 일반적이다.
⑤ 분산투자가 가능한 상황에서는 체계적위험을 고려해서 투자해야 한다.

난이도: ★☆☆ **대표출제기업:** 지역난방공사

10 포트폴리오이론에 대한 설명으로 옳지 않은 것은?

① 위험은 체계적위험과 비체계적위험으로 구분할 수 있다.
② 체계적위험은 시장 전체에 영향을 미치는 요인에 따른 위험으로 개별기업이 통제할 수 없는 위험을 말한다.
③ 비체계적위험은 개별자산의 고유한 요인에 기인하는 위험으로 분산투자를 통해서 제거할 수 있다.
④ 포트폴리오를 구성하는 자산의 수가 증가할수록 위험은 체증적으로 감소한다.
⑤ 투자자가 부담하는 궁극적인 위험은 분산투자를 통해서도 제거 불가능한 위험인 체계적위험이다.

난이도: ★☆☆ **대표출제기업:** 한국마사회

11 포트폴리오이론에 대한 설명으로 옳지 않은 것은?

① 포트폴리오를 구성함으로 인해 위험이 감소하는 효과를 분산투자효과라고 한다.
② 개별자산 수익률 간의 상관계수가 0이 아닌 경우 포트폴리오를 구성하여 위험이 감소하는 효과가 발생한다.
③ 마코위츠의 효율적 투자선은 전체 투자기회집합 중 지배원리를 충족시키는 효율적 포트폴리오들의 집합이다.
④ 포트폴리오이론에서는 일정한 위험하에서 가장 높은 수익률을 얻거나 일정한 기대수익률하에서 가장 적은 위험을 부담하는 최적투자포트폴리오를 선택한다.
⑤ 포트폴리오이론에서 투자자는 마코위츠의 효율적 투자선상의 임의의 점을 선택한다.

난이도: ★★☆

12 위험자산 A와 위험자산 B의 기대수익률이 동일하며, 수익률의 표준편차 역시 동일하다. 위험자산 A와 위험자산 B를 이용해서 최소분산포트폴리오를 구성할 때, 위험자산 A에 대한 투자비율은 얼마인가?

① 20%　　　② 40%　　　③ 50%　　　④ 60%　　　⑤ 80%

난이도: ★★★

13 위험자산 A와 위험자산 B의 수익률 표준편차가 각각 10%와 40%일 때, 위험자산 A와 위험자산 B를 이용해서 구성되는 포트폴리오 P 수익률의 표준편차가 10%보다 작게 계산되는 자산 A와 위험자산 B의 수익률 간의 상관계수로 옳은 것은?

① 0.2　　　② 0.4　　　③ 0.5　　　④ 0.6　　　⑤ 0.8

정답 및 해설

09 ④
개별자산의 비체계적위험은 다른 자산의 비체계적위험에 의해 영향을 받을 수 있으며, 이들의 상쇄효과에 의해 비체계적위험이 제거될 수 있다.

10 ④
포트폴리오를 구성하는 자산의 수가 증가할수록 위험은 체감적으로 감소한다.

11 ②
개별자산 수익률 간의 상관계수가 1이 아닌 경우 포트폴리오를 구성하여 위험이 감소하는 효과가 발생한다.

12 ③
$$w_A = \frac{\sigma_B^2 - \sigma_A \sigma_B \rho_{AB}}{\sigma_A^2 + \sigma_B^2 - 2 \times \sigma_A \sigma_B \rho_{AB}} = \frac{\sigma^2 - \sigma^2 \rho_{AB}}{2 \times \sigma^2 - 2 \times \sigma^2 \rho_{AB}}$$
$$= \frac{\sigma^2 \times (1 - \rho_{AB})}{2 \times \sigma^2 \times (1 - \rho_{AB})} = 0.5$$

13 ①
$$\rho_{AB} < \frac{\sigma_A}{\sigma_B} = \frac{0.1}{0.4} = 0.25$$

제2장 | 자본자산가격결정모형

> **✓ 핵심 포인트**
>
> | CAPM의 가정 | 완전자본시장과 무위험자산의 존재 |
> |---|---|
> | 무위험자산 | 자본배분선의 도출 |
> | 시장포트폴리오 | 자본시장선의 도출과 의미 |
> | 토빈의 분리정리 | 최적투자포트폴리오의 선택 |
> | 체계적위험 | 베타의 의미와 이용 |
> | 시장의 균형조건 | 증권시장선의 도출과 의미 |

01 자본자산가격결정모형의 기초개념   중요도 ★

1. 자본자산가격결정모형의 의의와 가정

(1) 자본자산결정모형

자본자산가격결정모형(Capital asset pricing model:CAPM)은 균형상태의 자본시장에서 자산의 기대수익률(균형가격)과 위험 간의 관계를 설명하고자 하는 이론이다.

(2) 자본자산가격결정모형의 가정

① 투자자들은 위험회피형이며 기대효용을 극대화하려고 한다.
② 투자자들은 평균-분산기준에 의해 의사결정한다.
③ 투자자들은 자산의 미래수익률의 확률분포에 대해서 동질적인 기대를 한다.
④ 투자기간은 1기간이다.
⑤ 자본시장은 **완전자본시장**이다. 즉, 세금이나 거래비용 등 거래의 마찰적 요인이 존재하지 않고 투자자들의 정보획득에 아무런 제약이 없으며, 모든 투자자는 가격수용자(Price taker)이고 모든 자산은 무한히 분할 가능하다.
⑥ **무위험자산**이 존재하며 모든 투자자는 **무위험이자율**(Risk-free rate: R_f)로의 차입과 대출을 얼마든지 할 수 있다.

> **재무관리 전문가의 TIP**
>
> 자본자산가격결정모형의 가정은 포트폴리오이론 가정(①~④)에 ⑤~⑥이 추가된 가정입니다.

02 무위험자산의 존재와 투자의사결정 중요도 ★★

1. 무위험자산

무위험자산은 미래 현금흐름의 변동 가능성이 없으므로 무위험자산의 수익률은 확률변수가 아니라 일정한 상수값이 되어 다음과 같은 통계적인 특성을 갖는다.

$$E(R_f) = R_f \quad Var(R_f) = 0 \quad \sigma_f = 0 \quad Cov(R_f, R_i) = 0$$

(단, R_f: 무위험이자율, R_i: 위험자산의 수익률)

2. 무위험자산과 위험자산의 결합

(1) 무위험자산과 위험자산으로 구성된 포트폴리오

무위험자산과 위험자산 A로 구성되는 포트폴리오의 통계적 측정치인 기대수익률과 수익률의 분산 및 표준편차는 다음과 같다.

- $R_P = w_f R_f + w_A R_A$
- $E(R_P) = w_f E(R_f) + w_A E(R_A) = R_f + w_A \times [E(R_A) - R_f]$
- $Var(R_P) = w_f^2 Var(R_f) + w_A^2 Var(R_A) + 2w_f w_A Cov(R_f, R_A) = w_A^2 Var(R_A)$
- $\sigma_P = w_A \sigma_A$

📋 시험문제 미리보기!

무위험이자율은 10%이고, 위험자산 A의 기대수익률과 수익률의 표준편차는 각각 40%와 20%이다. 무위험자산과 위험자산 A에 50%씩 투자하여 구성된 포트폴리오 P 수익률의 표준편차는 얼마인가?

① 10%　② 12%　③ 14%　④ 15%　⑤ 16%

해설　$R_P = 0.5 R_f + 0.5 R_A$
　　　$\sigma_P = w_A \sigma_A = 0.5 \times 0.2 = 0.1$

정답 ①

(2) 자본배분선의 도출

포트폴리오의 기대수익률과 수익률의 표준편차에 대한 식을 정리하면 무위험자산과 위험자산으로 구성되는 포트폴리오의 기대수익률과 위험(수익률의 표준편차) 간의 선형관계를 나타내는 **자본배분선(Capital allocation line:CAL)**이 도출된다.

$$E(R_P) = R_f + w_A \times [E(R_A) - R_f] = R_f + \frac{\sigma_P}{\sigma_A} \times [E(R_A) - R_f]$$

$$\therefore CAL : E(R_P) = R_f + \frac{E(R_A) - R_f}{\sigma_A} \times \sigma_P$$

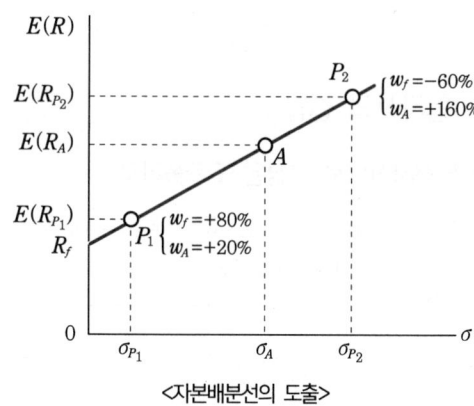

〈자본배분선의 도출〉

(3) 대출포트폴리오와 차입포트폴리오

위 그림에 제시된 P_1과 P_2라는 두 개의 포트폴리오는 모두 무위험자산과 위험자산 A로 구성된 포트폴리오이며, 각 포트폴리오를 구성하는 무위험자산과 위험자산 A에 대한 투자비율만 상이하다.

① **대출포트폴리오**: 포트폴리오 P_1과 같이 전체 투자자금 중 일부를 무위험이자율로 대출하는 포트폴리오

② **차입포트폴리오**: 포트폴리오 P_2와 같이 보유자금과 더불어 무위험이자율로 차입한 자금을 위험자산에 투자하는 포트폴리오

재무관리 전문가의 TIP

- 대출포트폴리오: $w_f > 0$
- 차입포트폴리오: $w_f < 0$

시험문제 미리보기!

무위험이자율은 10%이고, 위험자산 A의 기대수익률과 수익률의 표준편차는 각각 40%와 20%이다. 100원의 투자자금을 보유하고 있는 투자자가 무위험이자율로 50원을 차입하여 위험자산 A를 150원만큼 매입하는 포트폴리오 P를 구성하는 경우 포트폴리오 P의 기대수익률은 얼마인가?

① 30%   ② 35%   ③ 45%   ④ 50%   ⑤ 55%

해설 $R_P = -0.5R_f + 1.5R_A$
$E(R_P) = w_f E(R_f) + w_A E(R_A) = -0.5 \times 0.1 + 1.5 \times 0.4 = 0.55$

정답 ⑤

(4) 자본배분선의 의미

① 무위험자산과 위험자산 A로 구성된 포트폴리오의 기대수익률은 무위험이자율과 위험프리미엄의 합으로 구성된다.

$$E(R_P) = R_f + \frac{E(R_A) - R_f}{\sigma_A} \times \sigma_P = R_f + 위험프리미엄$$

② 무위험자산과 위험자산 A로 구성된 포트폴리오의 위험프리미엄은 위험자산 A의 위험 1단위당 위험프리미엄에 해당 포트폴리오의 위험(σ_P)을 곱하여 계산된다.

③ 자본배분선의 기울기인 $\dfrac{E(R_A) - R_f}{\sigma_A}$는 무위험자산과 결합되는 위험자산이 위험자산 A인 경우 포트폴리오 구성 시 부담하는 **위험(수익률의 표준편차) 1단위당 위험프리미엄**을 의미하며, 이를 위험자산 A의 **위험보상비율(또는 샤프비율)**이라고도 한다.

> **시험문제 미리보기!**
>
> 무위험이자율이 5%인 상황에서 자산 A의 기대수익률과 수익률의 표준편차가 각각 15%와 20%인 경우 자산 A의 샤프비율을 계산하시오.
>
> ① 0.2 ② 0.3 ③ 0.4 ④ 0.5 ⑤ 0.6
>
> 해설 샤프비율(위험보상비율) = $\dfrac{E(R_A) - R_f}{\sigma_A} = \dfrac{0.15 - 0.05}{0.2} = 0.5$
>
> 정답 ④

3. 자본시장선의 도출

자본시장선(Capital market line:CML)은 무위험자산이 존재하는 경우의 효율적 투자선(효율적 포트폴리오들의 집합)이다.

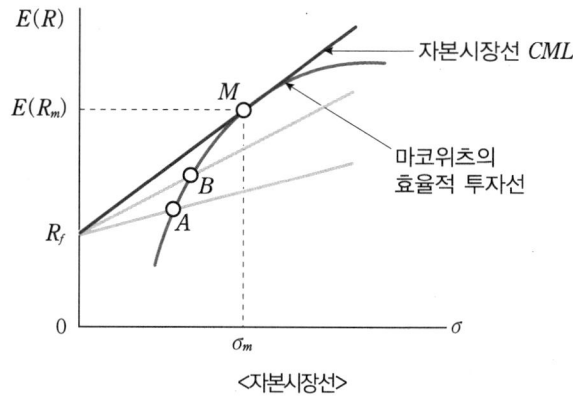

<자본시장선>

① **시장포트폴리오(Market portfolio)**: 위험자산포트폴리오 M과 같이 무위험자산으로부터 그은 직선 중 마코위츠의 효율적 투자선과 접하는 곳에 존재하는 접점포트폴리오

② 자본시장선(CML): 무위험자산과 시장포트폴리오 M으로 구성되는 포트폴리오의 기대수익률과 위험(수익률의 표준편차) 간의 관계를 나타내는 식

$$E(R_P) = R_f + \frac{E(R_m) - R_f}{\sigma_m} \times \sigma_P$$

③ 자본시장선의 기울기인 $\frac{E(R_m) - R_f}{\sigma_m}$는 시장포트폴리오의 기대수익률에 반영된 위험(수익률의 표준편차) 1단위당 위험프리미엄, 즉 **시장포트폴리오의 위험보상비율(샤프비율)**이다.

④ 무위험자산과 시장포트폴리오 M으로 구성되는 포트폴리오들은 위험보상비율이 가장 크기 때문에 이외의 다른 모든 투자기회집합을 지배하므로 모든 합리적인 투자자들은 무위험자산과 결합하는 위험자산으로는 시장포트폴리오 M만을 선택한다.

4. 무위험자산 존재 시 최적투자포트폴리오의 선택

(1) 토빈의 분리정리(Tobin's separation theorem)

① 1단계: 무위험자산 존재 시 효율적 투자선은 자본시장선이므로 효율적 포트폴리오(효율적 투자선)의 선별과정은 곧 시장포트폴리오의 선별과정이라고 할 수 있다.

② 2단계: 개별투자자의 주관적인 위험회피정도에 따라 무위험자산과 시장포트폴리오에 대한 투자비율만 조정하여 최적투자포트폴리오를 선택한다.

(2) 최적투자포트폴리오의 선택

무위험자산이 존재하는 경우 효율적 투자선은 자본시장선이므로 모든 투자자들은 무위험자산과 시장포트폴리오 M에 대한 투자비율만을 조정할 뿐 **위험자산포트폴리오로는 시장포트폴리오 M만을 선택**하기 때문에 모든 투자자들의 최적투자포트폴리오는 자본시장선상의 포트폴리오들이다.

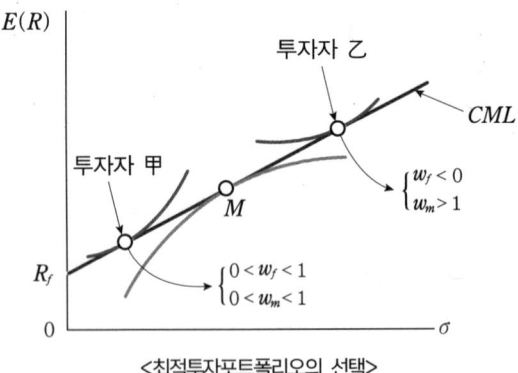

<최적투자포트폴리오의 선택>

① 보다 더 위험회피적인 투자자 甲은 투자자금 중 일부를 무위험자산에 투자하고, 나머지 자금을 시장포트폴리오 M에 투자하는 포트폴리오를 구성한다.

② 보다 덜 위험회피적인 투자자 乙은 무위험이자율로 자금을 차입하여, 시장포트폴리오 M에 보유자금을 초과하는 금액을 투자하는 포트폴리오를 구성한다.

(3) 자본시장선상 포트폴리오의 특성

무위험자산과 시장포트폴리오 M으로 구성되는 포트폴리오, 즉 자본시장선상의 포트폴리오는 다음과 같은 특성을 갖는다.

$$R_P = w_f R_f + w_m R_m \quad \text{(단, } w_f + w_m = 1\text{)}$$

$$E(R_P) = R_f + w_m \times [E(R_m) - R_f] = R_f + \frac{E(R_m) - R_f}{\sigma_m} \times \sigma_P$$

$$\sigma_P = w_m \sigma_m$$

$$\rho_{Pm} = \frac{Cov(R_P, R_m)}{\sigma_P \times \sigma_m} = \frac{w_m \sigma_m^2}{w_m \sigma_m \times \sigma_m} = +1$$

📝 시험문제 미리보기!

CAPM의 성립을 가정한다. 무위험이자율은 5%이고 시장포트폴리오의 기대수익률과 수익률의 표준편차는 각각 15%와 20%이다. 위험수준(수익률의 표준편차) 10%를 추구하는 투자자가 구성하는 최적투자포트폴리오의 기대수익률은 얼마인가?

① 2%   ② 4%   ③ 6%   ④ 8%   ⑤ 10%

해설 $E(R_P) = R_f + \dfrac{E(R_m) - R_f}{\sigma_m} \times \sigma_P = 0.05 + \dfrac{0.15 - 0.05}{0.2} \times 0.1 = 0.1$

정답 ⑤

03 시장포트폴리오와 체계적위험   중요도 ★★

1. 시장포트폴리오

(1) 시장포트폴리오의 구성

시장포트폴리오는 무위험자산이 존재하는 경우 지배원리를 만족시키는 가장 우월한 포트폴리오이며, 투자자들의 동질적 기대라는 CAPM의 가정에 따라 시장포트폴리오는 모든 투자자에게 동일하다.

① 시장포트폴리오는 **모든 위험자산**을 포함하는 포트폴리오이다.
② 시장포트폴리오는 개별위험자산의 **시장가치 비율**대로 포함하는 포트폴리오이다.

> **시험문제 미리보기!**
>
> 무위험자산과 다음과 같은 3개의 주식만 거래되는 자본시장을 가정한다. 투자자 甲은 총 투자액 2,000원 중 40%는 무위험자산에 투자하고 나머지는 시장포트폴리오에 투자하려고 한다. 투자자 甲의 주식 A에 대한 투자금액은 얼마인가?
>
> | 구분 | 주식수 | 주가 | 시장가치 |
> |---|---|---|---|
> | 주식 A | 2,000천 주 | 2,500원 | 50억 원 |
> | 주식 B | 2,000천 주 | 1,500원 | 30억 원 |
> | 주식 C | 1,000천 주 | 2,000원 | 20억 원 |
> | 계 | | | 100억 원 |
>
> ① 200원　② 400원　③ 600원　④ 800원　⑤ 1,000원
>
> 해설　$R_P = 0.4R_f + 0.6R_m$
> 　　　$R_m = 0.5R_A + 0.3R_B + 0.2R_C$: 시장포트폴리오 구성비율은 각 주식의 시장가치비율이다.
> 　　　주식 A 투자금액 = 2,000원 × 0.6 × 0.5 = 600원
>
> 정답 ③

(2) 시장포트폴리오의 위험

시장포트폴리오는 모든 위험자산을 개별자산의 시장가치 비율대로 포함하는 포트폴리오이므로 **완전히 분산투자된 효율적 포트폴리오**이다. 따라서 더 이상 분산투자가 불가능한 시장포트폴리오는 비체계적위험이 모두 제거된 포트폴리오이며, 이러한 시장포트폴리오의 위험이 곧 체계적위험이다.

(3) 시장포트폴리오의 대용치

현실에서는 진정한 의미의 시장포트폴리오를 구성하는 것이 어렵기 때문에 위험자산으로 주식만 존재함을 가정하여 개별주식의 시가총액(발행주식수 × 주가)을 기준으로 하여 가치가중평균방식으로 산출하는 **주가지수**를 시장포트폴리오의 대용치로 이용한다.

2. 체계적위험의 측정치

(1) 개별자산의 체계적위험의 측정치

시장포트폴리오의 위험은 개별자산의 위험 중 완전한 분산투자를 통해서도 제거할 수 없는 체계적위험들로만 구성되어 있으므로 더 이상 분산 불가능한 시장포트폴리오의 위험 중 개별자산이 기여하는 부분을 개별자산의 체계적위험의 측정치로 이용할 수 있다.

① 시장포트폴리오의 위험(σ_m^2)에 대해 개별자산 i가 공헌하는 비율인 $w_i \times \dfrac{\sigma_{im}}{\sigma_m^2}$에서 투자비율($w_i$)을 제외한 $\dfrac{\sigma_{im}}{\sigma_m^2}$을 개별자산 i의 체계적위험에 대한 새로운 측정치로 이용할 수 있으며, 이를 **베타(Beta: β_i)**라고 한다.

$$\beta_i = \frac{\sigma_{im}}{\sigma_m^2} = \frac{\rho_{im} \times \sigma_i \times \sigma_m}{\sigma_m^2} = \frac{\sigma_i}{\sigma_m} \times \rho_{im}$$

우리나라의 대표적인 주가지수로는 한국종합주가지수(Korea composite stock price index:KOSPI)와 한국주가지수200(KOSPI200)이 있습니다.

시장포트폴리오의 베타: $\beta_m = 1$

② 개별자산의 베타(β_i)는 시장포트폴리오의 위험(β_m), 즉 **시장전체의 위험을 1로 보았을 때 개별자산 i의 체계적위험의 크기**를 의미한다.

> 재무관리 전문가의 TIP
> 시장포트폴리오의 베타: $\beta_m = 1$

(2) 포트폴리오 베타의 계산

포트폴리오의 체계적위험인 포트폴리오의 베타(β_P)는 포트폴리오를 구성하는 개별자산들의 베타를 포트폴리오 구성비율을 가중치로 평균한 **개별자산 베타의 가중평균**이다.

- $R_P = w_1 R_1 + w_2 R_2 + \cdots + w_n R_n$
- $\beta_P = w_1 \times \beta_1 + w_2 \times \beta_2 + \cdots + w_n \times \beta_n = \sum_{i=1}^{n} w_i \times \beta_i$

시험문제 미리보기!

자산 1과 자산 2 수익률의 베타가 각각 2와 3이다. 자산 1과 자산 2에 50%씩 투자하여 구성된 포트폴리오 P의 베타는 얼마인가?

① 1.5 ② 2.0 ③ 2.5 ④ 3.0 ⑤ 3.5

해설 $\beta_P = w_1 \times \beta_1 + w_2 \times \beta_2 = 0.5 \times 2 + 0.5 \times 3 = 2.5$

정답 ③

3. 베타(β_i)의 의미

β_i는 **시장포트폴리오의 수익률(R_m) 변동에 대한 개별자산 i 수익률(R_i) 변동의 민감도**라는 의미로 해석할 수도 있는데, 이는 시장모형(또는 단일지수모형)에서의 단순회귀분석식을 통해서 확인할 수 있다.

> 재무관리 전문가의 TIP
> 시장모형에 대한 구체적인 내용은 '제3장 시장모형과 차익거래가격결정이론'에서 학습할 수 있습니다.

(1) 시장모형의 기본개념

시장모형은 모든 개별자산의 수익률에 공통적으로 영향을 미치는 단일한 공통요인이 존재하며, 이러한 단일의 공통요인이 시장포트폴리오의 수익률(R_m)이라고 가정하는 모형이다.

① 개별자산 수익률의 변동은 단일의 공통요인인 시장포트폴리오의 수익률과 관련하여 변동하는 부분과 공통요인과는 무관하게 개별자산의 고유한 요인에 의해 변동하는 부분(잔차항)으로 구분할 수 있다.

② 개별자산 i의 수익률(R_i)은 시장포트폴리오의 수익률(R_m)을 독립변수로 하고 개별자산 i의 수익률(R_i)을 종속변수로 하는 다음과 같은 단순회귀분석식으로 표현된다.

$$R_i = \alpha_i + \beta_i R_m + e_i$$

(단, α_i: R_m이 0인 경우 개별자산 i의 평균적인 수익률(회귀식의 절편),
β_i: R_m변동에 대한 R_i의 민감도(회귀식의 기울기),
e_i: 잔차항(개별자산의 고유한 요인에 의해 변동하는 부분))

(2) 베타의 의미

시장모형은 다음과 같은 3가지 통계적인 가정을 한다.

① $E(e_i) = 0$: 잔차항은 평균적으로는 0의 값을 갖는다.
② $Cov(e_i, R_m) = 0$: 잔차와 공통요인은 독립적이다.
③ $Cov(e_i, e_j) = 0$: 서로 다른 자산들의 잔차는 독립적이다.

이러한 가정하에서는 $\beta_i \left(= \dfrac{\sigma_{im}}{\sigma_m^2} \right)$가 시장포트폴리오 수익률의 변동에 대한 개별자산 i 수익률 변동의 민감도임을 다음과 같이 확인할 수 있다.

$$Cov(R_i, R_m) = Cov(\alpha_i + \beta_i R_m + e_i, R_m) = \beta_i Var(R_m)$$

$$\therefore \beta_i = \dfrac{Cov(R_i, R_m)}{Var(R_m)} = \dfrac{\sigma_{im}}{\sigma_m^2}$$

(3) 특이한 자산의 베타

일반적으로 자산의 베타값은 양수(+)이지만, 다음과 같이 베타값이 음수(−)이거나 0인 특이한 자산도 존재한다.

① 이론적으로는 시장포트폴리오 수익률과의 공분산 또는 상관계수가 음(−)의 값을 갖는 자산이 존재할 수 있으므로 **음(−)의 베타값**을 갖는 자산이 존재할 수도 있다.
② 무위험자산의 경우 시장포트폴리오 수익률과의 공분산 또는 상관계수가 0이므로 **무위험자산의 베타는 0**이다.

📋 시험문제 미리보기!

시장포트폴리오와 자산 1, 자산 2의 미래수익률의 확률분포에 대한 자료이다. 자산 1의 베타는 얼마인가? (단, 아래의 확률분포하에서 계산되는 통계적 측정치는 $\sigma_m = 0.1$, $\sigma_1 = 0.05$, $\sigma_2 = 0.2$, $\sigma_{1m} = 0.005$, $\sigma_{2m} = 0.02$이다.)

미래상황	발생확률	R_m	R_1	R_2
호황	0.5	20%	15%	30%
불황	0.5	0%	5%	−10%

① 0.2   ② 0.4   ③ 0.5   ④ 0.6   ⑤ 0.8

해설 $\beta_1 = \dfrac{\sigma_{1m}}{\sigma_m^2} = \dfrac{0.005}{0.01} = 0.5$

정답 ③

04 체계적위험과 증권시장선 중요도 ★★★

1. 증권시장선의 도출

총위험 중 비체계적위험은 시장포트폴리오를 구성함으로써 제거 가능한 위험이므로 비효율적인 포트폴리오나 개별자산의 균형기대수익률은 총위험이 아닌 체계적위험에 의해 결정될 것이다. 이러한 논리에 의해서 균형상태하에서의 체계적위험과 기대수익률 간의 관계를 나타내는 식이 **증권시장선(Security market line:SML)**이다.

(1) 체계적위험 1단위당 위험프리미엄

시장포트폴리오의 기대수익률과 위험프리미엄 및 위험(수익률의 분산)에 대한 개별자산의 공헌도는 다음과 같이 나타낼 수 있다.

- $E(R_m) = w_1 E(R_1) + w_2 E(R_2) + \cdots + w_n E(R_n)$
- $E(R_m) - R_f = w_1[E(R_1) - R_f] + w_2[E(R_2) - R_f] + \cdots + w_n[E(R_n) - R_f]$
- $\sigma_m^2 = w_1 \sigma_{1m} + w_2 \sigma_{2m} + \cdots + w_n \sigma_{nm}$

① 개별자산 i의 시장포트폴리오의 기대수익률에 대한 공헌도: $w_i E(R_i)$
② 개별자산 i의 시장포트폴리오의 위험프리미엄에 대한 공헌도: $w_i[E(R_i) - R_f]$
③ 개별자산 i의 시장포트폴리오의 위험(수익률의 분산)에 대한 공헌도: $w_i \sigma_{im}$

$\dfrac{E(R_m) - R_f}{\sigma_m^2}$은 시장포트폴리오의 체계적위험(수익률의 분산) 1단위당 위험프리미엄, 즉 **시장포트폴리오의 위험보상비율**이며, $\dfrac{w_i[E(R_i) - R_f]}{w_i \sigma_{im}} = \dfrac{E(R_i) - R_f}{\sigma_{im}}$는 개별자산 i가 시장포트폴리오에 포함될 때 기여하는 개별자산 i의 체계적위험 1단위당 위험프리미엄, 즉 개별자산 i의 위험보상비율이다.

(2) 시장의 균형조건

균형상태에서는 모든 개별자산의 체계적위험 1단위당 위험프리미엄이 시장포트폴리오의 체계적위험 1단위당 위험프리미엄과 동일해야 한다. 일시적인 불균형상황에서 $\dfrac{E(R_m) - R_f}{\sigma_m^2} < \dfrac{E(R_i) - R_f}{\sigma_{im}}$의 경우 개별자산 i에 대한 초과수요가 발생하게 되어 개별자산 i의 가격이 상승하고 이에 따라 개별자산 i의 기대수익률이 하락하여 균형으로 회귀하게 된다.

$$\text{시장의 균형조건식: } \frac{E(R_m) - R_f}{\sigma_m^2} = \frac{E(R_i) - R_f}{\sigma_{im}} \rightarrow \frac{E(R_m) - R_f}{\beta_m} = \frac{E(R_i) - R_f}{\beta_i}$$

(3) 증권시장선의 도출

시장의 균형조건식을 $E(R_i)$에 대해 정리하면 증권시장선을 도출할 수 있으며, 이러한 증권시장선을 이용하면 **모든 자산의 체계적위험과 기대수익률 간의 균형관계**를 설명할 수 있다.

$$E(R_i) = R_f + [E(R_m) - R_f] \times \beta_i$$

2. 증권시장선의 의미

(1) 체계적위험과 기대수익률 간의 균형관계식

① 위험자산의 균형기대수익률은 무위험이자율과 위험프리미엄으로 구성되며, 위험프리미엄은 해당 자산의 체계적위험에 대한 보상이다.

② **시장포트폴리오의 위험(β_m)이 1**이므로 체계적위험의 시장가격인 시장포트폴리오의 체계적위험 1단위당 위험프리미엄은 $\frac{E(R_m) - R_f}{\beta_m} = E(R_m) - R_f$이며, 균형상태하에서 개별자산의 위험프리미엄은 이러한 위험의 시장가격에 해당 개별자산의 체계적위험(β_i)을 곱하여 계산된다.

📋 시험문제 미리보기!

> 무위험이자율이 5%이고 시장포트폴리오의 기대수익률이 15%인 경우 $\beta_A = 2$인 자산 A의 균형기대수익률은 얼마인가?
>
> ① 20%　　　② 25%　　　③ 30%
> ④ 35%　　　⑤ 40%
>
> 해설　$E(R_A) = R_f + [E(R_m) - R_f] \times \beta_A = 0.05 + (0.15 - 0.05) \times 2 = 0.25$
>
> 정답 ②

(2) 균형가격결정모형

증권시장선을 통해 계산되는 균형기대수익률에 의해 균형가격이 결정된다. 즉, 특정 자산의 **균형가격**은 미래의 기대현금흐름을 그 자산의 **균형기대수익률로 할인한 현재가치**이다.

사례

증권시장선에 의해 계산되는 균형기대수익률이 25%이며, 1년 후 기대현금흐름이 ₩13,200인 자산 A의 현재 시장가격이 ₩10,000인 경우를 가정한다.

1. 특정 자산의 균형가격은 미래의 기대현금흐름을 그 자산의 균형기대수익률로 할인한 현재가치이므로 자산 A의 균형가격은 ₩10,560 $\left(=\dfrac{₩13,200}{1+25\%}\right)$이다.

2. 자산 A의 시장가격 ₩10,000은 균형가격보다 과소평가된 상황이며, 시장가격에 의해 계산되는 자산 A의 기대수익률은 32% $\left(=\dfrac{₩13,200}{₩10,000}-1\right)$이므로 현재는 불균형상태이다.

3. 이러한 상황에서는 자산 A에 대한 초과수요가 발생하게 되어 자산 A의 시장가격이 상승하고 기대수익률이 하락하여 균형상태에서는 시장가격에 의해 계산되는 기대수익률과 체계적위험에 상응하는 균형기대수익률이 일치하게 된다.

불균형상태에서 **증권시장선 상단**에 위치하는 자산은 시장가격이 균형가격보다 **과소평가**된 자산이고, **증권시장선 하단**에 위치하는 자산은 시장가격이 균형가격보다 **과대평가**된 자산이며, 균형상태에서는 모든 자산이 증권시장선상에 위치해야 한다.

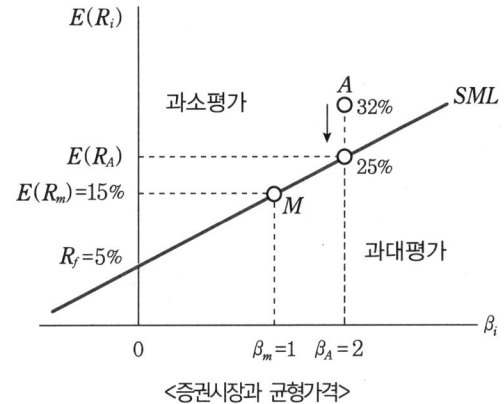

<증권시장과 균형가격>

3. 증권시장선의 이동

(1) 위험회피정도의 변화

증권시장선의 기울기는 투자자들이 요구하는 체계적위험 1단위당 위험프리미엄이므로 다른 조건이 동일한 상태에서 투자자들의 위험회피정도가 변화하면 투자자들이 요구하는 체계적위험 1단위당 위험프리미엄이 변화할 것이므로 증권시장선의 **기울기가 변화**하게 된다.

(2) 기대인플레이션율의 변동

실질수익률이 일정한 경우에도 기대인플레이션율이 변동하면 명목수익률이 변동한다. 기대인플레이션율이 무위험이자율과 위험자산의 수익률에 동일하게 영향을 미친다면 기대인플레이션율이 변동함에 따라 증권시장선은 **평행이동**한다.

4. 자본시장선과 증권시장선의 비교

자본시장선은 완전분산투자된 효율적 포트폴리오의 기대수익률과 총위험(수익률의 표준편차) 간의 선형관계를 나타내는 모형이며, 증권시장선은 모든 자산의 기대수익률과 체계적위험(베타) 간의 선형관계를 나타내는 모형이라는 차이가 있다.

구분	자본시장선(CML)	증권시장선(SML)
대상	효율적 포트폴리오	모든 자산 또는 포트폴리오
결정식	$E(R_P) = R_f + \dfrac{E(R_m) - R_f}{\sigma_m} \times \sigma_P$	$E(R_i) = R_f + [E(R_m) - R_f] \times \beta_i$
의미	기대수익률과 **총위험** 간의 선형관계	기대수익률과 **체계적위험** 간의 선형관계

한편, 증권시장선의 평가대상을 **시장포트폴리오 수익률과의 상관계수(ρ_{Pm})가 +1인 자본시장선상의 포트폴리오**, 즉 완전분산투자된 효율적 포트폴리오로 한정하는 경우 자본시장선과 증권시장선이 **일치**하게 된다.

- $\beta_P = \dfrac{\sigma_{Pm}}{\sigma_m^2} = \dfrac{\sigma_P}{\sigma_m} \times \rho_{Pm} = \dfrac{\sigma_P}{\sigma_m} \times 1$
- $SML: E(R_P) = R_f + [E(R_m) - R_f] \times \beta_P = R_f + [E(R_m) - R_f] \times \dfrac{\sigma_P}{\sigma_m}$

$$= R_f + \dfrac{E(R_m) - R_f}{\sigma_m} \times \sigma_P : CML$$

05 CAPM의 실증검증과 이에 대한 비판   중요도 ★

1. CAPM의 실증검증

CAPM의 성립 여부에 대한 실증검증의 검증대상은 체계적위험인 β와 기대수익률 간의 정(+)의 선형관계의 성립 여부라고 할 수 있다.

(1) 1단계(시계열분석)

시계열자료를 이용해서 개별자산 수익률(R_{it})과 시장포트폴리오 수익률(R_{mt})의 관계를 회귀분석하여 각 자산의 평균수익률($\overline{R_i}$)과 절편치인 α_i 및 β_i 계수를 추정한다.

$$R_{it} = \alpha_i + \beta_i R_{mt} + e_i$$

① 진정한 시장포트폴리오의 구성이 현실적으로 불가능하기 때문에 일반적으로 시장포트폴리오의 대용치로서 주가지수를 이용한다.

② 회귀분석의 결과표에서 Y절편과 X_1의 계수가 각각 회귀분석을 통해 추정된 $\widehat{\alpha_i}$와 $\widehat{\beta_i}$를 의미하며, 표준오차와 P-값이 작을수록, t 통계량이 클수록 추정된 회귀계수의 유의성이 높다는 것을 나타낸다.

구분	계수	표준오차	t 통계량	P-값
Y절편	-0.178	0.635	-0.281	0.779
X_1	1.670	0.098	16.901	0.0001

(2) 2단계(횡단면분석)

1단계에서 추정한 각 개별자산들의 β계수($\widehat{\beta_i}$)와 평균수익률($\overline{R_i}$)의 자료를 이용하여 둘 사이에 CAPM에 의한 균형관계가 성립하는지를 확인한다.

$$\overline{R_i} = \gamma_0 + \gamma_1 \widehat{\beta_i} + \epsilon_i$$

① γ_0와 γ_1은 2단계(횡단면분석)에서 추정되어야 하는 회귀계수이며, 회귀분석의 결과를 이론적인 증권시장선과 비교하여 CAPM이 성립하는지를 확인한다.
② CAPM이 성립하기 위해서는 γ_0가 증권시장선의 절편치인 무위험이자율(R_f)과 통계적으로 유의한 차이가 없어야 하고, γ_1이 증권시장선의 기울기인 $[E(R_m) - R_f]$ 또는 $[\overline{R_m} - R_f]$와 유의한 차이가 없어야 한다.

2. 실증검증의 문제점: 롤의 비판

롤(R. Roll)은 마코위츠의 효율적 투자선상에 존재하는 임의의 포트폴리오를 시장포트폴리오의 대용치로 사용하는 경우 체계적위험인 β계수와 기대수익률 간의 선형관계는 항상 성립한다는 것을 수학적으로 증명하였다. 결국 기존의 CAPM에 대한 실증검증은 단순히 시장포트폴리오의 대용치로 사용한 포트폴리오가 효율적 포트폴리오인지의 여부를 검증하는 것일 뿐이며 CAPM의 성립여부를 검증하는 것이 아니라는 것이다. 따라서 **진정한 시장포트폴리오의 구성**이 현실적으로 불가능하므로 CAPM의 실증검증은 사실상 불가능하다는 것이 롤의 주장이다.

출제예상문제
제2장 자본자산가격결정모형

난이도: ★☆☆ 대표출제기업: 서울주택도시공사

01 자본자산가격결정모형(CAPM)의 가정으로 옳지 않은 것은?

① 모든 투자자는 위험회피형이고 기대효용의 극대화를 추구한다.
② 모든 투자자의 의사결정기준은 평균−분산기준이며 투자기간은 현재와 미래만 존재하는 단일기간이다.
③ 모든 투자자는 각 자산의 기대수익률과 분산, 공분산 등에 대해 동질적으로 기대한다.
④ 자본시장은 거래비용이나 세금과 같은 거래의 마찰적 요인이 존재하는 불완전자본시장이다.
⑤ 무위험자산이 존재하며 모든 투자자들은 무위험이자율로 얼마든지 차입 또는 대출을 할 수 있다.

난이도: ★★☆

02 위험회피형 투자자 甲이 무위험자산과 위험자산 A를 이용하여 자신의 효용을 극대화하는 포트폴리오를 구성하고자 할 때, 투자자 甲의 최적포트폴리오 구성에 대한 설명으로 옳지 않은 것은? (단, 위험자산 A의 기대수익률은 무위험자산의 수익률보다 높고, 위험은 수익률의 표준편차를 의미한다.)

① 다른 조건이 일정한 경우 투자자 甲의 위험회피정도가 클수록 위험자산 A에 대한 투자비율이 낮다.
② 다른 조건은 일정한 경우 위험자산 A의 기대수익률이 높을수록 위험자산 A에 대한 투자비율이 높다.
③ 다른 조건은 일정한 경우 위험자산 A의 위험이 클수록 위험자산 A에 대한 투자비율이 낮다.
④ 위험자산 A에 대한 투자비율과 무관하게 포트폴리오의 기대수익률은 일정하다.
⑤ 위험자산 A에 대한 투자비율과 무관하게 포트폴리오의 위험 1단위당 위험프리미엄은 일정하다.

난이도: ★☆☆

03 CAPM의 성립을 가정할 때, 투자자 1과 투자자 2의 최적투자포트폴리오 선택에 대한 설명으로 옳지 않은 것은?
(단, M은 시장포트폴리오이고, P와 Q는 각각 투자자 1과 투자자 2의 최적투자포트폴리오이며, I는 각 투자자의 평균 – 분산무차별곡선을 의미한다.)

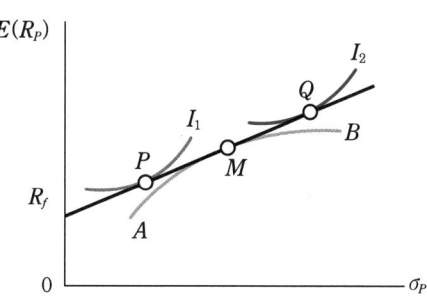

① 효율적 투자선은 AMB이다.
② 투자자 1과 투자자 2는 모두 위험회피형 투자자이다.
③ 투자자 1이 투자자 2와 비교해 더 위험회피적이다.
④ 포트폴리오 P는 대출포트폴리오이며, 포트폴리오 Q는 차입포트폴리오이다.
⑤ 포트폴리오 P와 포트폴리오 Q는 전체 위험자산에 투자하는 금액 중 개별 위험자산에 대한 투자금액이 차지하는 투자비율이 동일하다.

정답 및 해설

01 ④
자본자산가격결정모형(CAPM)은 거래비용이나 세금과 같은 거래의 마찰적 요인이 존재하지 않는 완전자본시장을 가정한다.

02 ④
위험자산 A에 대한 투자비율이 증가할수록 포트폴리오의 기대수익률은 증가한다.

03 ①
무위험자산이 존재하는 경우 효율적 투자선은 자본시장선(CML)이다.

출제예상문제

난이도: ★☆☆

04 CAPM의 성립을 가정하며, 무위험이자율은 10%이고 시장포트폴리오의 기대수익률과 수익률의 표준편차는 각각 20%와 30%일 때, 기대수익률이 25%인 최적투자포트폴리오 P를 구성하기 위한 시장포트폴리오에 대한 투자비율은 얼마인가?

① 60% ② 80% ③ 120% ④ 150% ⑤ 180%

난이도: ★★☆

05 CAPM의 성립을 가정하며, 무위험이자율은 5%이고 시장포트폴리오의 기대수익률과 수익률의 표준편차는 각각 10%와 20%일 때, 수익률의 표준편차가 12%인 최적투자포트폴리오 P를 구성하기 위한 시장포트폴리오에 대한 투자비율은 얼마인가?

① 60% ② 80% ③ 120% ④ 150% ⑤ 180%

난이도: ★★☆

06 CAPM의 성립을 가정하며, 무위험이자율은 5%이고 시장포트폴리오 수익률의 표준편차는 10%이다. 투자자 甲이 구성하는 최적투자포트폴리오의 기대수익률과 수익률의 표준편차가 각각 25%와 20%일 때, 시장포트폴리오의 기대수익률은 얼마인가?

① 6% ② 8% ③ 12% ④ 15% ⑤ 18%

난이도: ★★★

07 CAPM이 성립하는 시장에서 현재 위험자산 A와 위험자산 B 및 무위험자산만이 거래되고 있다. 위험자산 A와 위험자산 B의 시장가치비율이 각각 40%와 60%이고 시장포트폴리오 수익률의 표준편차가 20%일 때 1,000원의 투자자금을 보유하고 있는 투자자 甲이 최적포트폴리오를 구성하여 5%의 위험수준을 부담하고자 한다면 투자자 甲이 위험자산 A에 투자해야 하는 금액은 얼마인가? (단, 위험수준은 수익률의 표준편차를 의미한다.)

① 100원   ② 200원   ③ 300원   ④ 400원   ⑤ 500원

정답 및 해설

04 ④
$$E(R_P) = R_f + w_m \times [E(R_m) - R_f]$$
$$= 0.1 + w_m \times (0.2 - 0.1) = 0.25$$
$$\therefore w_m = 1.5$$

05 ①
$$\sigma_P = w_m \times \sigma_m = w_m \times 0.2 = 0.12$$
$$\therefore w_m = 0.6$$

06 ④
$$E(R_P) = 0.25 = R_f + \frac{E(R_m) - R_f}{\sigma_m} \times \sigma_P$$
$$= 0.05 + \frac{E(R_m) - 0.05}{0.1} \times 0.2$$
$$\therefore E(R_m) = 0.15$$

07 ①
$$R_m = 0.4 R_A + 0.6 R_B$$
$$\sigma_P = w_m \times \sigma_m = w_m \times 0.2 = 0.05$$
$$\therefore w_m = 0.25$$
위험자산 A 투자금액 = 1,000원 × 0.25 × 0.4 = 100원

출제예상문제

난이도: ★☆☆

08 CAPM의 성립을 가정할 때, 다음 설명 중에서 옳지 않은 것은? (단, 위험은 수익률의 표준편차를 의미한다.)

① 시장포트폴리오는 위험자산 포트폴리오들 중 가장 우월한 포트폴리오이다.
② 무위험자산과 시장포트폴리오 수익률 간의 상관계수는 항상 0이다.
③ 시장포트폴리오는 어떤 비효율적 포트폴리오보다 위험보상비율(Reward to variability ratio)이 크다.
④ 시장포트폴리오의 베타는 항상 1로서 모든 비체계적위험이 제거되어 있다.
⑤ 시장포트폴리오의 위험보상비율은 시장포트폴리오의 기대수익률을 시장포트폴리오의 수익률 표준편차로 나누어서 계산할 수 있다.

난이도: ★☆☆ 대표출제기업: 서울주택도시공사

09 CAPM의 성립을 가정하며, 시장포트폴리오의 기대수익률은 15%이고 무위험자산의 수익률은 10%일 때, 베타계수가 2인 A 주식의 기대수익률은 얼마인가?

① 16% ② 17% ③ 18% ④ 19% ⑤ 20%

난이도: ★☆☆ 대표출제기업: 한국농어촌공사

10 CAPM의 성립을 가정하며, 무위험이자율은 5%이고 시장위험프리미엄은 10%일 때, 기대수익률이 20%인 A 주식의 베타는 얼마인가?

① 1.2 ② 1.3 ③ 1.4 ④ 1.5 ⑤ 1.6

난이도: ★★☆

11 CAPM의 성립을 가정하며, 무위험이자율은 10%이고 시장포트폴리오의 기대수익률은 20%이다. 베타가 0.5인 위험자산 A의 기대수익률이 20%이고 베타가 2인 위험자산 B의 기대수익률이 25%일 때, 두 자산 가격의 과소평가 또는 과대평가 여부에 대한 설명으로 옳은 것은?

① 두 위험자산의 가격은 모두 균형가격과 동일하다.
② 두 위험자산의 가격은 모두 과소평가되어 있다.
③ 두 위험자산의 가격은 모두 과대평가되어 있다.
④ 위험자산 A의 가격은 과소평가, 위험자산 B의 가격은 과대평가되어 있다.
⑤ 위험자산 A의 가격은 과대평가, 위험자산 B의 가격은 과소평가되어 있다.

정답 및 해설

08 ⑤
시장포트폴리오의 위험보상비율은 시장포트폴리오의 기대수익률에서 무위험이자율을 차감한 값을 시장포트폴리오의 수익률 표준편차로 나누어서 계산할 수 있다.

09 ⑤
$E(R_A) = R_f + [E(R_m) - R_f] \times \beta_A$
$= 0.1 + (0.15 - 0.1) \times 2 = 0.2$

10 ④
$E(R_A) = 0.2 = R_f + [E(R_m) - R_f] \times \beta_A = 0.05 + 0.1 \times \beta_A$
$\therefore \beta_A = 1.5$

11 ④
$E(R_A) = 0.1 + (0.2 - 0.1) \times 0.5 = 0.15 < 0.2$ (과소평가)
$E(R_B) = 0.1 + (0.2 - 0.1) \times 2 = 0.3 > 0.25$ (과대평가)

출제예상문제

난이도: ★☆☆ 대표출제기업: 한국가스공사

12 총투자자금 1,000만 원을 다음과 같이 투자하여 구성된 포트폴리오 P의 베타값은 얼마인가?

종목	베타	투자액
A	0.8	100만 원
B	1.5	400만 원
C	2.0	500만 원

① 1.60 ② 1.62 ③ 1.64 ④ 1.66 ⑤ 1.68

난이도: ★☆☆

13 공매가 가능하며 모든 주식의 베타는 4보다 작다고 가정할 때, 2개의 주식으로 구성된 포트폴리오 P의 베타에 대한 설명으로 옳지 않은 것은?

① 포트폴리오 P의 베타는 두 주식의 베타를 각각에 대한 투자비율로 가중평균해서 계산할 수 있다.
② 포트폴리오 P의 베타가 5가 될 수 있다.
③ 포트폴리오 P의 베타가 -5가 될 수 있다.
④ 포트폴리오 P의 베타가 0이 될 수 없다.
⑤ 두 주식에 대한 투자비율의 변동과 무관하게 포트폴리오 P의 베타가 변하지 않는 경우가 있을 수 있다.

난이도: ★★★

14 CAPM의 성립을 가정하며, 무위험이자율은 10%이고 시장포트폴리오의 기대수익률은 20%이다. 투자자 甲이 보유자금의 80%를 위험자산 A에 투자하고 나머지 20%를 베타가 3인 위험자산 B에 투자해서 구성한 포트폴리오 P의 베타는 1이다. 투자자 甲이 포트폴리오 P를 구성하는 위험자산 B를 처분하여 유입되는 자금으로 베타가 2인 위험자산 C를 매입할 때, 포트폴리오 P의 새로운 베타는 얼마인가?

① 0.6 ② 0.8 ③ 1.0 ④ 1.2 ⑤ 1.4

난이도: ★★☆

15 CAPM의 성립을 가정하며, 무위험이자율은 10%이고 시장포트폴리오의 기대수익률은 20%이다. 투자자 甲이 보유자금의 40%를 시장포트폴리오에 투자하고 나머지 60%는 베타가 2인 위험자산 A에 투자해서 포트폴리오 P를 구성할 때, 포트폴리오 P의 균형기대수익률은 얼마인가?

① 22%   ② 23%   ③ 24%   ④ 25%   ⑤ 26%

정답 및 해설

12 ⑤
$\beta_P = w_A\beta_A + w_B\beta_B + w_C\beta_C$
$= 0.1 \times 0.8 + 0.4 \times 1.5 + 0.5 \times 2.0 = 1.68$

13 ④
공매가 가능하고 두 주식의 베타가 같지 않은 경우 포트폴리오의 베타는 모든 값이 가능하다.

14 ②
$\beta_P = w_A\beta_A + w_B\beta_B = 0.8 \times \beta_A + 0.2 \times 3 = 1$
$\therefore \beta_A = 0.5$
새로운 $\beta_P = w_A\beta_A + w_C\beta_C = 0.8 \times 0.5 + 0.2 \times 2 = 0.8$

15 ⑤
$\beta_P = w_m\beta_m + w_A\beta_A = 0.4 \times 1 + 0.6 \times 2 = 1.6$
$E(R_P) = 0.1 + (0.2 - 0.1) \times 1.6 = 0.26$

출제예상문제

난이도: ★☆☆

16 CAPM의 성립을 가정하며, 무위험이자율은 10%이고 시장포트폴리오의 기대수익률과 수익률의 표준편차는 각각 25%와 20%이다. 시장포트폴리오 수익률과의 상관계수가 0.8인 위험자산 A 수익률의 표준편차가 40%일 때, 위험자산 A의 베타는 얼마인가?

① 1.2 ② 1.4 ③ 1.6 ④ 1.8 ⑤ 2.0

난이도: ★★★

17 CAPM의 성립을 가정하며, 주식 A와 주식 B의 기대수익률은 동일하고 주식 A 수익률과 시장포트폴리오 수익률 간 상관계수는 주식 B 수익률과 시장포트폴리오 수익률 간 상관계수의 2배이다. 주식 B 수익률의 표준편차가 20%일 때, 주식 A 수익률의 표준편차는 얼마인가?

① 6% ② 8% ③ 10% ④ 12% ⑤ 14%

난이도: ★☆☆ 대표출제기업: 대구환경공단

18 CAPM의 성립을 가정할 때, 다음 설명 중에서 옳지 않은 것은?

① 포트폴리오를 구성하는 자산의 수가 증가할수록 포트폴리오의 위험은 감소하지만 일정 수준 이하로는 내려가지 않는다.
② 포트폴리오 구성을 통해 제거 가능한 위험은 개별자산의 고유요인에 따른 위험이며 이를 '시장위험'이라고도 한다.
③ 베타값이 1보다 큰 자산은 시장포트폴리오의 수익률보다 민감하게 변동하는 자산이다.
④ 증권시장선에 의해 계산되는 균형기대수익률보다 높은 수익률이 기대되는 자산은 가격이 과소평가된 자산이다.
⑤ 시장에서 보상의 대상이 되는 위험은 체계적위험이다.

난이도: ★☆☆   대표출제기업: 경기평택항만공사

19 CAPM에 대한 설명으로 옳지 않은 것은?

① 증권시장선은 체계적위험과 기대수익률의 선형관계를 나타내는 식이다.

② 포트폴리오이론과 달리 CAPM은 무위험자산까지 투자대상에 포함한다.

③ 자본시장선의 기울기는 효율적 포트폴리오의 단위위험에 대한 보상을 나타낸다.

④ 증권시장선의 기울기는 체계적위험인 베타를 나타낸다.

⑤ CAPM은 초과이익이 발생하지 않는 균형상태를 가정하는 모형이다.

정답 및 해설

16 ③
$$\beta_A = \frac{\sigma_A}{\sigma_m} \times \rho_{Am} = \frac{0.4}{0.2} \times 0.8 = 1.6$$

17 ③
$E(R_A) = E(R_B)$이므로 $\beta_A = \beta_B$이다.
$$\beta_A = \frac{\sigma_A}{\sigma_m} \times \rho_{Am} = \frac{\sigma_A}{\sigma_m} \times 2 \times \rho_{Bm} = \frac{\sigma_B}{\sigma_m} \times \rho_{Bm}$$
$$= \frac{0.2}{\sigma_m} \times \rho_{Bm} = \beta_B$$
$\therefore \sigma_A = 0.1$

18 ②
포트폴리오 구성을 통해 제거할 수 있는 위험(비체계적위험)은 개별자산 또는 개별기업에 영향을 미치는 요인으로서 '고유위험'이라고 한다. 포트폴리오 구성을 통해서도 제거할 수 없는 위험(체계적위험)은 모든 위험자산에 영향을 미치는 요인으로서 '시장위험'이라고 한다.

19 ④
증권시장선의 기울기인 $[E(R_m) - R_f]$는 시장포트폴리오의 체계적 위험 1단위당 위험프리미엄을 나타낸다.

출제예상문제

난이도: ★☆☆ **대표출제기업:** 한국도로공사

20 자본시장선(CML)과 증권시장선(SML)에 대한 설명으로 옳지 않은 것은?

① 시장포트폴리오 수익률과의 상관계수가 1인 포트폴리오의 경우 자본시장선과 증권시장선은 동일한 표현식이다.
② 투자자의 최적투자포트폴리오에서 시장포트폴리오를 구성하는 개별위험자산에 대한 투자비율은 객관적이지만, 무위험자산과 시장포트폴리오에 대한 투자비율은 주관적이다.
③ 증권시장선을 이용해서 비효율적 개별자산의 균형수익률을 구할 수 있다.
④ 증권시장선의 기울기는 개별자산의 베타값과 무관하다.
⑤ 개별자산의 베타가 일정한 경우 비체계적위험이 감소하면 균형기대수익률은 감소한다.

난이도: ★☆☆

21 CAPM의 성립을 가정할 때, 다음 설명 중에서 옳은 것은?

① 자본시장선과 증권시장선은 기대수익률과 총위험 간의 선형관계를 설명한다는 공통점이 있다.
② 자본시장선과 증권시장선은 기대수익률과 체계적위험 간의 상충관계(trade-off)를 설명한다는 공통점이 있다.
③ 자본시장선과 증권시장선은 모든 자산에 적용되는데, 위험 측정이 자본시장선은 수익률의 표준편차로, 증권시장선은 베타로 된다는 차이점이 있다.
④ 무위험자산과 시장포트폴리오를 결합하여 구성한 포트폴리오의 수익률과 시장포트폴리오 수익률 간의 상관계수는 항상 0이다.
⑤ 증권시장선의 특수한 형태 중 하나가 자본시장선이며, 증권시장선은 자본시장선을 포괄하는 모형이다.

난이도: ★☆☆ **대표출제기업:** 예금보험공사

22 투자자들의 위험회피정도가 보다 더 증가하고, 예상인플레이션율이 상승하는 경우 증권시장선의 변화로 옳은 것은?

① 증권시장선의 기울기가 커지고 위로 이동한다.
② 증권시장선의 기울기가 작아지고 아래로 이동한다.
③ 증권시장선의 기울기가 커지고 아래로 이동한다.
④ 증권시장선의 기울기가 작아지고 위로 이동한다.
⑤ 증권시장선의 기울기가 변화 없이 위로 이동한다.

난이도: ★★☆ 대표출제기업: 한국마사회

23 CAPM에 대한 설명으로 옳지 않은 것은?

① 개별 위험자산의 위험프리미엄은 항상 0보다 크다.
② 투자자의 효용을 극대화시키는 최적포트폴리오의 베타값은 그 투자자의 시장포트폴리오에 대한 투자비율과 동일하다.
③ 시장포트폴리오의 위험프리미엄은 항상 0보다 크다.
④ 투자자의 최적투자포트폴리오와 시장포트폴리오의 수익률 간 상관계수는 항상 1이다.
⑤ 롤(R. Roll)은 진정한 시장포트폴리오의 구성이 불가능하므로 CAPM의 실증적 검증이 불가능하다고 주장했다.

정답 및 해설

20 ⑤
균형기대수익률은 비체계적위험과 무관하게 체계적위험에 의해 결정되므로 비체계적위험이 감소해도 체계적위험(베타)이 일정하다면 균형기대수익률은 변하지 않는다.

21 ⑤
[오답노트]
①, ② 자본시장선은 기대수익률과 총위험 간의 선형관계(상충관계)를 설명하며, 증권시장선은 기대수익률과 체계적위험 간의 선형관계(상충관계)를 설명한다.
③ 자본시장선은 완전히 분산투자된 효율적인 포트폴리오에만 적용된다.
④ 무위험자산과 시장포트폴리오를 결합하여 구성한 자본시장선상 포트폴리오의 수익률과 시장포트폴리오 수익률 간의 상관계수는 항상 1이다.

22 ①
투자자들의 위험회피정도의 증가로 인해 증권시장선의 기울기가 커지며, 예상인플레이션율의 상승으로 인해 증권시장선이 상방으로 이동한다.

23 ①
음(-)의 체계적위험을 갖는 위험자산의 기대수익률은 무위험이자율보다 낮으므로 위험프리미엄이 0보다 작다.

제3장 | 시장모형과 차익거래가격결정이론

✓ 핵심 포인트

시장모형의 가정	증권특성선과 베타의 의미
결정계수	시장모형의 통계적 측정치
차익거래	APT의 가정과 차익거래의 의미
APT 균형식	복제포트폴리오의 구성과 시장균형 조건식
CAPM과 APT	공통점과 차이점 비교

01 시장모형   중요도 ★★

1. 시장모형과 증권특성선

(1) 시장모형의 의의

시장모형(단일지수모형)은 포트폴리오를 구성하는 자산의 수가 많아지면 효율적 투자선을 도출하기 위해 필요한 정보의 양이 너무 많아진다는 마코위츠모형의 문제점을 해결하여 모형의 **현실적인 적용 가능성**을 높이고자 제시된 모형이다.

(2) 시장모형의 기본가정

시장모형에서는 **시장포트폴리오의 수익률(R_m)**이 모든 개별자산들의 수익률에 공통적으로 영향을 미치는 **단일한 공통요인**이라고 가정한다.

$$R_i = \alpha_i + \beta_i R_m + e_i$$

(단, α_i: R_m이 0인 경우 개별자산 i의 평균적인 수익률(회귀식의 절편),
β_i: R_m 변동에 대한 R_i의 민감도(회귀식의 기울기),
e_i: 잔차항(개별자산의 고유한 요인에 의해 변동하는 부분))

💡 재무관리 전문가의 TIP

시장모형의 통계적 가정
- $E(e_i) = 0$
- $Cov(e_i, R_m) = 0$
- $Cov(e_i, e_j) = 0$

(3) 증권특성선

개별자산 i와 시장포트폴리오의 미래수익률의 확률분포에서 R_m을 독립변수로 하고 R_i를 종속변수로 하는 단순회귀분석을 통해 개별자산 i의 α_i와 β_i를 추정할 수 있다.

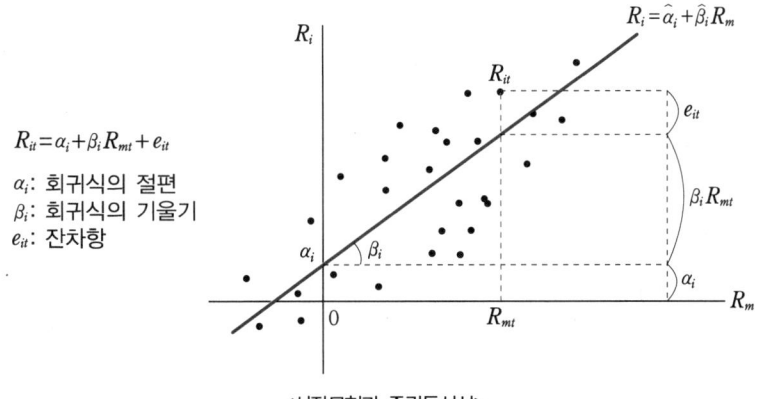

<시장모형과 증권특성선>

① 단순회귀분석은 최소자승법에 의해 잔차항의 제곱값의 합을 최소화하는 α_i와 β_i를 추정하는 것이며, 회귀분석의 결과로 추정되는 $\widehat{\alpha_i}$와 $\widehat{\beta_i}$는 다음과 같다.

- $\widehat{\beta_i} = \dfrac{\Sigma(R_{it} - \overline{R_i})(R_{mt} - \overline{R_m})}{\Sigma(R_{mt} - \overline{R_m})^2} = \dfrac{Cov(R_i, R_m)}{\sigma_m^2}$
- $\widehat{\alpha_i} = \overline{R_i} - \widehat{\beta_i}\overline{R_m}$

사전적 베타(Ex-ante beta)
미래수익률의 확률분포로부터 추정

사후적 베타(Ex-post beta)
과거의 역사적 자료를 이용하여 추정

② 추정되는 α_i와 β_i를 이용해 R_i와 R_m 간의 관계를 잘 설명해 주는 단순회귀식을 추정할 수 있으며, 이를 **증권특성선**(Security characteristic line:SCL)이라고 한다.

증권특성선(SCL): $R_i = \widehat{\alpha_i} + \widehat{\beta_i}R_m$

2. 시장모형에 의한 통계적 측정치

(1) 개별자산의 통계적 측정치

① 개별자산 i의 기대수익률과 분산은 다음과 같이 계산된다.

- $E(R_i) = \alpha_i + \beta_i E(R_m)$
- $Var(R_i) = \beta_i^2 Var(R_m) + Var(e_i)$

② 개별자산 i의 총위험(σ_i^2) 중 **체계적위험**은 $\beta_i^2 Var(R_m)$이며, **비체계적위험**은 $Var(e_i)$이다.

비체계적위험 = 잔차분산

시험문제 미리보기!

베타가 2.0인 자산 A 수익률의 표준편차는 40%이고, 시장포트폴리오 수익률의 표준편차는 10%이다. 자산 A 수익률의 분산 중 비체계적위험의 크기는 얼마인가?

① 0.12　　② 0.14　　③ 0.16　　④ 0.18　　⑤ 0.2

해설　$Var(e_A) = Var(R_A) - \beta_A^2 Var(R_m) = 0.4^2 - 2^2 \times 0.1^2 = 0.16 - 0.04 = 0.12$

정답 ①

> **재무관리 전문가의 TIP**
>
> 결정계수를 종속변수인 R_i에 대한 증권특성선의 설명력이라고도 합니다.

③ **결정계수(Determinant coefficient: R^2)**: 독립변수인 R_m의 변동이 종속변수인 R_i의 변동을 결정짓는 정도를 나타내는 척도

$$R^2 = \frac{체계적위험}{총위험} = \frac{\beta_i^2 Var(R_m)}{Var(R_i)} = \frac{\left(\frac{\sigma_i}{\sigma_m} \times \rho_{im}\right)^2 \times \sigma_m^2}{\sigma_i^2} = \rho_{im}^2$$

시험문제 미리보기!

시장모형이 성립하며, 자산 1과 시장포트폴리오 수익률 간의 상관계수는 0.8이다. 자산 1의 총위험 중 체계적위험의 비율은 얼마인가?

① 24%　　② 36%　　③ 48%　　④ 64%　　⑤ 72%

해설　$R^2 = \frac{\beta_i^2 Var(R_m)}{Var(R_i)} = \rho_{im}^2 = 0.8^2 = 0.64$

정답 ④

④ 개별자산 수익률 간의 공분산은 개별자산의 베타와 시장포트폴리오 수익률의 분산의 함수로 표현된다.

$$Cov(R_i, R_j) = Cov(\beta_i R_m, \beta_j R_m) = \beta_i \beta_j Var(R_m)$$

시험문제 미리보기!

시장모형이 성립하며, 자산 1과 자산 2의 베타가 각각 2.0과 3.0이고, 시장포트폴리오 수익률의 표준편차가 20%이다. 자산 1과 자산 2 수익률 간의 공분산은 얼마인가?

① 0.24　　② 0.36　　③ 0.48　　④ 0.64　　⑤ 0.72

해설　$Cov(R_A, R_B) = \beta_A \beta_B Var(R_m) = 2 \times 3 \times 0.2^2 = 0.24$

정답 ①

⑤ 개별자산 수익률 간의 상관계수는 개별자산 수익률과 시장포트폴리오 수익률 간의 상관계수들을 이용해서 계산할 수 있다.

$$\rho_{ij} = \frac{Cov(R_i, R_j)}{\sigma_i \times \sigma_j} = \frac{\beta_i \beta_j Var(R_m)}{\sigma_i \times \sigma_j} = \rho_{im} \times \rho_{jm}$$

시험문제 미리보기!

시장모형이 성립하며, 자산 1과 시장포트폴리오 수익률 간의 상관계수는 0.5이고, 자산 2와 시장포트폴리오 수익률 간의 상관계수는 0.6이다. 자산 1과 자산 2 수익률 간의 상관계수는 얼마인가?

① 0.2 ② 0.3 ③ 0.4 ④ 0.6 ⑤ 0.8

해설 $\rho_{12} = \rho_{1m} \times \rho_{2m} = 0.5 \times 0.6 = 0.3$

정답 ②

(2) 포트폴리오의 통계적 측정치

포트폴리오의 수익률은 개별자산 수익률의 투자비율을 이용한 가중평균이므로 다음과 같이 표현된다.

$$R_P = \Sigma w_i R_i = \Sigma w_i (\alpha_i + \beta_i R_m + e_i) = \alpha_P + \beta_P R_m + e_P$$

(단, $\alpha_P = \Sigma w_i \alpha_i$, $\beta_P = \Sigma w_i \beta_i$, $e_P = \Sigma w_i e_i$)

① 포트폴리오의 기대수익률과 분산은 다음과 같이 계산된다.

- $E(R_P) = E(\alpha_P + \beta_P R_m + e_P) = \alpha_P + \beta_P E(R_m)$
- $Var(R_P) = Var(\alpha_P + \beta_P R_m + e_P) = \beta_P^2 Var(R_m) + Var(e_P)$

(단, $\beta_P = \Sigma w_i \beta_i$, $Var(e_P) = \Sigma w_i^2 Var(e_i)$)

② 포트폴리오의 총위험(σ_P^2)을 구성하는 부분 중 체계적위험은 $\beta_P^2 Var(R_m)$이며, 비체계적위험은 포트폴리오의 잔차분산인 $Var(e_P)$이다.

3. 완전공분산모형과 시장모형의 비교

(1) 완전공분산모형과 시장모형의 공통점

마코위츠의 완전공분산모형과 샤프의 시장모형은 모두 **위험자산만으로 구성되는 포트폴리오의 기대수익률과 위험을 측정해서 위험자산만 존재하는 경우의 효율적 투자선을 도출**하고자 하는 모형이다.

> **재무관리 전문가의 TIP**
> 시장모형에서는 포트폴리오를 구성하는 자산의 수를 무한히 증가시켜 투자하는 경우 포트폴리오의 위험이 $\beta_P^2 Var(R_m)$에 수렴합니다.

(2) 완전공분산모형과 시장모형의 차이점

① 개별자산 수익률 간의 공분산에 대해서 완전공분산모형은 개별자산 수익률변동 전체 간의 관계로 파악하지만, 시장모형은 개별자산의 고유한 요인에 따른 수익률의 잔차 항들이 서로 독립적이라는 가정하에 개별자산 수익률 중 공통요인과 관련된 부분 간의 공분산만을 고려한다.

② 시장모형을 이용하면 마코위츠의 완전공분산모형에 비해 **필요한 정보의 양**이 크게 줄어들어 **현실적인 적용 가능성**이 높아진다는 유용성이 있다. n개의 자산으로 구성되는 포트폴리오의 기대수익률과 수익률의 분산(표준편차)을 계산하기 위해 필요한 정보의 양을 비교하면 다음과 같다.

구분	완전공분산모형		시장모형	
필요한 정보량	$E(R_i)$	n개	α_i	n개
	σ_i^2	n개	β_i	n개
	σ_{ij}	$(n^2-n)/2$개	$Var(e_i)$	n개
	-	-	$E(R_m)$	1개
	-	-	$Var(R_m)$	1개
	총 $(n^2+3n)/2$개		총 $3n+2$개	

4. 시장모형의 한계

시장모형은 현실적인 적용 가능성을 높이기 위해 개별자산 수익률의 잔차들은 서로 독립적($Cov(e_i, e_j) = 0$)이라는 **통계적 가정**을 하지만, 시장전체에 영향을 미치지는 않더라도 몇몇 자산들에는 공통적으로 영향을 미치는 요인이 존재할 수 있기 때문에 이러한 가정이 현실적으로는 타당하지 못할 수 있다.

02 차익거래가격결정이론 　　　　　　중요도 ★★

1. 차익거래가격결정이론의 기초개념

(1) APT의 의의

차익거래가격결정이론(Arbitrage pricing theory: APT)은 모든 자산의 수익률에 공통적으로 영향을 미치는 독립된 다수의 공통요인이 존재한다고 가정하고, 불균형상태의 시장에서는 차익거래가 발생할 것이므로 균형상태의 시장에서는 모든 자산의 기대수익률이 각 공통요인에 대한 민감도와 선형관계를 갖고 결정된다는 이론이다.

(2) APT의 가정

① 자산의 수익률은 여러 개의 독립적인 공통요인에 의하여 결정된다.
② 투자자들은 위험회피형이며, 적은 부보다는 많은 부를 선호한다.
③ 투자자들은 공통요인과 개별자산의 확률분포에 대해 동질적으로 기대한다.
④ 자본시장은 완전자본시장이다.

APT의 가정은 CAPM과 비교해 보다 현실적이고 덜 제한적입니다.

(3) 차익거래

동일한 자산이 서로 다른 가격에 거래되는 불균형상태의 시장에서는 투자자들이 해당 자산을 보다 높은 가격에 공매하고 동시에 보다 낮은 가격에 매입하여 추가적인 자금이나 위험을 부담하지 않고서도 정(+)의 차익을 획득하는 차익거래를 실행할 것이며, 차익거래를 통해 **일물일가(一物一價)**의 법칙이 성립하도록 시장가격의 불균형이 조정될 것이다.

APT는 무차익원리에 따라 체계적 위험 1단위당 위험프리미엄이 동일해지도록 기대수익률이 형성되어야 시장의 균형이 달성될 수 있다는 이론입니다.

2. 단일요인 APT

충분히 분산투자하여 포트폴리오를 구성할 경우 개별자산의 고유요인에 따른 수익률의 변동부분들은 서로 상쇄될 것이므로 **충분히 분산투자된(Well-diversified) 포트폴리오**의 기대수익률은 무위험이자율과 체계적위험에 대한 위험프리미엄으로 구성된다.

(1) 체계적위험(민감도)이 동일한 포트폴리오들 간의 차익거래

불균형상태의 시장에서는 정(+)의 이익을 추구하는 차익거래가 발생하는데, 이러한 **무위험차익거래**는 다음의 조건을 만족해야 한다.

① $\Sigma w_i = 0$: 추가적인 투자자금의 부담이 없어야 한다.
② $\Sigma w_i \beta_i = 0$: 추가적인 (체계적)위험의 부담이 없어야 한다.

사례

충분히 분산투자된 포트폴리오 A와 포트폴리오 B의 기대수익률과 공통요인에 대한 민감도가 다음과 같다고 가정한다.

구분	기대수익률	민감도(β_i)
포트폴리오 A	12%	2
포트폴리오 B	15%	2

1. 체계적위험이 동일한 포트폴리오들 중 기대수익률이 낮은 포트폴리오를 공매하여 유입되는 자금으로 기대수익률이 높은 포트폴리오를 매입하여 두 포트폴리오의 기대수익률의 차이에 해당하는 정(+)의 차익거래이익을 획득하는 차익거래가 가능하다.

2. 차익거래과정을 투자비율을 이용하여 나타내면 다음과 같다.

구분	투자비율	투자위험	투자수익률
포트폴리오 A 공매	−1.0	−1.0 × 2	−1.0 × 12%
포트폴리오 B 매입	1.0	1.0 × 2	1.0 × 15%
합계(차익거래이익)	$\Sigma w_i = 0$	$\Sigma w_i \beta_i = 0$	$\Sigma w_i E(R_i) = 3\% > 0$

이러한 차익거래에 따라 상대적으로 과대평가된 자산의 가격은 하락(기대수익률은 상승)할 것이며, 상대적으로 과소평가된 자산의 가격은 상승(기대수익률은 하락)할 것이므로 체계적위험이 동일한 포트폴리오들의 기대수익률은 동일하게 형성되어야만 균형상태의 시장이 달성될 수 있다.

(2) 체계적위험(민감도)이 상이한 포트폴리오들 간의 차익거래

체계적위험(민감도)이 상이한 포트폴리오들 간의 차익거래에서는 차익거래의 대상이 되는 포트폴리오와 동일한 위험을 갖는 **복제포트폴리오**를 구성하는 과정이 필요하다. 복제포트폴리오를 구성하기 위한 조건은 다음과 같다.

① $\Sigma w_i = 1$: 목표로 하는 포트폴리오와 동일한 금액이 투자되어야 한다.

② $\Sigma w_i \beta_i = \beta_{Target}$: 목표로 하는 포트폴리오와 체계적위험이 동일해야 한다.

사례

무위험이자율이 10%인 상황에서 충분히 분산투자된 포트폴리오 A와 포트폴리오 B의 기대수익률과 공통요인에 대한 민감도가 다음과 같다고 가정한다.

구분	기대수익률	민감도(β_i)
포트폴리오 A	12%	0.5
포트폴리오 B	15%	2.0

1. 각 포트폴리오의 체계적위험 1단위당 위험프리미엄이 상이한 불균형상태이므로, 포트폴리오 B를 공매하고 포트폴리오 A를 매입하는 차익거래가 가능한 상황이다.

$$\frac{E(R_A) - R_f}{\beta_A} = \frac{12\% - 10\%}{0.5} = 4\% > \frac{E(R_B) - R_f}{\beta_B} = \frac{15\% - 10\%}{2.0} = 2.5\%$$

2. 투자자금의 25%를 포트폴리오 B에, 75%를 무위험자산에 투자하면 포트폴리오 A와 동일한 위험을 부담하는 복제포트폴리오를 구성할 수 있다.

$$\begin{cases} w_B + w_f = 1 \\ w_B \beta_B + w_f \beta_f = w_B \times 2.0 + w_f \times 0 = 0.5 = \beta_A \end{cases}$$

$$\therefore w_B = 0.25, \ w_f = 0.75$$

복제포트폴리오의 기대수익률 $= w_B E(R_B) + w_f R_f = 0.25 \times 15\% + 0.75 \times 10\%$
$= 11.25\%$

3. 체계적위험이 동일하지만 포트폴리오 A의 기대수익률이 복제포트폴리오의 기대수익률보다 높기 때문에 복제포트폴리오를 공매하여 유입되는 자금으로 포트폴리오 A를 매입하는 차익거래를 통해 포트폴리오 A의 기대수익률과 복제포트폴리오의 기대수익률 간의 차이인 0.75%만큼의 차익거래이익을 획득할 수 있다.

구분		w_i	$w_i \beta_i$	$w_i E(R_i)$
복제 포트폴리오 공매	포트폴리오 B 공매	-0.25	-0.25 × 2.0	-0.25 × 15%
	무위험자산 공매(차입)	-0.75	-0.75 × 0.0	-0.75 × 10%
	소계	-1.00	-1.00 × 0.5	-1.00 × 11.25%
포트폴리오 A 매입		1.00	1.00 × 0.5	1.00 × 12%
합계(차익거래이익)		0	0	12% - 11.25% = 0.75%

4. 차익거래 과정에서 상대적으로 가격이 과소평가되어 기대수익률이 높았던 포트폴리오 A의 가격이 상승(기대수익률이 하락)할 것이며, 상대적으로 가격이 과대평가되어 기대수익률이 낮았던 포트폴리오 B의 가격이 하락(기대수익률이 상승)할 것이다.

5. 차익거래 결과로 인해 균형상태의 시장에서는 각 포트폴리오의 체계적위험 1단위당 위험프리미엄이 일정한 값(λ)으로 동일하게 형성되어야 한다.

$$\text{시장균형 조건식: } \frac{E(R_A) - R_f}{\beta_A} = \frac{E(R_B) - R_f}{\beta_B} = \cdots = \lambda$$

이러한 시장의 균형조건식은 충분히 분산투자된 임의의 포트폴리오(P)에 대해서 모두 만족되어야 하며, 투자자들은 충분히 분산투자된 포트폴리오를 구성하여 차익거래를 할 것이므로 개별자산의 경우에도 비체계적위험이 균형수익률에 영향을 미치지 못할 것이다. 따라서 시장의 **균형조건식**은 다음과 같이 표현될 수 있다.

$$\text{단일요인 APT 균형식: } E(R_i) = R_f + \lambda \beta_i$$

📋 시험문제 미리보기!

자산의 수익률이 1개의 공통요인에 의해 결정되는 상황이며, 충분히 분산된 포트폴리오 A와 B의 기대수익률과 공통요인에 대한 민감도는 다음과 같다. 차익거래기회가 존재하지 않기 위한 무위험이자율은 얼마인가?

구분	기대수익률	민감도(β_i)
포트폴리오 A	16%	0.8
포트폴리오 B	20%	1.6

① 12% ② 14% ③ 15% ④ 16% ⑤ 18%

해설 $\frac{E(R_A) - R_f}{\beta_A} = \frac{0.16 - R_f}{0.8} = \frac{0.2 - R_f}{1.6} = \frac{E(R_B) - R_f}{\beta_B}$

∴ 무위험이자율(R_f) = 12%

정답 ①

3. 다요인 APT

(1) 다요인 APT의 도출

균형상태하의 시장에서는 추가적인 투자자금 부담과 위험 부담이 없는 차익거래를 통해서는 차익거래이익을 획득할 수 없어야 한다. 즉, $\Sigma w_i = 0$이고, $\Sigma w_i \beta_i = 0$인 경우 균형상태의 시장에서는 $\Sigma w_i E(R_i) = 0$이어야 한다.

① $\Sigma w_i = w_1 + w_2 + \cdots + w_n = 0$의 양변에 임의의 상수($\lambda_0$)를 곱한다.

$\Sigma w_i = 0: \lambda_0 \times (w_1 + w_2 + \cdots + w_n) = 0$

② $\Sigma w_i \beta_{ik} = w_1 \beta_{1k} + w_2 \beta_{2k} + \cdots + w_n \beta_{nk} = 0$의 양변에 임의의 상수($\lambda_k$)를 곱한다.

$\Sigma w_i \beta_{i1} = 0: \lambda_1 \times (w_1 \beta_{11} + w_2 \beta_{21} + \cdots + w_n \beta_{n1}) = 0$

$\Sigma w_i \beta_{i2} = 0: \lambda_2 \times (w_1 \beta_{12} + w_2 \beta_{22} + \cdots + w_n \beta_{n2}) = 0$

$\vdots$

$\Sigma w_i \beta_{ik} = 0: \lambda_k \times (w_1 \beta_{1k} + w_2 \beta_{2k} + \cdots + w_n \beta_{nk}) = 0$

③ ①과 ②의 식들의 좌변과 우변을 각각 모두 더하여 정리한다.

$w_1 \times (\lambda_0 + \lambda_1 \beta_{11} + \lambda_2 \beta_{12} + \cdots + \lambda_k \beta_{1k}) + w_2 \times (\lambda_0 + \lambda_1 \beta_{21} + \lambda_2 \beta_{22} + \cdots + \lambda_k \beta_{2k})$
$+ \cdots + w_n \times (\lambda_0 + \lambda_1 \beta_{n1} + \lambda_2 \beta_{n2} + \cdots + \lambda_k \beta_{nk}) = 0$

④ $\Sigma w_i E(R_i) = w_1 E(R_1) + w_2 E(R_2) + \cdots + w_n E(R_n) = 0$을 ③의 결과식과 비교하면 균형상태의 시장에서는 모든 자산의 기대수익률이 각 공통요인에 대한 민감도의 선형결합으로 나타나게 해 주는 임의의 상수 $\lambda_0, \lambda_1, \lambda_2, \cdots, \lambda_k$가 존재한다.

⑤ ④를 임의의 개별자산 i에 대해 적용하면 다요인 APT 균형식이 도출된다.

$$E(R_i) = \lambda_0 + \lambda_1 \beta_{i1} + \lambda_2 \beta_{i2} + \cdots + \lambda_k \beta_{ik}$$

여기서 λ_0는 모든 공통요인에 대한 민감도가 0인 포트폴리오의 기대수익률이며, 무위험자산이 존재하는 경우 무위험이자율(R_f)과 동일한 의미이다. 또한 λ_k는 k요인 위험 1단위당 위험프리미엄을 의미하고, β_{ik}는 개별자산 i 수익률의 k요인에 대한 민감도를 의미한다.

(2) 다요인 APT 균형식의 의미

요인포트폴리오란 특정 공통요인에 대한 민감도는 1이고 나머지 공통요인에 대한 민감도는 모두 0인 포트폴리오를 말한다.

> **재무관리 전문가의 TIP**
>
> k요인에 대한 요인포트폴리오는 k요인에 대한 민감도가 1이고 나머지 공통요인에 대한 민감도는 모두 0인 포트폴리오입니다.

사례

자산의 수익률이 2개의 공통요인에 의해 결정되며, 무위험이자율이 10%인 상황에서 기대수익률과 공통요인들에 대한 민감도는 다음과 같은 충분히 분산투자된 포트폴리오들이 존재한다고 가정한다.

구분	기대수익률	1요인에 대한 민감도(β_{i1})	2요인에 대한 민감도(β_{i2})
1요인 포트폴리오($F1$)	13%	1	0
2요인 포트폴리오($F2$)	15%	0	1
포트폴리오 P	?	2	0.5

1. 1요인에 대한 위험 1단위당 위험프리미엄: $[E(R_{F1}) - R_f]$ = 13% − 10% = 3%
2. 2요인에 대한 위험 1단위당 위험프리미엄: $[E(R_{F2}) - R_f]$ = 15% − 10% = 5%

3. 포트폴리오 P의 기대수익률은 무위험이자율에 1요인에 대한 위험프리미엄과 2요인에 대한 위험프리미엄이 모두 가산되어야 한다.

$$E(R_P) = R_f + \underset{[E(R_{F1})-R_f] \times \beta_{P1}}{\underbrace{1요인\ 위험프리미엄}} + \underset{[E(R_{F2})-R_f] \times \beta_{P2}}{\underbrace{2요인\ 위험프리미엄}}$$

$18.5\% = 10\% + 3\% \times 2 + 5\% \times 0.5$

4. k요인에 대한 위험 1단위당 위험프리미엄인 $[E(R_{Fk})-R_f]$을 λ_k로 표시하는 경우 충분히 분산투자된 포트폴리오의 균형수익률은 다음과 같이 나타낼 수 있다.

$$E(R_P) = R_f + \lambda_1 \beta_{P1} + \lambda_2 \beta_{P2} + \cdots + \lambda_k \beta_{Pk}$$

(단, λ_k = k요인 위험 1단위당 위험프리미엄 = $E(R_{Fk}) - R_f$,
β_{Pk} = 포트폴리오 P 수익률의 k요인에 대한 민감도)

개별자산이 갖는 비체계적위험은 개별자산의 균형수익률에 영향을 미치지 못하기 때문에 개별자산의 균형수익률도 충분히 분산투자된 포트폴리오의 경우와 동일한 식으로 나타낼 수 있으며, 무위험자산이 존재하지 않는 경우에도 모든 공통요인에 대한 민감도가 0인 포트폴리오의 기대수익률(λ_0)을 이용해서 다요인 APT 균형식은 다음과 같이 나타낼 수 있다.

- 다요인 APT 균형식: $E(R_i) = \lambda_0 + \lambda_1 \beta_{i1} + \lambda_2 \beta_{i2} + \cdots + \lambda_k \beta_{ik}$
- (무위험자산 존재 시): $E(R_i) = R_f + \lambda_1 \beta_{i1} + \lambda_2 \beta_{i2} + \cdots + \lambda_k \beta_{ik}$

시험문제 미리보기!

2요인 APT의 성립을 가정하며, 충분히 분산된 포트폴리오 A, B, C의 기대수익률과 각 요인에 대한 민감도(β_{ik})는 다음과 같다. 모든 공통요인에 대한 민감도가 0인 포트폴리오의 기대수익률(λ_0)은 얼마인가?

포트폴리오	β_{i1}	β_{i2}	기대수익률
A	1	1	6%
B	2	1	9%
C	2	2	11%

① 0.01   ② 0.02   ③ 0.03   ④ 0.04   ⑤ 0.05

해설 $E(R_A) = 0.06 = \lambda_0 + \lambda_1 \times 1 + \lambda_2 \times 1$
$E(R_B) = 0.09 = \lambda_0 + \lambda_1 \times 2 + \lambda_2 \times 1$
$E(R_C) = 0.11 = \lambda_0 + \lambda_1 \times 2 + \lambda_2 \times 2$
∴ $\lambda_0 = 0.01$, $\lambda_1 = 0.03$, $\lambda_2 = 0.02$

정답 ①

4. CAPM과 APT의 비교

(1) CAPM과 APT의 공통점

CAPM과 APT는 두 모형 모두 **완전자본시장과 위험회피형 투자자들의 동질적 기대**라는 가정하에 개별자산의 **체계적위험과 균형상태에서의 기대수익률 간의 선형관계**를 설명하는 모형이라는 점에서 기본적인 의미가 동일하다고 할 수 있다.

(2) CAPM과 APT의 차이점

CAPM은 자산의 수익률을 결정하는 공통요인이 시장포트폴리오의 수익률(R_m) 하나뿐인 **APT의 특수한 형태**라고 할 수 있는데, APT는 이를 도출하기 위해 사용된 가정들이 CAPM보다 현실적이므로 CAPM을 대체하기 위한 **일반화된 모형**이라고 할 수 있다.

구분	CAPM	APT
균형달성과정	• 지배원리에 기초 • 많은 수의 투자자들의 참여 필요	• 차익거래의 논리에 기초 • 많은 수의 투자자들의 참여 불필요
투자자들의 행동에 대한 가정	• 평균 - 분산기준 • 정규분포 또는 2차 효용함수	• 위험회피형 • 차익거래이익을 추구
자산수익률의 결정요인	• 단일의 공통요인(시장포트폴리오의 수익률)	• 여러 개의 공통요인
시장포트폴리오와 무위험자산의 존재	• 필요	• 불필요
투자기간	• 단일기간	• 다기간으로 쉽게 확장 가능

(3) APT의 한계

APT는 CAPM에 비해 보다 현실적인 모형이지만, 실제 적용에 있어서는 다음과 같은 한계점을 가지고 있다.
① 공통요인을 선정하기가 쉽지 않다.
② 공통요인들이 어떤 경제적 의미를 갖는지 명확하게 파악하기 어렵다.

ejob.Hackers.com

취업강의 1위, **해커스잡**

출제예상문제

제3장 시장모형과 차익거래가격결정이론

난이도: ★★☆ 대표출제기업: 서울교통공사

01 시장모형에 대한 설명으로 옳지 않은 것은?

① 증권특성선의 기울기는 공통요인인 시장포트폴리오 수익률의 변동에 대한 개별자산 수익률 변동의 민감도를 나타낸다.
② 총위험 중 체계적위험이 차지하는 비중이 커질수록 증권특성선의 설명능력이 커진다.
③ 총위험 중 체계적위험이 차지하는 비율을 결정계수라고 하며 결정계수는 0에서 1사이의 값을 갖는다.
④ 포트폴리오를 구성하는 자산의 수를 무한히 증가시켜 투자하는 경우 포트폴리오의 베타는 0에 수렴한다.
⑤ 시장모형에서는 개별자산 수익률 간의 공분산 계산 시 개별자산 수익률 중 공통요인과 관련된 부분 간의 공분산만을 고려한다.

난이도: ★☆☆ 대표출제기업: 용인시디지털산업진흥원

02 비체계적위험에 대한 측정치로 옳은 것은?

① 수익률의 분산   ② 수익률의 표준편차   ③ 베타
④ 잔차항의 분산   ⑤ 기대수익률

난이도: ★★☆

03 CAPM의 성립을 가정하며, 무위험이자율은 10%이고 시장포트폴리오와 주식 A의 1년 후 예상수익률에 대한 확률분포는 다음과 같을 때, 주식 A의 베타는 얼마인가?

상황	확률	R_m	R_A
호황	50%	20%	40%
불황	50%	10%	10%

① 1.0   ② 1.5   ③ 2.0   ④ 2.5   ⑤ 3.0

난이도: ★★★

04 주식 A의 증권특성선에 대한 시장모형의 추정결과와 결정계수에 대한 자료가 다음과 같다. 시장포트폴리오 수익률의 표준편차가 40%일 때, 주식 A의 총위험인 수익률의 분산 중 비체계적위험의 크기는 얼마인가?

- 추정결과: $R_A = 0.03 + 0.5R_m + e_A$
- 결정계수: $R^2 = 0.8$

① 0.01 ② 0.02 ③ 0.03 ④ 0.04 ⑤ 0.05

정답 및 해설

01 ④
포트폴리오를 구성하는 자산의 수를 무한히 증가시켜 투자하는 경우 포트폴리오의 비체계적위험인 잔차항의 분산이 0에 수렴한다.

02 ④
오답노트
①, ② 수익률의 분산과 표준편차는 총위험의 측정치이다.
③ 베타는 체계적위험의 측정치이다.
④ 잔차항의 분산은 개별적인 요인에 따른 고유위험인 비체계적위험에 대한 측정치로 이용될 수 있다.

03 ⑤
$E(R_m) = 0.5 \times 0.2 + 0.5 \times 0.1 = 0.15$
$E(R_A) = 0.5 \times 0.4 + 0.5 \times 0.1 = 0.25$
$\quad = R_f + [E(R_m) - R_f] \times \beta_A = 0.1 + (0.15 - 0.1) \times \beta_A$
$\therefore \beta_A = 3$

04 ①
$R^2 = 0.8 = \dfrac{\beta_A^2 \times Var(R_m)}{Var(R_A)} = \dfrac{0.5^2 \times 0.4^2}{Var(R_A)}$
∴ 총위험 = $Var(R_A) = 0.05$, 체계적위험 = $0.5^2 \times 0.4^2 = 0.04$
비체계적위험 = 총위험 - 체계적위험 = 0.05 - 0.04 = 0.01

출제예상문제

난이도: ★★★

05 자산의 수익률이 1개의 공통요인에 의해 설명된다고 가정할 때, 베타가 1인 A 증권의 기대수익률은 16%이고 베타가 0.5인 B 증권의 기대수익률은 12%이며, 무위험증권의 수익률은 6%이다. 실행 가능한 차익거래전략으로 옳은 것은? (단, 차익거래 시 무위험증권의 매입(또는 공매)금액은 100원으로 가정한다.)

① A와 B를 50원씩 공매하여 유입되는 자금으로 무위험증권을 100원 매입한다.
② A를 200원 공매하여 유입되는 자금으로 B와 무위험증권을 100원씩 매입한다.
③ B를 200원 공매하여 유입되는 자금으로 A와 무위험증권을 100원씩 매입한다.
④ B와 무위험증권을 100원씩 공매하여 유입되는 자금으로 A를 200원 매입한다.
⑤ A와 무위험증권을 100원씩 공매하여 유입되는 자금으로 B를 200원 매입한다.

난이도: ★★☆

06 무위험이자율이 10%인 상황에서 개별자산의 기대수익률과 공통요인에 대한 민감도가 다음과 같이 파악되었을 때, C 증권의 균형기대수익률은 얼마인가?

구분	$E(R_i)$	β_{i1}	β_{i2}
A 증권	16%	1	0
B 증권	14%	0	1
C 증권	?	2	3

① 26%　　② 28%　　③ 30%　　④ 32%　　⑤ 34%

난이도: ★☆☆

07 자산의 수익률이 3개의 공통요인에 의해 설명된다고 가정할 때, 무위험이자율이 10%이고, 요인 1과 요인 2, 요인 3에 대한 위험 1단위당 위험프리미엄이 각각 2%와 4%, 6%이다. 포트폴리오 P의 요인 1과 요인 2, 요인 3에 대한 체계적위험이 각각 2와 3, 4일 때 포트폴리오 P의 균형기대수익률은 얼마인가?

① 42%　　② 44%　　③ 46%　　④ 48%　　⑤ 50%

난이도: ★☆☆

08 CAPM과 APT에 대한 설명으로 옳지 않은 것은?

① CAPM과 APT는 완전자본시장과 위험회피형 투자자들의 동질적 기대를 가정하며 자산의 기대수익률과 관련 위험 요인(들) 간의 선형관계를 보여준다는 점에서 공통점이 있다.

② APT는 CAPM에 비해 모형을 유도하기 위한 가정이 훨씬 완화되었으므로 CAPM을 APT의 특수한 형태 중 하나라고 할 수 있다.

③ CAPM과 달리 APT에서는 평균-분산기준의 적용을 위해 자산수익률의 확률분포가 정규분포이거나 투자자의 효용함수가 2차함수여야 한다는 가정이 필요하다.

④ CAPM의 성립을 위해서는 충분히 많은 투자자가 시장에 참여하고 있어야 하나, APT에서는 소수의 투자자들만 불균형을 인지해도 차익거래의 논리에 의해 시장균형에 도달할 수 있다.

⑤ CAPM을 이용한 가치평가에서는 모든 위험자산을 포함하는 시장포트폴리오가 반드시 필요하지만, APT에서는 시장에 존재하는 자산 일부만으로도 가치를 평가할 수 있다.

정답 및 해설

05 ⑤

$$\frac{E(R_A) - R_f}{\beta_A} = \frac{0.16 - 0.06}{1} = 0.1 < \frac{E(R_B) - R_f}{\beta_B}$$

$$= \frac{0.12 - 0.06}{0.5} = 0.12$$

A와 무위험증권을 공매하여 유입되는 자금으로 B를 매입해야 한다.

$w_B = 1$, $w_A = -0.5$, $w_f = -0.5$

06 ⑤

$\lambda_1 = E(R_A) - R_f = 0.16 - 0.1 = 0.06$
$\lambda_2 = E(R_B) - R_f = 0.14 - 0.1 = 0.04$
$E(R_C) = R_f + \lambda_1 \beta_{C1} + \lambda_2 \beta_{C2}$
$\quad\quad\quad = 0.1 + 0.06 \times 2 + 0.04 \times 3 = 0.34$

07 ⑤

$E(R_i) = 0.1 + 0.02 \times \beta_{i1} + 0.04 \times \beta_{i2} + 0.06 \times \beta_{i3}$
$E(R_P) = 0.1 + 0.02 \times 2 + 0.04 \times 3 + 0.06 \times 4 = 0.5$

08 ③

자산수익률의 확률분포가 정규분포이거나 투자자의 효용함수가 2차함수라는 가정은 CAPM에서 평균-분산기준의 적용을 위한 가정이다.

제4장 | 자본구조이론

> **✓ 핵심 포인트**
>
> | 자본비용 | 원천별 자본비용과 가중평균자본비용 |
> |---|---|
> | 레버리지분석 | 영업위험과 재무위험 및 레버리지효과 |
> | MM 이전의 이론 | 순이익접근법, 순영업이익접근법, 전통적 접근법 |
> | MM의 이론 | 완전자본시장과 법인세를 고려하는 경우의 MM의 이론 |
> | MM 이후의 이론 | 개인소득세, 파산비용, 대리비용, 정보비대칭 |

01 자본구조이론의 의의 중요도 ★

1. 자본구조의 의미

자본구조(Capital structure)란 타인자본과 자기자본의 구성상태를 말한다. 부채사용기업 전체자본의 자본비용은 가중평균자본비용인데, 가중평균자본비용(Weighted average cost of capital:WACC)이란 타인자본비용과 자기자본비용을 원천별 자본이 총자본에서 차지하는 구성비율로 가중평균한 것을 말한다. 따라서 부채사용기업의 자본비용, 즉 가중평균자본비용은 자본구조에 따라 달라진다.

2. 자본구조이론의 의미

자본구조이론이란 타인자본과 자기자본의 구성상태인 자본구조(Capital structure)가 가중평균자본비용에 미치는 영향을 분석해서 가중평균자본비용을 최소화해 기업가치가 최대화되는 최적자본구조를 찾고자 하는 이론이다. 자본구조이론 중 가장 중요한 역할을 한 이론은 MM(F. Modilgliani and M. H. Miller)의 이론으로, 일반적으로 자본구조이론은 MM의 이론을 기준으로 하여 다음과 같이 분류한다.

> MM 이전의 자본구조이론 → MM의 자본구조이론 → MM 이후의 자본구조이론
> (전통적 자본구조이론)

02 자본구조이론의 기초개념 중요도 ★★★

1. 원천별 자본비용

(1) 타인자본비용

타인자본비용(Cost of debt: k_d)이란 **타인자본, 즉 부채로 자금을 조달할 때 부담해야 하는 자본비용**을 말하며, 자본의 제공자인 **채권자 입장에서 요구하는 최소한의 수익률**이다. 자본구조이론에서는 계산의 편의상 원금상환은 없고 매년 일정한 이자(I)를 영구히 지급하는 부채인 영구부채를 가정하여 타인자본비용을 측정한다.

① 사채발행비 등의 자금조달비용이 발생하는 경우 부채조달액에서 자금조달비용을 차감하여 부채발행을 통한 순조달액(B) 대비 이자지급액(I)의 비율로 계산한다.

$$k_d = \frac{I}{B} = \frac{\text{이자지급액}}{\text{부채가치(부채조달액)} - \text{자금조달비용}}$$

② 이자비용의 감세효과를 고려할 경우 기업이 실제로 부담하는 타인자본비용은 **세후타인자본비용**이다. 단, 자금조달비용은 없는 것으로 가정한다.

$$k_d(1-t) = \frac{\text{이자지급액} - \text{이자비용의 감세효과}}{\text{부채조달액}} = \frac{I - I \times t}{B} = \frac{I \times (1-t)}{B}$$

③ 세전타인자본비용은 증권시장선(SML)과 부채(채권자)의 체계적위험(β_d)을 이용하여 측정할 수도 있다.

$$k_d = R_f + [E(R_m) - R_f] \times \beta_d$$

📋 시험문제 미리보기!

A 기업은 영구부채를 발행하여 10,000원을 조달하였고, 해당 영구부채에 대해 1년 후부터 매년 말 700원의 이자를 영구히 지급할 예정이다. 법인세율이 40%인 경우 A 기업의 세후타인자본비용은 얼마인가?

① 2.8% ② 4.2% ③ 5.6% ④ 6.3% ⑤ 7.0%

해설 세전타인자본비용: $k_d = \frac{\text{이자지급액}}{\text{부채조달액}} = \frac{700원}{10,000원} = 0.07$

세후타인자본비용: $k_d(1-t) = 0.07 \times (1-0.4) = 0.042$

정답 ②

재무관리 전문가의 TIP

자기자본비용은 'PART 4 - 제1장 주식의 가치평가와 투자전략'의 배당평가모형을 이용해서 측정할 수도 있습니다.

(2) 자기자본비용(보통주자본비용)

자기자본비용(Cost of equity: k_e)이란 **자기자본으로 자금을 조달할 때 부담해야 하는 자본비용**을 말하며, 자본의 제공자인 **주주의 입장에서 요구하는 최소한의 수익률**이다. 자기자본비용은 CAPM이나 APT와 같은 자산가격결정모형을 이용하여 측정할 수 있다.

① CAPM을 이용하는 방법

$$k_e = R_f + [E(R_m) - R_f] \times \beta_i$$

② APT를 이용하는 방법

$$k_e = \lambda_0 + \lambda_1 \beta_{i1} + \lambda_2 \beta_{i2} + \cdots + \lambda_k \beta_{ik}$$

③ **유보이익의 자본비용**은 보통주자본비용과 동일하다. 다만, 신주발행비 등의 자금조달비용을 고려하면 유보이익의 자본비용은 **신주발행 시의 보통주자본비용**보다 낮다.

📑 시험문제 미리보기!

A 기업 보통주의 베타는 2.0이고, 법인세율은 40%이다. 무위험이자율이 10%이고 시장 포트폴리오의 기대수익률이 20%인 경우 A 기업의 자기자본비용을 계산하시오.

① 22%   ② 24%   ③ 26%   ④ 28%   ⑤ 30%

해설 $k_e = R_f + [E(R_m) - R_f] \times \beta_i = 0.1 + (0.2 - 0.1) \times 2 = 0.3$

정답 ⑤

2. 가중평균자본비용

가중평균자본비용(Weighted average cost of capital: WACC 또는 k_0)이란 타인자본비용과 자기자본비용을 원천별 자본이 총자본에서 차지하는 구성비율로 가중평균한 것을 말한다.

(1) 가중평균자본비용의 계산방법

가중평균자본비용은 이자비용의 감세효과를 반영하는 방법에 따라 다음 두 가지 방법으로 계산할 수 있다. 단, 기업잉여현금흐름에 대해서는 무성장영구기업을 가정하며 우선주는 없다고 가정한다.

① 현금유입으로 처리하는 방법: 기업이 영업 및 투자활동에서 창출한 순현금흐름인 $EBIT \times (1 - t)$ 이외에 부채사용에 따라 추가적으로 발생하는 현금흐름(이자비용의 감세효과)을 기업현금흐름에 가산하는 방법

$$기업가치(V) = \frac{EBIT \times (1 - t) + I \times t}{WACC = k_0 = k_d \times \frac{B}{V} + k_e \times \frac{S}{V}}$$

② **자본비용에 반영하는 방법**: 기업이 영업 및 투자활동에서 창출하는 순현금흐름은 EBIT × (1 − t)이며, 부채사용에 따라 실제로 부담하는 이자지급액은 I − I × t = I × (1 − t)라고 파악하는 방법

$$기업가치(V) = \frac{EBIT \times (1-t)}{WACC = k_0 = k_d(1-t) \times \frac{B}{V} + k_e \times \frac{S}{V}}$$

부채사용정도와 무관하게 기업잉여현금흐름을 계산할 수 있는 두 번째 방법이 보다 일반적으로 이용되는 방법이므로, 이후 특별한 언급이 없는 한 이자비용의 감세효과를 자본비용에 반영하는 방법을 이용하여 살펴보기로 한다.

(2) 가중평균자본비용 계산 시 가중치의 적용

가중평균자본비용을 계산할 때 원천별 자본비용에 대한 가중치를 부여하는 방법에는 다음과 같은 세 가지 기준이 있다.

① **장부금액기준**: 장부금액은 원천별 자본의 역사적 가치를 나타낼 뿐 현재의 경제적 가치를 반영하지 못한다는 문제점이 있어 가중치로 적용하는 것은 타당하지 못하다.

② **시장가치기준**: 현재의 경제적 가치를 반영하고 있으므로 이론적으로 타당하지만, 시장가치가 변동할 때마다 가중평균자본비용이 달라진다는 현실적인 적용상의 문제점이 있다.

③ **목표자본구조기준**: 목표자본구조는 기업이 장기적인 계획하에 달성하고자 하는 자본구조를 의미한다. 따라서 기업의 목표자본구조가 특정된 경우 해당 기업의 자본구조가 궁극적으로는 목표자본구조와 일치할 것이므로 목표자본구조를 가중치로 적용하는 것이 가장 타당하다.

📋 시험문제 미리보기!

현재 A 기업의 자본은 부채 50%와 자기자본 50%로 구성되어 있다. A 기업 채권자의 요구수익률은 무위험이자율과 동일한 10%이고 주주의 요구수익률은 20%이며, 법인세율은 40%이다. A 기업의 가중평균자본비용은 얼마인가?

① 13% ② 14% ③ 15% ④ 16% ⑤ 17%

해설 $k_0 = k_d(1-t) \times \frac{B}{V} + k_e \times \frac{S}{V} = 0.1 \times (1-0.4) \times 0.5 + 0.2 \times 0.5 = 0.13$

정답 ①

3. 레버리지분석과 자기자본비용

레버리지분석(Leverage analysis)이란 매출액의 변동과 무관하게 고정적으로 발생하는 비용이 이익의 변동에 미치는 영향을 분석하는 것을 말한다.

(1) 영업레버리지분석과 영업위험

영업레버리지(Operating leverage)란 감가상각비 등의 고정영업비용을 유발하는 비유동자산을 보유하는 정도 또는 고정영업비용을 부담하는 정도를 의미한다.

① **영업위험(Operating risk)**: 영업이익의 변동 가능성을 의미하며, 경영위험(Business risk)이라고도 한다.
   - 영업위험은 기업이 영위하는 업종과 그에 따라 결정되는 **자산구성**에 의해 영향을 받는 **영업비용의 고정화정도**에 의해 결정된다.

② **영업레버리지효과**: 고정영업비용의 존재로 인해 매출액의 변동률보다 영업이익의 변동률이 더 크게 나타나는 현상

③ 고정영업비용이 없는 경우 영업이익의 변동률이 매출액의 변동률과 동일하지만, 고정영업비용이 있는 경우 매출액의 변동률보다 영업이익의 변동률이 더 커진다.

④ 영업비용 중 고정영업비용의 비중이 높을수록 매출액의 변동에 따른 영업이익의 변동정도는 더 커진다.

⑤ **영업레버리지도(Degree of operating leverage:DOL)**: 영업레버리지효과를 측정하는 지표로 이용되는 것으로, 다음과 같이 계산된다.

$$DOL = \frac{영업이익의\ 변동률}{매출액의\ 변동률} = \frac{공헌이익}{영업이익}$$

> **재무관리 전문가의 TIP**
> 영업이익의 변동률이 매출액의 변동률보다 작을 수 없으므로 DOL ≥ 1 이며, 공헌이익이 고정영업비용에 미달하는 경우 음(-)의 DOL도 가능합니다.

📋 시험문제 미리보기!

A 기업의 공헌이익은 50억 원이고 고정영업비용은 30억 원이다. A 기업의 현재 영업레버리지도는 얼마인가?

① 2.5   ② 2.6   ③ 2.7   ④ 2.8   ⑤ 2.9

해설 $DOL = \dfrac{공헌이익}{영업이익} = \dfrac{50억\ 원}{50억\ 원 - 30억\ 원 = 20억\ 원} = 2.5$

정답 ①

(2) 재무레버리지분석과 재무위험

재무레버리지(Financial leverage)란 기업이 타인자본을 사용하고 있는 정도 또는 고정재무비용인 이자비용을 부담하는 정도를 말한다.

① **재무위험(Financial risk)**: **부채사용**으로 인해 발생하는 이자비용의 레버리지효과에 의한 당기순이익의 변동 가능성
   - 재무위험은 기업의 **자본구조**에 따라 결정되며 부채의 사용이 증가할수록 더 커진다.

② **재무레버리지효과**: 고정재무비용인 이자비용의 존재로 인해 영업이익의 변동률보다 당기순이익의 변동률이 더 크게 나타나는 현상

③ 무부채기업은 영업이익의 변동률과 당기순이익의 변동률이 동일하지만, 부채사용기업은 영업이익의 변동률보다 당기순이익(세전이익, 주당순이익)의 변동률이 더 커진다.

>
> **재무관리 전문가의 TIP**
> 당기순이익의 변동률이 영업이익의 변동률보다 작을 수 없으므로 DFL ≥ 1이며, 영업이익이 이자비용에 미달하는 경우 음(-)의 DFL도 가능합니다.

④ 고정재무비용인 이자비용이 많을수록 영업이익의 변동에 따른 당기순이익의 변동정도는 더 커진다.
⑤ **재무레버리지도(Degree of financial leverage:DFL)**: 재무레버리지효과를 측정하는 지표로 이용되는 것으로, 다음과 같이 계산된다.

$$DFL = \frac{당기순이익의\ 변동률}{영업이익의\ 변동률} = \frac{영업이익}{세전이익}$$

시험문제 미리보기!

A 기업의 재무레버리지도는 3.0이다. A 기업의 영업이익이 10% 증가하는 경우 당기순이익의 증가율은 얼마인가?

① 22%   ② 24%   ③ 26%   ④ 28%   ⑤ 30%

해설 당기순이익의 변동률 = 영업이익의 변동률 × DFL = 10% × 3 = 30%

정답 ⑤

(3) 결합레버리지분석

결합레버리지분석(Combined leverage analysis)이란 고정비(고정영업비용과 고정재무비용)가 매출액의 변동에 따른 당기순이익의 변동에 미치는 영향을 분석하는 것을 말한다.

① **결합레버리지효과**: 고정영업비용과 고정재무비용을 부담하는 경우 매출액의 변동률보다 영업이익의 변동률이 더 크게 나타나고, 영업이익의 변동률보다 당기순이익의 변동률이 더 크게 나타나는 현상
② **결합레버리지도(Degree of combined leverage:DCL)**: 고정비의 부담으로 인한 결합레버리지효과를 측정하는 지표로 이용되는 것으로, 다음과 같이 계산된다.

$$DCL = \frac{당기순이익의\ 변동률}{매출액의\ 변동률} = \frac{공헌이익}{세전이익} = DOL \times DFL$$

시험문제 미리보기!

A 기업의 영업레버리지도는 2.0이고, 재무레버리지도는 3.0이다. A 기업의 매출액이 10% 증가하는 경우 당기순이익의 증가율은 얼마인가?

① 20%   ② 30%   ③ 40%   ④ 50%   ⑤ 60%

해설 결합레버리지도: $DCL = DOL \times DFL$ = 2 × 3 = 6
    당기순이익의 변동률 = 매출액의 변동률 × DCL = 10% × 6 = 60%

정답 ⑤

(4) 주주의 위험과 자기자본비용

① **무부채기업**(Unlevered firm:U)의 주주는 영업위험(Unlevered β:β_U)만을 부담한다. 따라서 **무부채기업의 자본비용**(ρ)인 무부채기업 주주의 요구수익률은 무위험이자율과 영업위험프리미엄으로 구성된다.

$$\rho = R_f + 영업위험프리미엄 = R_f + [E(R_m) - R_f] \times \beta_U$$

② **부채사용기업**(Levered firm:L)의 주주가 부담하는 위험(Levered β:β_L)은 **영업위험** 외에 **재무위험**도 포함된다. 따라서 부채사용기업의 자기자본비용(k_e)인 부채사용기업 주주의 요구수익률은 무위험이자율과 영업위험프리미엄 및 재무위험프리미엄으로 구성된다.

$$k_e = R_f + 영업위험프리미엄 + 재무위험프리미엄 = R_f + [E(R_m) - R_f] \times \beta_L$$
(단, $\beta_L = \beta_U + 재무위험$)

> **재무관리 전문가의 TIP**
> β_U와 β_L 간의 관계에 대한 보다 구체적인 내용은 MM의 이론에서 살펴볼 수 있습니다.

4. 자본구조이론의 기본가정과 타인자본사용의 효과

(1) 자본구조이론의 기본가정

자본구조이론에서는 특별한 언급이 없는 한 기업의 자본구조와 현금흐름에 대해서 다음과 같은 공통적인 가정을 한다.

① 기업의 총자본은 타인자본(영구부채)과 자기자본(보통주)으로만 구성되며, 기업은 총자본규모의 변동 없이 자본구조만 변경할 수 있다. 여기서 총자본규모의 변동 없이 자본구조만 변경한다는 것은 부채로 자금을 조달하여 자사주(보통주)를 매입하거나, 유상증자로 자금을 조달하여 부채를 상환한다는 것을 의미한다.
② 기업의 기대현금흐름이 매년 일정하게 영구히 유지되는 **무성장영구기업**을 가정한다.

(2) 타인자본사용의 효과

① **긍정적 효과**: 일반적으로 자기자본비용에 비해 타인자본비용이 낮으므로 부채의존도가 높아질수록 가중평균자본비용은 하락하고, 기업가치는 증가한다. 이를 **타인자본비용의 저렴효과**라고 한다.
② **부정적 효과**: 부채의존도가 높아질수록 **주주의 재무위험은 증가**하며, 이에 따라 주주의 요구수익률인 자기자본비용이 상승하므로 가중평균자본비용은 상승하고 기업가치는 감소한다.

03 전통적 자본구조이론 　　중요도 ★

1. 순이익접근법

순이익(Net income:NI)접근법에서는 자기자본비용을 이용해서 자기자본가치를 평가한 후 부채가치를 가산하여 기업가치를 평가한다.

(1) 가정

타인자본비용이 자기자본비용보다 저렴하며, 부채의 사용정도와 무관하게 타인자본비용과 자기자본비용이 일정하다고 가정한다.

(2) 자본비용과 기업가치

부채의 사용이 증가할수록 타인자본비용의 저렴효과로 인해 가중평균자본비용이 하락하고, 이에 따라 기업가치가 증가하므로 **최대한 부채를 많이 사용**하는 것이 기업가치를 극대화시키는 최적자본구조가 된다.

2. 순영업이익접근법

순영업이익(Net operating income:NOI)접근법에서는 가중평균자본비용을 이용해서 기업가치를 평가한 후 부채가치를 차감하여 자기자본가치를 평가한다.

NOI(Net operating income)를 EBIT와 동일한 개념으로 이해해도 무방합니다.

(1) 가정

타인자본비용이 자기자본비용보다 저렴하며 부채의 사용정도와 무관하게 타인자본비용은 일정하지만, 자기자본비용은 부채의 사용정도에 따라 달라진다고 가정한다.

(2) 자본비용과 기업가치

부채의 사용이 증가하는 경우 타인자본비용의 저렴효과와 주주의 재무위험 증가에 따른 자기자본비용의 상승효과가 완전히 상쇄되고, 이에 따라 부채의 사용정도와 무관하게 가중평균자본비용이 일정하게 유지되므로 **기업가치는 자본구조와 무관해진다**.

3. 전통적 접근법

(1) 가정

타인자본비용이 자기자본비용보다 저렴하며, 타인자본비용과 자기자본비용 모두 부채의 사용정도에 따라 달라진다고 가정한다.

(2) 자본비용과 기업가치

① 일정 수준 이하의 부채를 사용하는 경우: 타인자본비용의 저렴효과가 재무위험 증가에 따른 자기자본비용의 상승효과를 초과하여 가중평균자본비용이 하락한다.
② 일정 수준을 초과하여 부채를 사용하는 경우: 채무불이행위험에 따른 타인자본비용의 상승효과와 재무위험 증가로 인한 자기자본비용의 상승효과에 의해서 가중평균자본비용이 상승한다.

③ 가중평균자본비용이 최소화되고 기업가치가 최대화되는 **최적자본구조$\left(\frac{B}{S}\right)$가 존재한다.**

04 MM의 무관련이론　　　　　　　　　　　중요도 ★★

MM의 무관련이론(1958)
법인세가 없는 MM의 이론

MM의 수정이론(1963)
법인세가 있는 MM의 이론

MM의 자본구조이론은 1958년에 발표된 무관련이론과 1963년에 발표된 수정이론으로 구분되며, MM의 무관련이론에서는 자본구조이론의 기본가정 이외에 다음과 같은 가정을 추가한다.
① **완전자본시장을 가정한다.** 즉, 거래비용이나 세금 등 거래의 마찰적 요인이 존재하지 않고 투자자들의 정보획득에 비용이나 제약이 없으며, **개인도 기업과 동일한 이자율로 차입과 대출이 가능하다.**
② 기업과 투자자(주주)의 부채는 무위험부채이다. 즉, 부채의 사용정도와 관계없이 무위험이자율로 차입할 수 있다.
③ 기업은 영업위험이 동일한 동질적 위험집단으로 분류가 가능하다. 즉, 영업위험은 동일하면서 자본구조만 다른 기업들이 존재한다.

1. 제1명제

> 기업가치는 자본구조와는 무관하게 기대영업이익과 영업위험에 의해서만 결정되며, 기대영업이익을 영업위험만 반영된 자본비용(ρ)으로 할인하여 계산된다. 따라서 기대영업이익과 영업위험이 동일하면 **자본구조와 관계없이 기업가치는 동일**하다.

(1) 제1명제의 내용

① 기대영업이익과 영업위험이 동일하고 자본구조만 상이한 무부채기업(U)과 부채사용기업(L)의 가치가 시장에서 서로 다르게 평가되는 경우 기업과 동일한 이자율이 적용되는 **개인의 차입/대출(자가레버리지: Home-made leverage)**을 이용한 무위험차익거래의 발생이 가능하다. 그러므로 균형상태하의 시장에서는 자본구조와 무관하게 기대영업이익과 영업위험이 동일한 기업들의 가치는 동일해야만 한다.

	투자전략	현재시점 현금흐름	미래 매년 기대투자수익
I	L주식 20% 매입	$-S_L \times 0.2$	$(EBIT - I) \times 0.2$ $= EBIT \times 0.2 - B \times k_d \times 0.2$
II	U주식 20% 매입	$-S_U \times 0.2$	$EBIT \times 0.2$
	$+B \times 20\%$ 개인차입(k_d)	$+B \times 0.2$	$-B \times 0.2 \times k_d$

② 부채사용기업(L) 주식의 20%를 매입하는 전략(I)과 무부채기업(U) 주식의 20%를 매입하고 부채사용기업 타인자본의 20%에 해당하는 금액을 개인적으로 차입하는 전략(II)을 비교하는 경우 두 가지 투자전략은 미래에 매년 발생되는 기대투자수익이 동일하다. 그러므로 현재시점의 투자액도 동일해야만 차익거래가 발생하지 않는 균형이 이루어질 수 있다. 즉, 두 기업의 가치는 동일해야만 한다.

(2) 제1명제의 증명

MM은 제1명제를 직접적으로 증명하는 대신 차익거래라는 간접적인 방법을 통해서 증명했는데, 다음과 같은 사례로 MM 제1명제의 증명과정을 살펴보기로 한다.

사례

법인세가 존재하지 않는 상황에서 자본구조를 제외하고 모든 점이 동일한 무부채기업 U와 부채사용기업 L은 ₩400의 영업이익이 영구히 발생할 것으로 예상되는 기업이다. 무부채기업 U의 기업가치는 ₩1,600이고, ₩1,000의 부채를 사용하고 있는 부채사용기업 L의 기업가치는 ₩1,800으로 평가되며, 개인과 기업은 모두 동일한 10%의 이자율로 얼마든지 차입하거나 대출할 수 있다고 가정한다.

무부채기업(U)		부채사용기업(L)	
기업가치(V_U)	자기자본가치(S_U)	기업가치(V_L)	타인자본가치(B)
₩1,600	₩1,600	₩1,800	₩1,000
			자기자본가치(S_L)
			₩800

$V_L > V_U$이어서 L 기업의 가치가 상대적으로 과대평가, U 기업의 가치가 상대적으로 과소평가된 상황이므로 과대평가된 L 기업 주식의 20%를 보유하고 있는 투자자는 다음과 같은 차익거래가 가능하다. 이러한 차익거래에 따라 L 기업 주식은 가격이 하락하고 U 기업 주식은 가격이 상승하여 균형상태에서는 $V_L = V_U$가 성립하게 된다.

차익거래전략	현재시점 현금흐름	미래 매년 기대투자수익
L주식 20% 처분	₩800 × 0.2 = ₩160	−(₩400 − ₩1,000 × 0.1) × 0.2 = −₩400 × 0.2 + ₩1,000 × 0.1 × 0.2
U주식 20% 매입	−₩1,600 × 0.2 = −₩320	₩400 × 0.2
개인차입(₩1,000 × 0.2)	₩1,000 × 0.2 = ₩200	−₩1,000 × 0.1 × 0.2
합계(차익거래이익)	₩40	₩0

> **재무관리 전문가의 TIP**
> 현재시점의 차익거래이익 ₩40은 최초 L 기업 가치(V_L)와 U 기업 가치(V_U)의 차액인 ₩200에 지분율 20%를 곱한 금액과 동일합니다.

시험문제 미리보기!

MM의 무관련이론(1958)의 성립을 가정한다. 자본구조만 상이한 A 기업과 B 기업 중 무부채기업인 A 기업의 기업가치는 2,000원이고, 1,000원의 부채를 사용하고 있는 B 기업의 기업가치는 2,400원이다. B 기업의 주식을 10% 소유한 투자자가 자가부채를 이용하는 차익거래에서 획득 가능한 현재시점의 차익거래이익은 얼마인가?

① 20원　② 40원　③ 100원　④ 200원　⑤ 400원

해설　차익거래이익 = ($V_L - V_U$) × 지분율 = (2,400원 − 2,000원) × 0.1 = 40원

정답 ②

2. 제2명제

> 부채사용기업의 자기자본비용은 무부채기업의 자본비용(ρ)에 부채사용정도(B/S)와 비례하여 증가하는 재무위험에 대한 위험프리미엄을 가산한 값이다. 따라서 부채의 사용이 증가할수록 자기자본비용은 상승하며, 이는 타인자본비용의 저렴효과를 완전히 상쇄하므로 가중평균자본비용은 자본구조와 관계없이 일정하다.

(1) β_U와 β_L 간의 관계

법인세가 존재하지 않는 상황에서 자본구조 이외에 모든 것이 동일한 무부채기업과 부채사용기업을 가정하는 경우 무부채기업의 자산베타(β_A)는 자기자본베타(β_U)와 동일하고, 부채사용기업의 자산베타(β_A)는 부채베타(β_d)와 자기자본베타(β_L)의 가중평균으로 계산할 수 있다. 무부채기업 주주의 위험인 영업위험(β_U)과 부채사용기업 주주의 위험(β_L) 간의 관계는 다음과 같다.

$$V_U = S_U \to \beta_A = \beta_U$$
$$V_L = B + S_L \to \beta_A = \beta_d \times \frac{B}{B+S} + \beta_L \times \frac{S}{B+S}$$
$$V_L = V_U \to \beta_U = \beta_d \times \frac{B}{B+S} + \beta_L \times \frac{S}{B+S}$$
$$\therefore \beta_L = \beta_U + (\beta_U - \beta_d)\frac{B}{S}$$

부채사용기업 주주의 위험(β_L)은 영업위험(β_U)과 재무위험$\left[(\beta_U - \beta_d)\frac{B}{S}\right]$의 합으로 구성되며, **부채비율이 증가할수록 재무위험이 증가해서 부채사용기업 주주의 위험이 증가**한다.

📋 시험문제 미리보기!

> MM의 무관련이론(1958)의 성립을 가정한다. 자본구조만 상이한 A 기업과 B 기업 중 무부채기업인 A기업의 보통주 베타는 2.0이고, 무위험부채를 사용 중인 B 기업의 보통주 베타는 3.0이다. B 기업의 부채비율$\left(\frac{B}{S}\right)$은 얼마인가?
>
> ① 20% ② 40% ③ 50% ④ 100% ⑤ 150%
>
> 해설 $\beta_L = 3 = \beta_U + (\beta_U - \beta_d)\frac{B}{S} = 2 + (2 - 0) \times \frac{B}{S}$
>
> $\therefore \frac{B}{S} = 0.5$
>
> 정답 ③

(2) 자기자본비용

무부채기업의 가치와 부채사용기업의 가치는 각 기업의 현금흐름을 각 기업의 (가중평균)자본비용으로 할인하여 계산할 수 있다. 자본구조와 무관하게 무부채기업과 부채사용기업의 기업가치가 동일($V_U = V_L$)하므로 무부채기업의 자본비용(ρ)과 부채사용기업의 가중평균자본비용(k_0)도 동일하며, 무부채기업의 자본비용(ρ)과 부채사용기업의 자기자본비용(k_e) 간의 관계는 다음과 같다.

$$V_U = \frac{EBIT}{\rho}$$

$$V_L = \frac{EBIT}{k_0 = k_d \frac{B}{B+S} + k_e \frac{S}{B+S}}$$

$$V_L = V_U \rightarrow \rho = k_0 = k_d \frac{B}{B+S} + k_e \frac{S}{B+S}$$

$$\therefore k_e = \rho + (\rho - k_d)\frac{B}{S}$$

① 무부채기업의 주주는 영업위험만을 부담하므로 무부채기업의 자본비용은 무위험이자율에 영업위험에 대한 위험프리미엄을 가산한 값이다.
② 부채사용기업의 주주는 영업위험 외 부채사용에 따른 재무위험도 부담하므로 **부채사용기업의 자기자본비용은 무부채기업의 자본비용에 추가로 재무위험에 대한 위험프리미엄을 가산하여 결정된다.**

시험문제 미리보기!

MM의 무관련이론(1958)의 성립을 가정한다. 자본구조만 상이한 A 기업과 B 기업 중 무부채기업인 A 기업의 자기자본비용은 20%이고, 10%의 무위험이자율로 차입한 부채를 사용 중인 B 기업의 부채비율은 200%이다. B 기업의 자기자본비용은 얼마인가?

① 20% ② 25% ③ 30% ④ 35% ⑤ 40%

해설 $k_e = \rho + (\rho - k_d)\frac{B}{S}$ = 0.2 + (0.2 − 0.1) × 2 = 0.4

정답 ⑤

(3) 가중평균자본비용

부채의존도가 증가하는 경우에도 재무위험 증가에 따른 자본비용의 상승효과가 타인자본비용의 저렴효과를 완전히 상쇄하므로 **가중평균자본비용은 무부채기업의 자본비용과 동일하게 유지된다.**

시험문제 미리보기!

MM의 무관련이론(1958)의 성립을 가정한다. 자본구조만 상이한 A 기업과 B 기업 중 무부채기업인 A 기업의 가중평균자본비용은 20%이고, 10%의 무위험이자율로 차입한 부채를 사용 중인 B 기업의 부채비율은 200%이다. B 기업의 가중평균자본비용은 얼마인가?

① 20% ② 25% ③ 30% ④ 35% ⑤ 40%

해설 $k_0 = \rho$ = 0.2

정답 ①

3. 제3명제

> 신규투자안에 대한 거부율(Cut-off rate, 절사율 또는 장애율)은 해당 투자안의 영업위험만 반영된 할인율(ρ)이며, 이는 자본조달방법과는 무관하게 결정된다.

MM의 제2명제가 성립한다면 가중평균자본비용(k_0)은 자본구조와는 관계없이 영업위험만 반영된 자본비용(ρ)과 동일하므로 신규투자안에 대한 거부율은 영업위험만 반영된 자본비용(ρ)이다.

05 MM의 수정이론　　중요도 ★★★

MM의 무관련이론은 완전자본시장을 가정한 이론이다. 그러나 현실의 자본시장에는 세금, 파산비용, 대리비용, 정보비대칭 등의 불완전요인들이 존재하며, MM의 수정이론은 이러한 요인들 중 **법인세의 존재를 고려**한 이론이다.

1. 제1명제

> 부채사용기업의 가치는 무부채기업의 가치보다 부채사용에 따라 발생하는 이자비용 감세효과의 현재가치만큼 더 크다. 따라서 **부채를 많이 사용할수록 기업가치는 증가한다.**

(1) 제1명제의 내용

부채사용기업은 무부채기업에 비해 매년 이자비용의 감세효과만큼 법인세유출액이 감소하므로 **이자비용 감세효과의 현재가치**만큼 부채사용기업의 가치가 더 크다.

$$\text{이자비용 감세효과의 현재가치} = \frac{I \times t}{k_d} = \frac{k_d \times B \times t}{k_d} = B \times t$$

$$\therefore V_L = V_U + B \times t$$

재무관리 전문가의 TIP

MM의 이론에서는 이자비용 감세효과의 변동위험이 채권자 현금흐름의 변동위험과 동일하므로 이자비용 감세효과의 현재가치 계산 시 할인율로 타인자본비용을 적용합니다.

(2) 제1명제의 증명

다음과 같은 사례로 MM 제1명제의 증명과정을 살펴보기로 한다.

> **사례**
>
> 법인세율이 40%인 상황에서 자본구조를 제외하고 모든 점이 동일한 무부채기업 U와 부채사용기업 L은 ₩400의 영업이익이 영구히 발생할 것으로 예상되는 기업이다. 무부채기업 U의 기업가치는 ₩1,600이고, ₩1,000의 부채를 사용하고 있는 부채사용기업 L의 기업가치는 ₩2,200으로 평가되며, 개인과 기업은 모두 동일한 10%의 이자율로 얼마든지 차입하거나 대출할 수 있다고 가정한다.
>
> | 무부채기업(U) | | 부채사용기업(L) | |
> |---|---|---|---|
> | 기업가치(V_U) | 자기자본가치(S_U) | 기업가치(V_L) | 타인자본가치(B) |
> | | | | ₩1,000 |
> | ₩1,600 | ₩1,600 | ₩2,200 | 자기자본가치(S_L) |
> | | | | ₩1,200 |
>
> V_L = ₩2,200 > $V_U + B \times t$ = ₩1,600 + ₩1,000 × 0.4 = ₩2,000이어서 L 기업의 가치가 상대적으로 과대평가, U 기업의 가치가 상대적으로 과소평가된 상황이므로 과대평가된 L 기업의 주식을 20%만큼 보유하고 있는 투자자는 다음과 같은 차익거래가 가능하다. 이러한 차익거래에 따라 L 기업 주식은 가격이 하락하고 U 기업 주식은 가격이 상승하여 균형상태에서는 $V_L = V_U + B \times t$가 성립하게 된다.
>
> | 차익거래전략 | 현재시점 현금흐름 | 미래 매년 기대투자수익 |
> |---|---|---|
> | L주식 20% 처분 | ₩1,200 × 0.2 = ₩240 | −(₩400 − ₩1,000 × 0.1)
× (1 − 0.4) × 0.2
= −₩400 × (1 − 0.4) × 0.2
+ ₩1,000 × 0.1 × (1 − 0.4) × 0.2 |
> | U주식 20% 매입
+ 개인차입[₩1,000
×(1 − 0.4)×0.2] | −₩1,600 × 0.2 = −₩320
₩1,000 × (1 − 0.4) × 0.2 = ₩120 | ₩400 × (1 − 0.4) × 0.2
− ₩1,000 × (1 − 0.4) × 0.2 × 0.1 |
> | 합계(차익거래이익) | ₩40 | ₩0 |

> **재무관리 전문가의 TIP**
>
> 현재시점의 차익거래이익 ₩40은 V_L과 $V_U + B \times t$의 차액인 ₩200에 지분율 20%를 곱한 금액과 동일합니다.

시험문제 미리보기!

> MM의 수정이론(1963)의 성립을 가정한다. 자본구조만 상이한 A 기업과 B 기업 중 무부채기업인 A 기업의 기업가치는 2,000원이고, 1,000원의 부채를 사용 중인 B 기업의 기업가치는 2,400원이며, 법인세율은 30%이다. B 기업의 주식을 10% 소유한 투자자가 자가부채를 이용하는 차익거래에서 획득 가능한 현재시점의 차익거래이익은 얼마인가?
>
> ① 10원 ② 20원 ③ 40원 ④ 100원 ⑤ 400원
>
> **해설** 차익거래이익 = [V_L − ($V_U + B \times t$)] × 지분율
> = [2,400원 − (2,000원 + 1,000원 × 0.3)] × 0.1 = 10원
>
> 정답 ①

2. 제2명제

> 부채의 사용이 증가할수록 자기자본비용은 상승하지만, 타인자본비용의 저렴효과를 완전히 상쇄하지 못한다. 따라서 가중평균자본비용은 부채의 사용이 증가할수록 하락한다.

(1) β_U와 β_L 간의 관계

법인세가 존재하는 경우 부채사용기업의 자산베타(β_A)는 영업위험(β_U)과 부채베타(β_d)의 가중평균이면서 부채베타(β_d)와 자기자본베타(β_L)의 가중평균이다. 무부채기업 주주의 위험인 영업위험(β_U)과 부채사용기업 주주의 위험(β_L) 간의 관계는 다음과 같다.

$$V_L = V_U + B \times t \rightarrow \beta_A = \beta_U \times \frac{V_U}{V_L} + \beta_d \times \frac{B \times t}{V_L}$$

$$V_L = B + S_L \rightarrow \beta_A = \beta_d \times \frac{B}{B+S} + \beta_L \times \frac{S}{B+S}$$

$$\beta_U \times \frac{V_U}{V_L} + \beta_d \times \frac{B \times t}{V_L} = \beta_d \times \frac{B}{V_L} + \beta_L \times \frac{S}{V_L}$$

$$\therefore \beta_L = \beta_U + (\beta_U - \beta_d)(1-t)\frac{B}{S}$$

① 부채사용기업 주주의 위험(β_L)은 영업위험(β_U)과 재무위험 $\left[(\beta_U - \beta_d)(1-t)\frac{B}{S}\right]$의 합으로 구성되며, 부채비율이 증가할수록 재무위험이 증가해서 부채사용기업 주주의 위험이 증가한다. 다만, **법인세가 있는 경우 이자비용의 감세효과로 인해 부채사용기업 주주의 위험이 법인세가 없는 경우에 비해 덜 증가한다.**

② **하마다모형(Hamada model)**: 무위험부채($\beta_d = 0$)를 가정하는 경우 β_U와 β_L 간의 관계를 나타낸 것

$$\text{하마다모형: } \beta_L = \beta_U + (\beta_U - 0)(1-t)\frac{B}{S} = \beta_U \left[1 + (1-t)\frac{B}{S}\right]$$

📘 시험문제 미리보기!

> MM의 수정이론(1963)의 성립을 가정하며 법인세율은 50%이다. 자본구조만 상이한 A 기업과 B 기업 중 무부채기업인 A 기업의 보통주 베타는 2.0이고, 무위험부채를 사용 중인 B 기업의 보통주 베타는 3.0이다. 하마다모형을 이용하여 B 기업의 부채비율$\left(\frac{B}{S}\right)$을 구하면 얼마인가?
>
> ① 20% ② 40% ③ 50% ④ 100% ⑤ 150%
>
> **해설** $\beta_L = 3 = \beta_U + (\beta_U - \beta_d)(1-t)\frac{B}{S} = 2 + (2-0) \times (1-0.5) \times \frac{B}{S}$
>
> $\therefore \frac{B}{S} = 1$
>
> 정답 ④

(2) 자기자본비용

법인세가 존재하는 경우 무부채기업의 자본비용과 부채사용기업의 자기자본비용 간에는 다음과 같은 관계가 있다.

$$k_e = \rho + (\rho - k_d)(1-t)\frac{B}{S}$$

① 무부채기업의 주주는 영업위험만을 부담하므로 무부채기업의 자본비용은 무위험이 자율에 영업위험에 대한 위험프리미엄을 가산한 값이다.
② 부채사용기업의 주주는 영업위험 외 부채사용에 따른 재무위험도 부담하므로 부채사용기업의 자기자본비용은 무부채기업의 자본비용에 추가로 재무위험에 대한 위험프리미엄을 가산하여 결정된다.

$$\begin{aligned}
k_e &= R_f + [E(R_m) - R_f] \times \beta_L \\
&= R_f + [E(R_m) - R_f] \times \left[\beta_U + (\beta_U - \beta_d)(1-t)\frac{B}{S}\right] \\
&= R_f + [E(R_m) - R_f] \times \beta_U + [E(R_m) - R_f] \times (\beta_U - \beta_d)(1-t)\frac{B}{S} \\
&= R_f + 영업위험프리미엄 + 재무위험프리미엄 \\
&= \rho + 재무위험프리미엄 = \rho + (\rho - k_d)(1-t)\frac{B}{S}
\end{aligned}$$

즉, 주주가 요구하는 재무위험에 대한 위험프리미엄이 부채비율의 증가에 따라 선형으로 증가하므로 **부채비율이 증가할수록 부채사용기업의 자기자본비용은 상승하지만,** 이자비용의 감세효과로 인해 법인세를 고려하지 않는 경우에 비해서는 자기자본비용이 덜 상승한다.

📝 시험문제 미리보기!

> MM의 수정이론(1963)의 성립을 가정하며 법인세율은 50%이다. 자본구조만 상이한 A 기업과 B 기업 중 무부채기업인 A 기업의 자기자본비용은 20%이고, 10%의 무위험이자율로 차입한 부채를 사용 중인 B 기업의 부채비율은 200%이다. B 기업의 자기자본비용은 얼마인가?
>
> ① 20% ② 25% ③ 30% ④ 35% ⑤ 40%
>
> 해설 $k_e = \rho + (\rho - k_d)(1-t)\frac{B}{S}$ = 0.2 + (0.2 - 0.1) × (1 - 0.5) × 2 = 0.3
>
> 정답 ③

(3) 가중평균자본비용

법인세가 존재하는 경우 무부채기업의 자본비용과 부채사용기업의 가중평균자본비용 간에는 다음과 같은 관계가 있다.

$$k_0 = k_d(1-t)\frac{B}{V} + k_e\frac{S}{V} = \rho\left(1 - t\frac{B}{V}\right)$$

① 법인세를 고려하는 경우 이자비용의 감세효과로 인해 주주의 재무위험 증가효과가 타인자본비용의 저렴효과를 완전히 상쇄할 만큼 크지 않으므로 **부채사용이 증가하는 경우 가중평균자본비용은 하락하고 기업가치는 증가한다.**
② 부채의존도$\left(\frac{B}{V}\right)$가 증가함에 따라 부채사용기업의 가중평균자본비용은 감소하며, 부채 사용이 극대화되는 **극한레버리지**$\left(\frac{B}{V} \to 1\right)$의 경우 가중평균자본비용은 $\rho(1-t)$로 수렴한다.

📋 시험문제 미리보기!

> MM의 수정이론(1963)의 성립을 가정하며 법인세율은 40%이다. 자본구조만 상이한 A 기업과 B 기업 중 무부채기업인 A 기업의 가중평균자본비용은 20%이고, 10%의 무위험 이자율로 차입한 부채를 사용 중인 B 기업의 부채비율은 100%이다. B 기업의 가중평균자본비용은 얼마인가?
>
> ① 16%   ② 18%   ③ 20%   ④ 22%   ⑤ 24%
>
> 해설 $k_0 = \rho\left(1 - t\frac{B}{V}\right) = 0.2 \times (1 - 0.4 \times 0.5) = 0.16$
>
> 정답 ①

3. 제3명제

> 신규투자안에 대한 거부율(Cut-off rate)은 해당 투자안의 영업위험과 재무위험이 모두 반영된 할인율 $\left[k_0 = \rho\left(1 - t\frac{B}{V}\right)\right]$이며, 이는 부채의 사용이 증가할수록 감소한다.

부채사용기업의 신규투자안에 대한 의사결정 시 사용될 적절한 할인율은 부채사용의 효과가 반영된 가중평균자본비용, 즉 **투자안의 영업위험과 재무위험이 모두 반영된 할인율**이다.

4. MM의 이론하에서의 자본구조변경

(1) 부채발행을 통한 자본구조변경

부채발행을 통해 유입되는 자금으로 자사주를 매입하여 총자본규모의 변동 없이 부채비율만 증가하는 자본구조변경이 기업가치와 자본비용에 미치는 영향은 다음과 같다.
① 부채발행에 따라 추가적으로 발생될 **이자비용 감세효과**($\Delta I \times t$)의 현재가치인 레버리지이득의 증가분($\Delta B \times t$)만큼 기업가치는 증가한다.
② 부채비율의 증가로 인해 주주의 재무위험이 증가하므로 자기자본비용은 상승한다.

③ 타인자본비용은 부채사용정도와 무관하게 일정하게 유지되며, 추가적인 이자비용 감세효과의 발생으로 인해 자기자본비용 상승효과가 타인자본비용의 저렴효과 증가를 완전히 상쇄하지 못하므로 가중평균자본비용은 하락한다.

(2) 유상증자를 통한 자본구조의 변경

유상증자를 통해 유입되는 자금으로 기존부채를 상환하여 총자본규모의 변동 없이 부채비율만 감소하는 자본구조변경이 기업가치와 자본비용에 미치는 영향은 다음과 같다.

① 부채상환에 따라 축소될 이자비용 감세효과($\Delta I \times t$)의 현재가치인 레버리지이득의 감소분($\Delta B \times t$)만큼 기업가치는 감소한다.
② 부채비율의 감소로 인해 주주의 재무위험이 감소하므로 자기자본비용은 하락한다.
③ 타인자본비용은 부채사용정도와 무관하게 일정하게 유지되며, 이자비용의 감세효과가 감소됨에 따라 자기자본비용 하락효과가 타인자본비용의 저렴효과 감소를 완전히 상쇄하지 못하므로 가중평균자본비용은 상승한다.

시험문제 미리보기!

MM의 수정이론(1963)의 성립을 가정하며 법인세율은 40%이다. 무부채기업인 A 기업이 10%의 무위험이자율로 100억 원을 차입하여 자기자본을 대체하였다면, 자본구조의 변경으로 인한 기업가치의 증가분은 얼마인가?

① 20억 원   ② 25억 원   ③ 30억 원   ④ 40억 원   ⑤ 50억 원

해설 $\Delta V = \Delta B \times t$ = 100억 원 × 0.4 = 40억 원

정답 ④

예제 MM의 이론하에서의 자본구조변경-부채비율 증가

무부채기업인 ㈜파랑의 현재 발행주식수는 1,000주이며, ㈜파랑 주식의 주당 시장가격은 ₩720이다. 매년 ₩300,000의 영업이익이 영구히 일정하게 발생할 것으로 예상되는 ㈜파랑은 ₩200,000의 부채를 차입하여 조달되는 자금으로 자사주를 매입하여 총자본규모의 변동 없이 자본구조만 변경하고자 한다. ㈜파랑의 차입이자율은 10%로 무위험이자율과 동일하고, 시장포트폴리오의 기대수익률은 20%이며, 법인세율은 40%이다. CAPM과 MM의 이론의 성립을 가정한다.

물음 1 무부채기업인 현재의 자본비용을 계산하시오.
 2 ㈜파랑의 영업위험(β_U)을 계산하시오.
 3 자본구조변경 후의 기업가치를 계산하시오.
 4 자본구조변경 후의 주주의 위험(β_L)을 계산하시오.
 5 자본구조변경 후의 자기자본비용을 계산하시오.
 6 자본구조변경 후의 가중평균자본비용을 계산하시오.

해답 1 $V_U = 1{,}000주 \times ₩720 = ₩720{,}000 = \dfrac{EBIT \times (1-t)}{\rho} = \dfrac{₩300{,}000 \times (1-0.4)}{\rho}$
∴ $\rho = 0.25$

2 $\rho = 0.25 = R_f + [E(R_m) - R_f] \times \beta_U = 0.1 + (0.2 - 0.1) \times \beta_U$
∴ $\beta_U = 1.5$

3 $V_L = V_U + B \times t = ₩720{,}000 + ₩200{,}000 \times 0.4 = ₩800{,}000$

4 $\beta_L = \beta_U + (\beta_U - \beta_d)(1-t)\dfrac{B}{S} = 1.5 + (1.5 - 0) \times (1 - 0.4) \times \dfrac{20}{60} = 1.8$

5 $k_e = R_f + [E(R_m) - R_f] \times \beta_L = 0.1 + (0.2 - 0.1) \times 1.8 = 0.28$
$= \rho + (\rho - k_d)(1-t)\dfrac{B}{S} = 0.25 + (0.25 - 0.1) \times (1 - 0.4) \times \dfrac{20}{60} = 0.28$
$= \dfrac{NI}{S_L} = \dfrac{(EBIT - I) \times (1 - t)}{S_L} = \dfrac{(₩300{,}000 - ₩200{,}000 \times 0.1) \times (1 - 0.4)}{₩600{,}000} = 0.28$

6 $k_0 = k_d(1-t)\dfrac{B}{V} + k_e \dfrac{S}{V} = 0.1 \times (1 - 0.4) \times \dfrac{20}{80} + 0.28 \times \dfrac{60}{80} = 0.225$
$= \rho\left(1 - t\dfrac{B}{V}\right) = 0.25 \times \left(1 - 0.4 \times \dfrac{20}{80}\right) = 0.225$
$= \dfrac{EBIT \times (1 - t)}{V_L} = \dfrac{₩300{,}000 \times (1 - 0.4)}{₩800{,}000} = 0.225$

5. MM의 이론의 문제점

MM의 자본구조이론은 비현실적인 완전자본시장을 가정하여 전개된 이론이므로 다음과 같은 문제점이 있다.
① MM은 차익거래의 논리를 통해 균형상태하에서의 기업가치에 대한 논의를 전개하나, 자본시장의 불완전성을 고려하는 경우 현실의 자본시장에서는 차익거래가 활발하지 못할 수 있다.
② 개인소득세의 존재와 파산비용, 대리비용, 정보비대칭 등 시장의 불완전요인들을 고려하지 못한다.
③ MM은 기업의 레버리지를 개인의 레버리지로 완벽하게 대체할 수 있다고 가정했다. 즉, 개인도 기업과 동일한 이자율로 차입 또는 대출을 할 수 있다고 가정했으나, 현실의 자본시장에서는 개인에게 적용되는 이자율과 기업에 적용되는 이자율은 동일하지 않다.

06 개인소득세를 고려한 자본구조이론 중요도 ★★

1. 개인소득세와 최적자본구조

(1) 개인소득세와 기업가치

개인소득세는 주주의 주식투자소득에 대해 과세하는 **주식소득세율**(t_e)과 채권자의 이자소득에 대해 과세하는 **이자소득세율**(t_d)로 구분할 수 있다. 무성장영구기업을 가정하는 경우 부채사용기업 주주와 채권자의 현금흐름은 다음과 같다.

주주의 현금흐름	$NI \times (1-t_e) = (EBIT-I) \times (1-t) \times (1-t_e)$
채권자의 현금흐름	$I \times (1-t_d)$
총현금흐름	$(EBIT-I) \times (1-t) \times (1-t_e) + I \times (1-t_d)$ $= EBIT \times (1-t) \times (1-t_e) + I \times (1-t_d) \times \left[1 - \frac{(1-t) \times (1-t_e)}{(1-t_d)}\right]$

① $EBIT \times (1-t) \times (1-t_e)$: 무부채기업(주주)의 현금흐름과 동일하며, 현재가치는 무부채기업의 가치(V_U)와 동일하다.

② $I \times (1-t_d)$: 채권자의 현금흐름이며, 현재가치는 부채의 가치(B)와 동일하다.

따라서 부채사용기업 총현금흐름의 현재가치인 부채사용기업의 가치는 다음과 같이 표현될 수 있으며, 레버리지이득의 크기와 기업가치는 세율 간의 관계에 따라 달라진다.

$$V_L = V_U + B \times \left[1 - \frac{(1-t) \times (1-t_e)}{(1-t_d)}\right]$$

> **재무관리 전문가의 TIP**
> 개인소득세의 존재를 고려할 때도 $t_e = t_d$인 경우 MM의 수정이론과 결과가 동일($V_L = V_U + B \times t$)합니다.

(2) 밀러모형의 유도

개인소득세 중 이자소득세율(t_d)만 존재하고 주주에게 적용되는 주식소득세율(t_e)이 0%인 경우를 가정하면 부채사용기업의 가치는 다음과 같이 표현할 수 있다.

$$V_L = V_U + B \times \left(1 - \frac{1-t}{1-t_d}\right) = V_U + B \times \left(\frac{t-t_d}{1-t_d}\right)$$

따라서 부채사용기업의 가치와 무부채기업의 가치 간의 관계는 법인세율과 채권자의 개인소득세율(이자소득세율) 간의 관계에 따라 다음과 같이 결정된다.

① $t > t_d \rightarrow V_L > V_U$: 부채사용이 증가할수록 기업가치 증가
② $t = t_d \rightarrow V_L = V_U$: 기업가치는 자본구조와 무관
③ $t < t_d \rightarrow V_L < V_U$: 부채사용이 증가할수록 기업가치 감소

📋 시험문제 미리보기!

> 법인세와 채권자에 대한 개인소득세의 존재 이외에 자본시장은 완전하다. 자본구조만 상이한 A 기업과 B 기업 중 무부채기업인 A 기업의 기업가치는 1,000원이다. B 기업은 400원의 무위험영구부채를 사용 중이며, 법인세율은 40%이고 채권자의 개인소득세율은 20%이다. B 기업의 기업가치는 얼마인가?
>
> ① 800원 ② 900원 ③ 1,000원
> ④ 1,100원 ⑤ 1,200원
>
> 해설 $V_L = V_U + B \times \left(\frac{t-t_d}{1-t_d}\right) = 1{,}000원 + 400원 \times \left(\frac{0.4-0.2}{1-0.2}\right) = 1{,}100원$
>
> 정답 ④

2. 밀러의 균형부채이론

밀러(M. H. Miller)는 1977년에 발표한 논문에서 (회사채)시장이 균형을 이루는 상황에서는 법인세율과 채권자의 이자소득세율이 일치하므로 부채사용에 따른 이자비용의 감세효과가 채권자에게 부과되는 이자소득세의 효과에 의해 완전히 상쇄되어 개별기업 입장에서의 기업가치와 자본구조는 무관하다고 주장하였다.

(1) 가정

밀러가 주장한 균형부채이론은 MM의 수정이론에 다음과 같은 가정이 추가된다.
① 주주들은 주식투자에서 발생하는 세금을 회피 가능하고($t_e = 0\%$), 채권자의 이자소득세율은 **누진세율**구조이며, 기업의 법인세율은 모든 기업에게 동일한 **단일세율**구조이다.
② 기업이나 채권자가 이용 가능한 투자 및 자금조달수단의 대안으로 **면세채권**이 존재하며 이러한 면세채권의 수익률이 r_0이다.

(2) 회사채의 공급곡선

기업은 회사채 발행 시 부담하는 세후자본비용인 $k_d^S(1-t)$이 기회비용(r_0)보다 낮은 경우 회사채를 발행하여 자금을 조달하는 것이 유리하므로 기업이 지급 가능한 최대세전이자율(k_d^S)은 $\dfrac{r_0}{1-t}$이다. 법인세율이 단일세율구조이므로 모든 기업이 부채 발행 시 부담 가능한 최대세전이자율(k_d^S)은 경제 전체의 부채발행량과 무관하게 일정해져 **회사채의 공급곡선은 수평의 형태**가 된다.

> **시험문제 미리보기!**
>
> 법인세율이 40%이고 면세채권의 수익률(r_0)이 9%인 경우 회사채를 발행하는 기업의 입장에서 회사채에 대해 지급 가능한 최대세전이자율은 얼마인가?
>
> ① 5.4% ② 9% ③ 10% ④ 12.6% ⑤ 15%
>
> 해설 $k_d^S = \dfrac{r_0}{1-t} = \dfrac{0.09}{1-0.4} = 0.15$
>
> 정답 ⑤

(3) 회사채의 수요곡선

채권자들은 회사채에 투자 시 얻게 되는 세후수익률인 $k_d^D(1-t_d)$이 기회비용(r_0)보다 높은 경우 회사채를 수요할 것이므로 채권자들이 요구하는 최소세전이자율(k_d^D)은 $\dfrac{r_0}{1-t_d}$이다. 회사채를 수요하는 채권자들의 이자소득세율은 누진세율구조이므로 부채발행량이 증가할수록 적용되는 이자소득세율이 높은 투자자들의 시장참여에 따라 채권자들의 요구수익률(k_d^D)이 점점 증가하여 **회사채의 수요곡선은 우상향의 형태**가 된다.

시험문제 미리보기!

면세채권의 수익률(r_0)이 9%인 경우 50%의 개인소득세율이 적용되는 채권자의 입장에서 회사채 투자에 대해 요구하는 최소한의 세전이자율은 얼마인가?

① 4.5%   ② 9%   ③ 10%   ④ 12%   ⑤ 18%

해설 $k_d^D = \dfrac{r_0}{1-t_d} = \dfrac{0.09}{1-0.5} = 0.18$

정답 ⑤

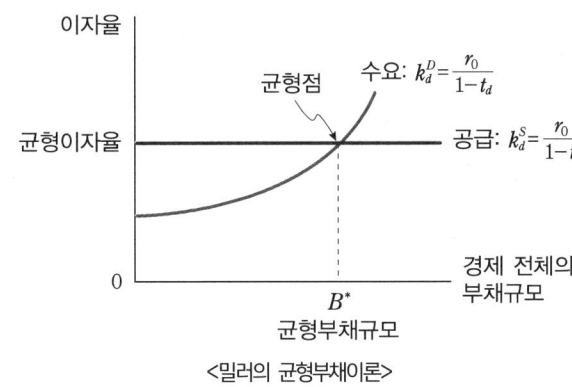

<밀러의 균형부채이론>

(4) 시장균형

시장균형은 회사채에 대한 수요와 공급이 일치하는 점에서 달성되며, 시장균형상태에서 **경제 전체의 균형이자율과 균형부채규모가 결정된다**. 반면에 개별기업의 입장에서는 부채사용으로 인한 이득이 발생하지 않아서 **개별기업의 기업가치와 자본구조는 무관**하게 된다.

① 균형이자율이 k_d^S와 같게 되어 기업은 부담 가능한 최대이자율을 모두 부담하게 되므로 개별기업의 입장에서는 부채사용으로 인한 이득이 발생하지 않는다.

② $k_d^S = k_d^D$에서 달성되는 경제 전체의 균형점에서 $t = t_d$가 되어 개별기업의 입장에서는 레버리지이득이 발생하지 않게 되고 개별기업의 기업가치와 자본구조는 무관하게 된다.

(5) 균형부채이론의 문제점

DeAngelo와 Masulis는 **비부채성 감세효과**를 고려하는 경우 기업마다 실제 적용되는 **유효법인세율**이 상이해져 경제 전체의 균형부채규모가 존재할 뿐만 아니라 개별기업의 입장에서도 기업가치를 극대화시키는 최적자본구조가 존재하게 된다고 주장하였다.

① 비부채성 감세효과를 이미 많이 누리고 있거나 이익이 충분하지 못한 기업은 부채사용이 증가할수록 유효법인세율이 감소하고 지급 가능한 최대이자율도 감소한다.

② 경제 전체의 회사채 공급곡선이 우하향하므로 균형이자율보다 높은 이자율을 지급할 수 있는 기업은 부채사용으로 인한 이득이 발생하게 되어 개별기업 입장에서도 기업가치를 극대화시키는 **최적자본구조가 존재**하게 된다.

07 기타의 자본구조이론 중요도 ★★

1. 파산비용이론

파산비용이론은 자본시장의 불완전요인 중 법인세와 파산비용을 동시에 고려할 경우 기업가치를 극대화시킬 수 있는 최적자본구조가 존재한다는 이론으로, 1973년 Kraus & Litzenberger에 의해 제시되었다.

(1) 파산비용의 분류
① 직접파산비용: 변호사비용, 회계사비용 등 파산선고된 기업의 청산이나 재조직을 위해 직접적으로 지출되는 비용
② 간접파산비용: 재무적 곤경으로 인한 기업이미지 실추, 보유 자산의 염가매각, 영업 위축, 자본비용의 증가 등 파산 가능성 증가에 따라 간접적으로 부담하는 비용

(2) 파산비용과 최적자본구조

기업의 부채의존도가 증가하는 경우 미래 파산 가능성이 증가하여 **기대파산비용의 현재가치만큼 현재의 기업가치는 감소한다.** 따라서 MM의 이론의 가정에 법인세와 파산비용을 추가로 고려할 경우 부채사용기업의 가치는 다음과 같이 나타낼 수 있다.

$$V_L = V_U + B \times t - PV(기대파산비용)$$

부채사용 증가에 따른 한계이득(이자비용 감세효과의 현재가치 증가분)과 한계손실(기대파산비용의 현재가치 증가분)이 같아지는 수준에서 기업가치를 극대화시키는 **최적자본구조가 존재한다.**

(3) 파산비용의 부담자

부채사용이 과다하여 파산 가능성이 있는 경우 기대파산비용의 현재가치만큼 기업가치가 감소하는데, 채권자들이 합리적이라면 기업가치의 감소분은 결국 주주의 부담으로 귀결된다.

시험문제 미리보기!

자본구조만 상이한 A 기업과 B 기업 중 무부채기업인 A 기업의 기업가치는 50억 원이고, 부채사용기업인 B 기업의 이자비용 감세효과의 현재가치는 4억 원이며, B 기업의 기대파산비용의 현재가치는 1억 원이다. B 기업의 기업가치는 얼마인가?

① 47억 원   ② 48억 원   ③ 50억 원   ④ 51억 원   ⑤ 53억 원

해설 $V_L = V_U + PV(I \times t) - PV(기대파산비용)$ = 50억 원 + 4억 원 − 1억 원 = 53억 원

정답 ⑤

2. 대리비용이론

대리비용이론은 기업의 이해관계자인 주주, 채권자 및 경영자 간의 대리관계에서 발생하는 대리비용을 최소화할 수 있는 자본구조가 최적자본구조라는 이론으로, 1976년 Jensen & Meckling에 의해 제시되었다.

(1) 대리문제와 대리비용

본인과 대리인의 이해상충으로 인해 발생하는 문제를 대리문제(Principal-agent problem)라고 하며, 대리문제로부터 발생하는 비용을 대리비용(Agency cost)이라고 한다.

① **감시비용(Monitoring cost)**: 본인이 대리인의 이탈행위를 방지하기 위해 대리인을 감시하는 과정에서 발생하는 비용
② **확증비용(Bonding cost)**: 대리인 스스로가 이탈행위를 하지 않고 있음을 입증하기 위해 발생하는 비용
③ **잔여손실(Residual loss)**: 감시비용과 확증비용 이외에 대리문제의 발생으로 인해 최적의 의사결정을 하지 않아 발생하는 부의 감소

(2) 자기자본의 대리비용

주식회사는 소유주인 주주로부터 경영권을 위임받은 경영자가 **특권적 소비나 업무태만** 등의 방법으로 경영자 자신의 이익이나 효용을 증대시키고자 하는 유인이 존재하며, 이에 따라 발생하는 기업가치(또는 주주부)의 감소를 자기자본의 대리비용이라고 한다.

① **경영자의 지분이 없거나 지분율이 낮을수록**, 즉 기업지분의 분산정도가 심화될수록 자기자본의 대리비용은 더욱 크게 발생한다.
② 경영자(또는 내부주주)가 지분을 100% 소유하여 소유와 경영이 일치하는 경우 자기자본의 대리비용이 발생하지 않는다.

시장이 효율적이고 외부투자자들이 합리적인 경우 소유지분의 분산정도가 심화될수록 경영자의 특권적 소비와 업무태만 등이 증가할 것임을 외부투자자들이 인지할 것이므로 자기자본 대리비용의 최종적인 부담자는 기존주주(내부주주)가 된다.

(3) 자기자본의 대리비용 감소방안

① **효율적 노동시장**: 효율적 노동시장에서는 자기자본의 대리비용 발생 시 경영자의 가치가 하락할 것이므로 경영자가 자기자본의 대리비용을 발생시키지 않도록 노력할 것이다.
② **적대적 M&A의 활성화**: 자기자본의 대리비용 발생 시 효율적으로 운영되는 경우에 비해 기업의 시장가치가 저평가되어 적대적 M&A의 대상이 될 것이며, 적대적 M&A가 성사되면 경영자의 지배력이 상실될 것이므로 경영자가 자기자본의 대리비용을 발생시키지 않도록 노력할 것이다.
③ **유인장치**: Stock option 부여 등을 통해 경영자의 이해를 주주부(주가)의 극대화와 일치시키는 경우 대리비용의 발생 유인이 없어진다.
④ **제도적 규제장치**: 사외이사제도, 감사위원회제도, 소액주주운동의 활성화, 기관투자자의 역할 증대 등을 통한 감시제도를 활용하면 대리비용을 감소시킬 수 있다.

(4) 부채의 대리비용

부채의존도가 높은 기업은 기업가치의 극대화와 주주부의 극대화가 불일치하는 상황이 발생할 수 있다. 이러한 상황에서는 대리인인 주주가 본인인 채권자의 희생을 바탕으로 자신의 부를 극대화하고자 하는 유인이 존재하며, 이에 따라 발생하는 기업가치의 감소를 부채의 대리비용이라고 한다.

① **재산도피유인**: 부채의존도가 높아서 재무적 곤경에 처한 기업의 주주들이 과다한 배당의 지급이나 고가의 자사주매입 등을 통해 채권자의 부를 감소시키고 주주의 부를 증가시키려는 유인

② **위험투자선호유인**: 부채의존도가 높은 기업의 주주들이 NPV는 작더라도 보다 고위험한 투자를 실행하고자 하는 유인으로, **투자안의 위험유인**이라고도 한다.

③ **과소투자유인**: 부채의존도가 높아서 파산 가능성이 높은 기업의 경우 NPV가 0보다 큰 투자안이라고 해도 NPV가 충분히 크지 않으면 주주가 해당 투자안을 실행하지 않을 유인으로, **수익성 있는 투자안의 포기유인**이라고도 한다.

시장이 효율적이고 채권자들이 합리적인 경우 부채의존도가 높아질수록 주주의 위험투자선호유인이나 과소투자유인 등이 심화될 것임을 채권자들이 인지하여 더 높은 이자율을 요구할 것이므로 대리비용의 최종적인 부담자는 주주가 된다.

위험투자선호유인은 주주의 유한책임으로 인해 발생하며, 과소투자유인은 채권자가 선순위이고 주주는 후순위이기 때문에 발생합니다.

(5) 부채의 대리비용 감소방안

① **재무적 통합**: 채권자가 해당기업의 주식을 취득하거나 기존 부채를 해당기업의 전환사채나 신주인수권부사채로 대체한다.

② **차입약정 강화**: 담보 또는 보증을 요구하거나 기업의 투자정책이나 배당정책, 추가 부채 차입 등에 대해 제한한다.

(6) 대리비용과 최적자본구조

기업의 부채의존도가 증가할수록 자기자본의 대리비용은 감소하지만, 부채의 대리비용은 증가한다. 이러한 자기자본의 대리비용과 부채의 대리비용을 합한 **총대리비용이 최소화되는 자본구조**가 기업가치를 극대화하는 최적자본구조이다.

3. 정보비대칭과 자본구조

불완전한 현실의 자본시장에서는 시장참여자 간 보유한 정보의 양과 질에 차이가 있는데, 이를 **정보비대칭(Information asymmetry)** 또는 **정보불균형(Digital divide)**이라고 한다.

(1) 정보비대칭과 신호효과

정보가 비대칭적인 현실의 자본시장에서는 경영자가 취하는 재무정책이 외부투자자들에게 경영자가 보유하고 있는 정보를 전달하는 효과를 갖는데, 이를 **신호효과(Signalling effect)** 또는 **정보효과(Information effect)**라고 한다. 불완전자본시장에서 정보비대칭에 따른 신호효과를 신주발행과 자사주매입의 예를 이용해서 살펴보면 다음과 같다.

① 기업은 현재의 주가가 적정가치보다 과대평가된 경우 신주발행을 고려할 것이다. 이러한 사실을 인지하고 있는 외부투자자들은 기업이 신주를 발행하는 경우 이를 기존 주가의 과대평가에 대한 정보를 알려주는 신호로 해석하게 된다.

② 기업은 현재의 주가가 적정가치보다 과소평가된 경우 자사주매입을 고려할 것이다. 이러한 사실을 인지하고 있는 외부투자자들은 기업이 자사주를 매입하는 경우 이를 기존 주가의 과소평가에 대한 정보를 알려주는 신호로 해석하게 된다.

(2) 자본조달순위이론

자본조달순위이론(Pecking order theory)은 기존주주의 부를 극대화하기 위해서는 투자자금 조달 시 **내부유보자금 → 부채발행 → 신주발행**의 순위로 조달해야 한다는 이론으로, 1984년 Myers & Majluf에 의해 제시되었다.

① 외부자금을 조달하는 경우 정보비대칭의 해소비용과 같은 조달비용이 발생하므로 외부자금보다는 내부유보자금을 이용해서 투자하는 것이 가장 우선되는 방안이다.

② 외부자금을 조달하는 경우에도 부채발행보다 신주발행의 조달비용이 크고, 신주발행이 주가의 과대평가에 대한 신호로 작용할 가능성이 높으며, 외부투자자에게 신주를 발행하는 경우 투자의 NPV를 기존주주와 신규주주가 공유해야 하므로 신주의 발행보다는 부채를 발행하여 자금을 조달하는 것이 우선되는 방안이다.

자본조달순위이론에 따르면 기업은 최적자본구조에 대한 예측을 하지 않는다. 즉, 기업의 자본구조는 부채와 자기자본이 적절하게 배합되도록 결정되는 것이 아니라 정보비대칭의 특성에 따라 결정된다. 특히, 이익을 많이 내는 성공적인 기업들이 부채를 거의 사용하지 않는 현상은 자본조달순위이론에 의해 설명할 수 있다.

(3) Ross의 신호이론

신호이론은 부채의존도가 높을수록 기업의 미래 우수한 현금흐름 창출능력에 대한 신호가 되어 기업가치를 높이는 효과를 갖는다는 이론으로, 1977년 Ross에 의해 제시되었다.

① 경영자는 기업의 미래성과가 **낙관적으로 전망되는 경우** 많은 부채를 사용하더라도 부채상환능력이 충분할 것이며, 기존주주의 부를 극대화하기 위해서는 부채사용을 증가시키는 것이 보다 유리하므로 **부채의존도를 증가**시킬 것이다. 반면에, 기업의 미래성과가 부정적으로 전망되는 경우 부채상환능력이 충분하지 못한 상황에서 과다한 부채를 사용하면 파산이 발생할 수 있으므로 부채의존도를 감소시킬 것이다.

② 외부투자자들이 이러한 사실을 인지하고 있는 상황에서는 기업이 많은 부채를 사용하면 기업의 미래성과에 대한 긍정적 전망을 외부투자자들에게 전달하게 되어 주가(기업가치)가 상승한다.

③ 경영자가 기업의 미래성과가 부정적일 것으로 전망됨에도 불구하고 외부투자자들에게 거짓신호를 전달(많은 부채사용)하고자 하는 경우 충분히 큰 벌금(기업의 파산)이 부과되므로 경영자가 거짓신호를 보낼 유인은 존재하지 않게 된다.

Ross의 신호이론에 의하면 기업의 자본구조(자본조달수단)가 기업의 미래성과에 대한 경영자의 전망을 전달하는 수단으로 이용되며, **신호균형이 이루어지는 최적자본구조**가 존재하게 된다.

- 신호균형: 기업의 미래성과가 낙관적으로 전망되면 많은 부채를 사용하고, 부정적으로 전망되면 적은 부채를 사용하여 경영자가 보유한 정보의 내용과 기업의 자본구조에 의한 신호의 내용과 시장가격에 반영되는 정보의 내용이 일치하는 상황

출제예상문제

제4장 자본구조이론

난이도: ★☆☆

01 A 기업의 자산과 부채 및 자기자본에 대한 요구수익률을 크기순으로 나열한 것으로 옳은 것은?

① 부채 > 자산 > 자기자본
② 자산 > 부채 > 자기자본
③ 자산 > 자기자본 > 부채
④ 자기자본 > 자산 > 부채
⑤ 자기자본 > 부채 > 자산

난이도: ★★☆

02 자본비용에 대한 설명으로 옳은 것은?

① 타인자본비용은 과거에 차입해서 현재 사용하고 있는 부채 이자율들의 가중평균이며, 현재시점에서 조달 가능한 부채의 이자율과는 무관하다.
② 사내유보이익을 투자재원으로 사용하는 경우 자본비용이 발생하지 않는다.
③ 배당을 지급하지 않는 기업의 자기자본비용은 0이다.
④ 시장의 불완전요인을 고려하는 경우 신주발행에 의한 자기자본비용은 사내유보이익의 자본비용보다 크다.
⑤ 회사내부의 유보이익을 사용할 때의 자본비용은 외부로부터 자금을 차입할 때의 자본비용보다 대체적으로 낮다.

난이도: ★☆☆ 대표출제기업: 서울교통공사

03 A 기업에 대한 채권자의 요구수익률이 10%이고 법인세율이 40%일 때, 이자비용의 법인세 감세효과를 고려한 A 기업의 세후타인자본비용은 얼마인가?

① 2%   ② 4%   ③ 6%   ④ 8%   ⑤ 10%

04 A 기업의 목표부채비율(B/S)은 150%이며 A 기업 보통주의 베타는 2.0이고, 채권자의 요구수익률은 무위험이자율과 동일한 10%이다. 시장포트폴리오의 기대수익률이 15%이고 법인세율이 30%일 때, A 기업의 가중평균자본비용(WACC)은 얼마인가?

① 10.5% ② 11.6% ③ 12.2% ④ 13.4% ⑤ 14.8%

정답 및 해설

01 ④
자기자본에 대한 주주의 요구수익률(자기자본비용)은 부채에 대한 채권자의 요구수익률(타인자본비용)보다 높은 것이 일반적이며, 자산에 대한 요구수익률은 자기자본비용과 타인자본비용을 가중평균한 가중평균자본비용이다.

02 ④

오답노트
① 현재시점에 새로운 부채를 조달하는 경우의 이자율인 한계자본비용을 적용해야 한다.
② 사내유보이익을 투자재원으로 사용하는 경우 자본비용(자기자본비용)이 발생한다.
③ 배당을 지급하지 않는 기업의 경우 자기자본사용에 대한 기회비용이 발생하므로 자기자본비용은 0이 아니다.
⑤ 회사내부의 유보이익을 사용할 때의 자본비용(자기자본비용)은 외부로부터 자금을 차입할 때의 자본비용(타인자본비용)보다 대체적으로 높다.

03 ③
세후타인자본비용 = $k_d(1-t) = 0.1 \times (1-0.4) = 0.06$

04 ③
$k_e = R_f + [E(R_m) - R_f] \times \beta_A$
$= 0.1 + (0.15 - 0.1) \times 2 = 0.2$
$k_0 = k_d(1-t)\frac{B}{V} + k_e \frac{S}{V}$
$= 0.1 \times (1-0.3) \times 0.6 + 0.2 \times 0.4 = 0.122$

출제예상문제

난이도: ★★☆

05 영업위험과 영업레버리지에 대한 설명으로 옳은 것은?

① 영업위험은 자본구성에 따른 위험으로, 투자의사결정에 의해 영향을 받는다.
② 영업레버리지도는 매출의 변동액에 대한 영업이익 변동액의 비율로 측정한다.
③ 영업레버리지효과는 매출의 변화가 당기순이익의 변화에 미치는 영향을 말한다.
④ 기업의 영업비용 중 고정영업비용의 비중이 클수록 영업레버리지도는 커진다.
⑤ 영업레버리지도가 음(-)인 경우 매출액이 증가하면 영업손실이 증가한다.

난이도: ★☆☆ 대표출제기업: 대구환경공단

06 A 기업의 매출액은 1,200원이고 변동영업비용은 800원, 고정영업비용은 300원일 때, A 기업의 영업레버리지도(DOL)는 얼마인가?

① 2   ② 3   ③ 4   ④ 5   ⑤ 6

난이도: ★★☆

07 완전자본시장을 가정하는 MM의 자본구조이론(1958)이 성립한다고 가정할 때, 자본구조에 대한 설명으로 옳은 것은?

① 기대영업이익과 영업위험이 동일한 기업들은 자본구조와 관계없이 기업가치가 동일하다.
② 이자비용의 절세효과가 없기 때문에 순이익의 크기는 자본구조와 무관하게 결정된다.
③ 부채비율이 증가하면 영업위험이 커지므로 자기자본비용이 상승한다.
④ 부채비율이 증가하면 순이익의 변동성이 작아진다.
⑤ 자기자본가치를 먼저 계산하고 여기에 부채가치를 가산해서 기업가치를 계산한다.

난이도: ★☆☆

08 법인세가 있는 MM의 자본구조이론(1963)이 성립한다고 가정할 때, 무부채기업이 무위험부채를 차입하여 자사주를 매입함으로써 총자본규모의 변동 없이 부채비율을 증가시키는 자본구조변경을 실행하는 경우에 대한 설명으로 옳지 않은 것은?

① 기업가치가 증가한다.
② 주식의 베타가 상승한다.
③ 자기자본비용이 상승한다.
④ 자산베타가 하락한다.
⑤ 가중평균자본비용이 상승한다.

정답 및 해설

05 ④

오답노트
① 영업위험은 자산구성에 따른 위험이다.
② 영업레버리지도는 매출의 변동률에 대한 영업이익 변동률의 비율로 측정한다.
③ 영업레버리지효과는 매출의 변화가 영업이익의 변화에 미치는 영향을 말한다.
⑤ 영업레버리지도가 음(−)인 경우 매출액이 증가하면 영업손실이 감소한다.

06 ③

$$DOL = \frac{공헌이익}{영업이익} = \frac{1{,}200원 - 800원 = 400원}{400원 - 300원 = 100원} = 4$$

07 ①

오답노트
② 자본구조가 상이한 경우 이자비용의 차이로 인해 순이익의 크기가 달라진다.
③ 부채비율이 증가하면 재무위험이 커지므로 자기자본비용이 상승한다.
④ 부채비율이 증가하면 재무레버리지효과가 발생하여 순이익의 변동성이 커진다.
⑤ MM의 이론은 순영업이익접근법으로 (세후)영업이익을 가중평균자본비용으로 할인하여 기업가치를 먼저 계산하고 여기에서 부채가치를 차감하여 자기자본가치를 계산한다.

08 ⑤

가중평균자본비용은 하락한다.

출제예상문제

난이도: ★☆☆

09 MM의 수정이론(1963)의 성립을 가정하며, 법인세율은 20%이다. 무부채기업인 A 기업이 8%의 무위험이자율로 200억 원을 차입하여 자기자본을 대체할 때, 자본구조의 변경으로 인한 기업가치의 증가분은 얼마인가?

① 20억 원　② 25억 원　③ 30억 원　④ 40억 원　⑤ 50억 원

난이도: ★★☆

10 MM의 수정이론(1963)의 성립을 가정하며, 법인세율은 40%이다. 무부채기업인 A 기업의 자본비용은 20%이고, 기업가치는 240억 원이다. A 기업이 10%의 무위험이자율로 차입한 자금을 전액 자사주의 매입·소각에 이용하여 부채의 가치가 기업가치의 50%가 되도록 자본구조를 변경할 때, 자본구조의 변경으로 인한 기업가치의 증가분은 얼마인가?

① 20억 원　② 30억 원　③ 40억 원　④ 50억 원　⑤ 60억 원

난이도: ★★★

11 무부채기업인 A 기업의 자기자본비용은 20%이며, 매년 4억 원씩의 영업이익이 영구히 발생할 것으로 예상된다. A 기업이 자본구조를 변경하기 위하여 10억 원의 부채를 무위험이자율과 동일한 10%로 조달해서 자사주를 매입·소각하여 자본구조변경을 하고자 한다. 법인세율이 40%이고 법인세가 있는 MM의 이론의 성립을 가정할 때, 자본구조변경 후 A 기업 자기자본의 가치는 얼마인가?

① 5억 원　② 6억 원　③ 7억 원　④ 8억 원　⑤ 9억 원

난이도: ★☆☆ 대표출제기업: 한국도로공사

12 무부채기업인 A 기업의 현재 자본비용은 30%이다. A 기업은 10%의 이자율로 부채를 차입하여 자사주를 매입·소각하는 자본구조변경을 계획하였으며, 부채의 시장가치가 기업가치의 50%가 되도록 자본구조를 변경하고자 할 때, 자본구조변경 후 A 기업의 가중평균자본비용은 얼마인가? (단, 법인세가 있는 MM의 이론의 성립을 가정하며, 법인세율은 20%이다.)

① 23% ② 25% ③ 27% ④ 29% ⑤ 31%

난이도: ★★★ 대표출제기업: 한국마사회

13 6,000원의 부채를 사용 중인 A 기업은 1년 후부터 매년 3,000원의 영업이익이 영구히 일정하게 발생할 것으로 예상되는 기업이다. A 기업의 타인자본비용이 10%이고 자기자본비용이 30%일 때, A 기업의 기업가치는 얼마인가? (단, 완전자본시장을 가정하는 MM의 이론의 성립을 가정한다.)

① 10,000원 ② 11,000원 ③ 12,000원 ④ 13,000원 ⑤ 14,000원

정답 및 해설

09 ④
$\Delta V = \Delta B \times t = 200억\ 원 \times 0.2 = 40억\ 원$

10 ⑤
$B = V_L \times 0.5$
$V_L = V_U + B \times t = 240억\ 원 + V_L \times 0.5 \times 0.4$
$V_L = 300억\ 원$
$\Delta V = V_L - V_U = 300억\ 원 - 240억\ 원 = 60억\ 원$

11 ②
$V_U = \dfrac{EBIT \times (1-t)}{\rho} = \dfrac{4억\ 원 \times (1-0.4)}{0.2} = 12억\ 원$
$V_L = V_U + B \times t = 12억\ 원 + 10억\ 원 \times 0.4 = 16억\ 원$
$S_L = V_L - B = 16억\ 원 - 10억\ 원 = 6억\ 원$

12 ③
$k_0 = \rho(1 - t\dfrac{B}{V}) = 0.3 \times (1 - 0.2 \times 0.5) = 0.27$

13 ⑤
$S_L = \dfrac{NI = EBIT - I}{k_e} = \dfrac{3,000원 - 6,000원 \times 0.1}{0.3} = 8,000원$
$V_L = B + S_L = 6,000원 + 8,000원 = 14,000원$

출제예상문제

난이도: ★★☆

14 밀러(M. H. Miller)의 균형부채이론에 대한 설명으로 옳지 않은 것은?

① MM의 이론을 확장하여 채권자에 대한 개인소득세까지 고려하는 자본구조이론이다.
② 회사채에 대한 공급곡선을 나타내는 부채에 대한 기업의 지급이자율은 우상향한다.
③ 경제 전체적인 관점에서 회사채 시장이 균형을 이루는 최적 부채발행량이 존재한다.
④ 개별기업의 입장에서 부채사용에 따른 이득이 없으므로 자본구조와 기업가치는 무관하다.
⑤ 개별기업의 자본구조는 경제 전체적인 관점에서 법인세율과 개인소득세율에 따라 결정된다.

난이도: ★☆☆

15 법인세와 파산비용의 존재를 가정하며, 다른 모든 조건은 동일하고 자본구조만 상이한 무부채기업과 부채사용기업 중 무부채기업의 가치는 40억 원이다. 부채사용기업의 이자비용 감세효과의 현재가치가 5억 원이고 기대파산비용의 현재가치가 2억 원일 때, 부채사용기업의 가치는 얼마인가?

① 33억 원 ② 35억 원 ③ 43억 원 ④ 45억 원 ⑤ 47억 원

난이도: ★☆☆ 대표출제기업: 여수광양항만공사

16 대리인 문제와 대리인 비용에 대한 설명으로 옳지 않은 것은?

① 감시비용은 대리인이 자신의 의사결정이 위임자의 이해와 일치한다는 것을 입증하기 위해 지불하는 비용이다.
② 본인과 대리인은 모두 자신의 이득을 극대화하려고 노력하는 합리적인 의사결정자이다.
③ 본인과 대리인 간의 정보비대칭을 해소하기 위한 비용이 소요된다.
④ 경영자가 주주보다 더 우월한 정보를 보유한 상황에서 특권적 소비나 업무태만을 하는 것을 도덕적 해이라고 한다.
⑤ 대리인 비용을 감소시키기 위해서는 정보의 비대칭성을 완화하거나 대리인과 본인의 이해를 일치시키는 장치를 마련해야 한다.

난이도: ★☆☆ **대표출제기업:** 한국남부발전

17 소유와 경영이 분리되어 발생하는 대리인 비용과 가장 관련없는 것은?

① 확증비용 ② 스톡옵션 ③ 잔여손실 ④ 잠식비용 ⑤ 특권적 소비

난이도: ★☆☆ **대표출제기업:** 서울시설공단, 한국산업기술시험원

18 자기자본 대리비용의 감소방안과 가장 관련없는 것은?

① 적대적 M&A의 활성화
② 재무적 통합
③ 분식회계에 대한 처벌 강화
④ 소액주주운동의 활성화
⑤ 경영자에 대한 Stock option 부여

정답 및 해설

14 ②
법인세율이 단일세율로서 모든 기업에 동일하게 적용되는 경우를 가정하므로 회사채에 대한 공급곡선을 나타내는 부채에 대한 기업의 지급이자율은 수평이다.

15 ③
$V_L = V_U + PV(\text{이자비용의 감세효과}) - PV(\text{기대파산비용})$
= 40억 원 + 5억 원 − 2억 원 = 43억 원

16 ①
감시비용은 본인이 대리인의 이탈행위를 감시하기 위한 비용이며, 대리인이 자신의 의사결정이 위임자의 이해와 일치한다는 것을 입증하기 위한 비용은 확증비용이다.

17 ④
신규투자안 실행 시 기존 투자안의 현금흐름에 미치는 영향을 부수효과라고 하며, 부수효과 중 부정적인 효과를 잠식비용이라고 한다.

18 ②
재무적 통합은 타인자본 대리비용의 감소방안에 해당한다.

제4장 자본구조이론

출제예상문제

난이도: ★★☆   대표출제기업: 경기평택항만공사

19 대리인 문제와 대리인 비용에 대한 설명으로 옳지 않은 것은?

① 대리인인 경영자가 본인인 주주의 이익에 반하는 행동을 할 수 있다.
② 정보의 비대칭성으로 인해 대리인의 도덕적 해이와 역선택 등이 발생할 수 있다.
③ 감시비용과 확증비용의 감소는 잔여손실의 증가를 유발할 수 있다.
④ 노동시장이 효율적으로 운영되는 경우 경영자가 자기자본의 대리비용을 발생시키지 않도록 노력할 것이다.
⑤ 적대적 M&A가 활성화되는 경우 경영자의 지위에 대한 불확실성이 증가하여 자기자본의 대리비용이 더 많이 발생할 수 있다.

난이도: ★★☆

20 A 기업과 B 기업의 시장가치 기준 자본구조와 경영자의 지분율에 대한 자료가 다음과 같을 때, 다음 설명 중에서 옳지 않은 것은?

구분	A 기업	B 기업
자기자본	10억	90억
부채	90억	10억
경영자의 지분율	70%	30%

① 경영자의 특권적 소비는 B 기업이 더 많을 수 있다.
② 경영자의 업무태만은 B 기업이 더 많을 수 있다.
③ 주주의 위험투자선호유인은 A 기업이 더 많을 수 있다.
④ 주주의 과소투자유인은 A 기업이 더 많을 수 있다.
⑤ 주주의 재산도피유인은 B 기업이 더 많을 수 있다.

난이도: ★★☆ 대표출제기업: 한국도로공사

21 자본조달순위이론(Pecking order theory)에 대한 설명으로 옳은 것은?

① 이익을 많이 내는 성공적인 기업들은 파산 가능성이 낮으므로 높은 부채비율을 가질 것으로 예상된다.
② 기업가치를 극대화시키는 최적적인 타인자본과 자기자본의 결합비율(B/S)이 존재한다고 주장한다.
③ 자본조달의 우선순위는 자본비용을 고려하여 부채발행 → 내부유보자금 → 신주발행의 순이다.
④ 기업들이 여유자금을 보유하려는 동기를 설명한다.
⑤ 기업내부의 경영자와 외부투자자들 간의 정보대칭성을 가정한다.

정답 및 해설

19 ⑤
적대적 M&A의 활성화는 자기자본 대리비용의 감소방안에 해당한다.

20 ⑤
상대적으로 경영자의 지분율이 낮은 B 기업은 자기자본의 대리비용이 더 많이 발생할 수 있고, 부채의존도가 높은 A 기업은 타인자본의 대리비용이 더 많이 발생할 수 있다.

21 ④
오답노트
① 자본조달순위이론은 수익성이 높은 기업은 내부유보자금이 충분하므로 부채를 거의 사용하지 않을 것으로 예측한다.
② 자본조달순위이론은 최적자본구조에 대해 예측하지 않는다.
③ 자본조달 우선순위는 내부유보자금 → 부채발행 → 신주발행의 순이다.
⑤ 자본조달순위이론은 경영자가 외부투자자에 비해 더 많은 기업정보를 알고 있다고 가정한다.

제5장 | 부채사용 투자안의 가치평가

✓ 핵심 포인트	
위험조정할인율법	가중평균자본비용법, 주주현금흐름법, 조정현재가치법
확실성등가법	효용함수와 CAPM 및 확실성등계수

01 위험조정할인율법   중요도 ★★

1. 위험조정할인율법의 의의

위험조정할인율법(Risk adjusted discount rate method)이란 투자에 따른 현금흐름의 위험을 할인율에 반영하는 방법으로, 투자안의 기대현금흐름을 개별투자안의 위험에 따라 조정한 할인율로 할인하여 투자안의 가치를 평가한다. 위험조정할인율법은 부채사용의 효과를 반영하는 방법에 따라 가중평균자본비용법(WACC법)과 주주현금흐름법(FTE법) 및 조정현재가치법(APV법)으로 구분된다.

2. 가중평균자본비용법

(1) 의의

가중평균자본비용법(Weighted average cost of capital method:WACC법)이란 투자안의 현금흐름, 즉 기업잉여현금흐름을 가중평균자본비용으로 할인하여 투자안의 가치를 평가하는 방법을 말한다.

$$\text{무성장영구투자안의 } NPV = \frac{EBIT \times (1-t)}{k_0} - \text{총투자액}$$

재무관리 전문가의 TIP

부채사용기업(무성장영구기업)의 가치평가

- 가중평균자본비용법:
$$V_L = \frac{EBIT \times (1-t)}{k_0}$$

- 주주현금흐름법:
$$V_L = S_L + B$$
$$= \frac{NI}{k_e} + \frac{I}{k_d}$$

- 조정현재가치법:
$$V_L = V_U + B \times t$$
$$= \frac{EBIT \times (1-t)}{\rho} + \frac{I \times t}{k_d}$$

(2) 신규투자안의 영업위험 측정

신규투자안의 영업위험 및 재무위험이 기존 기업과 상이하다면 신규투자안의 평가에 적용할 가중평균자본비용은 기존 기업의 가중평균자본비용과 달리 신규투자안의 영업위험 및 재무위험을 반영해서 다시 계산해야 한다. 신규투자안의 영업위험을 측정하는 대표적인 방법으로는 대용회사의 베타(대용베타)를 이용하는 방법이 있다.

① 대용회사: 신규투자안과 유사한 내용(업종)의 투자안을 수행하고 있는 기존 기업
② 대용베타: 대용회사 주주의 위험인 보통주의 베타
③ 대용회사가 부채사용기업인 경우 대용베타는 대용회사의 재무위험까지 반영된 베타 (β_L)이므로 β_U와 β_L 간의 관계식을 이용하여 신규투자안의 영업위험만 반영된 베타 (β_U)를 계산해야 한다.

> 신규투자안의 영업위험 및 재무위험이 기존 기업의 영업위험 및 재무위험과 동일하다면 기존 기업의 가중평균자본비용을 신규투자안의 평가에 그대로 적용할 수 있습니다.

(3) 신규투자안의 가중평균자본비용 계산

신규투자안의 영업위험(β_U)을 측정한 후 다음과 같은 절차대로 신규투자안의 재무위험까지 반영한 신규투자안의 가중평균자본비용을 계산해야 한다.

① 신규투자안의 β_U에 신규투자안의 자본조달방법에 따른 재무위험을 추가로 반영하여 신규투자안의 영업위험과 재무위험이 모두 반영된 β_L을 계산한다.
② CAPM의 성립을 가정하는 경우 증권시장선을 이용하여 신규투자안에 대한 주주의 체계적위험에 상응하는 요구수익률인 자기자본비용을 계산할 수 있다.
③ 세후타인자본비용과 자기자본비용을 가중평균해서 총자본에 대한 자본비용인 가중평균자본비용을 계산한다.

한편, 자본비용은 기업이 과거에 조달한 자본들의 역사적인 자본비용이 아니라 현재시점에 자본을 조달하는 경우 부담해야 할 자본비용인 한계자본비용을 이용해야 한다는 점에 유의해야 한다.

(4) 가중평균자본비용 계산 시 적용 가중치

투자안의 가중평균자본비용을 계산할 때 가중치를 무엇으로 하는지에 대해 아래의 두 가지 견해가 있다.

① 대체가치 레버리지: 투자자금을 조달할 때의 레버리지(조달레버리지)
② 재생산가치 레버리지: 투자안의 실행에 따른 NPV까지 고려한 레버리지
  - 기업이 목표자본구조를 가지고 있는 경우 재생산가치가 목표자본구조에 일치하도록 자본을 조달할 것이므로 재생산가치 레버리지를 가중치(목표자본구조)로 하여 투자안의 가중평균자본비용을 구하는 것이 타당하다.

예제 부채사용 투자안의 가치평가-WACC법

교육서비스업을 영위하며 목표부채비율$\left(\frac{B}{S}\right)$이 100%인 ㈜파랑은 출판사업에 진출하는 신규 투자안을 고려하고 있다. CAPM과 법인세가 있는 MM의 이론의 성립을 가정하여 다음 물음에 답하시오.

1. 출판사업을 수행하는 경우 현재시점에서 ₩3,500을 투자해야 하며, 이후 매년 말 ₩1,000의 추가적인 영업이익이 영구히 발생할 것으로 예상된다. ㈜파랑은 신규투자안을 실행하는 경우에도 기존의 목표부채비율이 최적의 부채비율이라고 판단하고 있다.

2. ㈜파랑이 분석한 바에 의하면 상장기업 중 출판사업을 영위하는 SS 출판사의 부채비율은 200%이고, 보통주의 베타는 1.1이다. 모든 기업의 타인자본비용은 10%로 무위험이자율과 동일하며, 시장포트폴리오의 기대수익률은 20%, 법인세율은 40%이다.

물음 1 출판사업의 영업위험을 계산하시오.
    2 ㈜파랑이 신규투자안의 평가에 적용할 가중평균자본비용을 계산하시오.
    3 ㈜파랑이 고려하고 있는 신규투자안의 NPV를 계산하시오.
    4 ㈜파랑이 신규투자안을 실행하는 경우 총투자자금 ₩3,500 중 부채로 조달해야 하는 금액을 계산하시오.

해답 1 대용베타의 이용

$\beta_L^{대용회사} = \beta_U + (\beta_U - \beta_d)(1-t)\frac{B}{S}^{대용회사}$

$1.1 = \beta_U + (\beta_U - 0) \times (1-0.4) \times 2$

$\therefore \beta_U = 0.5$

2 신규투자안의 가중평균자본비용

$\beta_L^{신규투자안} = \beta_U + (\beta_U - \beta_d)(1-t)\frac{B}{S}^{목표} = 0.5 + (0.5-0) \times (1-0.4) \times 1 = 0.8$

$k_e = R_f + [E(R_m) - R_f] \times \beta_L = 0.1 + (0.2 - 0.1) \times 0.8 = 0.18$

$k_0 = k_d(1-t)\frac{B}{V} + k_e\frac{S}{V} = 0.1 \times (1-0.4) \times 0.5 + 0.18 \times 0.5 = 0.12$

3 신규투자안의 NPV

$NPV = \frac{EBIT \times (1-t)}{k_0} - 총투자액 = \frac{₩1,000 \times (1-0.4)}{0.12} - ₩3,500 = ₩1,500$

4 부채조달액의 계산

신규투자안의 가치 = 총투자액 + NPV = ₩3,500 + ₩1,500 = ₩5,000
부채조달액 = 신규투자안의 가치 × 50% = ₩5,000 × 50% = ₩2,500

재무관리 전문가의 TIP

$\rho = R_f + [E(R_m) - R_f] \times \beta_U$
$= 0.1 + (0.2 - 0.1) \times 0.5$
$= 0.15$

$k_e = \rho + (\rho - k_d)(1-t)\frac{B}{S}$
$= 0.15 + (0.15 - 0.1)$
$\times (1-0.4) \times 1 = 0.18$

$k_0 = \rho(1 - t\frac{B}{V})$
$= 0.15 \times (1 - 0.4 \times 0.5)$
$= 0.12$

3. 주주현금흐름법과 조정현재가치법

(1) 주주현금흐름법

주주현금흐름법(Flow to equity method:FTE법)이란 투자안의 현금흐름 중 주주에게 귀속되는 현금흐름, 즉 **주주현금흐름을 자기자본비용으로 할인**하여 투자안의 가치를 평가하는 방법을 말한다.

$$\text{무성장영구투자안의 } NPV = \frac{NI}{k_e} - \text{주주투자액}$$
$$= \frac{(EBIT - I) \times (1 - t)}{k_e} - (\text{총투자액} - \text{부채조달액})$$

WACC법
기업 전체의 입장에서 투자안의 가치평가

FTE법
주주의 입장에서 투자안의 가치평가

(2) 조정현재가치법

조정현재가치법(Adjusted present value method:APV법)이란 자기자본만으로 투자하는 경우의 NPV인 기본NPV를 구하고, 여기에 **부채사용으로 인한 추가적인 효과의 현재가치**를 가산해서 투자안의 NPV인 조정현재가치(APV)를 산출하여 투자안을 평가하는 방법이다. 부채사용의 효과 중 가장 대표적인 이자비용의 감세효과만을 고려하는 경우 조정현재가치(APV)는 다음과 같다.

$$\text{무성장영구투자안의 } APV = \text{기본}NPV + \text{부채사용효과의 } PV$$
$$= \left[\frac{EBIT \times (1-t)}{\rho} - \text{총투자액} \right] + B \times t$$

APV법은 투자에서 발생하는 원천별 현금흐름을 원천별 자본비용으로 할인하여 투자안의 가치를 평가하는 방법입니다.

4. 평가방법의 선택

WACC법과 FTE법 및 APV법 중 어떠한 방법을 적용하든지 투자안에 대한 평가결과는 동일하다. 다만, 주어진 상황을 정확히 파악하여 이용 가능한 정보가 어떤 것인지에 따라 해당 상황에서 적용이 용이한 평가방법을 다음과 같이 선택하면 된다.

① WACC법: 기업의 **목표자본구조가 명확한 경우**, 즉 투자기간 동안 자본구조가 일정하게 유지되는 경우 적용이 용이하다.
② FTE법: 기업의 목표자본구조가 명확하고 주주현금흐름의 계산이 용이한 경우 적용이 가능하다.
③ APV법: 투자안의 실행을 위한 **부채사용액이 명확한 경우**, 즉 투자기간 부채사용액이 일정하게 유지되는 경우 적용이 용이하다.

02 확실성등가법 중요도 ★

1. 확실성등가법의 의의

$$PV = \frac{E(CF_t)}{(1+k)^t} = \frac{CEQ_t}{(1+R_f)^t}$$

확실성등가법(Certainty equivalent method:CEQ법)이란 투자안의 위험을 현금흐름에 반영하는 방법으로, 투자안의 기대현금흐름을 확실성등가로 전환하고 이를 무위험이자율로 할인하여 투자안의 가치를 평가한다. 여기서 **확실성등가(Certainty equivalent:CEQ)**란 위험이 있는 기대현금흐름과 동일한 가치를 갖는 확실한 현금흐름을 의미하므로 위험조정할인율을 이용하여 기대현금흐름을 할인한 현재가치와 무위험이자율을 이용하여 확실성등가를 할인한 현재가치는 동일해야 한다.

2. 확실성등가의 측정방법

(1) 효용함수를 이용하는 방법

확실성등가는 위험이 있는 투자안의 기대효용과 동일한 효용을 제공해 주는 확실한 부의 수준을 의미하므로 개별투자자의 효용함수를 알 수 있는 경우 투자자의 효용함수를 이용하여 확실성등가를 측정할 수 있다. 개별투자자의 효용함수를 이용해서 확실성등가를 측정하는 경우 객관적인 시장자료에 근거하지 않고 개별투자자의 **주관적인 위험회피정도**가 반영되어 평가되는 값이므로 투자자의 효용함수에 따라 투자자마다 확실성등가가 상이하게 측정된다는 점을 주의해야 한다.

📋 시험문제 미리보기!

신규투자안을 실행하는 경우 1년 후 현금유입액은 동일한 확률로 6,400원이 되거나 3,600원이 될 것으로 예상된다. 효용함수가 $U(W) = \sqrt{W}$인 투자자의 입장에서 1년 후 기대현금유입액에 대한 확실성등가는 얼마인가? (단, W는 현금흐름이다.)

① 4,900원 ② 5,000원 ③ 5,100원
④ 5,200원 ⑤ 5,300원

해설 $E(CF_1)$ = 0.5 × 6,400원 + 0.5 × 3,600원 = 5,000원
$E(CF_1)$의 기대효용 = 0.5 × $\sqrt{6,400원}$ + 0.5 × $\sqrt{3,600원}$ = 70
CEQ_1 = 70 × 70 = 4,900원

정답 ①

(2) CAPM을 이용하는 방법

단일기간투자를 가정하는 CAPM을 이용하면 기대현금흐름에서 금액(₩) 단위로 측정된 위험프리미엄을 차감하여 다음과 같이 확실성등가를 측정할 수 있다.

$$CEQ_i = E(CF_i) - [E(R_m) - R_f] \times \frac{Cov(CF_i,\ R_m)}{\sigma_m^2}$$

(3) 확실성등가계수를 이용하는 방법

확실성등가계수(Certainty equivalent coefficient: α_t) 란 미래 t시점의 기대현금흐름에 대한 확실성등가의 비율을 말한다. 따라서 특정 시점의 기대현금흐름에 적용할 확실성등가계수를 측정할 수 있는 경우 기대현금흐름에 확실성등가계수를 곱하여 기대현금흐름을 확실성등가로 전환할 수 있다.

$$CEQ_t = E(CF_t) \times \alpha_t$$

① 확실성등가계수는 위험조정할인율과 무위험이자율의 비율로 계산할 수도 있다.

$$t\text{시점의 기대현금흐름에 적용될 확실성등가계수: } \alpha_t = \frac{CEQ_t}{E(CF_t)} = \left(\frac{1+R_f}{1+k}\right)^t$$

② 위험회피형투자자의 경우 확실성등가계수가 1보다 작은 값을 가지며, **위험회피정도가 심할수록 확실성등가계수는 작아진다.**

📋 시험문제 미리보기!

무위험이자율은 연 8%이고 투자안의 평가에 적절한 위험조정할인율은 연 20%이어서 t시점의 기대현금흐름에 적용될 확실성등가계수가 $\alpha_t = \left(\frac{1+0.08}{1+0.2}\right)^t = 0.9^t$인 경우를 가정한다. 2년 후 기대현금유입액이 100원인 경우 2년 후 기대현금유입액에 대한 확실성등가는 얼마인가?

① 72원   ② 81원   ③ 90원   ④ 96원   ⑤ 100원

해설 $CEQ_2 = E(CF_2) \times \alpha_2 = 100원 \times 0.9^2 = 81원$

정답 ②

출제예상문제

제5장 부채사용 투자안의 가치평가

난이도: ★★☆

01 법인세가 있는 MM의 이론의 성립을 가정할 때, 자본비용에 대한 설명으로 옳지 않은 것은?

① 타인자본비용에 비해 자기자본비용이 더 높다.
② 부채를 사용하는 신규투자안의 평가에 적용될 할인율은 자기자본만으로 투자하는 경우에 비해 낮다.
③ 부채사용기업이 신규투자안을 평가하기 위해 적용할 할인율은 기존 기업의 영업위험 및 재무위험이 반영된 가중평균자본비용이다.
④ 가중평균자본비용이 최소화되도록 신규투자안에 대한 자본을 구성해야 투자안의 가치가 극대화될 수 있다.
⑤ 현재시점에 자본을 조달하는 경우 부담해야 할 자본비용인 한계자본비용을 이용해야 한다.

난이도: ★★★

02 A 기업과 B 기업은 독립적인 투자안 C와 투자안 D의 실행을 고려하고 있으며, A 기업과 B 기업은 모두 무부채기업이고, 신규투자안의 실행에 필요한 자금도 모두 자기자본으로 조달할 예정이다. A 기업의 현재 자본비용은 9%이고, B 기업의 현재 자본비용은 21%이다. 투자안 C와 투자안 D의 베타는 모두 0.5이며, 투자안 C의 내부수익률은 12%이고, 투자안 D의 내부수익률은 18%이다. CAPM의 성립을 가정하며, 무위험이자율은 10%이고 시장포트폴리오의 기대수익률은 20%인 경우에 대한 설명으로 옳은 것은?

① A 기업과 B 기업 모두 투자안 C만 실행해야 한다.
② A 기업과 B 기업 모두 투자안 D만 실행해야 한다.
③ A 기업은 두 투자안을 모두 실행하고, B 기업은 두 투자안을 모두 기각해야 한다.
④ A 기업은 두 투자안을 모두 기각하고, B 기업은 두 투자안을 모두 실행해야 한다.
⑤ A 기업은 투자안 C만 실행하고, B 기업은 투자안 D만 실행해야 한다.

난이도: ★★★

03 A 기업은 새로운 사업에 진출하는 신규투자안의 실행을 고려하고 있으며, 신규투자안에 대한 목표부채비율은 100%이다. 신규투자안과 동일한 사업을 영위하며 무부채기업인 B 기업의 주식베타(β_U)는 1.5이다. 필요한 부채는 무위험이자율과 동일한 10%에 차입할 수 있으며, 시장포트폴리오의 위험프리미엄은 5%이고 법인세율은 40%일 때, A 기업이 신규투자안의 평가에 적용할 가중평균자본비용은 얼마인가?

① 10% ② 12% ③ 14% ④ 18% ⑤ 22%

난이도: ★☆☆

04 1년 후 기대현금흐름은 100원이고, 이 기대현금흐름에 적용될 위험조정할인율은 25%이며, 무위험이자율이 10%일 때, 1년 후 기대현금흐름의 확실성등가(CEQ_1)는 얼마인가?

① 77원　　② 80원　　③ 88원　　④ 90원　　⑤ 99원

난이도: ★★☆

05 부채사용 투자안의 불확실성을 고려한 가치평가방법에 대한 설명으로 옳지 않은 것은?

① 위험조정할인율법은 투자안의 위험을 할인율에 반영하는 방법이고, 확실성등가법은 투자안의 위험을 현금흐름에서 조정하는 방법이다.
② 가중평균자본비용법은 투자안 전체의 현금흐름을 투자안의 가중평균자본비용으로 할인한다.
③ 주주현금흐름법은 투자안의 현금흐름 중 주주에게 귀속되는 현금흐름을 투자안의 가중평균자본비용으로 할인한다.
④ 조정현재가치법은 투자안에서 발생하는 현금흐름을 원천별로 구분하고 원천별 현금흐름을 원천별 자본비용으로 각각 할인한 후 합산하여 평가하는 방법이다.
⑤ 조정현재가치는 투자안을 자기자본만으로 실행하는 경우의 순현재가치에 부채사용에 따른 효과의 현재가치를 가산하여 계산한다.

정답 및 해설

01 ③
부채사용기업이 신규투자안을 평가하기 위해서는 신규투자안의 영업위험 및 재무위험이 반영된 할인율을 적용해야 한다.

02 ②
$k = R_f + [E(R_m) - R_f] \times \beta_{신규투자안}$
$= 0.1 + (0.2 - 0.1) \times 0.5 = 0.15$
A 기업과 B 기업의 기존 사업과 무관하게 신규투자안의 내부수익률이 신규투자안의 위험이 반영된 자본비용인 15%보다 커야 투자안을 실행할 것이므로 A 기업과 B 기업 모두 투자안 D만 실행해야 한다.

03 ③
$\beta_L = \beta_U + (\beta_U - \beta_d)(1-t)\dfrac{B}{S}$
$= 1.5 + (1.5 - 0) \times (1 - 0.4) \times 1 = 2.4$
$k_e = R_f + [E(R_m) - R_f] \times \beta_L = 0.1 + 0.05 \times 2.4 = 0.22$
$k_0 = k_d(1-t)\dfrac{B}{V} + k_e\dfrac{S}{V}$
$= 0.1 \times (1 - 0.4) \times 0.5 + 0.22 \times 0.5 = 0.14$

04 ③
$PV = \dfrac{E(CF_1)}{1+k} = \dfrac{100원}{1.25} = 80원 = \dfrac{CEQ_1}{1+R_f} = \dfrac{CEQ_1}{1.1}$
∴ $CEQ_1 = 88원$

05 ③
주주현금흐름법은 주주에게 귀속되는 현금흐름을 주주의 요구수익률인 자기자본비용으로 할인한다.

제5장 부채사용 투자안의 가치평가

해커스공기업 쉽게 끝내는 재무관리 기본서

취업강의 1위, 해커스잡 **ejob.Hackers.com**

PART 3

기업재무론 – 특수주제

제1장 / 사업결합 – 합병과 취득(M&A)
제2장 / 기업재무론의 기타주제

제1장 | 사업결합 - 합병과 취득(M&A)

> **✓ 핵심 포인트**
>
> | 시너지효과 | 영업시너지효과와 재무시너지효과 |
> |---|---|
> | 적대적 M&A | 적대적 M&A의 방법과 방어방법 |
> | 경제성분석 | M&A 프리미엄과 M&A의 NPV |
> | 주식교환방식 | 주식교환비율과 인수가격 |

01 사업결합의 기초개념   중요도 ★★

1. 사업결합(M&A)의 의의

사업결합을 M&A(Merger and acquisition)라고도 합니다.

사업결합(Business combination)이란 취득자가 하나 이상의 사업에 대한 지배력을 획득하는 거래나 그 밖의 사건을 말한다. 즉, 사업결합은 별개의 기업들 또는 사업들을 하나의 보고기업으로 통합하는 것을 의미하는데, 사업결합을 통한 기업의 외적 성장은 다음과 같은 이점이 있다.

① 수직적 사업결합: 자사에 원료를 공급하는 기업과 결합하거나 자사의 제품을 원료로 사용하거나 판매하는 기업과 결합함으로써 원가를 절감할 수 있다.
② 수평적 사업결합: 동일한 업종에 종사하는 기업과 결합함으로써 시장 점유율의 확대를 통해 시장에서 지배적인 위치를 확보할 수 있다.
③ 다각적 사업결합: 영업상 서로 관련이 없는 기업과의 결합을 통해 영업위험(경영위험)을 감소시킬 수 있다.

2. 사업결합(M&A)의 유형

(1) 합병

합병이란 둘 이상의 기업이나 사업이 경제적으로뿐만 아니라 법률적으로도 하나의 보고기업으로 통합되는 사업결합을 말한다.

흡수합병을 진정한 합병이라고도 하고, 신설합병을 대등합병이라고도 합니다.

① 흡수합병(Merger): 한 기업이 다른 기업 또는 사업의 순자산을 양도받고 다른 기업 또는 사업은 법률적으로 소멸하는 것
② 신설합병(Consolidation): 둘 이상의 독립된 기업 또는 사업이 결합하여 하나의 새로운 기업을 신설하고 기존의 기업 또는 사업은 법률적으로 소멸하는 것

(2) 취득

취득(Acquisition)이란 한 기업이 법적으로 독립된 다른 기업의 의결권 있는 주식의 전부 또는 일부를 취득함으로써 그 기업을 자기의 지배하에 두는 사업결합을 말한다.

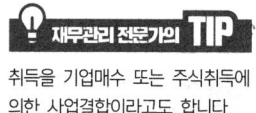

> **재무관리 전문가의 TIP**
> 취득을 기업매수 또는 주식취득에 의한 사업결합이라고도 합니다.

3. M&A의 동기

(1) 시너지효과가설

시너지효과가설(Synergy effect hypothesis)이란 시너지효과의 발생으로 인한 기업가치의 증가를 얻기 위해 M&A가 이루어진다는 가설이다. 여기서 **시너지효과**란 M&A를 통한 기업가치의 증가효과를 말하며, 발생원천에 따라 영업시너지효과와 재무시너지효과로 구분할 수 있다.

① **영업시너지효과**(Operating synergy effect): 수익의 증가나 비용의 감소 등과 같은 영업현금흐름의 증가에 따른 기업가치의 증가효과
② **재무시너지효과**(Financial synergy effect): 공신력의 향상이나 위험의 감소 등으로 인한 자본비용의 감소와 부채사용 여력의 증가에 따른 기업가치의 증가효과

(2) 저평가설

저평가설(Under valuation hypothesis)이란 특정 기업의 시장가격이 저평가된 경우 M&A가 이루어진다는 가설이다. 다음과 같은 **토빈의 q비율**이 1보다 작은 기업은 시장가격이 저평가되었다고 판단할 수 있다.

$$\text{토빈의 q비율} = \frac{\text{증권시장에서 평가된 기업의 시장가격}}{\text{기업자산의 대체원가}}$$

(3) 대리인가설

대리인가설(Agency hypothesis)이란 주주와 경영자 사이의 대리문제로 인해 기업가치가 감소된 기업의 경우 M&A가 이루어진다는 가설이다. 즉, 경영자의 특권적 소비와 같은 비효율적인 경영활동으로 인해 기업가치가 감소된 기업이 M&A의 대상이 된다는 것이다.

(4) 경영자주의가설

경영자주의가설(Managerialism hypothesis)이란 경영자들이 기업규모를 확대하여 경영자의 경영능력을 과시하고 경영자로서의 지위를 확고히 하기 위해 M&A가 이루어진다는 가설이다.

4. 적대적 M&A

(1) 적대적 M&A의 방법

적대적 M&A란 M&A가 인수기업과 인수대상기업의 경영자(대주주) 간 협상을 통해 이루어지는 것이 아니라, 인수기업에 의해 인수대상기업 경영자(대주주)의 의사와는 무관하게 이루어지는 것을 말한다. 인수기업의 입장에서 적대적 M&A를 위해 이용하는 방법은 다음과 같다.

① **주식공개매수(Tender offer 또는 Takeover bid:TOB)**: 인수대상기업의 주주들에게 공개적으로 제안하여 주식을 매입함으로써 인수대상기업의 지배력을 획득하는 방법
② **백지위임장투쟁(Proxy contest)**: 주주총회에서 현 경영진에 반대하는 주주들의 의결권을 위임받아 인수대상기업의 지배력을 획득하는 방법
③ **차입매수(Leverage buy-out:LBO)**: 인수대상기업의 자산이나 수익력을 담보로 자금을 차입하여 해당 기업의 지배력을 획득하는 방법
  - **경영자매수(Management buy-out:MBO)**: 인수대상기업의 현 경영진에 의해 이루어지는 차입매수

> **재무관리 전문가의 TIP**
> 인수기업을 취득자, 합병기업, 지배기업이라고도 하고, 인수대상기업을 피취득자, 피합병기업, 종속기업이라고도 합니다.

(2) 적대적 M&A의 방어방법

적대적 M&A의 방법 중 주식공개매수(자기공개매수)나 백지위임장투쟁은 적대적 M&A의 방어방법으로도 이용될 수 있으며, 이외의 적대적 M&A의 방어방법으로 많이 이용되는 방법은 다음과 같다.

① **역공개매수(Counter tender offer)**: 인수기업의 주식공개매수에 맞서 인수대상기업이 인수기업의 주식에 대한 공개매수를 하여 정면대결을 펼치는 방법
② **초다수의결규정(Super majority voting provisions)**: 합병승인에 대한 주주총회의 결의요건을 강화하는 방법
③ **황금낙하산(Golden parachute)**: 기존의 경영진이 적대적 M&A로 인해 임기만료 이전에 해임되는 경우 거액의 보상금을 지급하도록 하는 고용계약
④ **이사임기교차제(Staggered terms for directors)**: 이사들의 임기만료시점이 분산되도록 하는 방법
⑤ **황금주(Golden share)**: 합병 등의 특별한 안건에 대해 거부권을 행사할 수 있는 주식
⑥ **차등의결권주(Dual class stock)**: 다른 주식에 비해 월등히 많은 의결권이 부여된 주식
⑦ **백기사(White knight)**: 적대적 M&A의 대상이 되는 기업의 기존 대주주(경영진)에게 우호적인 제3자
⑧ **사기업화(Going private)**: 상장된 주식을 대부분 사들여서 상장을 폐지시키고 사기업(Private firm)으로 전환하여 적대적 M&A 시도를 사전에 예방하는 방법
⑨ **독소조항(Poison pills)**: 적대적 M&A가 성사되는 경우 인수자가 매우 불리한 상황에 처할 수 있도록 하는 규정이나 계약

⑩ **왕관의 보석(Crown jewel)**: 적대적 M&A 시도가 있는 경우 기업의 핵심적인 사업부문을 매각하여 인수시도를 저지하는 방법
⑪ **불가침협정(Standstill agreement)**: 인수기업의 **녹색편지(Green mail)** 제안을 받아들여 인수기업이 매입한 자사주식을 높은 가격에 재매입해 주는 대신에 인수의도를 포기하도록 계약을 맺는 방법
- 녹색편지: 인수대상기업의 주식을 매집한 후 적대적 M&A를 포기하는 대가로 프리미엄이 붙은 높은 가격에 주식을 재매입하도록 인수대상기업의 경영자 또는 대주주에게 제안하는 것

02 사업결합의 경제성분석   중요도 ★★

사업결합(M&A)의 경제성분석 및 인수가격결정과 관련해서는 논의의 편의상 특별한 언급이 없는 한 기업가치가 자기자본가치와 동일한 무부채기업을 가정한다.

1. 시너지효과의 측정

시너지효과(Synergy effect)란 M&A 후 기업가치가 M&A 전 개별기업가치의 단순한 합계보다 커지는 효과이다. 이하의 설명에서 V_{AB}는 M&A 후의 기업가치, V_A와 V_B는 M&A 전 A 기업과 B 기업의 기업가치를 의미한다.

$$\text{시너지효과}(\Delta V) = V_{AB} - (V_A + V_B)$$

시너지효과는 M&A를 통해 결합되는 기업들의 상호보완효과에 의해서 발생할 수도 있고, 인수대상기업의 경영효율개선에 의해서 발생할 수도 있다.

2. M&A 프리미엄과 M&A의 NPV

(1) M&A 프리미엄

M&A를 위해서는 인수기업이 인수대상기업의 주주에게 인수가격(인수대가)을 지불해야 한다. 이 경우 인수기업은 인수가격에서 M&A 전 인수대상기업의 기업가치를 차감한 만큼의 추가적인 비용을 부담하게 되는데, 이를 **M&A 프리미엄**이라고 하며 M&A를 통해 **인수대상기업의 주주가 얻는 이득**이라고 할 수 있다.

$$\text{M\&A 프리미엄} = \text{인수대상기업 주주의 이득} = \text{인수가격} - V_B$$

시험문제 미리보기!

A 기업과 B 기업은 모두 무부채기업이다. 합병 전 기업가치가 2,000원인 A 기업은 합병 전 기업가치가 500원인 B 기업을 흡수합병하고자 한다. 합병 후 기업가치는 2,900원이 될 것으로 예상하며, A 기업이 합병대가로 현금 750원을 지급하는 경우 합병프리미엄은 얼마인가?

① 100원　　② 150원　　③ 200원　　④ 250원　　⑤ 300원

해설　합병프리미엄 = 인수가격 – V_B = 750원 – 500원 = 250원

정답 ④

(2) M&A의 NPV

M&A의 NPV는 인수기업이 M&A 후 얻게 되는 기업가치의 증가분에서 인수가격을 차감한 금액이며, M&A를 통해 **인수기업의 주주가 얻는 이득**이라고 할 수 있다.

$$M\&A의\ NPV = 인수기업\ 주주의\ 이득 = (V_{AB} - V_A) - 인수가격$$

시너지효과
M&A 프리미엄 + M&A의 NPV

시험문제 미리보기!

A 기업과 B 기업은 모두 무부채기업이다. 합병 전 기업가치가 2,000원인 A 기업은 합병 전 기업가치가 500원인 B 기업을 흡수합병하고자 한다. 합병 후 기업가치는 2,900원이 될 것으로 예상하며, A 기업이 합병대가로 현금 750원을 지급하는 경우 합병의 NPV는 얼마인가?

① 100원　　② 150원　　③ 200원　　④ 250원　　⑤ 300원

해설　합병의 NPV = $(V_{AB} - V_A)$ – 인수가격 = (2,900원 – 2,000원) – 750원 = 150원

정답 ②

03 인수가격의 결정　　중요도 ★★

M&A는 인수가격을 지불하는 방식에 따라 현금지급방식과 주식교환방식으로 구분된다.
① **현금지급방식**: 인수가격에 해당하는 현금을 인수대상기업의 주주들에게 지급하는 방식
② **주식교환방식**: 인수기업의 주식을 추가로 발행해서 인수대상기업의 주식과 교환하여 교부해 주는 방식으로, 인수가격은 주식교환비율, 즉 교부주식수에 따라 달라지므로 주식교환비율의 결정이 가장 중요한 문제가 된다.

1. 주식교환비율

주식교환비율(Exchange ratio:ER)이란 주식교환방식의 M&A에서 인수대상기업의 주식 1주에 대하여 교부해 주는 인수기업의 주식수를 말한다. 이하의 설명에서 N_A는 M&A 전 인수기업의 발행주식수, N_B는 M&A 전 인수대상기업의 발행주식수를 의미한다.

① 주식교환방식인 경우의 인수가격

> 인수가격 = 교부주식수 × M&A 후 기업의 주가

② 인수대상기업의 주주들에게 교부해 주는 인수기업의 주식수

> 교부주식수 = M&A 전 인수대상기업의 발행주식수 × 주식교환비율 = $N_B \times ER$

③ M&A 후 기업의 주가

> M&A 후 기업의 주가 = $\dfrac{\text{M\&A 후 기업의 기업가치}}{\text{M\&A 후 기업의 발행주식수}} = \dfrac{V_{AB}}{N_A + \text{교부주식수}}$

📋 시험문제 미리보기!

> A 기업과 B 기업은 모두 무부채기업이다. 합병 전 기업가치와 발행주식수가 3,000원과 200주인 A 기업은 합병 전 기업가치와 발행주식수가 2,000원과 200주인 B 기업을 흡수합병하고자 하며, 합병 후 기업가치는 6,000원으로 예상된다. 0.5의 주식교환비율이 적용되는 주식교환방식의 합병에서 합병 후 기업의 주가는 얼마인가?
>
> ① 20원　② 25원　③ 30원　④ 35원　⑤ 40원
>
> 해설　합병 후 기업의 주가 = $\dfrac{V_{AB}}{N_A + N_B \times ER}$ = $\dfrac{6{,}000원}{200주 + 200주 \times 0.5 = 300주}$ = 20원
>
> 정답 ①

2. 시너지효과가 없는 경우의 인수가격

시너지효과가 없는 경우 인수기업의 주주와 인수대상기업의 주주 모두 자신에게 귀속되는 주당이익이나 주가가 감소되지 않는 수준에서 주식교환비율을 결정하고자 할 것이다.

(1) 주당이익기준

M&A에 따른 순이익의 추가적인 증분이 발생하지 않는 경우($\Delta NI = 0$) M&A 전 주당이익을 기준으로 주식교환비율$\left(ER = \dfrac{EPS_B}{EPS_A}\right)$을 결정하면 M&A 전후에 인수기업 주주와 인수대상기업 주주에게 귀속되는 주당이익은 동일하다.

> - 인수기업 주주: $EPS_{AB} = \dfrac{NI_A + NI_B}{N_A + N_B \times ER} = \dfrac{NI_A + NI_B}{N_A + N_B \times \dfrac{EPS_B}{EPS_A}} = EPS_A$
>
> - 인수대상기업 주주: $EPS_{AB} \times ER = EPS_A \times ER = EPS_A \times \dfrac{EPS_B}{EPS_A} = EPS_B$

(2) 주가기준

M&A에 따른 기업가치의 추가적인 증분이 발생하지 않는 경우($\Delta V = 0$) M&A 전 주가를 기준으로 주식교환비율$\left(ER = \dfrac{P_B}{P_A}\right)$을 결정하면 M&A 전후에 인수기업 주주와 인수대상기업 주주에게 귀속되는 주가는 동일하다.

> - 인수기업 주주: $P_{AB} = \dfrac{V_A + V_B}{N_A + N_B \times ER} = \dfrac{V_A + V_B}{N_A + N_B \times \dfrac{P_B}{P_A}} = P_A$
>
> - 인수대상기업 주주: $P_{AB} \times ER = P_A \times ER = P_A \times \dfrac{P_B}{P_A} = P_B$

3. 시너지효과가 있는 경우의 인수가격

M&A로 인한 시너지효과가 발생하는 경우 인수기업과 인수대상기업의 주주들이 수용 가능한 주식교환비율의 범위가 존재한다.

(1) 주당이익을 기준으로 의사결정을 하는 경우

① M&A 전후의 주당이익을 비교하여 의사결정을 하는 경우 주주들은 M&A 후 자신에게 귀속되는 주당이익이 M&A 전 주당이익보다 커야 M&A에 찬성할 것이다.

> - **상한**(인수기업 주주입장): $EPS_A \leq EPS_{AB} = \dfrac{NI_{AB}}{N_{AB}} = \dfrac{NI_A + NI_B + \Delta NI}{N_A + N_B \times ER}$
>
> - **하한**(인수대상기업 주주입장): $EPS_B \leq EPS_{AB} \times ER = \dfrac{NI_A + NI_B + \Delta NI}{N_A + N_B \times ER} \times ER$

② 주당이익을 기준으로 M&A에 대한 의사결정을 하는 경우 M&A에 따른 이익성장률의 변화까지 추가로 고려해야 한다. 인수기업의 입장에서 M&A 후의 주당이익이 단기적으로는 감소할 수도 있으나, M&A 후 기업의 이익성장률이 M&A 전보다 증가한다면 장기적으로는 M&A 하지 않는 경우에 비해 주당이익이 더 증가될 수 있기 때문이다.

> **재무관리 전문가의 TIP**
>
> 회계적 이익인 주당이익 기준의 의사결정보다는 주가 기준이나 NPV 기준의 의사결정이 더 타당합니다.

(2) 주가를 기준으로 의사결정을 하는 경우

M&A 전후의 주가를 비교하여 의사결정을 하는 경우 주주들은 M&A 후 자신에게 귀속되는 주가가 M&A 전 주가보다 커야 M&A에 찬성할 것이다.

> - **상한**(인수기업 주주입장): $P_A \leq P_{AB} = \dfrac{V_{AB}}{N_{AB}} = \dfrac{V_A + V_B + \Delta V}{N_A + N_B \times ER}$
> - **하한**(인수대상기업 주주입장): $P_B \leq P_{AB} \times ER = \dfrac{V_A + V_B + \Delta V}{N_A + N_B \times ER} \times ER$

시험문제 미리보기!

> 무부채기업인 A 기업이 무부채기업인 B 기업을 흡수합병하고자 하며, 주주들은 주가를 기준으로 의사결정을 한다. 합병 전 A 기업의 발행주식수와 주가는 100주와 3,000원이고, B 기업의 발행주식수와 주가는 50주와 1,000원이다. 합병으로 인한 기업가치의 증가분이 100,000원으로 예상되는 경우 A 기업 주주의 입장에서 허용 가능한 최대 주식교환비율은 얼마인가?
>
> ① 1.0　　② 1.2　　③ 1.4　　④ 1.6　　⑤ 1.8
>
> 해설　$P_A = 3{,}000원 \leq P_{AB} = \dfrac{V_{AB}}{N_{AB}} = \dfrac{100주 \times 3{,}000원 + 50주 \times 1{,}000원 + 100{,}000원}{100주 + 50주 \times ER}$
>
> $\therefore ER \leq 1$
>
> 정답 ①

(3) NPV를 기준으로 의사결정을 하는 경우

NPV를 기준으로 의사결정을 하는 경우 주주들은 M&A로 인한 NPV가 0보다 커야 M&A에 찬성할 것이며, 이는 **주가를 기준으로 한 의사결정의 결과와 동일하다.**

> - **상한**(인수기업 주주입장): M&A의 $NPV = N_A \times P_{AB} - N_A \times P_A \geq 0$
> - **하한**(인수대상기업 주주입장): M&A 프리미엄 $= N_B \times ER \times P_{AB} - N_B \times P_B \geq 0$

출제예상문제

제1장 사업결합-합병과 취득(M&A)

난이도: ★☆☆ **대표출제기업:** 용인시디지털산업진흥원

01 다른 기업을 인수·합병(M&A)하는 목적으로 옳지 않은 것은?

① 경쟁의 완화와 시장점유율의 증대
② 규모의 경제에 따른 비용의 절감
③ 사업의 다각화를 통한 영업위험의 감소
④ 신규 사업에 대한 진입비용의 절감
⑤ 기업규모의 확대에 따른 추가적인 고용 창출

난이도: ★☆☆ **대표출제기업:** 한국남부발전

02 적대적 M&A의 방어방법으로 옳지 않은 것은?

① 백기사(White knight)
② 차입매수(Leverage buy-out)
③ 독소조항(Poison pill)
④ 황금낙하산(Golden parachute)
⑤ 왕관의 보석(Crown jewel)

난이도: ★★☆ **대표출제기업:** 한국주택금융공사

03 적대적 M&A의 방어방법에 대한 설명으로 옳지 않은 것은?

① 적대적 M&A 시도가 있는 경우 기존 보통주 1주에 대해 저렴한 가격으로 다수의 신주를 매입할 수 있는 권리를 부여하는 방법을 독소조항(Poison pills)이라고 한다.
② 다른 주식에 비해 월등히 많은 의결권이 부여된 주식을 차등의결권주(Dual class stock)라고 한다.
③ 적대적 M&A 시도가 있는 경우 기업의 핵심 사업부문을 매각하는 방법을 왕관의 보석(Crown jewel)이라고 한다.
④ 인수기업의 주식공개매수에 맞서 인수대상기업이 인수기업의 주식에 대한 공개매수를 하여 정면대결을 펼치는 방법을 역공개매수(Counter tender offer)라고 한다.
⑤ 기존의 경영진이 적대적 M&A로 인해 임기만료 이전에 타의에 의해 해임되는 경우 거액의 보상금을 지급하도록 하는 고용계약을 백기사(White knight)라고 한다.

난이도: ★★☆

04 M&A에 대한 설명으로 옳지 않은 것은?

① 적대적 M&A의 경우 인수대상기업의 주주가 이득을 취할 수도 있다.
② 백지위임장투쟁을 이용하면 보유지분이 불충분한 경우에도 인수대상기업의 경영권을 획득할 수 있다.
③ 인수대상기업 주주들의 무임승차현상으로 인해 인수기업의 주식공개매수가 실패할 수도 있다.
④ 인수대상기업이 인수기업의 그린메일 제의를 받아들여 인수기업이 보유하고 있는 인수대상기업의 주식을 시가보다 높은 가격에 인수하면 인수대상기업의 기업가치를 보다 증가시킬 수 있다.
⑤ 우리사주조합의 지분율을 높이는 것은 M&A에 대한 방어수단이 될 수 있다.

정답 및 해설

01 ⑤
M&A의 결과로 추가적인 고용이 창출될 수는 있으나, 추가적인 고용 창출이 M&A의 목적에 해당하지는 않는다. 또한 M&A가 이루어지는 경우 비용절감을 위해 기존 종업원에 대한 정리해고가 이루어질 수도 있다.

02 ②
차입매수(Leverage buy-out)는 적대적 M&A의 방법이다.

03 ⑤
기존의 경영진이 적대적 M&A로 인해 임기만료 이전에 타의에 의해 해임되는 경우 거액의 보상금을 지급하도록 하는 고용계약은 황금낙하산(Golden parachute)이다. 백기사(White knight)는 인수대상기업의 기존 대주주(경영진)에게 우호적인 제3자를 말한다.

04 ④
그린메일 제의를 받아들여 주식을 시가보다 높게 매입하면 기업가치는 감소한다.

출제예상문제

난이도: ★★☆

05 A 기업은 B 기업을 흡수합병하는 방안을 고려하고 있다. A 기업과 B 기업은 모두 무부채기업이며, 합병 전 A 기업과 B 기업의 발행주식수는 각각 200주와 100주이고 주가는 각각 1,000원과 500원이다. 합병이 이루어지면 합병 후 기업가치가 280,000원이 될 것으로 예상하며, A 기업이 합병대가로 현금 70,000원을 지급하는 경우에 대한 설명으로 옳지 않은 것은?

① 합병으로 인한 기업가치의 증가분(시너지효과)은 30,000원이다.
② 합병으로 인한 B 기업 주주의 이득인 합병프리미엄은 20,000원이다.
③ 합병으로 인한 A 기업 주주의 이득인 합병의 NPV는 20,000원이다.
④ A 기업 주주의 입장에서는 합병에 찬성할 것이다.
⑤ B 기업 주주의 입장에서는 합병에 찬성할 것이다.

난이도: ★★★

06 A 기업은 B 기업을 주식교환방식에 의해 합병하고자 한다. A 기업과 B 기업은 모두 무부채기업이며, 합병 전 A 기업과 B 기업의 발행주식수는 각각 300주와 200주이고 주가는 각각 1,000원과 500원이다. 합병 후 기업가치는 500,000원이 될 것으로 예상하며 주식교환비율이 0.5일 때, A 기업의 합병의 NPV는 얼마인가? (단, 주식교환비율은 B 기업 주식 1주에 대해 교부되는 A 기업의 주식수를 의미한다.)

① 60,000원　② 75,000원　③ 80,000원　④ 100,000원　⑤ 125,000원

난이도: ★★☆

07 A 기업은 B 기업을 주식교환방식에 의해 합병하고자 한다. A 기업과 B 기업은 모두 무부채기업이며, 합병 전 A 기업과 B 기업의 발행주식수는 각각 300주와 200주이고 주가는 각각 900원과 400원이다. 합병 후 기업가치는 400,000원이 될 것으로 예상할 때, 합병대가가 100,000원이 되기 위한 교부주식수는 얼마인가?

① 100주　② 120주　③ 150주　④ 180주　⑤ 200주

난이도: ★★★　대표출제기업: 한국도로공사

08 무부채기업인 A 기업이 무부채기업인 B 기업을 흡수합병하고자 한다. 합병 전 A 기업과 B 기업의 당기순이익은 각각 80만 원과 30만 원이고, 발행주식수는 각각 200주와 100주이다. 시너지효과의 발생으로 합병 후 당기순이익이 합병 전 두 기업 당기순이익의 합계보다 200,000원 증가할 것으로 예상된다. 주당순이익을 기준으로 의사결정하는 경우 B 기업의 주주들이 합병에 동의하는 최소주식교환비율은 얼마인가?

① 0.4　　　② 0.5　　　③ 0.6　　　④ 0.7　　　⑤ 0.8

정답 및 해설

05 ③
시너지효과 = 280,000원 − (200주 × 1,000원 + 100주 × 500원) = 30,000원
합병프리미엄 = 70,000원 − 100주 × 500원 = 20,000원
합병의 NPV = (280,000원 − 200주 × 1,000원) − 70,000원 = 10,000원

06 ②
교부주식수 = 200주 × 0.5 = 100주
합병 후 주가 = $\frac{500,000원}{300주 + 100주}$ = 1,250원
합병의 NPV = (1,250원 − 1,000원) × 300주 = 75,000원

07 ①
합병대가 = 100,000원 = 교부주식수 × $\frac{400,000원}{300주 + 교부주식수}$
∴ 교부주식수 = 100주

08 ③
$\frac{300,000원}{100주}$ = 3,000원 ≤ $\frac{800,000원 + 300,000원 + 200,000원 = 1,300,000원}{200주 + 100주 × ER}$ × ER
∴ ER ≥ 0.6

제2장 | 기업재무론의 기타주제

✓ **핵심 포인트**

배당정책	시장불완전요인과 최적배당정책
특수배당정책	현금배당과 특수배당정책의 비교
재무비율분석	재무비율의 계산식과 의미

01 배당정책   중요도 ★★

1. 배당정책의 기초개념

(1) 배당정책의 의의

배당정책(Dividend policy)이란 기업의 당기순이익을 주주에 대한 현금배당금과 재투자를 위한 유보이익으로 나누는 의사결정을 말한다. 배당정책의 목표는 배당정책이 기업가치에 미치는 영향을 분석하여 기업가치, 즉 주주부를 극대화할 수 있는 최적배당정책을 찾는 것이라고 할 수 있다.

(2) 배당수준의 척도

① 주당 배당액(Dividend per share:DPS): 1주당 지급되는 현금배당액
② 배당성향(Dividend payout): 당기순이익 중 배당으로 지급된 비율
③ 배당수익률(Dividend yield): 주식의 주가 대비 주당 배당액의 비율
④ 배당률(Dividend ratio): 주식의 액면가액 대비 주당 배당액의 비율

2. MM의 배당무관련이론

MM의 배당무관련이론(1961)은 기업가치는 기업이 보유하고 있는 자산의 수익성과 위험에 의해서 결정되며 배당정책과는 무관하다는 이론이다.

(1) 가정

① 완전자본시장을 가정한다. 즉, 거래비용이나 세금 등 거래의 마찰적 요인이 존재하지 않고 투자자들의 정보획득에 비용이나 제약이 없다.
② 투자자들은 기업의 미래 이익과 배당에 대해 확실하게 예측 가능하고 이에 대해 동질적으로 기대하며, 배당소득과 자본이득에 대해 무차별하다.

재무관리 전문가의 TIP

MM은 합리적이고 완전한 경제환경(Rational and perfect economic environment)하에서는 금융환상(Financial illusion)이 존재할 수 없다고 주장합니다.

③ 기업은 자기자본만으로 자금을 조달하며, **외부자금조달에 아무런 제약이 없다**.

(2) 주가의 결정과정

기업이 현금배당을 지급하는 경우 **주가는 주당배당액만큼 정확하게 하향 조정**되며, 이에 따라 주주의 배당소득이 주가하락액과 정확하게 상쇄되어 주주의 총부는 달라지지 않는다. 즉, 배당부주가 수준에서 현금배당을 지급하는 경우 주주에게는 현금배당액만큼의 현금유입이 발생하지만 동액만큼의 주가하락(배당락)으로 인해 주주의 총부는 현금배당 지급 여부와는 무관하게 일정해져 **기업가치는 배당정책과 무관**하다.

(3) 자가배당조정

자가배당조정(Home-made dividend) 이란 완전자본시장을 가정하는 경우 기업이 지급하는 배당수준과는 무관하게 주주들이 자신이 원하는 수준으로 배당을 자유로이 조정하는 것을 말한다. 주주들은 자가배당조정을 통해 기업이 지급하는 배당수준과는 무관하게 자신이 원하는 수준으로 배당을 조정할 수 있으므로 기업가치는 배당정책과 무관하다.

3. 시장불완전요인과 배당정책

(1) 개인소득세

일반적으로 배당소득세율이 자본이득세율보다 높기 때문에 현금배당이 기업가치에 부정적인 영향을 미치게 된다. 즉, 배당성향이 높은 주식에 투자하는 경우 투자자들의 세후 현금흐름이 감소하여 현금배당이 기업가치에 **부정적**인 영향을 미치게 된다.

① **밀러와 숄즈(M. H. miller & M. scholes)의 무관련이론**: 개인소득세가 존재하는 상황에서도 개인의 레버리지에 의한 이자비용의 발생을 통해 배당소득세를 회피할 수 있으므로 기업가치는 배당정책과 무관하다고 주장하였다.

② **배당의 고객효과(Clientele effect)**: 투자자들이 자신의 선호를 만족시킬 수 있는 배당정책을 실시하는 기업의 주식에 투자하는 현상으로, 이 경우 주식시장이 배당성향별로 완전히 분리되고, 분리된 시장 내에서의 수요와 공급에 의해 기업가치(주가)가 결정될 뿐이므로 기업가치는 배당정책과 **무관**하다.

고세율을 적용받는 고소득 투자자는 세금부담이 적은 자본이득을 선호하고, 저세율을 적용받는 저소득 투자자는 소비 가능한 소득인 배당소득을 선호합니다.

(2) 정보비대칭과 배당의 신호효과

배당의 신호효과(Signalling effect) 란 현금배당이 기업의 재무적 건전성이나 충분한 현금동원능력, 미래현금흐름 창출능력에 대한 경영자의 확신 등과 같은 기업에 대한 **긍정적**인 정보를 투자자들에게 전달해 주는 신호가 되며, 이에 따라 기업가치가 증가할 수 있다는 것이다.

(3) 외부자금조달의 제약

외부자금조달의 제약이 있는 경우 과다한 배당을 지급하면 수익성 있는 투자기회를 상실할 수도 있기 때문에 기업가치에 **부정적**인 영향을 미칠 수 있다.

재무관리 전문가의 TIP

자기자본이익률(ROE)은 유보이익의 재투자수익률을 의미합니다.

① 고든(M. J. Gordon)의 모형: 외부자금조달에 제약이 있는 경우 자기자본이익률(Return on equity:ROE)과 주주의 요구수익률(k_e) 간의 관계에 따라 기업가치를 극대화하는 배당정책이 존재할 수 있다.

> - $ROE > k_e$의 경우: 배당을 감소시켜야 기업가치 증가
> - $ROE = k_e$의 경우: 배당정책과 기업가치는 무관련
> - $ROE < k_e$의 경우: 배당을 증가시켜야 기업가치 증가

② **배당의 잔여이론(Residual theory of dividends)**: 외부자금조달에 제약이 있는 경우 투자결정과 자본조달결정에 의해 자동적으로 배당정책이 결정된다는 이론으로, 순이익 중 투자에 필요한 자금을 유보하고 남는 잔여이익을 배당으로 지급한다는 것이다. 그러나 잔여이익을 배당으로 지급하는 경우 주주현금흐름의 불안정성이 증가될 수 있으며, 불필요한 신호효과를 가져올 수 있다는 문제점이 있어 현실적으로 대부분의 기업들은 주당배당액을 안정적으로 유지하는 **안정배당정책(Stable dividend policy)**을 취한다.

(4) 기타 시장불완전요인

① **자금조달비용**: 과다한 배당을 지급하는 경우 외부자금조달의 필요성이 증가하고, 자금조달비용이 발생하므로 현금배당이 기업가치에 **부정**적인 영향을 미치게 된다.

② **대리비용**: 현금배당을 많이 지급하는 경우 기업내부의 여유현금이 감소해 경영자의 특권적 소비를 감소시킬 수 있으므로 현금배당이 기업가치에 **긍정**적인 영향을 미치게 된다.

③ **미래의 불확실성**: 고든(M. J. Gordon)은 현금배당에 따른 배당소득은 보다 확실한 소득인 '**손 안의 새(Bird-in-hand)**'이기 때문에 주주현금흐름의 불확실성을 감소시키므로 현금배당이 기업가치에 **긍정**적인 영향을 미치게 된다고 주장하였다.

4. 특수배당정책

(1) 자사주매입

자사주매입(Stock repurchase)이란 이미 발행한 자사의 주식을 매입하는 것을 말한다. 기업이 현금배당을 지급할 재원으로 자사주를 매입하면 주주에게 현금배당을 지급하는 것과 유사한 효과가 발생하는데, 안정적인 유지가 기대되는 현금배당에 비해 자사주매입은 보다 신축적인 운용이 가능하다.

① 긍정적 효과
- 주주의 배당소득세를 회피하는 수단으로 이용될 수 있다.
- 기업의 미래현금흐름에 대한 긍정적 전망을 전달하는 효과가 있을 수 있다.
- **자사주식의 주가가 저평가**되었다는 정보를 전달하는 효과가 있을 수 있다.
- 적대적 M&A의 방어수단 또는 Stock option의 실행수단으로 이용할 수 있다.

② 부정적 효과
- **투자기회의 고갈**이라는 부정적 신호를 전달하는 효과가 있을 수 있다.
- 부채비율이 증가하여 자본구조가 악화될 수 있다.

(2) 주식배당과 무상증자

주식배당(Stock dividend)이란 이익잉여금을 자본금으로 전입하고 신주를 발행하여 기존주주들에게 무상으로 나누어주는 것을 말하며, 무상증자(Bonus issue)란 자본잉여금이나 법정적립금을 자본금으로 전입하고 신주를 발행하여 기존주주들에게 무상으로 나누어주는 것을 말한다. 주식배당과 무상증자는 모두 주식수의 증가에 비례해서 주가가 하락하기 때문에 주주부에는 아무런 영향을 미치지 못한다.

(3) 주식분할과 주식병합

① 주식분할(Stock split): 하나의 주식을 여러 개의 동일주식으로 분할하는 것으로, 주식분할은 발행주식수가 증가하는 반면, 주당 액면가액과 시장가격이 비례적으로 하락하기 때문에 주주부에는 아무런 영향을 미치지 않는다.

② 주식병합(Reverse split): 여러 개의 주식을 하나의 주식으로 통합하는 것으로, 주식병합은 발행주식수가 감소하는 반면, 주당 액면가액과 시장가격이 비례적으로 상승하기 때문에 주주부에는 아무런 영향을 미치지 않는다.

주식분할은 액면분할이라고도 하며, 주식병합은 액면병합이라고도 합니다.

(4) 현금배당과 특수배당정책의 비교

현금배당과 특수배당정책의 재무적 효과를 비교하면 다음과 같다. 단, 자사주매입의 경우 시장가격으로 매입함을 가정하며 무상증자는 주식배당과 효과가 동일하다.

구분	현금배당	자사주매입	주식배당	주식분할	주식병합
자기자본가치	감소	감소	불변	불변	불변
발행주식수	불변	감소	증가	증가	감소
주가	하락	불변	하락	하락	상승
주당이익(EPS)	불변	증가	감소	감소	증가
주가이익비율(PER)	감소	감소	불변	불변	불변

여기서 동일 금액만큼의 현금배당과 자사주매입을 비교하면, 동일 금액만큼 자기자본가치가 감소하고 당기순이익은 변동하지 않으므로 현금배당과 자사주매입이 PER에 미치는 효과는 동일해진다는 점에 주의해야 한다.

5. 자사주매입과 유상증자의 비교

(1) 자사주매입에 따른 효과

① 자사주를 시장가격으로 매입하는 경우 주가가 변동하지 않지만, 시장가격보다 높은 가격에 매입하면 주가가 하락하고 시장가격보다 낮은 가격에 매입하면 주가가 상승한다.

② 자사주매입이 전체주주들에게 지분비례대로 이루어지는 경우 자사주의 매입가격과 무관하게 주주 간 부의 이전문제가 발생하지 않지만, 지분비례대로 이루어지지 않는 경우 자사주의 매입가격에 따라 부의 이전문제가 발생할 수 있다.

자사주매입가격	주가	처분주주의 부	잔여주주의 부
매입가격 = 시장가격	불변	불변	불변
매입가격 > 시장가격	하락	증가	감소
매입가격 < 시장가격	상승	감소	증가

시험문제 미리보기!

A 기업의 현재 발행주식수는 2,000주이고, 주가는 10,000원이다. A 기업이 200만 원으로 200주의 자사주를 현재의 주가인 10,000원에 매입하는 경우 자사주매입 후의 주가는 얼마인가?

① 8,000원　　② 9,000원　　③ 10,000원
④ 11,000원　　⑤ 12,000원

해설 시장가격에 자사주를 매입하는 경우 주가는 변하지 않는다.

$$\text{자사주매입 후 주가} = \frac{2{,}000주 \times 10{,}000원 - 200주 \times 10{,}000원}{2{,}000주 - 200주} = 10{,}000원$$

정답 ③

(2) 유상증자에 따른 효과

① 유상증자 시 신주를 시장가격으로 발행하면 주가가 변동하지 않지만, 시장가격보다 낮은 가격에 발행하면 주가가 하락하고 시장가격보다 높은 가격에 발행하면 주가가 상승한다.

② 기존주주에게 지분비례대로 신주인수권을 부여하는 주주배정 유상증자는 신주의 발행가격과 무관하게 주주 간 부의 이전문제가 발생하지 않지만, 제3자에게 신주인수권을 부여하는 제3자 배정 유상증자는 신주의 발행가격에 따라 부의 이전문제가 발생할 수 있다.

신주의 발행가격	주가	기존주주의 부	신규주주의 부
발행가격 = 시장가격	불변	불변	불변
발행가격 < 시장가격	하락	감소	증가
발행가격 > 시장가격	상승	증가	감소

(3) 유상증자 시 신주인수권의 가치평가

기업은 유상증자 시 투자자들의 투자를 유도하기 위해서 신주를 시장가격보다 낮은 가격에 발행하는 것이 일반적이다. 이 경우 시장가격보다 낮은 가격에 신주를 인수할 수 있는 권리는 별도의 경제적 가치를 갖게 되는데, 이를 **신주인수권의 가치**라고 한다.

① 신주인수권은 일반적으로 기존주주에게 부여되는 권리이며, 유상증자 시 기존주주는 기존주식 1주당 1개의 신주인수권을 갖게 된다.

② 신주인수권의 가치는 권리부주가와 권리락주가의 차이로 계산된다.
  • 권리부주가: 신주를 인수할 수 있는 권리가 있는 상황에서의 주가

- **권리락주가**: 신주배정기준일이 경과되어 신주인수권이 상실된 후의 주가

> 신주인수권의 가치 = 권리부주가 − 권리락주가

02 재무비율분석 중요도 ★★★

1. 재무비율분석의 의의

재무비율분석(Financial ratio analysis)은 재무제표상의 개별항목 간 비율인 재무비율을 계산해서 기업의 재무상태와 재무성과를 분석·판단하는 기법으로, 주가와 같은 시장가치와의 비율까지 포함하는 경우도 있다.

2. 재무비율의 종류

(1) 유동성비율

유동성비율은 기업의 단기채무 지급능력을 분석하기 위해 이용하는 비율로, 주로 단기채무의 지급을 위해 단기간 내에 현금화 가능한 자산의 보유정도를 측정한다.

① 유동비율 $= \dfrac{\text{유동자산}}{\text{유동부채}}$

② 당좌비율 $= \dfrac{\text{당좌자산} = \text{유동자산} - \text{재고자산}}{\text{유동부채}}$

③ 현금비율 $= \dfrac{\text{현금및현금성자산}}{\text{유동부채}}$

④ 순운전자본비율 $= \dfrac{\text{순운전자본} = \text{유동자산} - \text{유동부채}}{\text{총자산}}$

> **📋 시험문제 미리보기!**
>
> 유동자산은 100억 원, 유동부채는 100억 원, 재고자산은 30억 원, 유형자산은 80억 원인 경우 당좌비율은 얼마인가?
>
> ① 30% ② 50% ③ 70% ④ 100% ⑤ 130%
>
> 해설 당좌비율 $= \dfrac{\text{유동자산} - \text{재고자산}}{\text{유동부채}} = \dfrac{100억\ 원 - 30억\ 원}{100억\ 원} = 0.7$
>
> 정답 ③

(2) 안정성비율

안정성비율(레버리지비율)은 기업의 장기적인 재무적 안정성을 분석하기 위해 이용하는 비율로, 주로 타인자본인 부채와 자기자본인 자본의 구성을 나타낸다.

① 부채비율 = $\dfrac{\text{부채}}{\text{자기자본}}$

② 자기자본비율 = $\dfrac{\text{자기자본}}{\text{총자산}}$

③ 비유동장기적합률 = $\dfrac{\text{비유동자산}}{\text{비유동부채 + 자기자본}}$

④ 이자보상비율 = $\dfrac{\text{영업이익}}{\text{이자비용}}$

> **재무관리 전문가의 TIP**
> 일반적으로 총자산은 총자본(= 타인자본 + 자기자본)과 동일한 개념입니다.

시험문제 미리보기!

유동비율이 100%이고 부채비율이 150%인 경우 자기자본비율은 얼마인가?

① 40%   ② 60%   ③ 200%   ④ 250%   ⑤ 300%

해설 자기자본비율 = $\dfrac{\text{자기자본}}{\text{총자산 = 부채 + 자기자본}}$ = $\dfrac{1}{\text{부채비율 + 1}}$ = $\dfrac{1}{2.5}$ = 0.4

정답 ①

(3) 활동성비율

활동성비율은 기업이 보유하는 자산 활용의 효율성을 분석하기 위해 이용하는 비율로, 주로 매출액을 관련 자산금액 또는 부채금액으로 나눈 회전율을 이용해서 측정한다.

① 총자산회전율 = $\dfrac{\text{매출액}}{\text{평균 총자산}}$

② 매출채권회전율 = $\dfrac{\text{매출액 또는 외상매출액}}{\text{평균 매출채권}}$

  • 매출채권회수(회전)기간 = $\dfrac{365}{\text{매출채권회전율}}$

③ 재고자산회전율 = $\dfrac{\text{매출액 또는 매출원가}}{\text{평균 재고자산}}$

  • 재고자산회전기간 = $\dfrac{365}{\text{재고자산회전율}}$

④ 매입채무회전율 = $\dfrac{\text{매출액 또는 외상매입액}}{\text{평균 매입채무}}$

  • 매입채무지급(회전)기간 = $\dfrac{365}{\text{매입채무회전율}}$

한편, 활동성비율 관련하여 추가로 살펴볼 내용으로 기업의 영업주기와 현금주기가 있다. 여기서 영업주기는 제조기업의 경우에 원재료를 매입하여 생산과정이 진행되고 생산이 완료된 후 제품을 판매하여 외상대금이 회수되기까지의 기간을 의미하며, 현금주기는 매입채무의 지급시점부터 매출채권의 회수시점까지의 기간을 의미한다.

① 영업주기 = 재고자산회전기간 + 매출채권회수기간

② 현금주기 = 영업주기 − 매입채무지급기간

시험문제 미리보기!

부채는 60억 원, 자본은 40억 원, 매출액은 300억 원인 경우 총자산회전율은 얼마인가?

① 1.5회 ② 3.0회 ③ 5.0회 ④ 6.0회 ⑤ 7.5회

해설 총자산회전율 = $\dfrac{매출액}{평균\ 총자산}$ = $\dfrac{300억\ 원}{60억\ 원 + 40억\ 원}$ = 3

정답 ②

(4) 수익성비율

수익성비율이란 기업의 이익창출능력을 분석하기 위해 이용하는 비율로, 주로 매출액 또는 자본에 대한 이익의 비율로 측정한다.

① 매출총이익률 = $\dfrac{매출총이익}{매출액}$

② 매출액영업이익률 = $\dfrac{영업이익}{매출액}$

③ 매출액순이익률 = $\dfrac{당기순이익}{매출액}$

④ 총자산영업이익률 = $\dfrac{영업이익}{평균\ 총자산}$

⑤ 총자산순이익률(Return on assets:ROA): 매출액에 대한 수익성비율인 매출액순이익률과 활동성비율인 총자산회전율이 결합된 비율

- $ROA = \dfrac{당기순이익}{평균\ 총자산} = \dfrac{당기순이익}{매출액} \times \dfrac{매출액}{평균\ 총자산}$

  = 매출액순이익률 × 총자산회전율

⑥ 자기자본순이익률(Return on equity:ROE): 총자산순이익률에 기업의 재무구조(자본구조)까지 결합된 비율

- $ROE = \dfrac{당기순이익}{평균\ 자기자본} = \dfrac{당기순이익}{매출액} \times \dfrac{매출액}{평균\ 총자산} \times \dfrac{평균\ 총자산}{평균\ 자기자본}$

  = 매출액순이익률 × 총자산회전율 × $\dfrac{1}{자기자본비율}$

  = $ROA \times (1 + 부채비율)$

> **재무관리 전문가의 TIP**
>
> 총자산순이익률은 총자본이익률(Return on investment:ROI)과 유사한 개념으로 사용됩니다.

시험문제 미리보기!

매출액순이익률이 10%이고 총자산회전율이 0.8회이며, 부채비율이 100%인 경우 자기자본순이익률은 얼마인가?

① 8% ② 10% ③ 12% ④ 14% ⑤ 16%

해설 자기자본순이익률 = 매출액순이익률 × 총자산회전율 × (1 + 부채비율)
= 0.1 × 0.8 × (1 + 1) = 0.16

정답 ⑤

(5) 성장성비율

성장성비율이란 기업의 규모나 경영성과가 이전에 비해 얼마나 성장했는지를 분석하기 위해 이용하는 비율로, 주로 전기 대비 당기의 증가율로 측정한다.

① 매출액증가율 = $\dfrac{\text{당기 매출액} - \text{전기 매출액}}{\text{전기 매출액}}$

② 순이익증가율 = $\dfrac{\text{당기순이익} - \text{전기순이익}}{\text{전기순이익}}$

③ 자산증가율 = $\dfrac{\text{당기 말 총자산} - \text{전기 말 총자산}}{\text{전기 말 총자산}}$

(6) 생산성비율

생산성비율이란 기업이 보유하는 생산요소의 효율적 이용정도를 분석하기 위해 이용하는 비율로, 주로 투입량 대비 산출량의 비율로 측정하며 산출량으로는 주로 부가가치의 개념이 이용된다.

① 부가가치 = 영업잉여 + 인건비 + 이자비용 + 조세공과금 + 감가상각비
   - 영업잉여 = 영업이익 + 대손상각비 − 이자비용

② 부가가치율 = $\dfrac{\text{부가가치}}{\text{매출액}}$

③ 노동생산성 = $\dfrac{\text{부가가치}}{\text{평균 종업원 수}}$

④ 자본생산성(총자본투자효율) = $\dfrac{\text{부가가치}}{\text{평균 총자본}}$

(7) 시장가치비율

시장가치비율은 기업에 대한 시장에서의 가치평가를 분석하기 위해 이용하는 비율로, 주로 주식의 시장가치인 주가와 관련된 다른 항목 간의 비율로 측정한다.

① 주가이익비율(Price earnings ratio:PER) = $\dfrac{\text{주가}}{\text{주당순이익}}$
   - 주당순이익(Earnings per share:EPS) = $\dfrac{\text{보통주당기순이익}}{\text{발행주식수}}$

② 주가대장부금액비율(Price book value ratio:PBR) = $\dfrac{\text{주가}}{\text{주당자기자본장부금액}}$
   - 주당자기자본장부금액(Book value per share:BPS) = $\dfrac{\text{자기자본장부금액}}{\text{발행주식수}}$

ejob.Hackers.com

취업강의 1위, **해커스잡**

출제예상문제

제2장 기업재무론의 기타주제

난이도: ★☆☆ 대표출제기업: 한국농어촌공사

01 배당성향에 대한 설명으로 옳은 것은?

① 당기순이익 중 현금배당금으로 지급되는 비율
② 납입자본에 대한 이익잉여금의 비율
③ 주당 배당금을 주가로 나눈 비율
④ 주당 액면금액에 대하여 지급되는 주당 배당금의 비율
⑤ 자기자본에 대한 당기순이익의 비율

난이도: ★★☆

02 MM의 배당무관련이론에 대한 설명으로 옳지 않은 것은?

① 합리적이고 완전한 경제환경하에서는 금융환상이 존재할 수 없다.
② 현금배당이 지급되는 경우 주가는 주당배당액 만큼 하락한다.
③ 완전자본시장을 가정하는 경우 기업가치는 배당정책과 무관하다.
④ 자가배당조정의 논리에 이론적 근거를 두고 있다.
⑤ 유보이익의 재투자수익률이 자기자본비용보다 높은 경우 순이익을 전액 유보하여 투자하는 것이 유리하다.

난이도: ★☆☆

03 40%의 배당성향을 계속해서 유지할 계획인 A 기업의 올해 당기순이익은 20만 원이며, 발행주식수는 200주이다. 배당을 지급하기 전 A 기업의 주가가 3,000원일 때, 계획된 현금배당을 지급한 후의 이론적인 배당락주가는 얼마인가?

① 2,400원   ② 2,600원   ③ 2,700원   ④ 2,800원   ⑤ 2,900원

난이도: ★★☆

04 시장의 불완전성이 배당정책에 미치는 영향에 대한 설명으로 옳지 않은 것은?

① 자기자본대리비용을 고려하는 경우 배당의 증가는 기업가치에 긍정적 영향을 줄 수 있다.

② 개인소득세의 존재를 고려하는 경우 배당의 증가는 기업가치에 부정적 영향을 줄 수 있다.

③ Miller와 Scholes는 배당소득세가 존재하더라도 개인의 레버리지에 의한 이자비용의 발생을 통해 배당소득세를 회피할 수 있으므로 기업가치는 배당정책과 무관하다고 주장하였다.

④ 배당의 신호효과를 고려하는 경우 배당의 증가는 기업가치에 긍정적 영향을 줄 수 있다.

⑤ 신주발행에 관련된 비용을 고려하는 경우 배당의 증가는 기업가치에 긍정적 영향을 줄 수 있다.

정답 및 해설

01 ①

오답노트
③ 주당 배당금을 주가로 나눈 비율은 배당수익률이다.
④ 주당 액면금액에 대하여 지급되는 주당 배당금의 비율은 배당률이다.
⑤ 자기자본에 대한 당기순이익의 비율은 자기자본이익률이다.

02 ⑤
MM의 무관련이론은 완전자본시장을 가정하므로 언제든지 외부자금조달이 가능하기 때문에 기업의 투자정책은 배당정책에 의해 영향을 받지 않는다.

03 ②

주당순이익 = $\frac{200,000원}{200주}$ = 1,000원

주당배당금 = 1,000원 × 0.4 = 400원

배당락주가 = 3,000원 − 400원 = 2,600원

04 ⑤
배당을 늘리면 미래에 신주발행을 통해 투자자금을 확보해야 할 가능성이 높아지며 신주발행과 관련된 비용도 증가할 수 있으므로 기업가치에 부정적인 영향을 줄 수 있다.

출제예상문제

난이도: ★★☆ 대표출제기업: 신용보증기금

05 기업이 자사주를 매입하는 동기로 옳지 않은 것은?

① 채권자를 보호하는 수단이다.
② 자본구조변경의 경우 현금배당에 비해 자사주 매입이 보다 용이하다.
③ 적대적 M&A에 대한 방어수단과 Stock option의 실행을 위한 수단으로 이용될 수 있다.
④ 현금배당에 대한 주주의 소득세를 회피하는 수단으로 이용될 수 있다.
⑤ Stock option을 부여받은 경영자는 배당락을 고려하는 경우 현금배당보다 자사주 매입을 선호한다.

난이도: ★★☆

06 자사주매입에 대한 설명으로 옳지 않은 것은?

① 세금을 고려하지 않는 경우 전체주주입장에서는 현금배당과 효과가 동일하다.
② 일반적으로 자사 주식의 시장가격이 저평가되어 있는 경우 매입한다.
③ 시장가격보다 고가로 매입하는 경우 자사주매입 후 주가는 하락한다.
④ 일부 주주에게서만 시장가격과 상이한 가격으로 매입하는 경우 주주 간 부의 이전 문제가 발생할 수 있다.
⑤ 현금배당에 비해 보다 많은 이익을 사내에 유보하므로 재무구조가 개선된다.

난이도: ★★★

07 25%의 배당성향을 계속해서 유지할 계획인 A 기업의 올해 당기순이익은 20만 원이고 발행주식수는 250주이며, 배당을 지급하기 전 A 기업의 주가는 800원이다. A 기업이 계획된 현금배당을 지급하지 않고 그 금액으로 자사의 주식을 현재주가보다 고가인 주당 1,000원에 구입하여 소각한다면 자사주매입 후 주가는 얼마인가?

① 400원 ② 600원 ③ 750원 ④ 800원 ⑤ 900원

난이도: ★★★

08 A 기업은 신규투자안의 실행에 필요한 자금 80만 원을 조달하기 위해 주당 8,000원에 주주배정유상증자를 실시하려고 한다. 기발행주식수는 400주이며, 주주배정유상증자 직전 주가는 주당 10,000원이다. 기존주주가 보유주식 1주당 한 개의 신주인수권을 갖는 경우 유상증자 시 신주인수권의 가치는 얼마인가?

① 400원　　② 450원　　③ 500원　　④ 550원　　⑤ 600원

난이도: ★☆☆　대표출제기업: 신용보증기금

09 유동비율을 구하는 식으로 옳은 것은?

① 유동자산 − 유동부채
② 유동자산 − 재고자산
③ 당좌자산 ÷ 유동부채
④ 유동자산 ÷ 유동부채
⑤ 순운전자본 ÷ 총자산

정답 및 해설

05 ①
자사주를 매입하는 경우 채권자의 채권에 대한 담보가 감소하는 효과가 발생하므로 채권자 부의 감소를 가져올 수 있다.

06 ⑤
자사주를 매입하는 경우 자기자본의 감소에 따라 재무구조가 악화된다.

07 ③
계획된 총배당금 = 200,000원 × 0.25 = 50,000원
매입주식수 = 50,000원 ÷ 1,000원 = 50주
자사주 매입 후 주가 = $\frac{250주 \times 800원 - 50주 \times 1,000원}{250주 - 50주}$
= 750원

08 ①
신주 발행주식수 = 800,000원 ÷ 8,000원 = 100주
권리락주가 = $\frac{400주 \times 10,000원 + 100주 \times 8,000원}{400주 + 100주}$ = 9,600원
신주인수권가치 = 10,000원 − 9,600원 = 400원

09 ④

오답노트
① 순운전자본 = 유동자산 − 유동부채
② 당좌자산 = 유동자산 − 재고자산
③ 당좌비율 = 당좌자산 ÷ 유동부채
⑤ 순운전자본비율 = 순운전자본 ÷ 총자산

출제예상문제

난이도: ★☆☆ 대표출제기업: 대구환경공단

10 유동비율이 120%인 A 기업의 유동비율이 감소하는 경우로 옳은 것은?

① 재고자산을 현금으로 매입하는 경우
② 재고자산을 외상으로 매입하는 경우
③ 주주가 유형자산을 현물출자하는 경우
④ 외상매입금을 현금으로 지급하는 경우
⑤ 선수수익이 실현되는 경우

난이도: ★☆☆ 대표출제기업: 경기평택항만공사

11 기업의 재무적인 위험을 분석하는 재무비율로 옳지 않은 것은?

① 유동비율 ② 부채비율 ③ 이자보상비율
④ 총자산회전율 ⑤ 당좌비율

난이도: ★★☆ 대표출제기업: 지역난방공사

12 재무비율에 대한 설명으로 옳지 않은 것은?

① 생산성비율은 기업이 보유하는 생산요소의 효율적 이용정도와 개별 생산요소의 기여도를 분석하기 위해 이용하는 비율이다.
② 안정성비율(레버리지비율)은 기업의 장기채무에 대한 지급능력을 나타내는 비율로, 주로 자산을 구성하기 위해 조달한 자본의 구성에 대한 비율로 나타낸다.
③ 수익성비율은 기업의 이익창출능력을 분석하기 위해 이용하는 비율로, 주로 매출액 또는 자본에 대한 이익의 비율로 측정한다.
④ 성장성비율은 기업이 보유하는 자산 활용의 효율성을 분석하기 위해 이용하는 비율로, 주로 매출액을 관련 자산금액 또는 부채금액으로 나눈 회전율을 이용해서 측정한다.
⑤ 시장가치비율은 기업에 대한 시장에서의 가치평가를 분석하기 위해 이용하는 비율로, 주로 주식의 시장가치인 주가와 관련된 다른 항목 간의 비율로 측정한다.

난이도: ★★☆ 대표출제기업: 신용보증기금

13 재무비율에 대한 설명으로 옳지 않은 것은?

① 재무비율분석은 기업의 지급능력과 안정성, 효율성, 수익성 등에 관한 다양한 정보를 제공하므로 기업의 미래에 대한 전망의 기초자료로 이용될 수 있다.
② 유동자산 중 유동성이 가장 낮은 재고자산을 제외하고 계산하는 당좌비율은 유동성 정도를 상대적으로 정확하게 측정하는 척도로 이용될 수 있다.
③ 기업의 장기자본 조달액 중 비유동자산에 투자된 자금의 비중을 나타내는 비유동장기적합률은 자금운용의 안전성을 살펴보는 데 이용될 수 있다.
④ 당기순이익을 평균재고자산으로 나누어 계산하는 재고자산회전율은 재고자산이 판매되는 속도를 나타낸다.
⑤ 영업이익률은 매출액 1원당 창출하는 영업이익을 나타낸다.

정답 및 해설

10 ②
유동자산과 유동부채가 동액만큼 증가하여 유동비율이 감소한다.

[오답노트]
①, ③ 유동자산과 유동부채 모두 영향이 없다.
④ 유동자산과 유동부채가 동액만큼 감소하여 유동비율이 증가한다.
⑤ 유동부채만 감소하여 유동비율이 증가한다.

11 ④
유동성비율(유동비율, 당좌비율)과 안정성비율(부채비율, 이자보상비율)은 재무위험을 분석하는 재무비율에 해당하며, 총자산회전율은 자산 활용의 효율성을 나타내는 활동성비율이다.

12 ④
성장성비율은 기업의 규모나 경영성과가 이전에 비해 얼마나 성장했는지를 나타내는 비율로, 주로 전기 대비 당기의 증가율로 측정한다.

13 ④
재고자산회전율은 매출액(또는 매출원가)을 평균재고자산으로 나누어 계산한다.

출제예상문제

난이도: ★★☆ 대표출제기업: 대구환경공단

14 재무비율분석에 대한 설명으로 옳지 않은 것은?

① 성장성비율은 기업의 규모나 경영성과가 이전에 비해 얼마나 성장했는지를 분석하기 위해 이용하는 비율로, 주로 전기 대비 당기의 증가율로 측정한다.
② 시장가치비율이란 주가와 주당순이익 또는 주가와 주당장부금액 등의 관계를 분석하는 비율로, 증권시장이 특정 기업의 재무상태와 경영성과에 대하여 어떻게 평가하고 있는지를 나타낸다.
③ 재무비율을 측정하는 재무수치 사이에는 밀접하고 논리적인 연관성이 있다.
④ 특정 기업의 재무비율은 비율분석의 기준이 되는 표준비율과 비교하여 평가하는 것이 일반적이다.
⑤ 특정 기업의 재무비율이 양호한지 여부에 대한 일반적이고 일관된 기준을 설정하는 것이 용이하다.

난이도: ★★☆ 대표출제기업: 한국가스공사

15 재무비율분석의 특징에 대한 설명으로 옳지 않은 것은?

① 적은 수의 재무비율로도 기업경영의 주요내용을 평가할 수 있다.
② 과거의 정보에 의존하기 때문에 기업의 미래 상태를 예측하는 데 한계가 있다.
③ 비교의 기준이 되는 표준비율의 선정이 쉽지 않다.
④ 개별 재무비율을 이용해서 기업 전체에 대한 종합적인 분석을 용이하게 수행할 수 있다.
⑤ 기업들의 회계처리방법이 상이한 경우 기업 간의 비교가 곤란할 수 있다.

난이도: ★☆☆ 대표출제기업: 용인시디지털산업진흥원

16 A 기업의 매출액순이익률은 5%이고 총자산회전율은 2.0이며, 부채와 자기자본은 각각 2억 원과 4억 원일 때, A 기업의 자기자본순이익률은 얼마인가?

① 10%　　② 15%　　③ 20%　　④ 25%　　⑤ 30%

난이도: ★☆☆   대표출제기업: 신용보증기금

17 A 기업의 부채비율은 200%이고 총자산회전율은 2.0이며, 자기자본순이익률은 30%일 때, A 기업의 매출액순이익률은 얼마인가?

① 5%   ② 10%   ③ 15%   ④ 20%   ⑤ 25%

난이도: ★★☆

18 다음 설명 중에서 옳지 않은 것은?

① 매출채권회전율을 이용해서 매출채권회수기간을 계산할 수 있다.
② 총자본순이익률(ROI)은 수익성비율과 활동성비율로 구분하여 분석할 수 있다.
③ 주가이익비율(PER)은 주당순이익으로 투자액(주가)을 회수하는 데 걸리는 회수기간으로 해석할 수 있다.
④ 기업의 영업주기는 재고자산회전기간과 매출채권회수기간의 합으로 계산할 수 있다.
⑤ 기업의 현금주기는 영업주기에 매입채무지급기간을 가산하여 계산할 수 있다.

정답 및 해설

14 ⑤
재무비율분석은 특정 기업의 재무비율이 양호한지 여부에 대한 판단기준인 표준비율의 선정이 쉽지 않다는 문제점이 있으며, 가장 일반적으로 이용되는 표준비율은 산업평균비율이다.

15 ④
개별 재무비율은 기업에 대한 단편적인 정보를 제공하므로 기업 전체에 대한 종합적인 분석이 곤란하다는 문제점이 있다.

16 ②
자기자본순이익률 = $\frac{당기순이익}{자기자본}$

= $\frac{당기순이익}{매출액} \times \frac{매출액}{총자산} \times \frac{총자산}{자기자본}$

= $5\% \times 2.0 \times \frac{2억 원 + 4억 원}{4억 원}$ = 15%

17 ①
자기자본순이익률 = 30%
= 매출액순이익률 × 총자산회전율 × (1 + 부채비율)
= 매출액순이익률 × 2.0 × (1 + 200%)
∴ 매출액순이익률 = 5%

18 ⑤
기업의 현금주기는 영업주기에서 매입채무지급기간을 차감하여 계산할 수 있다.

해커스공기업 쉽게 끝내는 재무관리 기본서

취업강의 1위, 해커스잡 ejob.Hackers.com

PART 4

금융투자론

제1장 / 주식의 가치평가와 투자전략
제2장 / 채권의 가치평가와 투자전략
제3장 / 선물가격의 결정과 투자전략
제4장 / 옵션가격의 결정과 투자전략
제5장 / 옵션가격결정모형
제6장 / 금융투자론의 기타주제

제1장 | 주식의 가치평가와 투자전략

> **✓ 핵심 포인트**
>
> | 배당평가모형 | 항상성장모형과 배당의 성장률 |
> |---|---|
> | 경제적부가가치 | 경제적부가가치의 계산과 의미 |
> | 상대가치평가모형 | PER, PBR의 의미와 이용 |
> | 효율적 시장가설 | 약형, 준강형, 강형 EMH |

01 주식가치평가의 기초개념 　　　중요도 ★

증권시장에서 주식투자를 하는 경우 가장 중요한 것은 투자대상인 주식의 가치를 평가하여 현재 시장가격의 과대 또는 과소평가여부를 판단하는 것이다. 주식의 가치를 평가하는 방법에는 내재가치평가모형과 상대가치평가모형이 있다.

1. 내재가치평가모형

내재가치평가모형이란 투자자가 주식투자로부터 얻을 것으로 기대되는 미래현금흐름을 해당 주식에 대한 주주의 요구수익률로 할인하여 주식의 가치를 평가하는 방법이다.

2. 상대가치평가모형

상대가치평가모형이란 주당순이익(EPS)이나 주당자기자본장부금액(BPS) 등에 적정한 주가배수인 주가이익비율(PER)이나 주가대장부금액비율(PBR) 등을 곱하여 주식의 상대적인 가치를 평가하는 방법이다.

> **재무관리 전문가의 TIP**
>
> 내재가치평가모형을 현금흐름할인(Discounted cash flow:DCF)모형이라고도 합니다.

02 내재가치평가모형　　중요도 ★★★

1. 배당평가모형

배당평가모형이란 주식을 보유함에 따라 미래에 수취하게 될 주당 배당금(d)을 주주의 요구수익률(k_e)로 할인한 현재가치로 주식의 가치(P_0)를 평가하는 모형이다.

(1) 무성장모형

무성장모형(Zero growth model)이란 미래의 배당금이 영구히 일정하다고 가정하는 모형이다. 즉, 단순화를 위해 기업의 이익이 영구히 일정하게 발생하고, 발생한 이익을 전액 배당으로 지급($d = EPS_1$)하여 이익의 내부유보에 따른 재투자가 이루어지지 않는 경우를 가정한다.

$$P_0 = \frac{d = EPS_1}{k_e}$$

① 배당부주가(권리부주가)와 배당락주가(권리락주가)
  - 배당부주가: 배당을 지급하기 직전에 배당을 받을 권리가 있는 시점의 주가
  - 배당락주가: 배당이 지급된 직후의 주가
② 주식투자의 수익률은 배당수익률$\left(\dfrac{d_1}{P_0}\right)$과 자본이득률$\left(\dfrac{P_1 - P_0}{P_0}\right)$로 구분할 수 있다.

예제　배당평가모형 - 무성장모형

㈜파랑 주주의 요구수익률은 20%이며, ㈜파랑은 기존의 투자로부터 매년 일정하게 ₩4,000의 주당순이익이 영구히 발생할 것으로 예상되는 기업이다. ㈜파랑이 매년 주당순이익을 모두 배당으로 지급하여 이익의 내부유보에 따른 재투자를 하지 않는 경우를 가정한다.

물음 1　㈜파랑 주식의 현재시점에서의 적정주가를 계산하시오.
　　　2　현재시점에서 적정주가에 ㈜파랑 주식을 구입하고 1년 후 배당락주가에 처분하는 경우의 투자수익률을 배당수익률과 자본이득률로 구분하여 나타내시오.

해답　1　(1) 주당 현금흐름

시점	1	2	3	4	…
주당이익	₩4,000	₩4,000	₩4,000	₩4,000	…
유보/재투자	0	0	0	0	…
주당배당액	₩4,000	₩4,000	₩4,000	₩4,000	…

　　(2) 적정주가: $P_0 = \dfrac{₩4,000}{0.2} = ₩20,000$

2　(1) P_1(배당부주가) $= ₩4,000 + \dfrac{₩4,000}{0.2} = ₩24,000$

　　　P_1(배당락주가) $= \dfrac{₩4,000}{0.2} = ₩20,000$

　(2) 배당수익률 + 자본이득률 $= \dfrac{₩4,000}{₩20,000} + \dfrac{₩20,000 - ₩20,000}{₩20,000} = 20\% + 0\% = 20\%$

(2) 1회 성장기회가 있는 경우

실제 기업들은 이익 중 일부를 기업내부에 유보하여 재투자함으로써 기업가치의 증대를 추구한다. 재투자에 따른 기업가치 증가의 효과를 살펴보기 위해 1회 성장기회(투자기회)가 있는 상황을 가정하여 주식의 가치와 투자수익률에 대해서 살펴보기로 한다.

① 유보율(b)과 배당성향
   - **유보율(b)**: 기업이 발생된 이익 중 기업내부에 유보시키는 금액의 비율
   - **배당성향**: 이익 중 배당으로 지급하는 금액의 비율

② 기업이 이익 중 일부를 기업내부에 유보하여 재투자하는 경우의 수익률은 이익의 내부유보에 따른 자기자본 증가와 재투자에 따른 이익 증가의 상대적인 비율이므로 **자기자본순이익률(ROE)**과 동일한 개념으로 적용할 수 있다.

③ 성장기회의 (주당)순현재가치(Net present value of growth opportunity:NPVGO): 기업의 성장기회가 있는 경우의 주가와 성장기회가 없는 경우의 주가 간의 차이

> **재무관리 전문가의 TIP**
> 유보율과 배당성향의 합은 1입니다.

예제 배당평가모형 - 1회 성장기회가 있는 경우

㈜파랑 주주의 요구수익률은 20%이며, ㈜파랑은 기존의 투자로부터 매년 일정하게 ₩4,000의 주당순이익이 영구히 발생할 것으로 예상되는 기업이다. ㈜파랑은 1년 후 시점에서 발생된 이익 중 60%를 기업내부에 유보하여 재투자할 경우 매년 말 ₩600의 추가적인 주당순이익이 영구히 발생할 것으로 예상되는 투자안을 보유하고 있다. ㈜파랑이 보유하는 성장기회는 1년 후 시점에 단 1회만 존재하는 것으로 가정한다.

물음 1 ㈜파랑 주식의 현재시점에서의 적정주가를 계산하시오.

2 ㈜파랑이 보유하는 성장기회의 (주당)순현재가치를 계산하시오.

3 현재시점에서 적정주가에 ㈜파랑 주식을 구입하고 1년 후 배당락주가에 처분하는 경우의 투자수익률을 배당수익률과 자본이득률로 구분하여 나타내시오.

해답 1 (1) 주당 현금흐름

시점	1	2	3	4	...
주당이익	₩4,000	₩4,000	₩4,000	₩4,000	...
유보/재투자	(2,400)	600	600	600	...
주당배당액	₩1,600				
		주당이익 ₩4,600	₩4,600	₩4,600	...
		유보/재투자 0	0	0	
		주당배당액 ₩4,600	₩4,600	₩4,600	...

(2) 적정주가: $P_0 = \dfrac{₩1,600}{1.2} + \dfrac{₩4,600}{0.2} \times \dfrac{1}{1.2} = ₩20,500$

2 $NPVGO$ = 성장기업의 주가 − 무성장기업인 경우의 주가

$= \dfrac{d_1}{k_e - g} - \dfrac{EPS_1}{k_e} = ₩20,500 - ₩20,000 = ₩500$

3 (1) P_1(배당부주가) $= ₩1,600 + \dfrac{₩4,600}{0.2} = ₩24,600$

P_1(배당락주가) $= \dfrac{₩4,600}{0.2} = ₩23,000$

(2) 배당수익률 + 자본이득률 $= \dfrac{₩1,600}{₩20,500} + \dfrac{₩23,000 - ₩20,500}{₩20,500} = 7.8\% + 12.2\%$

$= 20\%$

(3) 항상성장모형

항상성장모형(Constant growth model)이란 주당 배당금이 매년 일정한 비율로 영구히 성장한다고 가정하는 모형이다. 즉, 기업이 매년 투자할 기회가 있어 이익이 지속적으로 성장하고 이에 따라 지급되는 매년의 배당도 성장하는 경우를 가정한다.

$$P_0 = \frac{d_1}{k_e - g} = \frac{EPS_1 \times (1-b)}{k_e - g}$$

(단, $k_e > g$)

① 항상성장모형의 경우 기업이 매년 **일정한 유보율(b)**을 영구히 유지하여 재투자하고, **재투자수익률도 매년 일정**하게 영구히 유지된다면 기업 이익의 성장률과 배당의 성장률도 매년 일정하게 영구히 유지된다.

- $EPS_2 = EPS_1 + \Delta EPS = EPS_1 + 유보액_1 \times 재투자수익률$
  $= EPS_1 + EPS_1 \times 유보율 \times 재투자수익률$

- 이익의 성장률(g) $= \dfrac{EPS_2 - EPS_1}{EPS_1} = 유보율 \times 재투자수익률 = b \times ROE$

  $= 배당의 성장률(g) = \dfrac{d_2 - d_1}{d_1}$

  $= \dfrac{EPS_2 \times (1-b) - EPS_1 \times (1-b)}{EPS_1 \times (1-b)}$

② 매기 일정한 비율로 이익과 배당이 성장하는 경우 **배당락주가를 기준으로 한 매기 자본이득률(주가의 성장률)**은 이익의 성장률과 동일하다.

$$P_1(배당락주가) = \frac{d_2}{k_e - g} = \frac{d_1 \times (1+g)}{k_e - g} = P_0 \times (1+g)$$

$$\therefore g = \frac{P_1 - P_0}{P_0} = 자본이득률(배당락주가 기준)$$

> **예제** 배당평가모형 – 항상성장모형
>
> ㈜파랑 주주의 요구수익률은 20%이며, ㈜파랑은 기존의 투자로부터 매년 일정하게 ₩4,000의 주당순이익이 영구히 발생할 것으로 예상되는 기업이다. ㈜파랑은 1년 후 시점부터 매년 말 발생된 이익 중 60%를 기업내부에 유보하여 재투자할 수 있는 성장기회를 보유하고 있다. 재투자수익은 매년 말 일정하게 영구히 발생하며 재투자수익률은 25%로 일정할 것으로 예상된다.
>
> 물음 1 ㈜파랑의 1년 후 시점의 주당배당액과 ㈜파랑의 이익성장률 및 주식의 현재시점에서의 적정주가를 계산하시오.
>
> 2 매년 성장기회를 보유하고 있는 ㈜파랑의 성장기회의 (주당)순현재가치를 계산하시오.
>
> 3 현재시점에서 적정주가에 ㈜파랑 주식을 구입하고 1년 후 배당락주가에 처분하는 경우의 투자수익률을 배당수익률과 자본이득률로 구분하여 나타내시오.

해답 **1** (1) 주당 현금흐름

시점	1	2	3	4	...
주당이익	₩4,000	₩4,000	₩4,000	₩4,000	...
유보/재투자	(2,400)	600	600	600	...
주당배당액	₩1,600	주당이익 4,600			
		유보/재투자 (2,760)	690	690	...
		주당배당액 ₩1,840	주당이익 ₩5,290		
			유보/재투자 (3,174)	793.5	...
			주당배당액 ₩2,116	주당이익 ₩6,083.5	
				유보/재투자 (3,650.1)	
				주당배당액 ₩2,433.4	...

(2) 1년 후 주당 배당액: $d_1 = EPS_1 \times (1-b) = ₩4,000 \times (1-0.6) = ₩1,600$

(3) 성장률: $g = b \times ROE = 0.6 \times 0.25 = 0.15$

(4) 적정주가: $P_0 = \dfrac{d_1}{k_e - g} = \dfrac{₩1,600}{0.2 - 0.15} = ₩32,000$

2 $NPVGO$ = 성장기업의 주가 - 무성장기업인 경우의 주가

$= \dfrac{d_1}{k_e - g} - \dfrac{EPS_1}{k_e} = ₩32,000 - ₩20,000 = ₩12,000$

3 (1) P_1(배당락주가) $= \dfrac{₩1,840}{0.2 - 0.15} = ₩36,800$

(2) 배당수익률 + 자본이득률 $= \dfrac{₩1,600}{₩32,000} + \dfrac{₩36,800 - ₩32,000}{₩32,000} = 5\% + 15\%$

$= 20\%$

> **재무관리 전문가의 TIP**
> 재투자수익률이 주주의 요구수익률과 동일한 경우 성장기회의 순현재가치는 0이 됩니다.

(4) 음(-)의 성장기회의 순현재가치

성장기회를 보유하는 기업의 성장기회의 순현재가치가 항상 양(+)의 값을 갖는 것은 아니다. 만약, **유보이익의 재투자수익률**이 **주주의 요구수익률**보다 낮은 경우 성장기회의 순현재가치가 음(-)의 값을 갖는다. 즉, 재투자수익률이 주주의 요구수익률보다 낮음에도 불구하고 이익을 유보하여 투자하는 경우 기업가치가 감소한다.

(5) 배당평가모형과 자기자본비용

기업의 자기자본비용은 현재의 주가가 적정주가라는 가정하에 배당평가모형을 이용해서 추정할 수도 있다.

① 무성장모형의 성립 가정 시: $P_0 = \dfrac{d}{k_e} \rightarrow k_e = \dfrac{d}{P_0}$

② 항상성장모형의 성립 가정 시: $P_0 = \dfrac{d_1}{k_e - g} \rightarrow k_e = \dfrac{d_1}{P_0} + g$

> **시험문제 미리보기!**
>
> A 기업의 1년 후 예상되는 주당배당금은 100원이고, 배당의 성장률은 연 5%로 영구히 일정할 것으로 예상된다. 현재 A 기업의 주가가 1,000원인 경우 A 기업 주주의 요구수익률은 얼마인가?
>
> ① 5%　　② 8%　　③ 10%　　④ 12%　　⑤ 15%
>
> 해설　$k_e = \dfrac{d_1}{P_0} + g = \dfrac{100원}{1,000원} + 0.05 = 0.15$
>
> 정답 ⑤

2. 경제적 부가가치를 이용한 주식가치평가

(1) 경제적 부가가치

경영성과평가에 이용되던 전통적인 지표인 회계적 순이익은 자기자본의 사용에 따른 주주의 기회비용은 고려하지 않는다는 문제점이 있다.

① **경제적 부가가치(Economic value added:EVA)**: 세후영업이익에서 타인자본은 물론 자기자본까지 포함하는 전체 **투하자본(Invested capital:IC)**에 대한 금액 단위의 자본비용을 차감한 금액

$$\text{EVA} = 세후영업이익 - 총자본비용 = EBIT \times (1-t) - WACC \times IC$$

② EVA는 기업이 벌어들인 (세전)영업이익에서 법인세와 타인자본비용은 물론 자기자본비용까지 차감한 값으로, 기업이 투하자본에 대한 기회비용을 초과하여 벌어들인 초과 이익(Excess earnings)이자 경제적 이익(Economic profit)을 의미한다.

③ EVA는 투하자본에 대한 세후영업이익의 비율인 **투하자본수익률(Return on invested capital:ROIC)**을 이용하여 나타낼 수도 있다.

$$\text{EVA} = \dfrac{EBIT \times (1-t)}{IC} \times IC - WACC \times IC = (ROIC - WACC) \times IC$$

④ EVA 계산 시 투하자본은 최초영업활동에 투자된 자본, 즉 영업관련자산의 기초장부금액을 의미한다.

⑤ EVA는 기업의 여러 가지 활동 중 근본적인 활동인 영업활동을 통해 달성된 이익을 분석의 대상으로 하여 이익의 질적인 측면까지 고려하기 때문에 회계적 순이익보다 우월한 성과평가의 지표라고 할 수 있다.

> **시험문제 미리보기!**
>
> A 기업의 기초 자본구조는 부채 1,200원과 자기자본 800원으로 구성되었으며, 올해 영업이익은 400원이다. A 기업의 자기자본비용은 15%이고 가중평균자본비용은 10%이며, 법인세율은 25%이다. 경제적 부가가치(EVA)는 얼마인가?
>
> ① 100원 ② 150원 ③ 200원 ④ 250원 ⑤ 300원
>
> 해설 $EVA = EBIT \times (1-t) - WACC \times IC$
> $= 400원 \times (1-0.25) - 0.1 \times 2,000원 = 100원$
>
> 정답 ①

(2) 시장부가가치

시장부가가치(Market value added:MVA) 란 기간별로 발생되는 EVA를 가중평균자본비용으로 할인한 현재가치의 총합계를 말한다.

① 무성장영구기업을 가정하는 경우 EVA와 MVA 간의 관계는 다음과 같다.

$$MVA = PV(EVA) = \frac{EVA}{WACC} = \frac{EBIT \times (1-t) - WACC \times IC}{WACC}$$

② MVA는 최초 투자금액 대비 기업가치(영업관련자산의 가치)의 순증가분으로, 부채의 시장가치가 부채의 장부금액과 동일하다면 MVA는 자기자본가치의 순증가분을 의미하기도 한다. 즉, MVA는 자본예산에서 살펴본 **NPV와 동일한 개념**이다.

$$MVA = \frac{EBIT \times (1-t) - WACC \times IC}{WACC} = \frac{EBIT \times (1-t)}{WACC} - IC$$
$$= 기업(영업관련자산)의\ 시장가치 - 기업(영업관련자산)의\ 장부금액$$
$$= 자기자본의\ 시장가치 - 자기자본의\ 장부금액$$

3. 기업잉여현금흐름을 이용한 주식가치평가

주식의 내재가치는 해당 기업 자기자본의 가치를 발행주식수로 나누어 계산할 수 있으므로 잉여현금흐름(FCF)을 할인해서 자기자본의 가치를 계산하면 주식의 내재가치를 계산할 수 있다.

(1) 기업잉여현금흐름(FCFF)을 이용한 기업가치와 자기자본가치 계산

기업잉여현금흐름(FCFF)을 가중평균자본비용으로 할인한 기업가치에서 부채가치를 차감하여 자기자본의 가치를 계산할 수 있다.

① 기업가치 $= \sum_{t=1}^{\infty} \frac{FCFF_t}{(1+WACC)^t} +$ 비영업관련자산의 가치

$= \sum_{t=1}^{\infty} \frac{FCFF_t}{(1+\rho)^t} +$ 부채사용효과의 현재가치 + 비영업관련자산의 가치

② 자기자본의 가치 = 기업가치 − 부채가치

(2) 주주잉여현금흐름(FCFE)을 이용한 자기자본가치 계산

기업잉여현금흐름에서 채권자의 현금흐름을 차감한 주주잉여현금흐름(FCFE)을 주주의 요구수익률인 자기자본비용으로 할인하여 자기자본의 가치를 계산할 수 있다.

① $FCFE_t = FCFF_t - $ 채권자의 현금흐름$_t$

② 자기자본의 가치 $= \sum_{t=1}^{\infty} \dfrac{FCFE_t}{(1+k_e)^t} + $ 비영업관련자산의 가치

03 상대가치평가모형 중요도 ★

1. PER을 이용한 주식가치평가

(1) PER의 의미와 결정요인

주가이익비율(Price earnings ratio:PER)이란 현재의 주가(P_0)를 주당이익(EPS)으로 나눈 값으로, 기업의 단위당 수익력에 대한 상대적인 주가수준을 알아볼 수 있는 비율이며 주가수익비율이라고도 한다.

$$PER = \dfrac{주가}{주당이익} = \dfrac{P_0}{EPS_1}$$

트레일링PER(Trailing PER)
과거 1년간의 주당이익(EPS_0) 기준

선행PER(Forward PER)
향후 1년간의 기대주당이익(EPS_1) 기준

① 규모만 다르고 이익의 질에 차이가 없는 두 기업 주식의 PER이 다르다면, PER이 상대적으로 높은 기업 주식의 주가는 고평가됐고, PER이 상대적으로 낮은 기업 주식의 주가는 저평가됐다고 판단할 수 있다.

② 주가가 적정주가로 형성된 경우에도 미래 이익의 성장성이나 위험 등 이익의 질이 다른 경우 주식마다 PER이 다를 수 있다. 또한, 항상성장모형의 적용이 가능한 경우 기업의 성장성(g)과 위험(k_e) 및 배당성향($1-b$)에 의해 PER이 결정된다고 할 수 있으며, 무성장기업의 PER은 할인율(k_e)의 역수이다.

$$PER = \dfrac{P_0}{EPS_1} = \dfrac{\frac{d_1}{k_e - g}}{EPS_1} = \dfrac{\frac{EPS_1 \times (1-b)}{k_e - g}}{EPS_1} = \dfrac{1-b}{k_e - g}$$

(2) PER을 이용한 주식가치평가

해당 기업의 이익에 대한 적정PER을 알 수 있다면 기대주당이익에 적정PER을 곱해서 적정주가를 추정할 수 있으며, 대표적으로 이용되는 적정PER은 다음과 같다.

① 해당 기업이 속한 산업의 평균PER
② 해당 기업의 과거 평균PER
③ 배당평가모형을 이용한 PER

$$PER = \dfrac{P_0}{EPS_1} \rightarrow 적정 P_0 = 적정 PER \times EPS_1$$

시험문제 미리보기!

A 기업의 올해 말 기대되는 주당순이익은 100원이고, 동종 산업의 평균 주가이익비율 $\left(\dfrac{P_0}{EPS_1}\right)$은 14이다. 동종 산업의 평균PER를 적정PER로 이용하는 경우 A 기업 주식의 현재 적정주가는 얼마인가?

① 1,100원 ② 1,200원 ③ 1,300원 ④ 1,400원 ⑤ 1,500원

해설 적정P_0 = 적정$PER \times EPS_1$ = 14 × 100원 = 1,400원

정답 ④

2. PBR을 이용한 주식가치평가

(1) PBR의 의미

주가대장부금액비율(Price/Book value ratio:PBR)이란 현재의 주가를 현재의 주당자기자본장부금액(Book value per share:BPS_0)으로 나눈 값을 말한다.

$$PBR = \frac{주가}{주당자기자본장부금액} = \frac{P_0}{BPS_0}$$

(2) PBR을 이용한 주식가치평가

해당 기업의 적정PBR을 알 수 있다면 해당 기업의 주당자기자본장부금액에 적정PBR을 곱해서 적정주가를 추정할 수 있다.

$$PBR = \frac{P_0}{BPS_0} \rightarrow 적정P_0 = 적정PBR \times BPS_0$$

04 증권분석과 주식투자전략 중요도 ★★

1. 자본시장의 효율성과 효율적 시장가설

(1) 자본시장의 효율성

완전자본시장(Perfect capital market)이란 다음 세 가지 조건을 모두 갖춘 이상적인 자본시장으로, 현실에서는 존재할 수 없기 때문에 현실적으로는 정보의 효율성을 충족하는 자본시장을 효율적 자본시장(Efficient capital market)이라고 한다.

① 운영의 효율성(Operational efficiency): 자본시장에서 거래비용이나 세금 등 거래의 마찰적 요인이 존재하지 않아 증권거래가 원활하게 이루어지는 효율성

② **정보의 효율성(Informational efficiency)**: 자본시장에서 특정 증권과 관련된 정보가 즉각적이고 충분하게 해당 증권의 시장가격에 반영되는 효율성

③ **배분의 효율성(Allocational efficiency)**: 운영의 효율성과 정보의 효율성이 충족되어 자금의 수요자와 공급자 간에 자금의 배분이 최적으로 이루어지는 효율성

(2) 효율적 시장가설

효율적 시장가설(Efficient market hypothesis:EMH)이란 효율적 자본시장이 현실적으로 어느 정도 성립하는지를 검증하기 위해 제기된 이론으로, 증권가격에 반영되는 정보의 범위에 따라 다음 세 가지 유형으로 구분된다.

① **약형의 EMH(Weak-form of EMH)**: 증권가격이 해당 증권의 과거 가격이나 거래량과 같은 **역사적 정보**를 모두 반영하고 있다는 가설

② **준강형의 EMH(Semi-strong-form of EMH)**: 증권가격이 해당 증권과 관련된 **공식적으로 이용 가능한 정보**를 모두 반영하고 있다는 가설
   - 공식적으로 이용 가능한 정보: 역사적 정보를 포함하여 기업의 보고된 회계정보, 기업의 재무정책, 증권관계기관의 분석자료, 공시자료, 정부의 경제정책 등 누구나 이용 가능한 정보

③ **강형의 EMH(Strong-form of EMH)**: 증권가격이 해당 증권과 관련된 공식적으로 이용 가능한 정보뿐만 아니라 **미공개된 내부정보까지** 모두 반영하고 있다는 가설

현재까지 발표된 연구결과에 따르면 대체로 자본시장에서 준강형의 EMH는 성립하는 것으로 나타나고 있다. 즉, 일반적으로 증권의 시장가격은 공식적으로 이용 가능한 정보를 모두 반영한다는 것이다.

2. 증권분석과 주식투자전략

(1) 기술적 분석

기술적 분석(Technical analysis) 이란 증권의 가격이나 거래량이 일정한 패턴이나 추세를 갖는다는 가정하에 과거의 가격이나 거래량의 변동형태를 분석하여 미래의 가격변동을 예측하는 분석기법을 말한다.

① 기술적 분석에서는 매매종목의 선택보다는 매매시점의 선택이 보다 중요한 의미를 갖는다.

② 약형의 EMH가 성립하는 시장이라면 기술적 분석은 효과적이지 못하다.

(2) 기본적 분석

기본적 분석(Fundamental analysis) 이란 특정 증권의 내재가치를 분석하여 시장가격과 비교를 통해 해당 증권가격의 과대 또는 과소평가 여부를 분석하는 기법으로, 지금까지 살펴본 주식가치평가방법들이 기본적 분석에 의한 방법이라고 할 수 있다.

① 기본적 분석에서는 과대 또는 과소평가된 매매종목의 선택이 보다 중요한 의미를 갖는다.

② 준강형의 EMH가 성립하는 시장이라면 기본적 분석은 효과적이지 못하다.

(3) 포트폴리오 분석

포트폴리오 분석(Portfolio analysis)이란 두 개 이상의 복수증권으로 포트폴리오를 구성하여 특정 기대수익률하에서 위험을 최소화하거나 특정 위험하에서 기대수익률을 최대화하는 분석기법을 말한다. 준강형의 EMH가 성립하는 시장이라면 기술적 분석이나 기본적 분석은 효과적이지 못하므로 포트폴리오 분석을 통한 분산투자가 최선의 투자전략이라고 할 수 있다.

(4) 주식투자전략

① **적극적 투자전략(Active investment strategy)**: 시장이 비효율적일 수 있다는 전제하에 투자자가 보유하고 있는 우월한 미래예측능력이나 정보분석능력을 바탕으로 시장 평균 이상의 투자성과를 추구하는 투자전략
② **소극적 투자전략(Passive investment strategy)**: 시장이 효율적이라는 전제하에 시장의 평균수익을 달성하되 위험을 최소화하고자 하는 투자전략
  • **지수펀드(Index fund)전략**: 주가지수를 완전복제하는 지수펀드를 구성하여 투자하는 전략

3. 투자성과의 평가

(1) 총위험을 기준으로 한 투자성과의 평가

① **샤프지수(Sharpe's measure)**: 포트폴리오의 총위험(표준편차) 1단위당 초과수익률

$$\text{샤프지수} = \frac{\overline{R_P} - \overline{R_f}}{\sigma_P}$$

(단, $\overline{R_P}$: 포트폴리오로부터 실현된 수익률의 평균치,
$\overline{R_f}$: 무위험이자율의 평균치,
σ_P: 포트폴리오로부터 실현된 수익률의 표준편차)

(2) 체계적위험을 기준으로 한 투자성과의 평가

① **트레이너지수(Treynor's measure)**: 포트폴리오의 체계적위험(베타) 1단위당 초과수익률

$$\text{트레이너지수} = \frac{\overline{R_P} - \overline{R_f}}{\beta_P}$$

(단, β_P: 포트폴리오로부터 실현된 수익률에 의한 베타)

젠센지수를 젠센의 알파(α_P)라고도 합니다.

② **젠센지수(Jensen's measure)**: 실제로 실현된 평균수익률(또는 위험프리미엄)과 체계적위험에 기초하여 예측된 평균수익률(또는 위험프리미엄) 간의 차이

$$\text{젠센지수} = \overline{R_P} - [\overline{R_f} + (\overline{R_m} - \overline{R_f}) \times \beta_P] = (\overline{R_P} - \overline{R_f}) - (\overline{R_m} - \overline{R_f}) \times \beta_P$$

시험문제 미리보기!

지난 24개월 동안 펀드 A의 평균수익률과 수익률의 표준편차 및 베타는 각각 12%와 10% 및 0.5였다. 같은 기간 한국종합주가지수(KOSPI)의 평균수익률과 수익률의 표준편차가 각각 15%와 12%였으며, 무위험이자율은 4%로 변동이 없었다. 펀드 A의 샤프지수는 얼마인가?

① 0.6 ② 0.8 ③ 1.0 ④ 1.2 ⑤ 1.5

해설 샤프지수 = $\dfrac{\overline{R_A} - \overline{R_f}}{\sigma_A} = \dfrac{0.12 - 0.04}{0.1} = 0.8$

정답 ②

출제예상문제

제1장 주식의 가치평가와 투자전략

난이도: ★☆☆

01 주당배당금의 현재가치로 주식의 가치를 평가하는 항상성장모형에 대한 설명으로 옳은 것은?

① 배당의 성장률이 주식에 대한 요구수익률보다 높아야 적용할 수 있다.
② 배당성장률의 상승은 주식가치를 상승시킨다.
③ 주식에 대한 요구수익률이 상승하면 주가는 상승한다.
④ 무위험이자율을 할인율로 이용한다.
⑤ 주주의 위험은 기대 배당에 반영된다.

난이도: ★☆☆ **대표출제기업:** 대구시설공단

02 A 기업은 전일 주당배당금(d_0)으로 200원을 지급하였으며, 이러한 배당금은 매년 말 10%씩 영구히 성장할 것으로 기대된다. A 기업 주주의 요구수익률이 20%일 때, A 기업 주식의 현재 적정주가는 얼마인가?

① 2,000원 ② 2,200원 ③ 2,400원 ④ 2,600원 ⑤ 2,800원

난이도: ★★☆ **대표출제기업:** 신용보증기금

03 A 기업의 올해 말 주당배당금(d_1)은 200원으로 예상되며, 자기자본비용은 9%이다. A 기업의 주당배당금이 이후에 매년 말 1%씩 영구히 감소할 것으로 예상될 때, A 기업 주식의 현재 적정주가는 얼마인가?

① 2,000원 ② 2,200원 ③ 2,400원 ④ 2,600원 ⑤ 2,800원

난이도: ★★☆

04 A 기업의 올해 말(t = 1) 기대되는 주당순이익은 1,500원이고, A 기업의 내부유보율 60%와 자기자본순이익률 20%는 영구히 일정하게 유지될 것으로 예상된다. A 기업 주주의 요구수익률이 15%일 때, A 기업 주식의 현재 적정가격에 반영된 성장기회의 (주당)순현재가치는 얼마인가? (단, 배당은 매년 말 연 1회 지급한다.)

① 10,000원   ② 12,500원   ③ 15,000원   ④ 17,500원   ⑤ 20,000원

정답 및 해설

01 ②

오답노트
① 주식에 대한 요구수익률이 배당의 성장률보다 높아야 한다.
③ 주식에 대한 요구수익률이 상승하면 주가는 하락한다.
④ 주식에 대한 주주의 요구수익률(자기자본비용)을 할인율로 이용한다.
⑤ 주식의 위험은 할인율에 반영된다.

02 ②

$$P_0 = \frac{d_1}{k_e - g} = \frac{200원 \times 1.1}{0.2 - 0.1} = 2,200원$$

03 ①

$$P_0 = \frac{d_1}{k_e - g} = \frac{200원}{0.09 - (-0.01)} = 2,000원$$

04 ①

$g = 0.6 \times 0.2 = 0.12$

$$NPVGO = \frac{1,500원 \times (1 - 0.6)}{0.15 - 0.12} - \frac{1,500원}{0.15}$$

$$= 20,000원 - 10,000원 = 10,000원$$

출제예상문제

난이도: ★★☆

05 A 기업의 1년 후 예상되는 주당배당금은 100원이고, 배당의 성장률은 연 5%로 영구히 일정할 것으로 예상된다. 현재 A 기업의 주가는 적정주가와 동일한 1,000원일 때, A 기업 주식의 베타는 얼마인가? (단, CAPM의 성립을 가정하며, 무위험이자율은 10%이고 시장포트폴리오의 기대수익률은 20%이다.)

① 0.1　　② 0.2　　③ 0.3　　④ 0.4　　⑤ 0.5

난이도: ★★☆

06 전일 배당을 지급한 A 기업의 올해 말(t = 1) 주당배당금은 100원으로 예상되며, 이러한 배당금은 매년 말 10%씩 영구히 성장할 것으로 기대된다. A 기업 주주의 요구수익률이 20%일 때, A 기업 주식의 2년 후 시점 적정주가는 얼마인가?

① 1,090원　　② 1,130원　　③ 1,170원　　④ 1,210원　　⑤ 1,250원

난이도: ★★★

07 A 기업의 내부유보율 60%와 유보이익의 재투자수익률(ROE) 20%는 영구히 일정하게 유지될 것으로 기대된다. A 기업의 자기자본비용은 20%이고, 현재 주가는 적정주가와 동일한 10,000원일 때, 옳지 않은 것은? (단, 제시된 요인 이외의 변동은 없다고 가정한다.)

① A 기업 주식의 베타가 상승하면 주가는 하락한다.
② A 기업의 내부유보율이 상승하거나 유보이익의 재투자수익률이 상승하면 배당의 성장률은 상승한다.
③ A 기업 유보이익의 재투자수익률이 상승하면 주가는 상승한다.
④ A 기업의 내부유보율이 상승하면 주가는 상승한다.
⑤ 투자자들의 위험회피정도가 상승하면 주가는 하락한다.

난이도: ★★☆

08 A 기업의 총자본은 보통주 500만 원과 회사채 500만 원으로 구성되며, 이는 최적자본구조로 인식된다. 보통주의 현재 시장가격은 적정가격과 동일한 20,000원이며, 올해 말 주당 1,000원의 배당금을 지급하고 이후 주당배당금은 매년 말 5%씩 영구히 성장할 것으로 예상된다. 회사채의 액면이자율은 5%이고 회사채의 시장가격은 액면금액과 동일하며, 법인세율이 20%일 때, A 기업의 가중평균자본비용은 얼마인가?

① 6% ② 7% ③ 8% ④ 9% ⑤ 10%

정답 및 해설

05 ⑤

$$k_e = \frac{d_1}{P_0} + g = \frac{100원}{1,000원} + 0.05 = 0.15$$
$$= 0.1 + (0.2 - 0.1) \times \beta_A$$
$$\therefore \beta_A = 0.5$$

06 ④

$$P_2 = \frac{d_3}{k_e - g} = \frac{100원 \times 1.1^2}{0.2 - 0.1} = 1,210원$$

07 ④

A 기업의 자기자본비용과 유보이익의 재투자수익률이 동일하므로 내부유보율이 변동해도 주가는 변하지 않는다.

08 ②

$$k_e = \frac{1,000원}{20,000원} + 0.05 = 0.1$$
$$k_0 = 0.05 \times (1 - 0.2) \times 0.5 + 0.1 \times 0.5 = 0.07$$

출제예상문제

난이도: ★☆☆ 대표출제기업: 한국마사회

09 현재 총투하자본이 2,000원인 A 기업의 당기 영업이익은 400원, 이자비용은 60원으로 예상된다. A 기업의 자기자본비용은 20%이고, 가중평균자본비용은 10%이며 법인세율은 40%일 때, A 기업의 당기 경제적부가가치(EVA)는 얼마인가?

① 40원 ② 60원 ③ 80원 ④ 100원 ⑤ 120원

난이도: ★☆☆ 대표출제기업: 코레일네트웍스

10 경제적 부가가치(EVA)에 대한 설명으로 옳지 않은 것은?

① 주주의 입장에서 경영성과를 평가하는 데 회계상 순이익에 비해 보다 더 유용하다.
② 장기적인 경영성과보다는 단기적인 경영성과를 평가하는 데 적합하다.
③ 세전영업이익에서 총투하자본에 대한 자본비용을 차감해서 계산한다.
④ 신규 사업의 경제성을 평가하는 기준으로 이용될 수 있다.
⑤ 특정 사업의 구조조정을 위한 의사결정에 활용할 수 있다.

난이도: ★★☆

11 경제적 부가가치(EVA)와 시장부가가치(MVA)에 대한 설명으로 옳지 않은 것은?

① EVA는 당기순이익에 반영되지 않은 자기자본비용을 명시적으로 고려한다.
② EVA는 투하자본에 대한 기회비용을 초과하여 벌어들인 초과이익을 의미한다.
③ EVA는 기업의 근본적 활동인 영업활동을 통해 달성된 이익을 분석의 대상으로 한다.
④ MVA는 기간별 EVA를 주주의 요구수익률로 할인한 현재가치의 총합계를 말한다.
⑤ MVA는 최초 투자금액 대비 영업 관련 자산가치의 순증가분을 의미한다.

난이도: ★★★

12 발행주식수가 100주인 A 기업의 매출액은 1,000,000원이고, 매출액순이익률은 10%이며, 내부유보율은 40%이다. A 기업 주식에 대한 주주의 요구수익률이 25%이고, 주가이익비율(PER)이 10배일 때, A 기업 주식의 배당수익률은 얼마인가?

① 4%　　　② 5%　　　③ 6%　　　④ 8%　　　⑤ 10%

정답 및 해설

09 ①
EVA = 400원 × (1 − 0.4) − 0.1 × 2,000원 = 40원

10 ③
경제적 부가가치(EVA)는 세후영업이익에서 총투하자본에 대한 자본비용을 차감해서 계산한다.

11 ④
MVA는 기간별 EVA를 가중평균자본비용으로 할인한 현재가치의 총합계를 말한다.

12 ③
당기순이익 = 1,000,000원 × 0.1 = 100,000원
주당순이익 = 100,000원 ÷ 100주 = 1,000원
주당배당액 = 1,000원 × (1 − 0.4) = 600원
주가 = PER × 주당순이익 = 10 × 1,000원 = 10,000원
배당수익률 = $\frac{600원}{10,000원}$ = 0.06

출제예상문제

난이도: ★★☆

13 현재 A 기업은 매출액이 1% 증가하면 영업이익이 2% 증가하고, 영업이익이 1% 증가하면 주가가 1% 상승한다. A 기업의 현재 결합레버리지도는 6이고 주가이익비율(PER)은 13일 때, A 기업의 영업이익이 10% 증가하면 PER은 얼마가 되는가?

① 10　　　　② 11　　　　③ 12　　　　④ 13　　　　⑤ 14

난이도: ★☆☆　　대표출제기업: 한국산업기술시험원

14 효율적 시장가설(EMH)에 대한 설명으로 옳지 않은 것은?

① 기술적 분석은 약형 EMH에 의해 부정된다.
② 준강형 EMH가 성립하는 경우 새로운 정보가 공시되면 가격이 즉각 조정된다.
③ 약형 EMH에서 증권가격은 과거의 주가변동과 무관하게 무작위성을 갖는다.
④ 약형 EMH에 따르면 주가는 모든 정보를 반영한다.
⑤ 시장의 불완전요인들로 인해 현실의 금융시장은 EMH와 다르게 비효율적일 수 있다.

난이도: ★★☆

15 주가분석과 효율적 시장가설(EMH)에 대한 설명으로 옳지 않은 것은?

① 기술적 분석은 주가가 일정한 패턴이나 추세를 갖고 변동한다는 가정하에 과거 주가의 변동행태를 분석하여 미래의 주가변동을 예측하는 기법을 말한다.
② 기본적 분석은 주가 이외의 다른 요인과 주가와의 관계를 통해 주식의 내재가치를 분석하여 주가의 과대 또는 과소 평가여부를 분석하는 기법을 말한다.
③ 소형주의 수익률이 대형주의 수익률에 비해 일반적으로 높게 나타난다면 이는 시장이 약형으로 효율적이지 않다는 증거로 볼 수 있다.
④ 기업이 신규 사업에 대한 정보를 공시한 직후 기업의 주가가 즉각 변동한다면 이는 시장이 강형으로 효율적이지 않다는 증거로 볼 수 있다.
⑤ CAPM과 강형 EMH가 성립하는 경우에도 베타가 같은 두 주식의 실현수익률이 다를 수 있다.

난이도: ★☆☆

16 지난 24개월 동안 펀드 A의 연간 평균수익률과 수익률의 표준편차 및 베타는 각각 12%와 10% 및 0.5였다. 같은 기간 시장포트폴리오의 연간 평균수익률과 수익률의 표준편차가 각각 15%와 12%였으며, 연간 무위험이자율은 4%였을 때, 펀드 A의 트레이너지수는 얼마인가?

① 0.16   ② 0.18   ③ 0.2   ④ 0.22   ⑤ 0.24

정답 및 해설

13 ②

$DOL = \dfrac{\text{영업이익의 변화율}}{\text{매출액의 변화율}} = \dfrac{0.02}{0.01} = 2$

$DFL = \dfrac{DCL}{DOL} = \dfrac{6}{2} = 3$

영업이익이 10% 증가하면 주가는 10% 상승하고 당기순이익(주당순이익)은 30% 증가한다.

$PER = \dfrac{\text{주가}}{EPS} = 13 \times \dfrac{1 + 10\%}{1 + 30\%} = 11$

14 ④

주가가 모든 정보를 반영한다는 가설은 강형 EMH이다.

15 ③

주가 이외의 정보를 이용해서 초과수익의 달성이 가능한 상황이므로 시장이 준강형으로 효율적이지 않다는 증거로 볼 수 있다.

16 ①

트레이너지수 $= \dfrac{\overline{R_A} - \overline{R_f}}{\beta_A} = \dfrac{0.12 - 0.04}{0.5} = 0.16$

제2장 | 채권의 가치평가와 투자전략

✓ 핵심 포인트

채권가격의 특성	말킬의 채권가격정리
채권수익률	만기수익률, 현물이자율, 선도이자율
기간구조이론	불편기대이론과 유동성프리미엄이론
듀레이션	듀레이션의 계산과 이용
듀레이션의 특성	듀레이션에 영향을 미치는 요인
볼록성	볼록성의 특성
면역전략	순자산가치면역전략과 목표시기면역전략

01 채권가치평가의 기초개념 중요도 ★★

1. 채권의 종류와 채권가격

채권(Bond)이란 채무자인 발행자가 자금을 조달하기 위해 이자와 원금을 지급할 것을 채권자인 (채권)투자자에게 약속하기 위해 발행하는 증서를 말한다. 여기서 만기에 상환하는 원금을 액면금액(Face value)이라 하고, 매 이자지급일에 지급하는 이자를 액면이자(액면금액×액면이자율)라 하며, 이자지급액의 결정을 위해 채권에 표시된 이자율을 액면이자율(표시이자율, 표면이자율)이라고 한다.

(1) 이표채권

이표채권이 가장 일반적인 형태의 채권입니다.

이표채권(Coupon bond) 은 매 이자지급일에 약정된 고정적인 이자를 지급하고 만기에 원금을 상환하는 채권으로, **고정금리부채권(Fixed-income bond)** 이라고도 한다.

① 시장이자율이 R이라고 할 때 만기가 n기간인 이표채권의 가격(P_0)은 다음과 같이 계산된다.

$$P_0 = \frac{액면이자}{(1+R)} + \frac{액면이자}{(1+R)^2} + \cdots + \frac{액면이자 + 액면금액}{(1+R)^n}$$

② 이표채권은 채권가격과 액면금액 간의 관계에 따라 **할인채(Discount bond)** 와 **할증채(Premium bond)** 및 **액면채(Par bond)** 로 구분할 수 있다.

- 할인채: 액면이자율 < 시장이자율 → 채권가격 < 액면금액
- 액면채: 액면이자율 = 시장이자율 → 채권가격 = 액면금액
- 할증채: 액면이자율 > 시장이자율 → 채권가격 > 액면금액

📋 시험문제 미리보기!

액면금액이 1,000원이고, 액면이자율이 연 10%(매년 말 1회 이자 후급)이며, 만기가 3년인 채권의 시장이자율이 연 10%인 경우 채권의 현재가격은 얼마인가?

① 900원 ② 950원 ③ 1,000원
④ 1,050원 ⑤ 1,100원

해설 $P_0 = \dfrac{100원}{1.1} + \dfrac{100원}{1.1^2} + \dfrac{100원 + 1,000원}{1.1^3} = 1,000원$

정답 ③

(2) 무이표채권과 영구채권

① **무이표채권(Zero-coupon bond)**: 이자의 지급은 없고 만기에 원금만 상환해 주는 채권으로, **순수할인채권(Pure discount bond)**이라고도 한다.

② **영구채권(Perpetuity bond 또는 Consol)**: 만기가 없기 때문에 원금상환은 없고 매 이자지급일에 약정된 이자만 영구히 지급하는 채권

📋 시험문제 미리보기!

액면금액이 1,000원이고, 액면이자율이 연 5%(매년 말 1회 이자 후급)인 영구채권의 시장이자율이 연 10%인 경우 채권의 현재가격은 얼마인가?

① 500원 ② 700원 ③ 900원
④ 1,100원 ⑤ 1,300원

해설 $P_0 = \dfrac{50원}{0.1} = 500원$

정답 ①

2. 채권가격의 특성

(1) 말킬의 채권가격정리

말킬(B. Malkiel)은 시장이자율과 만기 및 액면이자율이 채권가격에 미치는 영향을 다음과 같이 정리하였다.

① **채권가격은 시장이자율과 역의 관계**를 갖는다. 즉, 시장이자율이 하락하면 채권가격은 상승하고, 시장이자율이 상승하면 채권가격은 하락한다.

② 동일한 정도만큼의 시장이자율 상승에 따른 채권가격의 하락폭보다 시장이자율 하락에 따른 채권가격의 상승폭이 더 크다. 이를 **채권가격의 볼록성**이라고 한다.

> 💡 **재무관리 전문가의 TIP**
>
> 자본이득을 추구하는 채권투자자 입장에서 시장이자율의 하락이 예상되는 시기에는 채권을 매입해야 하며, 여러 가지 채권 중 액면이자율이 낮고 만기가 긴 채권을 매입하는 것이 유효한 투자전략입니다.

③ 만기가 긴 채권일수록 동일한 이자율변동에 따른 채권가격의 변동폭이 크다.
④ 만기가 긴 채권일수록 이자율변동에 따른 채권가격의 변동폭이 크지만, 그 변동폭의 차이는 만기가 길어짐에 따라 점차 감소한다.
⑤ 액면이자율이 낮은 채권일수록 이자율변동에 따른 채권가격의 변동률이 크다.

(2) 시간의 경과에 따른 채권가격의 변동

시간이 경과함에 따라 할증채나 할인채의 가격은 액면금액을 향해 지수적으로 증감한다. 즉, 다른 요인들은 변화가 없는 상태에서 시간이 경과하여 만기에 근접할수록 할증채와 할인채의 할증폭과 할인폭은 감소하며, 시간이 경과함에 따른 채권가격의 변동폭은 점차 증가한다.

02 채권수익률   중요도 ★★

> 만기수익률은 해당채권의 시장이자율(기회비용, 채권투자자의 요구수익률)과 동일한 개념입니다.

1. 만기수익률

만기수익률(Yield to maturity:YTM) 이란 채권을 현재가격에 매입하여 만기까지 보유하는 경우 얻을 것으로 기대되는 연평균 투자수익률을 말한다.

① 만기수익률은 **채권투자의 내부수익률(IRR)**, 즉 채권의 현재가격(투자금액)과 미래현금흐름의 현재가치를 일치시키는 할인율이다.

$$\text{현재가격} = \frac{\text{액면이자}}{(1 + YTM)} + \frac{\text{액면이자}}{(1 + YTM)^2} + \cdots + \frac{\text{액면이자} + \text{액면금액}}{(1 + YTM)^n}$$

② 채권투자에서 실제로 실현되는 사후적인 실현수익률이 만기수익률과 같기 위해서는 채권을 만기까지 보유해야 하며, 원리금이 정상적으로 지급되어야 하고 만기까지의 기간 중에 지급되는 이자가 만기수익률로 채권의 만기까지 재투자되어야 한다.

2. 현물이자율과 선도이자율

(1) 현물이자율

현물이자율(Spot rate: $_0R_n$) 이란 현재시점부터 일정 기간(n) 후의 현금흐름에 적용되는 이자율을 말하며, n기 후 현금흐름의 현재가치 계산 시 적용할 할인율을 의미한다. 현물이자율은 특정 만기 **무이표채권의 만기수익률**을 이용해서 파악할 수 있다.

$$\text{n년 만기 현물이자율: n년 만기 무이표채권의 } P_0 = \frac{\text{액면금액}}{(1 + {_0R_n})^n} \text{에서 계산되는 } {_0R_n}$$

시험문제 미리보기!

액면금액이 1,000원인 1년 만기 무이표채권의 현재가격이 800원인 경우 1년 만기 현물이자율은 얼마인가?

① 5%   ② 10%   ③ 15%   ④ 20%   ⑤ 25%

해설 $_0R_1 = \frac{1,000원}{800원} - 1 = 0.25$

정답 ⑤

(2) 현물이자율과 채권가격계산

단기이자율과 장기이자율이 동일하지 않고 기간별로 이자율이 상이한 경우 현재가치 계산 시 미래에 발생할 매기의 현금흐름을 해당 기간에 적용되는 현물이자율로 각각 할인하여 채권의 가격을 계산해야 한다.

$$P_0 = \frac{CF_1}{1+{_0R_1}} + \frac{CF_2}{(1+{_0R_2})^2} + \cdots + \frac{CF_n}{(1+{_0R_n})^n}$$
$$= \frac{CF_1}{1+YTM} + \frac{CF_2}{(1+YTM)^2} + \cdots + \frac{CF_n}{(1+YTM)^n}$$

(3) 선도이자율

선도이자율(Forward rate: $_{n-1}f_n$)이란 미래 특정 기간에 적용하기로 현재시점에서 결정된 이자율을 말한다. 선도이자율은 현물이자율들 간의 관계에서 계산할 수 있으며, 이렇게 계산된 선도이자율을 내재적 선도이자율(Implied forward rate)이라고도 한다.

$$(1+{_0R_2})^2 = (1+{_0R_1}) \times (1+{_1f_2})$$
$$(1+{_0R_3})^3 = (1+{_0R_1}) \times (1+{_1f_2}) \times (1+{_2f_3})$$
$$= (1+{_0R_2})^2 \times (1+{_2f_3}) = (1+{_0R_1}) \times (1+{_1f_3})^2$$

시험문제 미리보기!

1년 만기 현물이자율($_0R_1$)이 연 10%이고, 2년 만기 현물이자율($_0R_2$)이 연 11%인 경우 1년 말부터 2년 말까지의 선도이자율($_1f_2$)의 가장 근사치는 얼마인가?

① 9%   ② 10%   ③ 11%   ④ 12%   ⑤ 13%

해설 $_1f_2 = \frac{(1+{_0R_2})^2}{1++{_0R_1}} - 1 = \frac{1.11^2}{1.1} - 1 = 0.12009$

정답 ④

(4) 이표채권의 만기수익률과 현물이자율 및 선도이자율 간의 관계

이표채권의 만기수익률은 현물이자율들의 가중평균개념이며, 장기현물이자율은 단기현물이자율과 미래 단일기간 선도이자율들의 기하평균이므로, n년 만기 현물이자율($_0R_n$)과 n년 만기 이표채권의 만기수익률(YTM) 및 n−1시점부터 n시점까지의 선도이자율($_{n-1}f_n$) 간에는 다음과 같은 관계가 있다.

① 만기가 길어짐에 따라 현물이자율이 상승하는 경우: $YTM < {_0R_n} < {_{n-1}f_n}$
② 만기가 길어짐에 따라 현물이자율이 하락하는 경우: $YTM > {_0R_n} > {_{n-1}f_n}$

03 이자율의 기간구조와 위험구조   중요도 ★★

1. 이자율의 기간구조

이자율의 기간구조(Term structure of interest rates)란 만기와 현물이자율의 관계, 즉 단기이자율과 장기이자율 간의 관계를 말하며, 이를 그림으로 나타낸 것을 수익률곡선(Yield curve)이라고 한다.

① 우상향의 수익률곡선: 단기이자율 < 장기이자율
② 수평의 수익률곡선: 단기이자율 = 장기이자율
③ 우하향의 수익률곡선: 단기이자율 > 장기이자율

(1) 불편기대이론

불편기대이론(Unbiased expectation theory)이란 장·단기이자율의 차이는 선도이자율에 의해 결정되며, **기간별 선도이자율이 미래 기간별 기대현물이자율과 일치**하도록 현재의 장기현물이자율이 결정된다는 이론이다.

$$_{n-1}f_n = E(_{n-1}R_n)$$

① 불편기대이론의 가정
- 투자자들이 미래의 이자율을 정확히 예측할 수 있거나, 이자율 예측의 불확실성을 제거할 수 있다고 가정한다.
- **위험중립형 투자자**를 가정한다. 일반적으로 장기채권에 투자하는 경우 단기채권과 비교해 더 많은 위험을 부담하게 되지만, 불편기대이론에서는 선도이자율 결정 시 기대현물이자율 외에 추가적인 보상을 고려하지 않기 때문이다.
- 장·단기채권 간에 완전한 대체관계가 존재한다고 가정한다. 즉, 불편기대이론이 성립하는 경우 장기채권에 대한 투자와 단기채권에 대한 반복투자가 사전적으로는 동일한 성과를 가져올 것으로 기대된다.

② 불편기대이론이 성립하는 경우 미래 이자율에 대한 투자자들의 예상에 따라 결정되는 수익률곡선의 형태는 다음과 같다.
- 미래의 이자율 상승 예상: 우상향의 수익률곡선

- 미래의 이자율 일정 예상: 수평의 수익률곡선
- 미래의 이자율 하락 예상: 우하향의 수익률곡선

③ 불편기대이론은 선도이자율이 예상되는 미래 기대현물이자율에 의해서만 결정된다고 가정하는 문제점이 있다.
- 장기채권에 투자할 경우 채권가격의 변동위험이 증가하고 유동성이 제약됨에도 불구하고 선도이자율 결정 시 기대현물이자율 이외에 추가적인 보상을 고려하지 않는다.
- 역사적으로 보았을 때 미래 이자율의 하락이 예상되는 경우에도 일반적으로 우상향의 수익률곡선이 나타나는데, 불편기대이론은 이러한 현상을 설명하지 못한다.

(2) 유동성프리미엄이론

유동성프리미엄이론(Liquidity premium theory)이란 위험회피형 투자자들이 장기채권에 투자 시 단기채권투자에 비해 증가되는 위험과 상실되는 유동성에 대한 추가적인 보상을 요구하게 되므로, 기간별 선도이자율이 미래 기간별 기대현물이자율과 더불어 만기 증가에 따라 추가적으로 요구되는 보상인 **유동성프리미엄**(Liquidity premium: $_{n-1}L_n$)의 합으로 구성된다는 이론이다.

$$_{n-1}f_n = E(_{n-1}R_n) + {}_{n-1}L_n$$

유동성프리미엄이론이 성립하는 경우 선도이자율이 기대현물이자율보다 유동성프리미엄만큼 높게 결정되며, 만기가 증가할수록 유동성프리미엄이 증가하여 일반적으로 장기이자율이 단기이자율보다 높게 형성된다.

① 미래의 이자율 상승 예상: 우상향의 수익률곡선
② 미래의 이자율 일정 예상: 우상향의 수익률곡선
③ 미래의 이자율 하락 예상: 우상향 또는 수평 또는 우하향의 수익률곡선

즉, 미래의 이자율이 하락할 것으로 예상하는 경우 투자자들이 요구하는 유동성프리미엄이 작다면 장기이자율이 단기이자율보다 낮게 형성되어 우하향의 수익률곡선이 나타날 수도 있지만, 투자자들이 요구하는 유동성프리미엄이 크다면 장기이자율이 단기이자율보다 높게 형성되어 수평 또는 우상향의 수익률곡선이 나타날 수도 있다.

(3) 시장분할이론

시장분할이론(Market segmentation theory)이란 투자자마다 선호하는 채권의 만기 영역이 다르기 때문에 채권시장이 구분된 만기별로 완전히 분할되고, 분할된 하위 채권시장 내의 수요와 공급에 따라 구분된 만기별 채권의 만기수익률이 결정된다는 이론이다.

(4) 선호영역이론

선호영역이론(Preferred habitat theory)이란 투자자들마다 선호하는 만기영역이 따로 존재하지만, 자신이 선호하는 영역 이외의 채권에 충분한 프리미엄이 존재한다면 다른 만기 영역의 채권에도 투자할 수 있다는 이론이다.

2. 이자율의 위험구조

이자율의 위험구조(Risk structure of interest rates)란 발행자의 신용도 차이에 따른 채권수익률 차이를 말한다.

(1) 채권투자의 위험

① 채무불이행위험: 채권에서 약속된 원리금이 지급되지 못할 위험
② 이자율위험: 시장이자율 변동에 따라 재투자수익과 채권가격이 변동될 위험
③ 인플레이션위험: 예상치 못한 물가상승으로 인해 실질수익률이 하락될 위험
④ 유동성위험: 채권의 시장성 상실에 따른 위험
⑤ 수의상환위험: 채권의 발행자가 채권의 만기 이전에 채권을 상환할 위험

(2) 채권수익률의 스프레드

채권수익률의 스프레드(Spread)란 위험채권의 약속된 만기수익률과 무위험채권의 수익률(무위험이자율) 간의 차이인 위험프리미엄을 말한다. 여기서 약속된 만기수익률은 채권의 현재가격과 약속된 미래현금흐름에 의해 계산되는 만기수익률이며, 기대수익률은 미래 상황의 확률분포에 따른 예상 실현수익률의 기댓값이다.

① 수익률 스프레드 = 약속된 만기수익률 − 무위험이자율
② 채무불이행위험프리미엄 = 약속된 만기수익률 − 기대수익률
③ 기타의 위험프리미엄 = 기대수익률 − 무위험이자율

(3) 채권의 신용등급

채권의 신용등급은 발행자의 원리금 상환능력에 따라 달라지며, 일반적으로 AAA부터 D까지의 등급으로 분류되고, 동일 등급 내의 상대적인 우열에 따라 +, − 기호가 첨부되기도 한다.

신용등급		정의
투자적격	AAA	원리금의 지급확실성이 최고 수준이며, 어떠한 상황변화가 발생해도 원리금의 지급에는 문제가 없음
	AA	원리금의 지급확실성이 매우 높지만, AAA등급에 비해서는 다소 낮음
	A	원리금의 지급확실성이 높지만, 미래의 환경변화에 따라 다소 영향을 받을 가능성이 있음
	BBB	원리금의 지급확실성이 있으나, 미래의 환경변화에 따라 저하될 가능성이 있음
투자부적격 (투기등급)	BB	원리금의 지급확실성에 현재는 문제가 없으나, 미래의 안정성에 투기적인 요소가 있음
	B	원리금의 지급확실성이 부족하여 투기적임
	CCC	채무불이행의 발생 가능성이 있음
	CC	채무불이행의 발생 가능성이 높음
	C	채무불이행의 발생 가능성이 지극히 높음
상환불능	D	현재 채무불이행 상태에 있음

04 듀레이션

중요도 ★★★

시장이자율의 변동에 따른 채권투자의 위험을 **이자율위험**이라고 하며, 이자율위험은 재투자위험과 가격위험으로 구분할 수 있다. **재투자위험과 가격위험**은 시장이자율 변동에 따라 채권투자의 성과에 서로 상반된 영향을 미친다.
① 재투자위험: 시장이자율 변동에 따라 수취하는 이자의 재투자수익이 변동될 위험
② 가격위험: 시장이자율 변동에 따라 채권가격이 변동될 위험
이자율위험 중 가격위험에 초점을 맞추어 이자율의 변동에 따른 채권가격변동의 민감도를 의미하는 듀레이션에 대해서 살펴보기로 한다.

1. 듀레이션의 의의

(1) 듀레이션의 계산

듀레이션(Duration:D)은 **현금흐름의 현재가치기준 가중평균만기**를 의미하며, 매기 현금흐름의 현재가치가 전체 현금흐름의 현재가치에서 차지하는 비중에 해당 현금흐름 발생시까지의 기간을 곱한 값의 합으로 계산된다. 듀레이션은 맥콜리(McCaulay)라는 학자가 고안하여 맥콜리의 듀레이션이라고 한다.

$$P_0 = \frac{CF_1}{(1+R)} + \frac{CF_2}{(1+R)^2} + \frac{CF_3}{(1+R)^3} + \cdots + \frac{CF_n}{(1+R)^n}$$

$$D = \sum_{t=1}^{n} \left(\frac{PV_t}{\Sigma PV} \times t \right) = \left(\sum_{t=1}^{n} \frac{CF_t}{(1+R)^t} \times t \right) \times \frac{1}{P_0}$$

$$= \left[\frac{CF_1}{1+R} \times 1 + \frac{CF_2}{(1+R)^2} \times 2 + \frac{CF_3}{(1+R)^3} \times 3 + \cdots + \frac{CF_n}{(1+R)^n} \times n \right] \times \frac{1}{P_0}$$

(2) 채권의 종류에 따른 듀레이션

① 무이표채권: 듀레이션 = 잔존만기
② 이표채권: 듀레이션 < 잔존만기
③ 영구채권: 듀레이션 = $\dfrac{1+R}{R}$
④ 포트폴리오: 듀레이션 = $\sum(w_i \times D_i)$

재무관리 전문가의 TIP
채권의 만기수익률이 동일한 경우 채권포트폴리오의 듀레이션은 개별 채권 듀레이션의 가중평균이 됩니다.

시험문제 미리보기!

> A 채권은 액면금액이 1,000원이고, 액면이자율이 연 10%(매년 말 1회 이자후급)인 영구채권이다. A 채권의 만기수익률이 연 10%인 경우 A 채권의 듀레이션은 얼마인가?
>
> ① 7년 ② 8년 ③ 9년 ④ 10년 ⑤ 11년
>
> 해설 영구채권의 $D = \dfrac{1+R}{R} = \dfrac{1.1}{0.1} = 11$년
>
> 정답 ⑤

(3) 듀레이션에 영향을 미치는 요인
① 다른 조건이 동일하다면 **만기**가 긴 채권일수록 일반적으로 듀레이션이 길다.
② 다른 조건이 동일하다면 **액면이자율**이 높은 채권일수록 듀레이션이 짧고, 연간 이자지급횟수가 많은 채권일수록 듀레이션이 짧다.
③ 동일 채권에 대해서도 **만기수익률**이 높을수록 듀레이션이 짧다.
④ 수의상환권이나 상환청구권이 부여된 채권의 듀레이션은 다른 조건이 동일한 일반채권의 듀레이션보다 짧다.
  - 수의상환권: 채권의 발행자가 만기일 이전에 미리 정해진 가격으로 채권을 상환할 수 있는 권리
  - 상환청구권: 채권자가 만기일 이전에 미리 정해진 가격으로 채권의 상환을 요구할 수 있는 권리

(4) 만기와 듀레이션
만기가 긴 채권일수록 듀레이션이 길어지는 것이 일반적이지만, 채권의 만기와 듀레이션이 반드시 비례하는 것은 아니다.
① 무이표채권은 듀레이션이 만기와 일치하므로 듀레이션이 만기와 **정비례**한다.
② 이표채권 중 액면채(Par bond)와 할증채(Premium bond)는 만기가 긴 채권일수록 듀레이션이 체감적으로 증가하여 점차 영구채권의 듀레이션인 $\frac{1+R}{R}$로 수렴한다.
③ 이표채권 중 할인채(Discount bond)는 만기가 긴 채권일수록 듀레이션이 일정 수준까지는 체감적으로 증가하다가 최고점에 도달한 이후 다시 감소하면서 점차 영구채권의 듀레이션인 $\frac{1+R}{R}$로 수렴한다. 따라서 **할인채**는 만기가 긴 채권의 듀레이션이 보다 짧을 수도 있다.

2. 듀레이션의 이용

(1) 듀레이션과 채권가격의 이자율탄력성
실제 채권투자 시 듀레이션은 **시장이자율의 변동에 따른 채권가격변동의 민감도**라는 개념으로 주로 이용된다. 시장이자율의 변동에 따른 채권가격변동의 민감도는 다음과 같이 채권가격의 이자율탄력성을 이용하여 측정할 수 있다.

$$P_0 = \frac{CF_1}{1+R} + \frac{CF_2}{(1+R)^2} + \cdots + \frac{CF_n}{(1+R)^n}$$

$$\text{채권가격의 이자율탄력성} = \frac{dP/P_0}{dR/R} = \frac{dP}{dR} \times \frac{R}{P_0}$$

$$= \left[\frac{CF_1}{(1+R)^2} \times (-1) + \frac{CF_2}{(1+R)^3} \times (-2) + \cdots + \frac{CF_n}{(1+R)^{n+1}} \times (-n) \right] \times \frac{R}{P_0}$$

$$= -\frac{R}{1+R} \times \left[\frac{CF_1}{1+R} \times 1 + \frac{CF_2}{(1+R)^2} \times 2 + \cdots + \frac{CF_n}{(1+R)^n} \times n \right] \times \frac{1}{P_0}$$

$$= -\frac{R}{1+R} \times D$$

① 이자율탄력성이 음수(-)인 것은 이자율과 채권가격 간의 역관계를 보여주는 것이며, 탄력성의 정도를 양(+)으로 표현하기 위해 (-)를 붙여서 사용하기도 한다.
② 이자율탄력성은 듀레이션에 비례하므로 듀레이션이 긴 채권일수록 채권가격이 이자율변동에 보다 더 민감하다.

(2) 듀레이션과 채권가격의 변동

채권가격의 이자율탄력성을 계산하는 식을 정리하면 이자율변동 시 채권가격의 변동액과 채권가격의 변동률은 다음과 같이 나타낼 수 있다.

- 이자율변동 시 채권가격의 변동액: $\Delta P = -D \times \dfrac{1}{1+R} \times P_0 \times \Delta R$
- 이자율변동 시 채권가격의 변동률: $\dfrac{\Delta P}{P_0} = -D \times \dfrac{1}{1+R} \times \Delta R$

① **수정듀레이션**(Modified duration: D^m, $D \times \dfrac{1}{1+R}$): 시장이자율 변동에 따른 채권가격의 변동률($= \dfrac{dP/P_0}{dR}$)

② 듀레이션을 이용하면 이자율변동 후의 채권가격을 보다 간편하게 계산할 수 있다는 장점이 있으나, 듀레이션을 이용해서 계산되는 이자율변동 후의 채권가격과 실제 이자율변동 후의 채권가격 간에 차이가 발생한다는 문제점이 있다.

시험문제 미리보기!

A 채권의 현재 가격은 1,000원이고 듀레이션은 5년이며, 현재 만기수익률은 연 25%이다. A 채권의 만기수익률이 1%p 상승하는 경우 A 채권의 가격이 얼마만큼 하락하는지 듀레이션을 이용하여 계산하면 얼마인가?

① 40원　　② 50원　　③ 60원　　④ 70원　　⑤ 80원

해설　$\Delta P = -D \times \dfrac{1}{1+R} \times P_0 \times \Delta R = -5 \times \dfrac{1}{1.25} \times 1,000원 \times 0.01 = 40원$

정답 ①

(3) 볼록성과 채권가격의 변동

듀레이션을 이용한 채권가격과 실제 채권가격의 차이가 발생하는 이유는 이자율과 채권가격 간의 관계가 원점에 대하여 볼록한 형태를 지니고 있지만, 듀레이션은 이자율과 채권가격 간의 관계를 선형으로 가정하기 때문이다. 따라서 보다 정확한 이자율변동 후의 채권가격을 파악하기 위해서는 듀레이션과 더불어 **볼록성**(Convexity: C)도 함께 고려해야 한다. 볼록성은 수학적으로 이자율변동에 따른 채권가격선의 기울기의 변동을 나타내는 개념으로서 채권가격을 이자율로 2차 미분한 값에 해당된다.

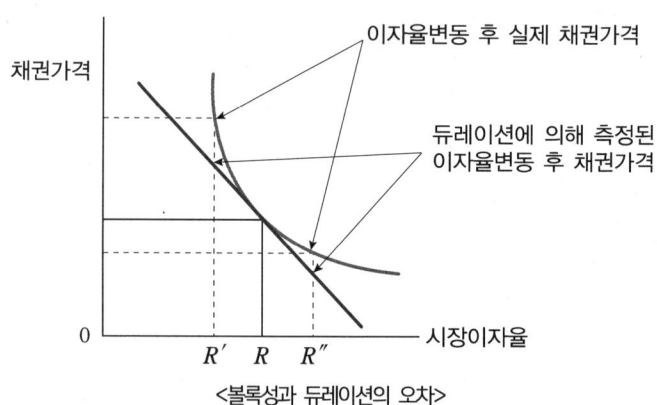

<볼록성과 듀레이션의 오차>

(4) 일반채권의 볼록성

듀레이션에 의한 가격변동은 1차 미분값인 음(-)의 기울기이지만, 그 정도가 체감하기 때문에 2차 미분값인 볼록성은 **항상 양(+)의 값**을 갖는다.

① 채권가격의 볼록성으로 인해 실제채권가격은 이자율 상승 시 듀레이션에 의한 채권가격변동보다 덜 하락하고, 이자율 하락 시 듀레이션에 의한 채권가격변동보다 더 상승한다.

② 볼록성은 **항상 채권투자자에게 유리**하며 볼록성이 큰 채권에 대해 상대적으로 높은 가격이 형성될 수 있는데, 이를 볼록성프리미엄이라고 한다.

(5) 수의상환권 또는 상환청구권이 부여된 채권의 볼록성

① 수의상환권이 부여된 채권: 이자율이 상승하는 경우 일반채권과 별다른 차이가 없지만, **이자율이 하락**해서 채권의 가격이 상승하는 경우 수의상환권의 행사 가능성 때문에 음(-)의 볼록성을 갖는다.

② 상환청구권이 부여된 채권: 이자율이 하락하는 경우 일반채권과 별다른 차이가 없지만, **이자율이 상승**해서 채권의 가격이 하락하는 경우 상환청구권의 행사 가능성 때문에 일반채권에 비해 볼록성이 커진다.

05 채권투자전략 　　중요도 ★★

1. 적극적 투자전략

(1) 이자율예측전략

이자율예측전략(Forecasting interest rate strategy)이란 미래의 이자율변동에 대한 투자자의 예측을 근거로 투자하는 전략을 말한다. 즉, 이자율 하락이 예상되는 경우 채권을 추가로 매입하고, 이자율 상승이 예상되는 경우 보유 채권을 처분하는 전략이다. 이자율예측전략은 다음과 같은 채권포트폴리오의 교체매매 전략에도 이용될 수 있다.

① 이자율 하락 예상: 단기채권 매도 + 장기채권 매입 → 채권포트폴리오의 듀레이션 증가
② 이자율 상승 예상: 장기채권 매도 + 단기채권 매입 → 채권포트폴리오의 듀레이션 감소

(2) 수익률곡선타기전략

수익률곡선타기전략(Riding yield curve strategy)이란 현재의 수익률곡선이 **우상향**의 형태이고 투자기간에 이러한 형태가 변하지 않을 것으로 예측되는 경우 목표투자기간보다 만기가 긴 채권을 매입한 후 만기일 이전에 처분하여 시간의 경과에 따른 자본이득을 추구하는 전략을 말한다. 수익률곡선타기전략은 우상향의 수익률곡선이 예측대로 유지되어야만 투자목표의 실현이 가능하다는 한계가 있다.

2. 소극적 투자전략

(1) 만기보유전략

만기보유전략(Buy and hold strategy)이란 채권을 매입하여 만기까지 보유하는 전략을 말하며, 투자시점에 미리 투자수익률을 확정시킬 수 있는 전략이다. 이표채권의 경우 만기 이전에 수취하는 액면이자의 재투자수익률이 변동될 위험을 부담하지만 실제 실현되는 수익률이 매입 당시의 만기수익률과 거의 유사하다.

(2) 지수펀드전략

지수펀드전략(Index fund strategy)이란 시장을 대표하는 특정한 채권지수를 그대로 복제하여 시장의 수익과 위험을 그대로 취하도록 채권포트폴리오를 구성하는 전략을 말한다.

(3) 순자산가치면역전략

순자산가치면역전략(Net worth immunization)이란 이자율변동에 따라 자산과 부채의 가치가 민감하게 변동하는 상황에서 자산과 부채의 구성을 적절하게 조절하여 이자율변동과 무관하게 순자산가치가 일정하게 유지될 수 있도록 하는 투자전략이다.
① 순자산가치면역전략은 이자율변동 시의 자산가치 변동액(ΔA)과 부채가치 변동액(ΔL)의 크기를 일치시켜 순자산가치의 변동액(ΔK)을 0으로 만든다.
② 순자산가치면역전략을 식으로 표현하면 다음과 같은데, 여기서 A와 L은 자산과 부채의 시장가치를, D_A와 D_L은 시장가치를 기준으로 가중평균된 자산과 부채의 듀레이션을 의미한다.

$$\Delta K = \Delta A - \Delta L$$
$$= -D_A \times \frac{1}{1+R_A} \times A \times \Delta R_A - \left(-D_L \times \frac{1}{1+R_L} \times L \times \Delta R_L\right) = 0$$
$$\therefore \text{면역화조건}: D_A \times \frac{1}{1+R_A} \times A \times \Delta R_A = D_L \times \frac{1}{1+R_L} \times L \times \Delta R_L$$

③ 모든 자산과 부채의 시장이자율이 동일($R_A = R_L$)한 경우를 가정하면 **면역화조건**은 다음과 같이 나타낼 수 있다.

> 면역화조건: $D_A \times A = D_L \times L$

시험문제 미리보기!

> A 은행 자산과 부채의 시장가치는 각각 1,000원과 800원이고, 부채의 듀레이션은 5년이다. 순자산가치면역전략을 수행하고자 하는 경우 자산의 듀레이션은 얼마가 되어야 하는가? (단, 모든 자산과 부채의 시장이자율이 동일하다고 가정한다.)
>
> ① 3년　　② 4년　　③ 5년　　④ 6년　　⑤ 7년
>
> 해설　$D_A \times A = D_A \times 1{,}000원 = D_L \times L = 5년 \times 800원$
> 　　　∴ D_A = 4년
>
> 정답 ②

(4) 자산부채종합관리

순자산가치면역전략은 시장이자율의 변동에 대비하기 위해 자산과 부채를 종합적으로 통합하여 관리하는 **자산부채종합관리(Asset liability management:ALM)**의 듀레이션 갭관리에도 그대로 적용된다.

① 모든 자산과 부채의 시장이자율이 동일한 경우를 가정하여 이자율변동에 따른 순자산가치의 변동액을 식으로 표현하면 다음과 같다.

$$\Delta K = \Delta A - \Delta L$$
$$= -D_A \times \frac{1}{1+R} \times A \times \Delta R - \left(-D_L \times \frac{1}{1+R} \times L \times \Delta R\right)$$
$$= -\left(D_A - D_L \times \frac{L}{A}\right) \times \frac{1}{1+R} \times A \times \Delta R$$

② $\left(D_A - D_L \times \frac{L}{A}\right)$를 자본의 **듀레이션갭**이라고 하는데, 이자율변동 시 순자산가치의 변동을 면역화하고자 한다면 듀레이션갭을 0으로 유지하면 된다.

③ 만약, 미래의 이자율변동을 예상하여 이득을 추구하는 적극적인 투자전략이라면 이자율의 하락이 예상되는 경우 $D_A \times A > D_L \times L$, 즉 $\left(D_A - D_L \times \frac{L}{A}\right) > 0$이 되게 자산과 부채의 구성을 조정하면 이자율의 하락에 따른 자산가치의 증가액이 부채가치의 증가액보다 커져 이득을 얻을 수 있다.

(5) 목표시기면역전략

목표시기면역전략(Target date immunization)이란 투자기간의 이자율변동과 무관하게 채권매입 당시의 수익률을 실현시키고자 하는 전략을 말한다. 즉, 채권포트폴리오의 듀레이션을 적절하게 조절하여 서로 상반된 효과를 지니는 재투자위험과 가격위험을 상쇄시킴으로써 투자자의 부를 일정하게 유지하고자 하는 전략이다.

① 재투자위험과 가격위험이 완전히 상쇄되는 **투자기간은 채권의 듀레이션과 동일**하므로 목표투자기간과 투자하는 채권포트폴리오의 듀레이션을 일치시키면 투자기간 중의 이자율변동과 무관하게 채권매입 당시의 수익률을 실현시킬 수 있다.

> 면역화조건: 목표투자기간 = 채권포트폴리오의 듀레이션

② 채권을 매입한 이후에 이자율이 변동하면 듀레이션이 변동되고, 시간이 경과함에 따라 잔존만기와 듀레이션이 서로 다른 비율로 감소하기 때문에 완전한 면역화를 위해서는 지속적인 포트폴리오의 재조정이 필요하다.

📋 시험문제 미리보기!

목표투자기간이 5년인 A 펀드는 듀레이션이 3년인 무이표채권과 듀레이션이 11년인 영구채권에 투자해서 목표시기면역전략을 수행하고자 한다. 모든 채권의 만기수익률이 동일하다고 가정하는 경우 A 펀드가 무이표채권에 투자해야 하는 비율은 얼마인가?

① 25% ② 40% ③ 60% ④ 75% ⑤ 80%

해설 목표투자기간 = 5년
= 채권포트폴리오의 듀레이션 = $w_{무이표채} \times 3년 + (1 - w_{무이표채}) \times 11년$
∴ $w_{무이표채}$ = 0.75

정답 ④

출제예상문제

제2장 채권의 가치평가와 투자전략

난이도: ★☆☆

01 채권의 종류에 대한 설명으로 옳지 않은 것은?

① 이표채권은 매 이자지급일에 약정된 이자를 지급하고 만기일에 원금을 상환하는 채권이다.
② 무이표채권은 이자의 지급은 없고 만기일에 액면금액만 상환하는 채권이다.
③ 영구채권은 원금의 상환은 없고 약정된 이자만 영구히 지급하는 채권이다.
④ 고정금리부채권은 지급되는 이자금액이 매 기간의 시장이자율에 따라 변동되는 채권이다.
⑤ 이표채권은 만기가 상이한 무이표채권들로 구성된 포트폴리오라고 할 수 있다.

난이도: ★☆☆

02 이자율과 채권가격에 대한 설명으로 옳지 않은 것은?

① 이자율이 상승하면 채권가격은 하락하고, 이자율이 하락하면 채권가격은 상승한다.
② 동일 정도의 이자율변동에 대해 이자율 상승에 따른 채권가격의 변동폭보다 이자율 하락에 따른 채권가격의 변동폭이 더 크다.
③ 만기가 긴 채권일수록 이자율변동에 따른 채권가격의 변동폭이 더 크다.
④ 만기가 길어질수록 동일한 이자율변동에 따른 채권가격의 변동폭은 체증적으로 증가한다.
⑤ 액면이자율이 낮은 채권일수록 동일한 이자율변동에 따른 채권가격의 변동률이 더 크다.

난이도: ★★☆

03 시장이자율의 하락이 예상되는 경우 가장 유리한 투자전략으로 옳은 것은?

① 액면이자율이 낮고 만기가 긴 채권을 매도한다.
② 액면이자율이 낮고 만기가 짧은 채권을 매입한다.
③ 액면이자율이 높고 만기가 짧은 채권을 매도한다.
④ 액면이자율이 높고 만기가 긴 채권을 매입한다.
⑤ 액면이자율이 낮고 만기가 긴 채권을 매입한다.

난이도: ★★☆ 대표출제기업: 한국산업기술시험원

04 이표채권(Coupon bond)은 채권의 시장가격과 액면금액 간의 관계에 따라 할인채(Discount bond)와 할증채(Premium bond) 및 액면채(Par bond)로 구분할 수 있다. 이에 대한 설명으로 옳지 않은 것은?

① 할인채는 액면이자율이 만기수익률보다 낮다.
② 할증채는 채권가격이 액면금액보다 높다.
③ 액면채의 액면이자율은 해당 채권의 시장이자율과 동일하다.
④ 만기가 1년 미만인 채권은 모두 액면채이다.
⑤ 채권가격이 하락하면 해당 채권의 만기수익률은 상승한다.

정답 및 해설

01 ④
지급되는 이자금액이 매 기간의 시장이자율에 따라 변동되는 채권은 변동금리부채권이다.

02 ④
만기가 길어질수록 동일한 이자율변동에 대한 채권가격 변동폭은 체감적으로 증가한다.

03 ⑤
이자율의 하락(채권가격의 상승)이 예상되는 상황이므로 채권을 매입하는 전략이 유효하며, 이자율변동에 따른 채권가격의 변화가 큰 채권을 매입하는 것이 보다 유리하다.

04 ④
채권의 시장가격과 액면금액 간의 관계는 만기와는 무관하다.

출제예상문제

난이도: ★☆☆

05 A 채권의 액면금액은 100원이고 액면이자율은 연 10%(연 1회 후급조건)이며, 잔존만기는 2년이다. A 채권이 액면채(Par bond)일 때, A 채권의 채권가격과 만기수익률(YTM) 간의 관계식으로 옳은 것은?

① $100원 = \frac{10원}{(1+YTM)^2} + \frac{110원}{(1+YTM)}$

② $110원 = \frac{10원}{(1+YTM)} + \frac{110원}{(1+YTM)^2}$

③ $100원 \times (1+YTM)^2 = 10원 \times (1+YTM) + 110원$

④ $110원 = 100원 \times (1+YTM) + 10원 \times (1+YTM)^2$

⑤ $10원 = 100원 \times (1+YTM)^2 - 110원 \times (1+YTM)$

난이도: ★★☆

06 만기가 길어질수록 현물이자율이 상승하는 상황이다. 현재시점의 n년 만기 현물이자율($_0R_n$)과 현재로부터 n-1년 후 시점부터 n년 후 시점까지의 선도이자율($_{n-1}f_n$) 및 n년 만기 이표채권의 만기수익률(YTM) 간의 관계로 옳은 것은?

① $_0R_n < YTM < {_{n-1}f_n}$

② $YTM < {_0R_n} < {_{n-1}f_n}$

③ $_0R_n < {_{n-1}f_n} < YTM$

④ $YTM < {_{n-1}f_n} < {_0R_n}$

⑤ $_{n-1}f_n < {_0R_n} < YTM$

난이도: ★☆☆　대표출제기업: 경기평택항만공사

07 자본비용과 자본구조에 대한 설명으로 옳지 않은 것은?

① 가중평균자본비용이 최소화되는 자본구조가 최적자본구조이다.
② 법인세율이 상승하면 세후타인자본비용이 하락한다.
③ 주식가치평가모형 중 배당평가모형의 할인율은 자기자본비용이다.
④ 회사채를 발행하는 경우의 자본비용은 해당 채권의 액면이자율이다.
⑤ 신주발행비를 고려하면 신주를 발행하는 경우의 자본비용은 유보이익의 자본비용보다 높다.

난이도: ★★☆

08 이자율기간구조에 대한 설명으로 옳지 않은 것은?

① 수익률곡선은 듀레이션과 현물이자율 간의 관계를 그래프로 나타낸 것이며 일반적으로는 우상향의 형태로 나타난다.
② 불편기대이론에서는 위험중립형 투자자를 가정하며, 선도이자율이 미래의 기간별 기대현물이자율과 동일하다.
③ 유동성프리미엄이론에서는 위험회피형 투자자를 가정하며, 선도이자율이 미래의 기간별 기대현물이자율에 유동성프리미엄을 가산한 값과 동일하다.
④ 시장분할이론에서는 투자자들이 선호하는 만기 영역의 채권에만 투자하기 때문에 채권시장이 구분된 만기별로 완전히 분할된다.
⑤ 선호영역이론에서는 투자자들이 선호하는 만기 영역이 존재하지만, 충분한 프리미엄이 존재한다면 선호하는 영역 이외의 채권에도 투자할 수 있다.

정답 및 해설

05 ③

$$100원 = \frac{10원}{(1+YTM)} + \frac{110원}{(1+YTM)^2}$$ 과 동일한 식은 ③이다.

06 ②

현물이자율은 단기현물이자율과 선도이자율들의 기하평균 개념이므로 $_0R_{t-1} < {_0R_t}$ 인 상황에서는 $_0R_t < {_{t-1}f_t}$ 이다. 이표채의 만기수익률은 현물이자율들의 가중평균 개념이므로 $_0R_{t-1} < {_0R_t}$ 인 상황에서는 $YTM < {_0R_t}$ 이다.

07 ④

회사채를 발행하는 경우의 자본비용은 해당 채권의 기대수익률(만기수익률)이다.

08 ①

수익률곡선은 만기와 현물이자율 간의 관계를 그래프로 나타낸 것이다.

출제예상문제

난이도: ★★☆

09 시간의 경과에 따른 이표채권(고정금리부채권)의 가격변동에 대한 설명으로 옳지 않은 것은?

① 시간의 경과와 무관하게 액면채(Par bond)의 이자수익률은 액면이자율과 동일하게 일정하다.
② 시간의 경과와 무관하게 액면채(Par bond)의 자본이득률은 0으로 일정하다.
③ 만기일에 근접할수록 할인채의 할인폭은 점차 감소한다.
④ 만기일에 근접할수록 할증채의 할증폭은 점차 증가한다.
⑤ 만기일에 근접할수록 할인채와 할증채의 가격변동액은 모두 점차 커진다.

난이도: ★☆☆

10 액면금액이 100원이고, 액면이자율이 연 10%(연 1회 이자 후급)이며, 만기가 2년인 채권의 맥콜리 듀레이션을 계산하고자 할 때, 듀레이션(D)의 계산식으로 옳은 것은? (단, 해당 채권의 만기수익률은 연 10%이다.)

① $D = \left(\dfrac{10원}{1.1} + \dfrac{110원}{1.1^2} \right) \times \dfrac{1}{100원}$

② $D = \left(\dfrac{10원}{1.1} + \dfrac{110원}{1.1^2} \times 2 \right) \times \dfrac{1}{100원}$

③ $D = \left(\dfrac{10원}{1.1} + \dfrac{110원}{1.1^2} \right) \times 100원$

④ $D = \left(\dfrac{10원}{1.1} + \dfrac{110원}{1.1^2} \right) \times 2 \times 100원$

⑤ $D = \dfrac{10원 \times 1.1 + 110원 \times 2}{1.1^2} \times 100원$

난이도: ★☆☆

11 채권의 듀레이션에 대한 설명으로 옳지 않은 것은? (단, 모든 채권의 만기수익률은 동일하다고 가정한다.)

① 무이표채권의 듀레이션은 채권의 잔존만기와 동일하다.
② 이표채권의 듀레이션은 채권의 잔존만기보다 짧다.
③ 영구채권의 듀레이션은 $\dfrac{1+만기수익률}{만기수익률}$ 이다.
④ 포트폴리오의 듀레이션은 개별채권 듀레이션의 가중평균이다.
⑤ 만기가 긴 채권일수록 듀레이션이 짧다.

난이도: ★☆☆

12 듀레이션에 영향을 미치는 요인들이 듀레이션에 미치는 일반적인 영향에 대한 설명으로 옳지 않은 것은? (단, 문항에서 제시된 조건 이외의 다음 조건은 동일하다고 가정한다.)

① 무이표채권은 만기와 듀레이션이 정비례한다.
② 액면이자율이 높은 채권일수록 듀레이션이 짧다.
③ 연간 이자지급 횟수가 많은 채권일수록 듀레이션이 짧다.
④ 동일채권인 경우에도 만기수익률이 높을수록 듀레이션이 길다.
⑤ 수의상환조건이 있는 채권은 다른 조건이 동일한 일반채권보다 듀레이션이 짧다.

정답 및 해설

09 ④
시간의 경과에 따라 만기일에 근접할수록 할증채의 할증폭은 점차 감소한다.

10 ②
맥콜리 듀레이션은 현금흐름의 현재가치 기준 가중평균만기로 계산된다.

11 ⑤
만기가 긴 채권일수록 듀레이션이 길다.

12 ④
만기수익률이 높을수록 듀레이션이 짧다.

출제예상문제

난이도: ★★★

13 다음 설명 중에서 옳지 않은 것은?

① 만기수익률은 상이하지만 잔존만기가 동일한 무이표채권들의 듀레이션은 동일하다.
② 액면이자율은 상이하지만 만기수익률이 동일한 영구채권들의 듀레이션은 동일하다.
③ 다른 모든 조건의 변동이 없는 경우 만기수익률이 하락해도 무이표채권의 듀레이션은 변동하지 않는다.
④ 다른 모든 조건의 변동이 없는 경우 시간이 경과해도 영구채권의 듀레이션은 변동하지 않는다.
⑤ 다른 모든 조건이 동일한 경우 잔존만기가 길수록 모든 이표채권의 듀레이션은 증가한다.

난이도: ★★☆

14 1년 후부터 매년 말 연 10%의 액면이자를 지급하는 A 채권의 현재가격은 200원이고, 듀레이션은 5년이다. A 채권의 만기수익률이 현재의 연 25%에서 1%포인트 상승할 때, A 채권가격의 하락액은 얼마인가? (단, 채권가격의 볼록성은 무시한다.)

① 4원　　② 6원　　③ 8원　　④ 10원　　⑤ 12원

난이도: ★☆☆

15 1년 후부터 매년 말 연 10%의 액면이자를 지급하는 A 채권의 현재가격은 100원이고, 수정듀레이션은 5.0이다. A 채권의 만기수익률이 현재의 연 25%에서 1%포인트 상승할 때, A 채권가격의 하락률은 얼마인가? (단, 채권가격의 볼록성은 무시한다.)

① 4%　　② 5%　　③ 6%　　④ 7%　　⑤ 8%

난이도: ★★★

16 채권의 볼록성에 대한 설명으로 옳지 않은 것은? (단, 일반채권은 옵션적 특성이 없는 채권을 의미한다.)

① 일반채권의 볼록성은 항상 양(+)의 값이다.
② 일반채권의 볼록성은 채권투자자에게 항상 유리하다.
③ 볼록성이 심한 채권의 가격이 더 비싸다.
④ 이자율이 하락하면 수의상환채권의 볼록성은 음(−)의 값을 가질 수 있다.
⑤ 이자율이 상승하면 상환청구권부채권의 볼록성은 일반채권과 같아진다.

정답 및 해설

13 ⑤
이표채권 중 할인채는 만기가 긴 채권일수록 듀레이션이 일정 수준까지는 체감적으로 증가하다가 최고점에 도달한 이후 다시 감소하면서 점차 영구채권의 듀레이션인 $\frac{1+R}{R}$로 수렴한다.

14 ③
$\Delta P = -D \times \frac{1}{1+R} \times P_0 \times \Delta R$
$= -5년 \times \frac{1}{1+0.25} \times 200원 \times 0.01 = 8원$

15 ②
수정듀레이션이 5.0이므로 만기수익률이 1%포인트 변동하는 경우 채권의 가격은 5% 변동한다.

16 ⑤
이자율이 상승하면 상환청구권부채권은 상환청구권의 행사 가능성 때문에 일반채권보다 가격이 적게 하락한다. 즉, 이자율이 상승하면 상환청구권부채권의 볼록성이 일반채권에 비해 강하다.

제3장 | 선물가격의 결정과 투자전략

✓ 핵심 포인트

선물거래의 기초	선물매입자와 선물매도자의 손익
균형선물가격	현물-선물등가식과 차익거래
주가지수선물	연간 배당수익률과 현물-선물등가식
통화선물	명목이자율의 차이와 현물-선물등가식
선물거래의 분류	주가지수선물을 이용한 헤지와 체계적위험의 관리

01 선물거래의 기초개념 중요도 ★

1. 선도거래와 선물거래

(1) 현물거래와 선도거래

거래는 계약체결시점과 계약이행시점의 일치 여부에 따라 현물거래와 선도거래로 구분된다.
① 현물거래(Spot transaction): 매매계약의 체결과 계약의 이행이 동시에 이루어지는 거래
② 선도거래(Forward transaction): 미래의 특정 시점인 만기일(Maturity date:T)에 특정한 자산인 기초자산(Underlying asset:S)을 미리 약정한 가격인 선도가격(Forward price:F)에 매매할 것을 현재시점에 약정하는 거래

선도거래에서 매매계약의 체결은 현재시점에서 이루어지지만, 계약의 이행은 선도거래의 만기일에 이루어집니다.

(2) 선도거래와 선물거래

선물거래(Futures transaction)는 거래상대방에 대한 탐색노력과 계약불이행위험의 부담이라는 선도거래의 문제점을 해결하기 위해 도입된 **정형화되고 표준화된** 선도거래이다. 선도거래와 선물거래는 이러한 제도적인 차이 외에는 거의 유사하므로 앞으로 특별한 언급이 없는 한 선물거래를 중심으로 살펴보기로 한다.

구분	선도거래	선물거래
시장 형태	비조직적 시장(장외시장)	조직화된 시장(선물거래소)
거래 방법	당사자 간 직접계약	공개호가방식
거래 조건	당사자 간 합의	표준화
이행 보증	당사자의 신용에 좌우	선물거래소(청산소)가 이행을 보증
결제 방법	만기일에 한 번 결제	매일매일 결제(일일정산)

2. 선물거래의 청산과 손익

(1) 선물거래의 만기청산방법

① **실물인수도결제방법**: 만기일에 기초자산을 인수도하고 미리 약정한 선물가격을 수수하여 청산

② **현금결제방법**: 만기일에 기초자산의 인수도 없이 만기일의 현물가격과 약정된 선물가격의 차액만을 현금으로 결제하여 청산

(2) 선물거래의 만기손익

① **선물매입(Long position)**: 만기일에 기초자산(현물)을 약정된 선물가격(F_0)에 매입하기로 약정하는 것

- 선물매입자 만기손익 = 만기일의 현물가격 − 최초계약 시 선물가격 = $S_T - F_0$

② **선물매도(Short position)**: 만기일에 기초자산을 약정된 선물가격에 매도하기로 약정하는 것

- 선물매도자 만기손익 = 최초계약 시 선물가격 − 만기일의 현물가격 = $F_0 - S_T$

> 💡 **재무관리 전문가의 TIP**
> 선물거래(선도거래)는 거래당사자들이 얻는 손익의 합이 0이 되는 Zero-sum game입니다.

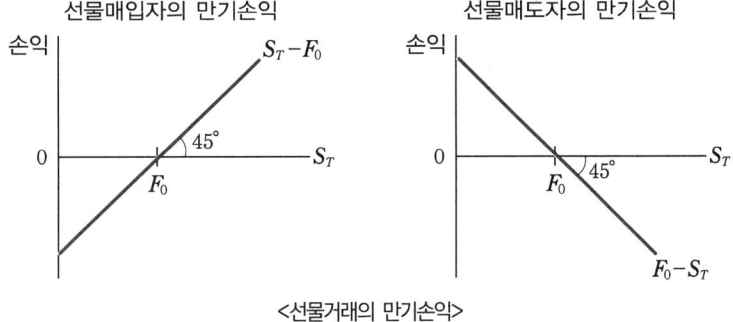

<선물거래의 만기손익>

(3) 반대매매에 의한 청산과 만기 이전 손익

선물거래는 만기일 이전에 최초의 거래와 반대되는 거래를 행하고 그 차액을 현금결제함으로써 만기일 이전 시점에 청산할 수도 있는데, 이를 반대매매에 의한 청산이라고 한다. 만기일 이전 시점(t)에 반대매매에 의해 선물거래를 청산하는 경우 거래자의 손익은 만기일 이전 특정 시점에서 보유하고 있는 선물계약에서 발생하는 선물거래손익과도 동일하다.

① 선물매입자의 만기 이전 손익 = 청산 시 선물가격 − 최초계약 시 선물가격 = $F_t - F_0$

② 선물매도자의 만기 이전 손익 = 최초계약 시 선물가격 − 청산 시 선물가격 = $F_0 - F_t$

3. 선물시장의 구조와 제도

(1) 선물시장의 구조

① **선물거래소(Futures exchanges)**: 거래대상을 표준화하고 거래방식을 정형화하여 선물거래가 조직적으로 이루어질 수 있도록 제공되는 장소

② **선물중개회사(Futures commission merchant: FCM)**: 투자자로부터 선물거래의 주문을 받아 선물거래를 대행해 주고 그 대가로 수수료를 받는 회사

③ 청산소(Clearing house): 선물거래소에서 성립된 모든 선물계약에 대하여 거래의 상대방이 되어 주고 일일정산제도와 증거금제도를 통해 계약의 이행을 보증하는 기관으로 결제소라고도 한다.
④ 선물거래 투자자: 선물거래를 이용하는 목적에 따라 헤져(Hedger), 투기자(Speculator), 차익거래자(Arbitrageur)로 구분한다.

(2) 일일정산제도와 증거금제도

① **일일정산(Marking to market 또는 Daily settlement)**: 선물가격의 변동에 따른 선물거래자의 손익을 매일매일 실현해 주는 제도
② **증거금(Margin)**: 일일정산을 원활하게 하고 계약의 이행을 보증하기 위하여 선물중개회사 또는 청산소에 예치하는 담보금으로, 선물중개회사가 청산소에 예치하는 거래증거금과 투자자가 선물거래를 위해 선물중개회사에 예치하는 위탁증거금으로 구분되며, 위탁증거금은 다음과 같이 세분된다.
  - **개시증거금(Initial margin)**: 투자자가 새로운 선물거래를 시작할 때 예치하는 증거금
  - **유지증거금(Maintenance margin)**: 선물계약의 이행을 보증하기 위하여 필요한 최소한의 증거금
  - **추가증거금(Variation margin)**: 선물가격이 투자자에게 불리하게 변동하여 증거금잔고가 유지증거금 이하로 하락하는 경우 발생하는 증거금의 추가 예치 요구(Margin call)에 응하여 개시증거금 수준까지 추가로 예치하는 증거금
  - **초과증거금(Excess margin)**: 증거금잔고가 개시증거금을 초과하는 경우 인출 가능한 그 초과분

(3) 선물거래의 경제적 기능

① 위험이전 기능: 헤져로부터 투기자에게로 위험을 이전
② 가격예시 기능: 선물가격이 미래의 기초자산가격에 대한 투자자들의 예상을 반영
③ 시장의 효율성 제고 기능: 수많은 투자자의 공개적이고 경쟁적인 참가

02 균형선물가격 중요도 ★★★

1. 현물-선물등가식과 차익거래

(1) 현물-선물등가식

현물-선물등가식(Spot-futures parity)이란 차익거래가 발생하지 않는 균형상태하에서의 선물가격(F_0)과 기초자산의 현재가격인 현물가격(S_0) 간의 일정한 관계를 나타내는 식이다.

$$F_0 = S_0 \times (1+R_f)^T$$
(단, R_f: 연간 무위험이자율, T: 만기일까지의 기간(연 단위))

① 선물매입 = 현물매입 + 무위험이자율 차입

구분		현재시점(0)	선물만기일(T)
전략 1	선물매입	0	$S_T - F_0$
전략 2	현물매입	$-S_0$	S_T
	차입	S_0	$-S_0 \times (1+R_f)^T$
	소계	0	$S_T - S_0 \times (1+R_f)^T$

② 무위험이자율 대출 = 현물매입 + 선물매도

구분		현재시점(0)	선물만기일(T)
전략 3	현물매입	$-S_0$	S_T
	선물매도	0	$F_0 - S_T$
	소계	$-S_0$	F_0
전략 4	대출	$-S_0$	$S_0 \times (1+R_f)^T$

📋 시험문제 미리보기!

> A 주식의 현재가격은 ₩10,000이며, 선물시장에서는 A 주식 1주를 기초자산으로 하고 만기일이 1년 후인 선물계약이 거래되고 있다. 무위험이자율은 연 10%인 경우 균형선물가격은 얼마인가?
>
> ① 8,000원 　② 9,000원 　③ 10,000원 　④ 11,000원 　⑤ 12,000원
>
> 해설　$F_0 = S_0 \times (1 + R_f)^T$ = 10,000원 × 1.1 = 11,000원
>
> 정답 ④

(2) 차익거래

현물－선물등가식이 만족되지 않는 불균형상태의 시장에서는 차익거래가 발생하여 시장의 균형이 회복되며, 획득 가능한 선물만기일의 차익거래이익은 선물의 시장가격과 균형선물가격 간의 차이만큼이다.

① $F_0 > S_0 \times (1 + R_f)^T$인 경우

　[선물매도 + 현물매입 + 차입]의 차익거래 실행 → 선물가격 하락, 현물가격 상승

② $F_0 < S_0 \times (1 + R_f)^T$인 경우

　[선물매입 + 현물매도 + 대출]의 차익거래 실행 → 선물가격 상승, 현물가격 하락

예제 | 현물-선물등가식과 차익거래

㈜파랑 주식의 현재가격은 ₩10,000이며, 선물시장에서는 ㈜파랑 주식 1주를 기초자산으로 하고 만기일이 1년 후인 선물계약이 거래되고 있다. 무위험이자율이 연 10%이고, 현재 선물의 시장가격이 ₩11,300인 경우 실행 가능한 차익거래과정을 나타내시오. (단, 차익거래는 상기 선물 1계약을 기준으로 하며, 차익거래이익은 선물만기일에 발생하는 것으로 한다.)

해답 균형선물가격: $F_0 = S_0 \times (1 + R_f)^T$ = ₩10,000 × (1 + 10%) = ₩11,000

선물가격 과대평가: 선물시장가격(₩11,300) > 균형선물가격(₩11,000)

거래내용	현재시점	선물만기일(1년 후)
선물매도	-	₩11,300 - S_T
현물매입	-₩10,000	S_T
차입	₩10,000	-₩10,000 × 1.1
합계(차익거래이익)	0	₩11,300 - ₩11,000 = ₩300

재무관리 전문가의 TIP
선물만기일 차익거래이익은 선물시장가격과 균형선물가격의 차이입니다.

(3) 보유비용모형

현물-선물등가식에 의하면 균형선물가격은 현물을 매입하여 선물의 만기까지 보유하는 경우 소요되는 모든 비용의 합계와 일치해야 한다는 의미로 해석할 수 있다.

① 보유비용금액과 보유수익금액을 고려하는 경우

- $F_0 = S_0 \times (1+R_f)^T + C_T - D_T$
  (단, C_T: 보유비용의 선물만기시점가치, D_T: 보유수익의 선물만기시점가치)
- $F_0 = [S_0 + PV(C) - PV(D)] \times (1+R_f)^T$
  (단, $PV(C)$: 보유비용의 현재가치, $PV(D)$: 보유수익의 현재가치)

② 현물매입금액에 대한 연간 보유비용률과 보유수익률을 고려하는 경우

- $F_0 = S_0 \times [1 + (R_f + c - d)]^T$
  (단, c: 현물가격에 대한 연간 보유비용률, d: 현물가격에 대한 연간 보유수익률)
- $F_0 = S_0 \times \left[1 + (R_f + c - d) \times \dfrac{T일}{365일}\right]$
  (단, T일: 선물만기일까지의 잔존일수)

2. 베이시스와 스프레드

(1) 베이시스

베이시스(Basis)란 특정 시점(t)에서의 선물가격과 현물가격 간의 차이를 의미하는데, 일반적으로 금융선물은 다음과 같이 베이시스를 정의한다.

$$\text{베이시스(Basis)} = \text{선물가격} - \text{현물가격} = F_t - S_t$$

① 베이시스는 만기이전시점(t)에는 양(+)의 값을 가지며, 만기일에 근접할수록 점점 작아지고, 선물만기시점(T)에는 선물가격과 현물가격이 같아져서 0이 된다. 이를 **수렴현상(Convergence)**이라고 한다.

- 만기이전시점(t): $F_t > S_t$ → Basis = $F_t - S_t > 0$
- 선물만기시점(T): $F_T = S_T$ → Basis = $F_T - S_T = 0$

② 이론베이시스는 현물을 매입하여 만기까지 보유하는 경우의 순보유비용과 동일하다.

(2) 스프레드

스프레드(Spread)란 만기시점, 기초자산, 거래소 등 조건이 상이하지만 매우 밀접한 관련이 있는 선물가격 간의 차이를 의미한다. 만기만 상이($T_1 < T_2$)한 선물가격 간의 차이인 만기간 스프레드(Inter-delivery spread)가 가장 일반적이다.

$$\text{만기간 Spread} = F^{T_2} - F^{T_1}$$

동일한 기초자산에 대한 만기 1년 선물가격과 만기 2년 선물가격에 대한 현물-선물등가식 및 선물가격 간의 관계식은 다음과 같다.

$$F_0^1 = S_0 \times (1 + {}_0R_1)$$
$$F_0^2 = S_0 \times (1 + {}_0R_2)^2 = S_0 \times (1 + {}_0R_1) \times (1 + {}_1f_2) = F_0^1 \times (1 + {}_1f_2)$$
$$\therefore F_0^2 = F_0^1 \times (1 + {}_1f_2)$$

03 금융선물   중요도 ★★

1. 주가지수선물

주가지수선물(Stock index futures)이란 특정 주가지수를 기초자산으로 하는 선물을 말한다.

(1) 주가지수선물의 특징

기초자산인 주가지수는 실체가 없기 때문에 선물의 만기시점에 **실물인수도를 통한 결제가 불가능**하므로 만기일의 주가지수와 주가지수선물가격 간의 차액만큼을 현금결제함으로써 거래가 청산된다. 또한 주가지수선물 결제 시 화폐 단위로 환산해서 결제가 가능하도록 지수 1포인트(p)당 **인위적인 가치(거래승수)를 부여**한다.

(2) 주가지수선물의 균형가격

주가지수선물의 균형가격은 지수산출에 포함되는 주식들의 평균 **연간 배당수익률**을 이용하여 측정하는 것이 일반적이다.

> **재무관리 전문가의 TIP**
> 우리나라의 대표적인 주가지수선물에는 KOSPI200지수를 기초자산으로 하는 KOSPI200지수선물이 있으며, 거래승수는 1포인트당 25만원입니다.

$$F_0 = S_0 \times \left[1 + (R_f - d) \times \frac{T일}{365일}\right]$$

(단, T일: 만기일까지의 잔존일수, d: 연간 배당수익률)

📋 시험문제 미리보기!

현재 주가지수는 100p이고, 주가지수 산출에 포함되는 주식들의 평균배당수익률은 연 2%이며, 무위험이자율은 연 10%이다. 만기일이 3개월 후인 주가지수선물의 균형가격은 얼마인가? (단, 계산의 편의를 위해 1년은 360일로 가정한다.)

① 102p   ② 104p   ③ 106p   ④ 108p   ⑤ 110p

해설 $F_0 = S_0 \times \left[1 + (R_f - d) \times \frac{T일}{360일}\right] = 100p \times \left[1 + (10\% - 2\%) \times \frac{90}{360}\right] = 102p$

정답 ①

(3) 주가지수펀드의 이용

주가지수선물의 매입을 복제하거나, 시장가격의 불균형을 이용하는 차익거래과정에서의 **현물매입**은 주가지수선물의 기초자산인 주가지수를 매입하는 것이 불가능하므로 주가지수를 매입하는 대신에 **주가지수펀드를 매입**하는 것으로 대체할 수 있다.

2. 통화선물

> 💡 **재무관리 전문가의 TIP**
> 통화선물을 외환선물이라고도 합니다.

통화선물(Currency futures)이란 주요국의 통화인 외화를 거래대상으로 하는 선물을 말한다.

(1) 통화선물의 균형가격

통화선물의 균형가격은 환율결정이론 중 **이자율평가설**에 따른 현물-선물등가식을 이용해서 다음과 같이 나타낼 수 있다. 단, 이후의 논의 전개에서 환율은 달러화에 대한 원화의 교환비율(₩/$)로 표시한다.

$$F_0 = S_0 \times \left(\frac{1+R_K}{1+R_A}\right)^T$$

(단, S_0: 현물환율(₩/$),
R_K: 원화에 대한 명목이자율(한국의 명목이자율),
R_A: 달러화에 대한 명목이자율(미국의 명목이자율))

시험문제 미리보기!

현재 달러화에 대한 원화의 현물환율은 1,000원/$이며, 한국과 미국의 연간 명목이자율은 각각 40%와 25%이다. $1를 거래대상으로 하는 1년 만기 원달러선물의 균형선물환율은 얼마인가?

① 1,080원 ② 1,100원 ③ 1,120원
④ 1,140원 ⑤ 1,160원

해설 $F_0 = S_0 \times \frac{1+R_K}{1+R_A} = 1{,}000원/\$ \times \frac{1.4}{1.25} = 1{,}120원/\$$

정답 ③

(2) 통화선물을 이용한 차익거래

현물-선물등가식이 만족되지 않는 불균형상태의 시장에서는 차익거래가 발생하여 시장의 균형이 회복된다.

① $F_0 > S_0 \times \left(\frac{1+R_K}{1+R_A}\right)^T$인 경우

  [원달러선물매도 + 원화차입 + 달러현물환매입 + 달러화대출]의 차익거래 실행
  → 원달러선물환율 하락, 한국이자율 상승, 원달러현물환율 상승, 미국이자율 하락

② $F_0 < S_0 \times \left(\frac{1+R_K}{1+R_A}\right)^T$인 경우

  [원달러선물매입 + 달러화차입 + 달러현물환매도 + 원화대출]의 차익거래 실행
  → 원달러선물환율 상승, 미국이자율 상승, 원달러현물환율 하락, 한국이자율 하락

예제 통화선물

현재 달러화에 대한 원화의 현물환율은 ₩1,000/$이며, 한국과 미국의 연간 명목이자율은 각각 40%와 25%이다. $1를 거래대상으로 하는 1년 만기 원달러선물환율이 ₩1,150/$인 경우 실행가능한 차익거래과정을 나타내시오. (단, 차익거래는 상기 선물 1계약을 기준으로 하며, 차익거래이익은 선물만기일에 발생하는 것으로 한다.)

해답 균형선물환율: $F_0 = S_0 \times \frac{1+R_K}{1+R_A} = ₩1{,}000/\$ \times \frac{1+0.4}{1+0.25} = ₩1{,}120/\$$

선물환율 과대평가: 시장선물환율(₩1,150/$) > 균형선물환율(₩1,120/$)

거래내용	현재시점(0)	선물만기일(1년 후)
원달러선물매도	0	₩1,150 − $1
달러화현물매입	$0.8 − ₩800	
달러화대출	−$0.8	$0.8 × 1.25 = $1
원화차입	₩800	−₩800 × 1.4 = −₩1,120
합계(차익거래이익)	0	₩1,150 − ₩1,120 = ₩30

04 선물거래의 분류   중요도 ★★

1. 차익거래과 투기거래

(1) 차익거래

차익거래란 선물과 현물의 시장가격 간 불균형을 이용하여 무위험한 차익을 추구하는 거래를 말한다.

(2) 투기거래

투기거래란 선물가격 또는 현물가격의 변동을 예상하여 이러한 가격변동으로부터 이익을 추구하고자 선물거래를 이용하는 것을 말한다.

2. 헤지거래

(1) 헤지거래의 기초개념

헤지(Hedge)란 선물이나 옵션과 같은 헤지수단을 이용해서 헤지대상인 특정자산의 미래가격변동에 따른 위험을 제거하거나 감소시키는 전략을 말한다.

① 이론적으로는 현물가격 변동률(R_S)과 선물가격 변동률(R_F)은 일치할 것이므로 현물가격 변동률(R_S)과 선물가격 변동률(R_F) 간의 상관계수는 +1이다.

$$R_F = \frac{\Delta F}{F_0} = \frac{\Delta S \times (1+R_f)^T}{S_0 \times (1+R_f)^T} = \frac{\Delta S}{S_0} = R_S$$

② 따라서 현물에서의 포지션과 반대되는 포지션을 선물에서 취하는 경우 이론적으로는 현물가격변동에 따른 모든 위험을 완전히 제거할 수 있다.

③ 매도헤지와 매입헤지
  - 매도헤지: 보유 중인 현물의 가격하락에 따른 손실을 상쇄시키기 위해 선물을 매도하는 헤지
  - 매입헤지: 매입 예정인 현물의 가격상승에 따른 손실을 상쇄시키기 위해 선물을 매입하는 헤지

구분	포지션		헤지대상위험
	현물시장	선물시장	
매도헤지	현물매도 예정	매도	현물가격의 하락 위험
매입헤지	현물매입 예정	매입	현물가격의 상승 위험

이후 편의를 위해 특별한 언급이 없는 한 현재 현물을 보유 중인 투자자로 가정하여, 매도헤지를 위주로 헤지거래에 대해서 살펴보기로 한다.

(2) 헤지전략 – 채권보유포지션으로 전환하는 방식

채권보유포지션으로 전환하는 방식은 무위험이자율로 대출하는 것과 동일한 포지션을 구성하는 방식을 말합니다.

채권보유포지션으로 전환하는 방식이란 보유현물을 기초자산으로 하는 선물을 매도하고 선물의 만기시점에 현물과 선물의 포지션을 청산함으로써 최초에 약정된 선물가격대로 보유현물을 매도하여 **선물매도시점부터 선물만기일까지의 기간**에 채권을 보유하는 것과 유사한 투자전략을 구성하는 방식을 말한다. 여기서 채권보유포지션으로 전환하기 위해 이용해야 하는 선물의 계약수(N_F)는 보유하는 현물의 수량을 기준으로 계산된다.

$$N_F = \frac{현물보유수량}{선물\ 1계약의\ 거래단위수량}$$

또한, 현물보유포지션을 채권보유포지션으로 전환하기 위해서는 다음과 같은 두 가지 조건을 만족해야 한다.

> 첫째, 헤지대상(현물)과 선물의 기초자산이 일치해야 한다.
> 둘째, 현물포지션의 청산시점이 선물의 만기일과 일치해야 한다.

① 첫 번째 조건과 관련된 개념으로 **직접헤지(Direct hedge)**와 **교차헤지(Cross hedge)**가 있는데, 직접헤지란 헤지대상과 선물의 기초자산이 동일한 경우를 말하며, 교차헤지란 헤지대상과 선물의 기초자산이 상이한 경우를 말한다.
  - 헤지대상을 기초자산으로 하는 선물이 시장에서 거래되지 않는 경우 직접헤지가 불가능하므로 헤지대상과 가격변동이 유사한 자산을 기초자산으로 하는 선물을 이용하는 교차헤지를 고려할 수 있다.
  - 교차헤지가 이루어지는 경우 헤지대상의 가격변동과 선물 기초자산의 가격변동이 완전히 일치하지는 않기 때문에 위험을 부담하게 된다.

② 두 번째 조건과 관련된 개념으로 개시베이시스(Initial basis)와 커버베이시스(Cover basis)가 있는데, 개시베이시스란 선물계약을 체결하는 시점의 베이시스를 말하며, 커버베이시스란 포지션을 청산하는 시점의 베이시스를 말한다.
  - 현물포지션의 청산예정시점을 만기일로 하는 선물이 시장에서 거래되지 않는 것이 일반적이므로 현물포지션의 청산예정시점보다 만기가 긴 선물계약을 체결하고 현물포지션의 청산시점에 해당 선물을 반대매매에 의해 청산하여 거래를 종결하게 된다.
  - 선물만기시점 이전에 청산하는 경우 청산시점의 베이시스인 커버베이시스에 따라 청산시점의 현금흐름이 변동하게 될 위험인 **베이시스위험(Basis risk)**을 부담하게 된다.

시험문제 미리보기!

3개월 후 금 1,000kg을 매입할 예정인 투자자가 3개월 만기 금선물을 매입하여 3개월 후의 지급액을 확정하고자 한다. 금선물 1계약의 기초자산이 금 10kg인 경우 매입해야 할 금선물의 계약수는 얼마인가?

① 50계약 ② 60계약 ③ 80계약
④ 100계약 ⑤ 1,000계약

해설 $N_F = \dfrac{\text{현물보유수량}}{\text{선물 1계약의 거래단위수량}} = \dfrac{1{,}000\text{kg}}{10\text{kg}} = 100$계약

정답 ④

(3) 헤지전략 – 보유현물의 가치변동위험을 최소화하는 방식

보유현물의 가치변동위험을 최소화하는 방식이란 채권보유포지션으로의 전환이 아닌 보유현물의 가치가 변동되지 않도록 하는 방식을 말한다. 이러한 헤지는 현물가격의 변동위험이 완전히 제거되는 완전헤지(Perfect hedge)와 현물가격의 변동위험이 완전히 제거되지 않는 불완전헤지(Imperfect hedge)로 구분할 수 있다.

① 현물가격의 변동액과 선물가격의 변동액 간에 완전한 정의 상관관계($\rho_{\Delta S, \Delta F} = +1$)가 있다면 변동액 간의 민감도를 이용한 완전헤지가 가능하다.

② 완전헤지가 불가능한 현실의 시장에서는 불완전헤지 시 위험의 최소화를 도모하게 되는데, 이를 위해 구성되는 헤지포트폴리오의 위험(분산)을 최소화하는 헤지비율을 **최소분산헤지비율(Minimum variance hedge ratio)**이라고 한다. 여기서 **헤지비율(Hedge ratio:HR)**이란 현물 1단위의 가치변동위험을 제거하기 위해 필요한 선물의 수량을 말한다.

• 가치변동률의 분산을 최소화하는 최소분산헤지비율(HR)

$$HR = -\dfrac{\Delta S}{\Delta F} = -\dfrac{S_0}{F_0} \times \dfrac{Cov(R_S, R_F)}{Var(R_F)} = -\dfrac{S_0}{F_0} \times \dfrac{\sigma_{R_S}}{\sigma_{R_F}} \times \rho_{R_S, R_F} = -\dfrac{S_0}{F_0} \times \beta_{SF}$$

• 보유현물 전체의 **가격변동위험을 최소화하기 위해 필요한 선물의 계약수(N_F)**는 헤지비율에 현물보유수량과 선물 1계약의 거래단위수량을 조정하여 다음과 같이 계산된다.

$$N_F = HR \times \dfrac{\text{현물보유수량}}{\text{선물 1계약의 거래단위수량}} = -\dfrac{\text{현물보유금액}}{\text{선물 1계약의 계약금액}} \times \beta_{SF}$$

(4) 주가지수선물을 이용한 헤지

① 최소분산헤지: 현물주식포트폴리오(S)의 주가지수선물(F)에 대한 베타(β_{SF})를 이용

$$N_F = -\frac{\text{현물보유금액}}{\text{선물지수} \times \text{거래승수}} \times \beta_{SF}$$

② 베타헤지: 현물주식포트폴리오(S)의 주가지수(I)에 대한 베타(β_{SI})를 이용

$$N_F = -\frac{\text{현물보유금액}}{\text{선물지수} \times \text{거래승수}} \times \beta_{SI}$$

③ 단순헤지: 현물과 선물을 1:1의 비율로 헤지

$$N_F = -\frac{\text{현물보유금액}}{\text{선물지수} \times \text{거래승수}}$$

시험문제 미리보기!

투자자 甲은 5천만 원의 주식포트폴리오(베타 = 2)를 보유하고 있다. 투자자 甲이 주가 변동위험을 헤지하기 위해 매도해야 하는 주가지수선물의 계약수는 얼마인가? (단, 현재 주가지수선물의 가격은 100p이며, 거래승수는 1p당 25만 원이다.)

① 2계약   ② 4계약   ③ 6계약
④ 8계약   ⑤ 10계약

해설 $N_F = -\dfrac{\text{현물보유금액}}{\text{선물지수} \times \text{거래승수}} \times \beta_{SI} = -\dfrac{\text{5천만 원}}{100p \times \text{25만 원}} \times 2 = -4\text{계약}$

정답 ②

출제예상문제

제3장 선물가격의 결정과 투자전략

난이도: ★☆☆ 대표출제기업: 한국가스공사

01 선도거래와 비교하여 다음과 같은 특징을 지닌 (A)로 옳은 것은?

구분	선도거래	(A)
시장 형태	비조직적 시장(장외시장)	조직화된 시장(거래소)
거래 방법	당사자 간 직접계약	공개호가방식
거래 조건	당사자 간 합의	표준화
이행 보증	당사자의 신용에 좌우	거래소(청산소)가 이행을 보증
결제 방법	만기일에 한 번 결제	매일매일 결제(일일정산)

① 선물거래 ② 헤지거래 ③ 투기거래 ④ 스왑거래 ⑤ 차익거래

난이도: ★★☆

02 현재(t = 0) 선물의 시장가격(F_0)은 100원이며 투자자 甲이 동 선물 1계약을 매입하였을 때, 옳은 것은? (단, S_0는 현재시점(t = 0)의 기초자산가격이고, S_t와 F_t는 각각 선물만기이전시점(t)의 기초자산가격과 선물가격이며, S_T는 선물만기시점(T)의 기초자산가격이다.)

① S_0가 120원인 경우 현재(t = 0)시점에 투자자 甲은 선물매도자에게 20원을 지급해야 한다.
② S_t는 110원, F_t는 120원인 시점에 반대매매에 의해 동 거래를 청산한다면 투자자 甲의 선물거래이익은 10원이다.
③ S_t는 80원, F_t는 90원인 시점에 반대매매에 의해 동 거래를 청산한다면 투자자 甲의 선물거래손실은 20원이다.
④ S_T가 150원이고 선물만기시점에 청산한다면 투자자 甲의 선물거래이익은 50원이다.
⑤ 투자자 甲은 선물매입 이후에 기초자산가격이 하락하면 이익이 발생한다.

난이도: ★☆☆ 대표출제기업: 신용보증기금

03 배당을 지급하지 않는 A 주식의 현재주가는 1,000원이며, A 주식 1주를 기초자산으로 하고 만기가 2년인 주식선물이 시장에서 거래되고 있다. 무위험이자율이 연 20%일 때, 균형선물가격은 얼마인가?

① 1,200원 ② 1,210원 ③ 1,350원 ④ 1,440원 ⑤ 1,728원

난이도: ★★★

04 배당을 지급하지 않는 A 주식(현물)의 현재주가는 1,000원이며, A 주식 1주를 기초자산으로 하고 만기가 1년인 주식선물이 시장에서 1,300원에 거래되고 있다. 무위험이자율이 연 25%인 경우 실행 가능한 차익거래전략의 결과로 옳은 것은?

① 현물가격은 상승하고 선물가격은 하락한다.
② 현물가격은 하락하고 선물가격은 상승한다.
③ 현물가격과 선물가격 모두 하락한다.
④ 현물가격과 선물가격 모두 상승한다.
⑤ 현재의 시장은 균형상태이므로 차익거래의 실행이 불가능하다.

난이도: ★★☆

05 달러화에 대한 원화의 현물환율은 1달러당 1,100원이며, 한국과 미국의 연간 명목이자율은 각각 20%와 10%일 때, 1달러를 기초자산으로 하고 만기가 1년인 원달러선물의 균형선물환율은 얼마인가?

① 1,120원/$ ② 1,140원/$ ③ 1,160원/$ ④ 1,180원/$ ⑤ 1,200원/$

정답 및 해설

01 ①
선도거래와 비교한 선물거래의 특징에 대한 설명이다.

02 ④
[오답노트]
① 선물계약체결시점에 선물계약의 가치는 0이므로 선물거래자 간의 현금수수는 없다.
② 선물매입자의 선물만기이점시점의 손익 = $F_t - F_0$ = 120원 − 100원 = 20원
③ 선물매입자의 선물만기이점시점의 손익 = $F_t - F_0$ = 90원 − 100원 = −10원
⑤ 선물매입자는 기초자산가격이 상승하면 이익이 발생한다.

03 ④
균형 $F_0 = S_0 \times (1 + R_f)^T$ = 1,000원 × 1.2^2 = 1,440원

04 ①
균형 $F_0 = S_0 \times (1 + R_f)^T$ = 1,000원 × 1.25 = 1,250원
선물가격이 과대평가된 상황이므로 [선물매도 + 현물매입 + 차입]의 차익거래가 가능하며, 차익거래로 인해 현물가격은 상승하고 선물가격은 하락한다.

05 ⑤
균형 $F_0 = S_0 \times \dfrac{1 + R_K}{1 + R_A}$ = 1,100원/$ × $\dfrac{1.2}{1.1}$ = 1,200원/$

출제예상문제

난이도: ★★★

06 달러화에 대한 원화의 현물환율은 1,200원/$이며, 한국과 미국의 연간 명목이자율은 각각 25%와 20%이다. 1달러를 기초자산으로 하고 만기가 1년인 원달러선물의 시장가격이 1,300원/$인 경우 실행 가능한 차익거래의 결과로 옳은 것은?

① 현물환율 상승 + 선물환율 하락 + 한국이자율 하락 + 미국이자율 상승
② 현물환율 상승 + 선물환율 하락 + 한국이자율 상승 + 미국이자율 하락
③ 현물환율 하락 + 선물환율 상승 + 한국이자율 하락 + 미국이자율 상승
④ 현물환율 하락 + 선물환율 상승 + 한국이자율 상승 + 미국이자율 하락
⑤ 현재의 시장은 균형상태이므로 차익거래의 실행이 불가능하다.

난이도: ★★☆

07 현물가격의 변동위험을 헤지하기 위한 선물거래 전략에 대한 설명으로 옳지 않은 것은?

① 매입 예정인 현물을 기초자산으로 하는 선물을 매입하였다.
② 지수펀드를 보유하고 있는 투자자가 주가지수선물을 매도하였다.
③ 미래에 달러화 대금을 수취할 예정인 수출업자가 달러화에 대한 선물을 매도하였다.
④ 채권을 매입할 예정인 투자자가 채권선물을 매입하였다.
⑤ 미래에 자금을 차입할 예정인 기업이 채권선물을 매입하였다.

난이도: ★☆☆

08 9개월 후 원유 10만 배럴을 매입할 예정인 A 기업이 9개월 만기 원유선물을 이용해서 9개월 후의 원유매입대금 지급액을 확정하고자 한다. 원유선물 1계약의 기초자산이 원유 100배럴일 때, A 기업이 매입 또는 매도해야 할 원유선물의 계약수는 얼마인가?

① 50계약   ② 60계약   ③ 80계약   ④ 100계약   ⑤ 1,000계약

난이도: ★★☆

09 투자자 甲은 현재가치가 1억 원이고 베타가 1.5인 주식포트폴리오를 보유하고 있다. 현재 주가지수는 80p이고, 주가지수선물의 가격은 100p이며, 거래승수는 1p당 5만 원이라고 가정할 때, 투자자 甲이 주가변동위험을 헤지하기 위해 매도해야 하는 주가지수선물의 계약수는 얼마인가?

① 25계약   ② 30계약   ③ 35계약   ④ 40계약   ⑤ 45계약

정답 및 해설

06 ②

균형 $F_0 = S_0 \times \dfrac{1+R_K}{1+R_A} = 1,200원/\$ \times \dfrac{1.25}{1.2} = 1,250원/\$$

선물환율이 과대평가된 상황이므로 [원달러선물매도 + 원화차입 + 달러화현물매입 + 달러화대출]의 차익거래가 가능하며, 차익거래로 인해 현물환율은 상승하고 선물환율은 하락하며, 한국이자율은 상승하고 미국이자율은 하락한다.

07 ⑤

미래에 자금을 차입(채권을 발행)할 예정인 기업은 이자율이 상승하여 이자지급액이 증가할 위험(또는 채권 발행금액이 감소할 위험)을 부담하고 있으므로 채권선물을 매도해야 한다.

08 ⑤

$N_F = \dfrac{\text{현물보유수량}}{\text{선물 1계약의 거래단위수량}} = \dfrac{100,000배럴}{100배럴} = 1,000계약$

09 ②

$N_F = -\dfrac{\text{현물보유금액}}{\text{선물지수} \times \text{거래승수}} \times \beta_{SI}$

$= -\dfrac{1억\ 원}{100p \times 5만\ 원} \times 1.5 = -30계약$

제4장 | 옵션가격의 결정과 투자전략

✓ 핵심 포인트	
옵션거래의 기초	옵션의 만기일가치와 옵션거래자의 만기손익
풋-콜등가식	옵션가격 간의 균형조건과 차익거래
옵션가격결정의 기초	옵션가격의 범위와 옵션가격결정요인
옵션투자전략	전략의 구성과 만기손익

01 옵션거래의 기초개념   중요도 ★

1. 옵션의 의의

(1) 옵션의 정의

옵션(Option)이란 만기일(Maturity date:T)인 미래의 특정 시점(또는 특정 시점 이내)에 기초자산(Underlying asset:S)을 미리 약정된 가격인 행사가격(Exercise price:X)에 사거나 팔 수 있는 권리가 부여된 계약을 말한다.

(2) 옵션의 종류

옵션은 권리의 종류와 권리를 행사할 수 있는 시기에 따라 다음과 같이 구분되며, 앞으로는 특별한 언급이 없는 한 주식을 기초자산으로 하는 유럽형 옵션을 가정하여 살펴보기로 한다.

① 콜옵션(Call option): 기초자산을 행사가격에 살 수 있는 권리가 부여된 옵션
② 풋옵션(Put option): 기초자산을 행사가격에 팔 수 있는 권리가 부여된 옵션
③ 유럽형 옵션(European option): 만기일에만 권리행사가 가능한 옵션
④ 미국형 옵션(American option): 만기일 이전에는 언제든지 권리행사가 가능한 옵션

(3) 옵션의 특성

옵션매입자는 자신에게 유리한 경우에만 권리를 행사하고 불리한 경우에는 권리 행사를 포기할 수 있다. 옵션매도자는 옵션매입자가 권리를 행사하면 반드시 거래를 이행해야 할 의무가 있으며 옵션매입자가 권리를 행사하지 않으면 옵션매도자의 의무는 자동으로 소멸된다.

① 옵션매입자는 옵션의 만기일에 0 이상의 이득을 취할 수 있으며, 옵션매도자는 어떠한 경우에도 옵션의 만기일에 이득이 발생될 수 없다.
② **옵션가격(옵션프리미엄)**: 옵션매입자가 최초 옵션매입 시 권리취득을 위해 옵션의 매도자에게 지급하는 대가

(4) 옵션의 기능

① 위험관리기능: 보유하고 있는 기초자산(주식)에 대한 풋옵션을 매입하여 주가하락위험에 대비할 수 있고, 매입할 예정인 주식에 대한 콜옵션을 매입하여 주가상승위험에 대비할 수 있다.
② 레버리지기능: 옵션을 이용하는 경우 기초자산을 직접 거래하는 것에 비해 적은 투자금액이 소요되므로 수익률이 보다 확대되는 레버리지효과를 얻을 수 있다.
③ 신금융상품창조기능: 옵션의 손익구조가 행사가격을 기준으로 비대칭적이기 때문에 다른 금융상품과 결합하면 다양한 손익구조를 갖는 새로운 금융상품을 만들어 낼 수 있다.

> **재무관리 전문가의 TIP**
>
> **옵션매입자**
> 옵션에 부여된 권리만 보유하며 의무는 없습니다.
>
> **옵션매도자**
> 옵션에 부여된 의무만 부담하며 권리는 없습니다.

2. 옵션의 만기일가치와 옵션거래자의 만기손익

(1) 옵션의 만기일가치

만기일과 행사가격이 미리 정해져 있는 유럽형 옵션의 만기일가치는 만기일의 기초자산가격(S_T)에 따라 달라진다.

구분	$S_T \leq X$	$S_T > X$
콜옵션의 만기일가치 $C_T = Max[0,\ S_T - X]$	0 (권리행사 포기)	$S_T - X$ (권리행사)
풋옵션의 만기일가치 $P_T = Max[X - S_T,\ 0]$	$X - S_T$ (권리행사)	0 (권리행사 포기)

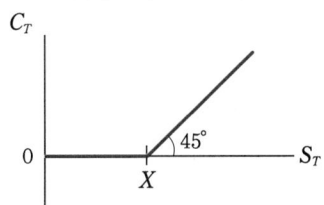

<옵션의 만기일가치>

> ### 📑 시험문제 미리보기!
>
> A 주식 1주를 100원에 살 수 있는 콜옵션을 매입하였다. 만기일 A 주식의 주가가 150원인 경우 해당 콜옵션의 만기일가치는 얼마인가?
>
> ① 30원   ② 50원   ③ 70원   ④ 100원   ⑤ 150원
>
> 해설 $C_T = Max[0, S_T - X] = Max[0, 150원 - 100원] = 50원$
>
> 정답 ②

(2) 옵션거래자의 만기손익

옵션거래자의 만기손익은 옵션의 만기일가치에 최초 옵션거래 시 수수한 옵션프리미엄을 고려해서 계산할 수 있다. 만기손익 계산 시 옵션프리미엄에 대한 화폐의 시간가치를 반영하는 것이 이론적으로 타당하지만, 대부분의 옵션은 만기가 매우 짧기 때문에 화폐의 시간가치를 무시하는 것이 일반적이다.

> **재무관리 전문가의 TIP**
>
> 옵션거래도 선물거래와 마찬가지로 거래당사자들이 얻는 손익의 합이 0이 되는 Zero-sum game입니다.

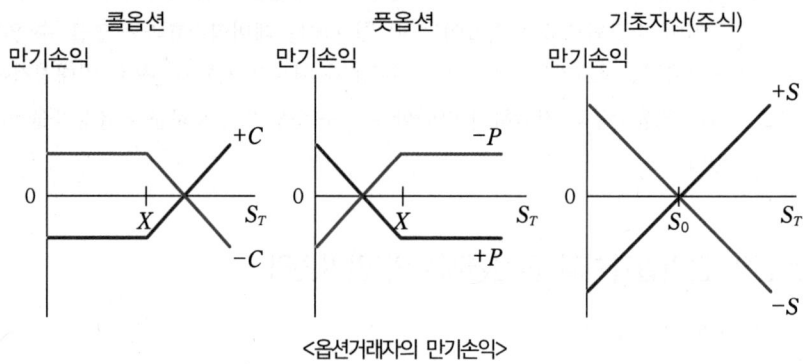

<옵션거래자의 만기손익>

> ### 📑 시험문제 미리보기!
>
> 투자자 甲은 A 주식 1주를 100원에 살 수 있는 콜옵션을 20원에 매입하였다. 만기일 A 주식의 주가가 150원인 경우 투자자 甲의 만기손익은 얼마인가?
>
> ① 30원   ② 50원   ③ 70원   ④ 100원   ⑤ 150원
>
> 해설 콜옵션 매입자의 만기손익 = $C_T - C_0 = Max[0, S_T - X] - C_0 = 50원 - 20원 = 30원$
>
> 정답 ①

02 옵션가격결정의 기초 중요도 ★★★

1. 풋-콜등가식

(1) 풋-콜등가식의 도출

풋-콜등가식(Put-call parity)이란 기초자산과 만기 및 행사가격의 모든 조건이 동일한 콜옵션가격과 풋옵션가격 간의 균형관계식을 말한다.

① 기초자산(주식) 1개를 매입하고 동 주식 1주를 기초자산으로 하며, 행사가격과 만기가 동일한 풋옵션 1개를 매입하고 콜옵션 1개를 매도하는 무위험헤지포트폴리오의 만기일가치는 만기일의 기초자산가격과 무관하게 옵션의 행사가격인 X가 된다.
② 균형상태의 시장에서는 무위험헤지포트폴리오의 수익률이 무위험이자율과 같아야 한다는 논리에서 풋-콜등가식이 도출된다.

$$\text{풋-콜등가식: } S_0 + P_0 - C_0 = PV(X) = \frac{X}{(1+R_f)^T}$$

(2) 합성포지션의 구성

풋-콜등가식을 이용해서 다음과 같은 다양한 합성포지션의 구성이 가능하다. 다만, 주식과 풋옵션 및 콜옵션은 모두 1개씩 결합된다는 것에 주의해야 한다.

풋-콜등가식	합성포지션의 구성전략
$S_0 = C_0 - P_0 + PV(X)$	합성주식매입 = 콜옵션매입 + 풋옵션매도 + R_f대출
$P_0 = C_0 - S_0 + PV(X)$	합성풋옵션매입 = 콜옵션매입 + 주식공매 + R_f대출
$C_0 = S_0 + P_0 - PV(X)$	합성콜옵션매입 = 주식매입 + 풋옵션매입 + R_f차입

합성포지션 구성 시 + 부호는 매입을 의미하며 - 부호는 매도(공매)를 의미한다. 따라서 $+PV(X)$는 무위험채권매입(무위험이자율로의 대출)을 의미하며, $-PV(X)$는 무위험채권공매(무위험채권발행, 무위험이자율로의 차입)를 의미한다.

> **시험문제 미리보기!**
>
> A 주식의 현재가격은 11,000원이고, 이 주식 1주를 기초자산으로 하고 만기는 1년, 행사가격이 11,000원인 유럽형 콜옵션의 현재가격은 1,200원이며, 연간 무위험이자율은 10%이다. 이 콜옵션과 모든 조건이 동일한 풋옵션의 균형가격은 얼마인가?
>
> ① 0원   ② 100원   ③ 200원   ④ 300원   ⑤ 400원
>
> 해설 $P_0 = C_0 - S_0 + \dfrac{X}{(1+R_f)^T}$ = 1,200원 - 11,000원 + $\dfrac{11,000원}{1.1}$ = 200원
>
> 정답 ③

제4장 옵션가격의 결정과 투자전략

재무관리 전문가의 TIP

현재시점 차익거래이익은 풋옵션의 시장가격과 균형가격의 차이입니다.

> **예제** 풋-콜등가식과 차익거래
>
> ㈜파랑 주식의 현재가격은 ₩11,000이고, 이 주식 1주를 기초자산으로 하고 만기는 1년, 행사가격이 ₩11,000인 유럽형 콜옵션의 현재가격은 ₩1,200이며, 연간 무위험이자율은 10%이다. 이 콜옵션과 모든 조건이 동일한 풋옵션의 시장가격이 ₩500인 경우 실행 가능한 차익거래 과정을 나타내시오. (단, 차익거래 과정은 ㈜파랑 주식 1주를 기준으로 나타내고, 차익거래이익은 현재시점의 금액으로 나타낸다.)
>
> **해답** 풋옵션의 균형가격: $P_0 = C_0 - S_0 + \dfrac{X}{(1+R_f)^T}$ = ₩1,200 - ₩11,000 + $\dfrac{₩11,000}{1.1}$ = ₩200
>
> 풋옵션가격의 과대평가: 풋옵션의 시장가격(₩500) > 풋옵션의 균형가격(₩200)
>
> | 거래내용 | 현재시점 현금흐름 | 만기일 현금흐름 | |
> |---|---|---|---|
> | | | $S_T \leq ₩11,000$ | $S_T > ₩11,000$ |
> | 풋옵션 1개 매도 | ₩500 | $-(₩11,000 - S_T)$ | 0 |
> | 주식 1주 공매 | ₩11,000 | $-S_T$ | $-S_T$ |
> | 콜옵션 1개 매입 | -₩1,200 | 0 | $S_T - ₩11,000$ |
> | $PV(X)$ 대출 | -₩10,000 | ₩11,000 | ₩11,000 |
> | 합계(차익거래이익) | ₩300 | 0 | 0 |

2. 옵션가격의 범위

균형상태의 시장에서 현재시점의 옵션가격은 일정한 범위 내에 존재한다. 유럽형 콜옵션과 유럽형 풋옵션으로 구분하여 각 **옵션가격의 상한과 하한**을 나타내면 다음과 같다.

구분	하한	상한
콜옵션	$C_0 \geq Max[0,\ S_0 - PV(X)]$	$C_0 \leq S_0$
풋옵션	$P_0 \geq Max[0,\ PV(X) - S_0]$	$P_0 \leq PV(X)$

(1) 유럽형 콜옵션가격의 범위

① $C_0 \geq 0$: 옵션은 권리이기 때문에 옵션의 가치가 0보다 작을 수 없다.

② $C_0 \geq S_0 - PV(X)$: $C_0 = S_0 - PV(X) + P_0 \geq S_0 - PV(X)$ (∵ $P_0 \geq 0$)

③ $C_0 \leq S_0$: 콜옵션의 가격은 기초자산의 현재가격보다 클 수 없다.

(2) 유럽형 풋옵션가격의 범위

① $P_0 \geq 0$: 옵션은 권리이기 때문에 옵션의 가치가 0보다 작을 수 없다.

② $P_0 \geq PV(X) - S_0$: $P_0 = PV(X) - S_0 + C_0 \geq PV(X) - S_0$ (∵ $C_0 \geq 0$)

③ $P_0 \leq PV(X)$: 풋옵션의 가격은 행사가격의 현재가치보다 클 수 없다.

시험문제 미리보기!

A 주식의 현재가격은 12,000원이고, 이 주식 1주를 기초자산으로 하고 만기는 1년, 행사가격이 11,000원인 유럽형 콜옵션이 거래되며, 연간 무위험이자율은 10%이다. 이 콜옵션가격의 하한은 얼마인가?

① 500원 ② 1,000원 ③ 1,500원
④ 2,000원 ⑤ 2,500원

해설 $Max[0,\ S_0 - PV(X)] = Max\left[0,\ 12{,}000원 - \dfrac{11{,}000원}{1.1}\right] = 2{,}000원$

정답 ④

3. 옵션가격의 구성요소

(1) 내재가치

옵션의 **내재가치(Intrinsic value)**란 정해진 옵션의 내부적인 조건에 따라 옵션이 갖는 가치를 말하며, 일반적으로는 옵션을 당장 행사할 수 있다고 가정할 경우 얻을 수 있는 가치를 의미한다.

- 콜옵션의 내재가치: $Max[0,\ S_0 - X]$
- 풋옵션의 내재가치: $Max[0,\ X - S_0]$

옵션은 기초자산의 현재가격(S_0)과 옵션의 행사가격(X) 간의 관계에 따라 내가격옵션, 등가격옵션, 외가격옵션으로 구분되고, 등가격옵션과 외가격옵션의 내재가치는 0이다.

① **내가격옵션(In the money:ITM)**: 당장 행사한다고 가정 시 옵션을 행사하면 이익이 발생하며 내재가치가 0보다 큰 옵션
② **등가격옵션(At the money:ATM)**: 행사가격이 기초자산의 현재가격과 일치하여 당장 행사한다고 가정 시 행사 여부가 무차별한 옵션
③ **외가격옵션(Out of the money:OTM)**: 당장 행사한다고 가정 시 옵션을 행사하면 손실이 발생하는 옵션

> **재무관리 전문가의 TIP**
> 내재가치를 본질적 가치 또는 행사가치(Exercise value)라고도 하며, 시간가치를 외재가치(Extrinsic value)라고도 합니다.

시험문제 미리보기!

A 주식의 현재가격은 12,000원이고, 이 주식 1주를 기초자산으로 하고 만기는 1년, 행사가격이 11,000원인 유럽형 콜옵션이 거래되고 있다. 이 콜옵션의 내재가치는 얼마인가?

① -1,000원 ② -500원 ③ 0원
④ 500원 ⑤ 1,000원

해설 $Max[0,\ S_0 - X] = Max[0,\ 12{,}000원 - 11{,}000원] = 1{,}000원$

정답 ⑤

(2) 시간가치

옵션의 **시간가치(Time value)**란 옵션만기까지의 기간에 기초자산의 가격이 옵션의 행사에 유리하게 변동될 가능성으로 인한 가치를 말한다. 옵션의 시장가치는 전통적으로 사용되는 시간가치의 의미인 화폐의 시간가치와 미래의 기초자산 가격변동성에 따라 기대되는 프리미엄으로 구분된다.

① 콜옵션의 시간가치는 항상 양(+)의 값을 갖는다.
② 풋옵션의 시간가치는 일반적으로는 양(+)의 값을 갖지만, **심내가격(Deep ITM) 풋옵션**은 음(-)의 값을 가질 수도 있다.
③ 기초자산의 현재가격수준과 관련해서는 등가격 상태에서의 시간가치가 가장 크며, 기초자산의 가격이 행사가격에서 멀어질수록 시간가치는 작아진다.
④ 시간이 경과하여 만기일에 근접할수록 시간가치는 감소하고, 시간가치의 감소폭은 만기일에 근접할수록 점점 더 커지며, 만기일의 시간가치는 0이 된다.
⑤ 내가격옵션의 가치는 내재가치와 시간가치의 합으로 구성되며, 등가격옵션과 외가격 옵션의 가치는 시간가치만으로 구성된다.

> **📋 시험문제 미리보기!**
>
> A 주식의 현재가격은 12,000원이고, 이 주식 1주를 기초자산으로 하고 만기는 1년, 행사가격이 13,000원인 유럽형 콜옵션의 가격은 500원이다. 이 콜옵션의 시간가치는 얼마인가?
>
> ① -1,000원   ② -500원   ③ 0원   ④ 500원   ⑤ 1,000원
>
> 해설 외가격 콜옵션의 가치는 시간가치만으로 구성된다.
>
> 정답 ④

(3) 유럽형 옵션과 미국형 옵션의 비교

① 옵션의 만기일 이전에 **현금배당을 지급하지 않는 주식**에 대한 **미국형 콜옵션은 조기행사 가능성이 없으며**, 미국형 풋옵션은 조기행사 가능성이 있다.
- 미국형 콜옵션을 조기행사하면 옵션의 가치 중에서 내재가치만을 수취하며 항상 양(+)의 값을 갖는 시간가치를 상실하므로 미국형 콜옵션은 조기행사하는 것보다 시장가격으로 처분하는 것이 유리하다.
- 미국형 풋옵션을 조기행사하면 옵션의 가치 중 내재가치만을 수취하며 시간가치를 상실하는데, 시간가치가 음(-)의 값을 갖는 심내가격(Deep ITM) 상태의 미국형 풋옵션은 조기행사하여 시장에서의 처분가격보다 높은 내재가치를 수취하는 것이 유리하다.

② 옵션의 만기일 이전에 현금배당을 지급하는 주식에 대한 미국형 콜옵션과 미국형 풋옵션은 모두 조기행사 가능성이 있다.
- 미국형 콜옵션을 현금배당 이전에 배당부주가 수준에서 조기행사하면 현금배당을 수취할 수 있다는 긍정적인 효과가 있으므로 현금배당이 미국형 콜옵션의 조기행사를 유도한다고 할 수 있다.

- 미국형 풋옵션을 현금배당 이전에 조기행사하는 것보다는 현금배당이 지급된 이후에 배당락된 주가수준에서 행사하는 것이 풋옵션 보유자에게 보다 유리하므로 현금배당이 미국형 풋옵션의 행사를 지연시킨다고 할 수 있다.

4. 옵션가격결정요인

옵션가격에 영향을 미치는 구체적인 요인으로는 기초자산과 시장의 특성인 **기초자산의 현재가격(S_0)**과 **기초자산가격(또는 수익률)의 변동성(σ^2)** 및 **무위험이자율(R_f)**과 옵션의 조건인 **행사가격(X) 및 만기일까지의 기간(T)**을 들 수 있다. 또한, 기초자산(주식)에서 옵션만기일 이전에 배당(D)이 지급되는 경우 지급되는 배당의 수준 역시 옵션가격에 영향을 미친다.

옵션가격결정요인		콜옵션가격		풋옵션가격	
기초자산의 현재가격(S_0)		+		−	
옵션의 행사가격(X)		−		+	
무위험이자율($R_f \uparrow \Rightarrow PV(X) \downarrow$)		+		−	
기초자산가격의 변동성(σ^2)		+		+	
배당($D \uparrow \Rightarrow S \downarrow$)		−		+	
만기	$T \uparrow \Rightarrow PV(X) \downarrow$	+	+	−	?
	$T \uparrow \Rightarrow \sigma^2 \uparrow$	+	?	+	?
	$T \uparrow \Rightarrow D \uparrow \Rightarrow S \downarrow$	−		+	

03 옵션투자전략 중요도 ★★

1. 헤지전략

헤지(Hedge)전략이란 기초자산(주식)과 옵션을 결합하여 위험을 관리하는 전략이다.

(1) 보호적풋전략($S + P$)

보호적풋(Protective put)전략이란 기초자산(주식) 1주를 매입(보유)하고 동 주식 1주를 기초자산으로 하는 풋옵션 1개를 매입하는 전략이다. 보호적풋전략을 통해 주가하락 시 매입(보유)한 주식에서 발생되는 손실을 매입한 풋옵션에서 발생되는 이익으로 상쇄시켜서 손실폭을 일정 수준으로 한정시킬 수 있다.

(2) 방비콜전략($S - C$)

방비콜(Covered call)전략이란 기초자산(주식) 1주를 매입(보유)하고 동 주식 1주를 기초자산으로 하는 콜옵션 1개를 매도하는 전략이다. 방비콜전략은 일반적으로 주식을 보유하고 있는 상황에서 주가하락에 따른 손실이 예상되는 경우 동 주식을 기초자산으로 하는 콜옵션을 매도하여 주가하락에 따른 손실을 콜옵션 매도 시 수취하는 콜옵션프리미엄만큼 감소시키고자 실행하는 전략이다.

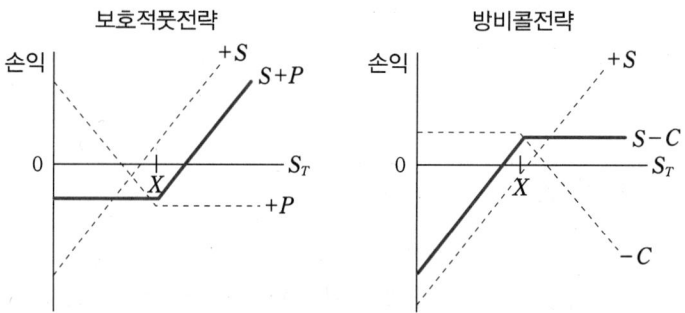

<보호적풋전략과 방비콜전략의 만기손익>

(3) 풋-콜등가식전략($S + P - C$ (단, $X_P = X_C$))

풋-콜등가식(Put-call parity)전략이란 기초자산(주식) 1주를 매입(보유)하고, 동 주식 1주를 기초자산으로 하며 행사가격과 만기가 동일한 풋옵션 1개를 매입하고, 콜옵션 1개를 매도하는 전략이다. 풋-콜등가식전략의 만기일가치는 만기일의 기초자산가격과 무관하게 옵션의 행사가격인 X가 된다.

구분	$S_T \leq X$	$S_T > X$
주식 1주 매입	S_T	S_T
풋옵션 1개 매입	$X - S_T$	0
콜옵션 1개 매도	0	$-(S_T - X)$
합계	X	X

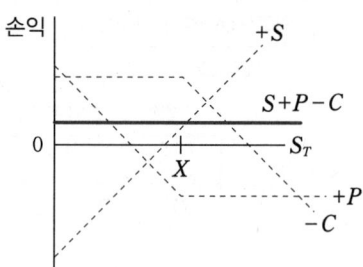

<풋-콜등가식전략의 만기손익>

(4) 펜스전략($S + P - C$ (단, $X_P \neq X_C$))

> **재무관리 전문가의 TIP**
> 펜스전략을 윈도우(Window) 또는 실린더(Cylinder), 칼라(Collar)라고도 합니다.

펜스(Fence)전략이란 기초자산(주식) 1주를 매입(보유)하고 동 주식 1주를 기초자산으로 하는 옵션 중 행사가격이 낮은(X_P) 풋옵션 1개를 매입하고 행사가격이 높은(X_C) 콜옵션 1개를 매도하는 전략이다. 주식을 보유하고 있는 상황에서 주가변동에 따른 **이익 및 손실의 범위를 한정**시키고자 실행하며, 펜스전략의 만기일가치는 만기일의 기초자산가격의 수준에 따라 일정한 상한(X_C)과 하한(X_P)의 범위 내에 존재한다.

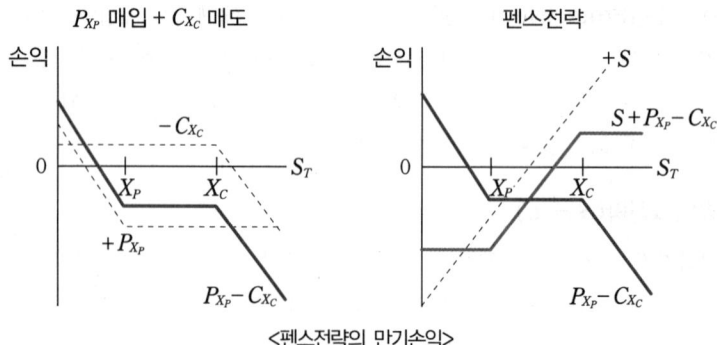

<펜스전략의 만기손익>

2. 스프레드전략

옵션에서의 스프레드(Spread)란 행사가격이나 만기의 차이에 따른 옵션가격의 차이를 의미하는데, 옵션투자전략에서 스프레드전략은 기초자산이 동일한 옵션 중 행사가격이나 만기가 상이한 동종의 옵션에 반대포지션을 취하는 전략을 말한다.

(1) 수직스프레드전략

수직스프레드(Vertical spread)전략은 기초자산과 만기가 동일한 동종의 옵션들 중 행사가격이 상이한 두 가지 옵션을 이용하는 전략이다.

① **강세스프레드(Bull spread)전략**: 기초자산과 만기가 동일한 동종의 옵션 중 행사가격이 낮은(X_1) 옵션 1개를 매입하고 행사가격이 높은(X_2) 옵션 1개를 매도하는 전략

② **약세스프레드(Bear spread)전략**: 기초자산과 만기가 동일한 동종의 옵션 중 행사가격이 낮은 옵션 1개를 매도하고 행사가격이 높은 옵션 1개를 매입하는 전략

> **재무관리 전문가의 TIP**
> 수직스프레드전략은 기초자산가격의 변동방향에 대한 예상에 근거하여 구성됩니다.

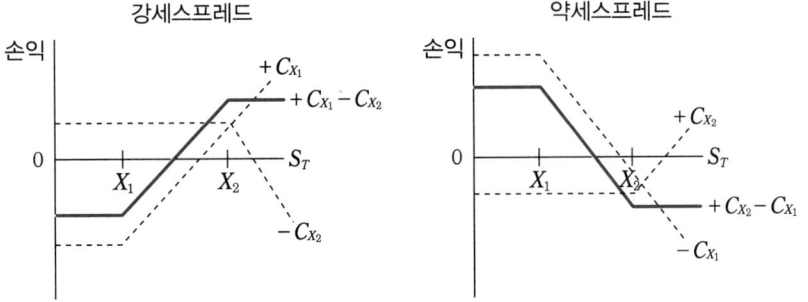

<강세스프레드전략과 약세스프레드전략의 만기손익>

(2) 나비형스프레드전략과 샌드위치형스프레드전략

나비형스프레드전략과 샌드위치형스프레드전략은 기초자산과 만기가 동일한 동종의 옵션들 중 행사가격이 상이한 세 가지 옵션을 이용하는 전략이다.

① **나비형스프레드(Butterfly spread)전략**: 행사가격이 가장 낮은(X_1) 옵션 1개와 행사가격이 가장 높은(X_3) 옵션 1개를 매입하고, 행사가격이 중간인(X_2) 옵션 2개를 매도하는 것으로, 일반적으로 향후 주가의 변동성이 작을 것으로 예상되는 경우 실행하는 전략

② **샌드위치형스프레드(Sandwitch spread)전략**: 행사가격이 가장 낮은 옵션 1개와 행사가격이 가장 높은 옵션 1개를 매도하고, 행사가격이 중간인 옵션 2개를 매입하는 것으로, 일반적으로 향후 주가의 변동성이 클 것으로 예상되는 경우 실행하는 전략

> **재무관리 전문가의 TIP**
> 나비형스프레드전략과 샌드위치형스프레드전략은 기초자산가격의 변동성에 대한 예상에 근거하여 구성됩니다.

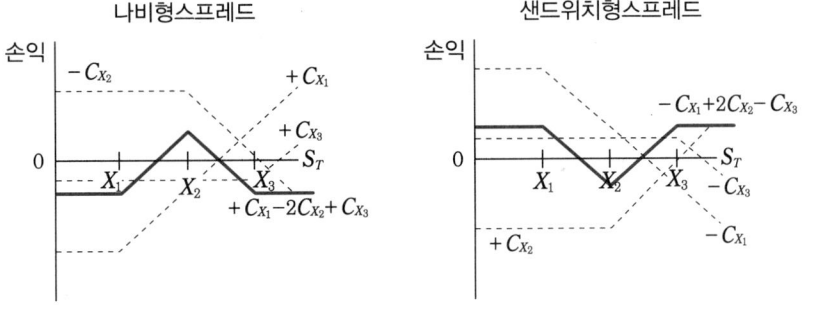

<나비형스프레드전략과 샌드위치형스프레드전략의 만기손익>

(3) 수평스프레드전략과 대각스프레드전략

① **수평스프레드(Horizontal spread)전략**: 기초자산과 행사가격이 동일한 동종의 옵션 중 만기가 다른 옵션들을 이용하는 것으로, 시간가치의 감소효과를 활용하기 위해 만기가 짧은 옵션을 매도하고 만기가 긴 옵션을 매입하는 전략
  - **시간가치의 감소효과**: 옵션의 만기일에 근접할수록 옵션의 시간가치가 감소되는 효과
  - 만기일에 근접할수록 시간가치의 감소폭이 더 증가하므로 만기가 짧은 옵션의 경우 시간가치의 감소효과가 더 크다.
  - 시간가치의 감소효과는 옵션매도자에게 유리하게 작용하므로 만기가 짧은(T_1) 옵션을 매도하고 만기가 긴(T_2) 옵션을 매입한 후 만기가 짧은 옵션의 만기일(T_1)에 포지션을 청산하여 옵션 간 시간가치 감소의 차이에서 발생되는 이익을 얻을 수 있다.

② **대각스프레드(Diagonal spread)전략**: 기초자산이 동일한 동종의 옵션들 중 행사가격과 만기가 모두 다른 옵션들을 이용하는 전략

수평스프레드전략과 대각스프레드전략은 기초자산의 가격변동에 따른 청산시점(T_1)의 손익이 수직스프레드전략과 달리 **곡선형태**로 실현된다.

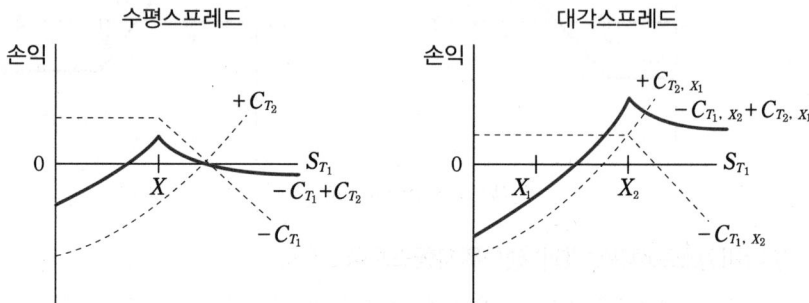

<수평스프레드전략과 대각스프레드전략의 만기(T_1)손익>

> **재무관리 전문가의 TIP**
> 대각스프레드전략은 수직스프레드전략과 수평스프레드전략을 혼합한 형태의 투자전략이라고 할 수 있습니다.

3. 콤비네이션전략

콤비네이션(Combination)전략이란 기초자산이 동일한 콜옵션과 풋옵션을 동시에 매입하거나 동시에 매도하는 것으로, 이종의 옵션에 동일포지션을 취하는 전략이다.

(1) 스트래들전략

스트래들(Straddle)전략은 모든 조건이 동일한 콜옵션과 풋옵션을 1개씩 결합하는 전략이다.

① 스트래들매입: 콜옵션과 풋옵션을 1개씩 매입하는 것으로, 향후 주가의 변동성이 클 것으로 예상되는 경우 취하는 전략
② 스트래들매도: 콜옵션과 풋옵션을 1개씩 매도하는 것으로, 향후 주가의 변동성이 작을 것으로 예상되는 경우 취하는 전략

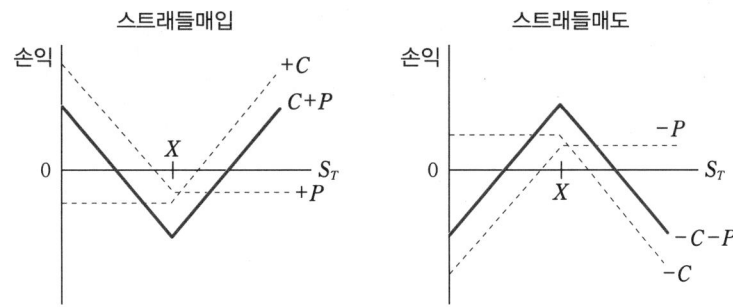

<스트래들전략의 만기손익>

(2) 스트립전략과 스트랩전략

① **스트립(Strip)전략**: 모든 조건이 동일한 콜옵션 1개와 **풋옵션 2개**를 이용하는 전략
  - 스트립매입: 콜옵션 1개와 풋옵션 2개를 매입하는 것으로, 향후 주가의 변동성이 크고, 주가의 상승보다는 하락 가능성이 높을 것으로 예상되는 경우 취하는 전략

② **스트랩(Strap)전략**: 모든 조건이 동일한 **콜옵션 2개**와 풋옵션 1개를 이용하는 전략
  - 스트랩매입: 콜옵션 2개와 풋옵션 1개를 매입하는 것으로, 향후 주가의 변동성이 크고, 주가의 하락보다는 상승 가능성이 높을 것으로 예상되는 경우 취하는 전략

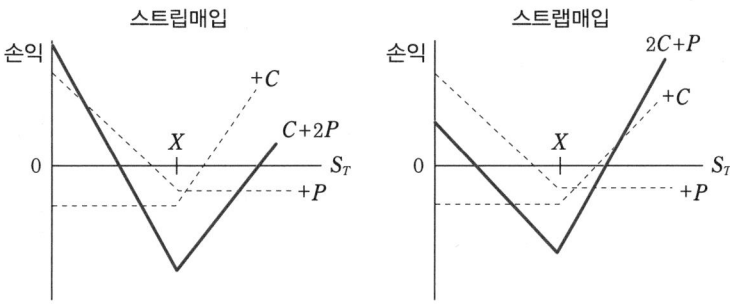

<스트립매입전략과 스트랩매입전략의 만기손익>

(3) 스트랭글전략

스트랭글(Strangle)전략이란 **행사가격은 상이**하고 이외의 모든 조건이 동일한 콜옵션과 풋옵션을 1개씩 결합하는 전략이다.

① 스트랭글매입: 향후 주가의 변동성이 클 것으로 예상되는 경우 옵션매입에 따른 옵션프리미엄 지급액을 절약하고자 **행사가격이 낮은 풋옵션 1개와 행사가격이 높은 콜옵션 1개**를 매입하는 전략

② 스트랭글매도: 향후 주가의 변동성이 작을 것으로 예상되는 경우 행사 가능성이 낮은 옵션들을 매도하고자 행사가격이 낮은 풋옵션 1개와 행사가격이 높은 콜옵션 1개를 매도하는 전략

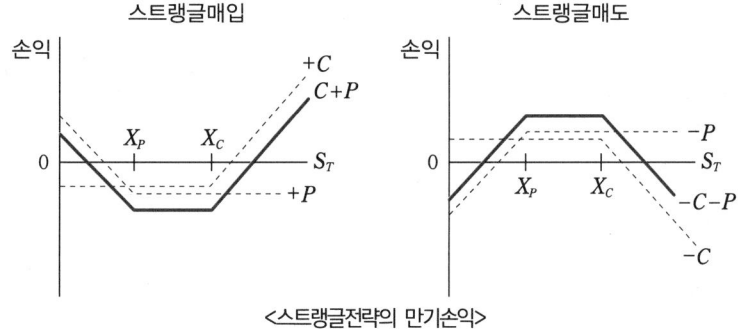

<스트랭글전략의 만기손익>

출제예상문제

제4장 옵션가격의 결정과 투자전략

난이도: ★☆☆ 대표출제기업: 서울교통공사

01 유럽형 옵션에 대한 설명으로 옳지 않은 것은?

① 옵션은 권리의 종류에 따라 살 수 있는 권리가 부여된 콜옵션과 팔 수 있는 권리가 부여된 풋옵션으로 구분할 수 있다.
② 옵션매입자는 옵션에 부여된 권리만을 보유할 뿐 의무는 부담하지 않으며, 옵션매도자는 옵션에 부여된 의무만을 부담하며 권리는 없다.
③ 콜옵션 매입자는 만기일의 기초자산가격이 옵션의 행사가격보다 높으면 콜옵션을 행사한다.
④ 풋옵션 매입자는 만기일의 기초자산가격이 옵션의 행사가격보다 낮으면 풋옵션을 행사한다.
⑤ 최초 옵션거래 시 옵션매입자와 옵션매도자는 모두 대가를 수수할 필요가 없으며, 거래당사자들이 얻는 손익의 합이 0이 되는 Zero-sum game이다.

난이도: ★★☆

02 투자자 甲은 '만기일에 A 주식의 가격이 100원 미만이면 A 주식 1주를 100원에 투자자 甲에게 매도할 수 있고 100원 이상이면 매도하지 않아도 되는 옵션'을 투자자 乙에게 60원에 매도하였다. A 주식의 현재가격이 120원일 때, 옳은 것은? (단, 화폐의 시간가치는 고려하지 않는다.)

① 투자자 甲은 투자자 乙에게 행사가격이 100원인 콜옵션을 매도하였다.
② 해당 옵션은 현재 내가격옵션이며 내재가치는 20원이다.
③ 해당 옵션의 현재 시간가치는 60원이다.
④ 투자자 乙이 만기일까지 해당 옵션을 보유하고 만기일의 A 주식 가격이 50원이면 투자자 乙의 만기손익은 50원 이익이다.
⑤ 만기일 이전 시점에 투자자 乙이 다른 투자자에게 해당 옵션을 70원에 매도한다면 투자자 乙의 손익은 30원 손실이다.

난이도: ★★☆

03 A 주식의 현재가격은 11,000원이고, A 주식 1주를 기초자산으로 하고 만기는 1년, 행사가격이 11,000원인 유럽형 콜옵션의 현재가격은 1,200원이며, 연간 무위험이자율은 10%이다. 이 콜옵션과 모든 조건이 동일한 풋옵션의 시장가격이 100원인 경우 실행 가능한 차익거래전략으로 옳은 것은?

① 풋옵션 1개 매도 + A 주식 1주 공매 + 콜옵션 1개 매입 + 행사가격의 현재가치 대출
② 풋옵션 1개 매도 + A 주식 1주 공매 + 콜옵션 1개 매입 + 행사가격의 현재가치 차입
③ 풋옵션 1개 매입 + A 주식 1주 매입 + 콜옵션 1개 매도 + 행사가격의 현재가치 대출
④ 풋옵션 1개 매입 + A 주식 1주 매입 + 콜옵션 1개 매도 + 행사가격의 현재가치 차입
⑤ 풋옵션 1개 매도 + A 주식 1주 매입 + 콜옵션 1개 매입 + 행사가격의 현재가치 차입

정답 및 해설

01 ⑤
옵션매입자는 권리만 있고 의무는 없으므로 옵션매도자에게 일정한 대가인 옵션가격(옵션프리미엄)을 지불해야 한다.

02 ③
[오답노트]
① 투자자 甲은 투자자 乙에게 행사가격이 100원인 풋옵션을 매도하였다.
② 해당 옵션은 현재 외가격옵션이므로 내재가치는 0원이다.
④ 만기손익은 최초 옵션거래대금을 고려해야 하므로 투자자 乙의 만기손익은 10원 손실이다.
⑤ 투자자 乙은 해당 옵션을 60원에 매입한 후 70원에 매도하였으므로 10원 이익이다.

03 ④
균형 $P_0 = C_0 - S_0 + \dfrac{X}{(1+R_f)^T}$

$= 1,200원 - 11,000원 + \dfrac{11,000원}{1.1} = 200원$으로, 풋옵션의 시장가격이 과소평가된 상황이므로 [풋옵션매입 + A 주식매입 + 콜옵션매도 + 차입]의 차익거래가 가능하다.

출제예상문제

난이도: ★★☆

04 콜옵션 1개를 매입하는 것과 손익의 형태가 동일한 투자전략으로 옳은 것은? (단, 콜옵션과 풋옵션의 기초자산(주식)과 행사가격 및 만기는 동일하다.)

① 주식 1주 매도 + 풋옵션 1개 매도 + 행사가격의 현재가치 대출
② 주식 1주 매입 + 풋옵션 1개 매입 + 행사가격의 현재가치 대출
③ 주식 1주 매입 + 풋옵션 1개 매도 + 행사가격의 현재가치 차입
④ 주식 1주 매도 + 풋옵션 1개 매입 + 행사가격의 현재가치 대출
⑤ 주식 1주 매입 + 풋옵션 1개 매입 + 행사가격의 현재가치 차입

난이도: ★★☆

05 무배당주식인 A 주식을 기초자산으로 하는 유럽형 풋옵션을 가정할 때, 옵션가격결정요인들이 풋옵션가격에 미치는 영향에 대한 설명으로 옳지 않은 것은?

① A 주식의 가격이 상승하면 풋옵션의 가격은 하락한다.
② 옵션의 행사가격이 높을수록 풋옵션의 가격은 높게 형성된다.
③ 무위험이자율이 상승하면 풋옵션의 가격은 하락한다.
④ 옵션의 잔존만기가 길수록 풋옵션의 가격은 높게 형성된다.
⑤ A 주식 가격의 변동성이 클수록 풋옵션의 가격은 높게 형성된다.

난이도: ★★★

06 다음 설명 중에서 옳지 않은 것은?

① 무배당주식에 대한 유럽식 옵션의 경우 콜옵션의 현재가격은 기초자산의 현재가격보다 높을 수 없고, 풋옵션의 현재가격은 행사가격의 현재가치보다 높을 수 없다.
② 무배당주식에 대한 미국식 콜옵션은 만기일 이전에는 되도록 빨리 권리를 행사하는 것이 유리이다.
③ 다른 조건이 동일한 경우 배당을 지급하는 주식을 기초자산으로 하는 콜옵션의 가격은 무배당주식에 대한 콜옵션의 가격보다 높을 수 없다.
④ 다른 조건이 동일한 경우 배당을 지급하는 주식을 기초자산으로 하는 풋옵션의 가격은 무배당주식에 대한 풋옵션의 가격보다 낮을 수 없다.
⑤ 콜옵션의 현재가격은 옵션의 행사가격보다 높을 수 있다.

정답 및 해설

04 ⑤

$$C_0 = S_0 + P_0 - \frac{X}{(1+R_f)^T}$$

05 ④
풋옵션의 시간가치는 일반적으로 양(+)의 값이지만 심내가격 풋옵션의 경우 시간가치가 음(-)의 값일 수도 있다.

06 ②
무배당주식에 대한 미국식 콜옵션은 만기일 이전 시점의 매도가격이 행사로부터의 이득보다 크므로 만기일 이전에는 권리를 행사하지 않는 것이 최적이다.

출제예상문제

난이도: ★★☆

07 옵션의 기초자산과 만기는 모두 동일하다고 가정하며, 행사가격이 250원인 콜옵션의 가격은 30원이고, 행사가격이 400원인 콜옵션의 가격은 20원이다. 투자자 甲은 행사가격이 250원인 콜옵션을 2개 매입하였고, 행사가격이 400원인 콜옵션을 1개 매도하였다. 옵션만기일의 기초자산가격이 600원일 때, 투자자 甲의 만기손익은 얼마인가?

① 380원　　② 400원　　③ 420원　　④ 440원　　⑤ 460원

난이도: ★★★

08 모든 옵션의 기초자산은 K 주식 1주로 동일하며, 옵션의 행사가격들은 기초자산의 현재가격에 근접한다. 다음 옵션투자전략 중 K 주식의 가격이 향후 대폭 하락할 경우 가장 유리한 투자결과를 가져올 것으로 예상되는 투자전략으로 옳은 것은?

- A: K 주식 1주를 매입하고 콜옵션 1개를 동시에 매도하였다.
- B: K 주식 1주를 매입하고 풋옵션 1개를 동시에 매입하였다.
- C: 행사가격이 낮은 콜옵션 1개를 매입하고 행사가격이 높은 콜옵션 1개를 매도하였다.
- D: 행사가격이 동일한 콜옵션 1개를 매입하고 풋옵션 1개를 매도하였다.
- E: 행사가격이 높은 콜옵션 1개와 행사가격이 낮은 풋옵션 1개를 동시에 매입하였다.

① A　　② B　　③ C　　④ D　　⑤ E

난이도: ★☆☆

09 주식을 보유한 투자자가 주가의 하락을 대비하여 주식에 대한 풋옵션을 매입하는 전략으로 옳은 것은?

① 보호적풋(Protective put)전략
② 수평스프레드(Horizontal spread)전략
③ 대각스프레드(Diagonal spread)전략
④ 컴비네이션(Combination)전략
⑤ 펜스(Fence)전략

난이도: ★★☆

10 옵션투자전략에 대한 설명으로 옳지 않은 것은?

① 순수포지션(Naked position)전략은 헤지하지 않고 단일의 개별상품에만 투자하는 전략이다.

② 방비콜(Covered call)전략은 기초자산을 보유한 투자자가 자산가격의 하락을 대비하여 콜옵션을 매도하는 전략이다.

③ 풋-콜등가식(Put-call parity)전략은 기초자산가격의 변동과 무관하게 만기일에 옵션의 행사가격만큼 보장되는 전략이다.

④ 칼라(Collar)전략은 기초자산가격의 변동에 따른 이익과 손실의 범위를 한정하는 전략이다.

⑤ 강세스프레드(Bull spread)전략은 행사가격만 상이한 동종 옵션 중 행사가격이 낮은 옵션을 매도하고 행사가격이 높은 옵션을 매입하는 것으로, 기초자산의 가격이 상승하면 이득이 발생하는 전략이다.

정답 및 해설

07 ⑤
투자전략의 만기가치 = 2개 × (600원 - 250원) - 1개 × (600원 - 400원) = 500원
투자자 甲의 만기손익 = 500 - (30 × 2개 - 20 × 1개) = 460원

08 ⑤
A는 방비콜전략, B는 보호적풋전략, C는 강세스프레드전략, D는 합성선물매입전략, E는 스트랭글매입전략이다.

09 ①
보호적풋(Protective put)전략은 기초자산을 보유하고 있는 상황에서 풋옵션을 매입하여 기초자산가격의 하락에 따른 손실폭을 일정 수준으로 한정시키고자 실행하는 전략이다.

10 ⑤
강세스프레드전략은 행사가격만 상이한 동종 옵션 중 행사가격이 낮은 옵션을 매입하고 행사가격이 높은 옵션을 매도하는 전략이다.

제5장 | 옵션가격결정모형

✓ 핵심 포인트

이항모형	옵션의 복제와 헤지비율 및 위험중립확률
블랙-숄즈모형	옵션가격결정식의 의미
옵션가격의 민감도	델타, 감마, 베가, 쎄타, 로우
포트폴리오보험전략	동적자산배분전략의 구성과 의미

01 이항옵션가격결정모형　　중요도 ★★

이항옵션가격결정모형(Binominal option pricing model)은 1976년 J. Cox & M. Rubinstein이 개발한 모형으로서 기초자산의 가격(주가)이 이산적(Discrete)으로 변동하며, 기초자산의 가격변동은 이항분포(Binominal distribution)를 따른다는 가정하에 옵션의 기초자산과 옵션을 결합하여 무위험헤지포트폴리오를 구성할 수 있고, 무위험헤지포트폴리오의 수익률이 무위험이자율과 같아야 한다는 논리에 의해 옵션의 균형가격을 계산하는 모형이다.

1. 1기간 이항옵션가격결정모형

1기간 이항옵션가격결정모형(이하 이항모형)은 주가가 옵션만기일인 1기간 후 단 1회만 변동하며, 옵션만기일의 주가는 일정률로 상승하거나 하락하는 두 가지의 경우만 발생한다고 가정한다. 여기서 q는 주가의 상승확률, $1-q$는 하락확률을 의미한다.

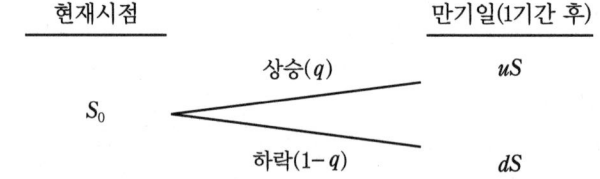

(단, u: 주가상승계수 = 1 + 주가상승률, d: 주가하락계수 = 1 + 주가하락률)

위 주식을 기초자산으로 하고 만기가 1기간 후이며, 일정한 행사가격을 갖는 콜옵션의 가치변동은 다음과 같다.

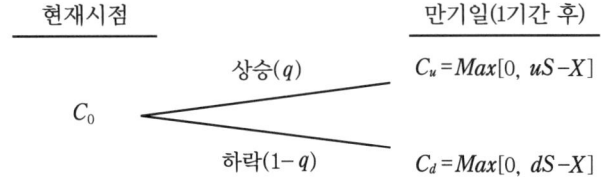

(단, C_u: 1기간 후 주가 상승 시의 콜옵션가치, C_d: 1기간 후 주가 하락 시의 콜옵션가치)

(1) 옵션을 복제하는 방법

기초자산(주식)과 무위험채권을 결합하여 포트폴리오를 구성함으로써 옵션을 복제할 수 있다.

① X주의 주식과 B만큼의 무위험채권을 결합하여 포트폴리오를 구성하는 경우 포트폴리오의 가치변동은 다음과 같다.

```
          현재시점                  만기일(1기간 후)
                    상승(q)     X×uS+(1+R_f)×B
          X×S_0+B
                    하락(1-q)   X×dS+(1+R_f)×B
```

② 포트폴리오의 주가상승 시의 가치가 C_u와 동일하고 주가하락 시의 가치가 C_d와 동일하다면 구성된 포트폴리오는 콜옵션의 복제포트폴리오라고 할 수 있다.

$$X \times uS + (1 + R_f) \times B = C_u$$
$$X \times dS + (1 + R_f) \times B = C_d$$

③ 균형상태에서의 콜옵션의 가치는 동 복제포트폴리오를 구성하기 위해 투자되는 금액과 동일해야 하므로 다음과 같이 콜옵션의 균형가격을 계산할 수 있다.

$$C_0 = X \times S_0 + B$$

예제 옵션의 균형가격 - 콜옵션의 복제

㈜파랑 주식의 현재가격은 ₩10,000이고, 주가는 1년간 40% 상승하거나 10% 하락하며, 주가가 상승할 확률(q)은 60%, 하락할 확률($1-q$)은 40%일 것으로 예상된다. ㈜파랑 주식 1주를 기초자산으로 하고 만기가 1년 후이며 행사가격이 ₩11,500인 유럽형 콜옵션이 시장에서 거래되고 있고, 연간 무위험이자율은 25%이다.

물음 1 콜옵션 1개를 매입하는 것과 동일한 성과를 얻기 위해 ㈜파랑 주식과 무위험이자율로의 차입 또는 대출을 이용하는 경우 필요한 투자전략을 나타내시오.

2 콜옵션의 균형가격을 계산하시오.

해답 1 콜옵션의 복제

(1) 기초자산의 가격변동

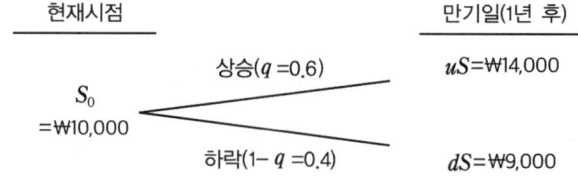

현재시점: $S_0 = ₩10,000$
상승($q=0.6$): $uS = ₩14,000$
하락($1-q=0.4$): $dS = ₩9,000$

(2) 콜옵션의 가치변동

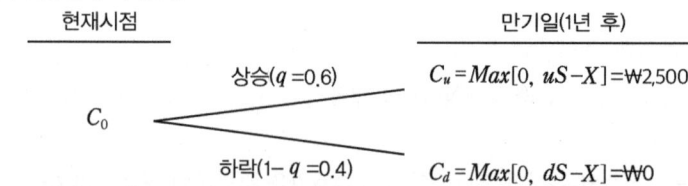

현재시점: C_0
상승($q=0.6$): $C_u = Max[0, uS-X] = ₩2,500$
하락($1-q=0.4$): $C_d = Max[0, dS-X] = ₩0$

(3) 포트폴리오의 구성

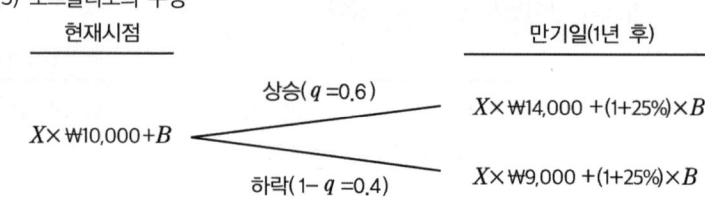

현재시점: $X × ₩10,000 + B$
상승($q=0.6$): $X × ₩14,000 + (1+25\%) × B$
하락($1-q=0.4$): $X × ₩9,000 + (1+25\%) × B$

(4) 콜옵션의 복제포트폴리오

$X × ₩14,000 + 1.25 × B = ₩2,500 = C_u$
$X × ₩9,000 + 1.25 × B = ₩0 = C_d$
∴ $X = 0.5$주, $B = -₩3,600$

따라서 ㈜파랑 주식 0.5주를 매입하고 무위험이자율로 ₩3,600을 차입하면 콜옵션 1개를 매입하는 것과 동일한 성과를 얻을 수 있다.

2 콜옵션의 균형가격

$C_0 = X × S_0 + B = 0.5 × ₩10,000 + (-₩3,600) = ₩1,400$

재무관리 전문가의 TIP

콜옵션 1개 매입 = 주식 X주 매입 + 차입 → 주식 1주 매입 + 콜옵션 $\frac{1}{X}$개 매도 = 대출

---

(2) 무위험헤지포트폴리오를 구성하는 방법

일정 수량의 기초자산(주식)을 매입하고 일정 금액을 무위험이자율로 차입하면 콜옵션매입을 복제할 수 있다. 따라서 기초자산과 옵션을 적절히 결합하면 만기일의 기초자산가격과 무관하게 일정한 가치를 갖는 **무위험헤지포트폴리오**를 구성할 수 있다.

① 기초자산(주식) 1주를 매입하고 m개의 콜옵션을 매도하여 구성된 포트폴리오의 가치변동은 다음과 같다.

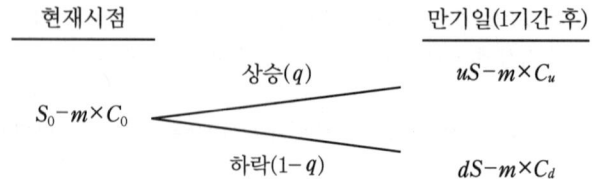

현재시점: $S_0 - m × C_0$
상승(q): $uS - m × C_u$
하락($1-q$): $dS - m × C_d$

② 주가상승 시와 주가하락 시 무위험헤지포트폴리오의 가치는 동일해야 한다.

$$uS - m × C_u = dS - m × C_d$$

③ 무위험헤지포트폴리오를 구성하기 위해 주식 1주 매입 시 매도해야 하는 콜옵션의 개수는 다음과 같이 계산되는데, 이를 **헤지비율(Hedge ratio:HR)**이라고 한다.

$$m = \frac{uS - dS}{C_u - C_d}$$

④ 균형상태의 시장에서는 이러한 무위험헤지포트폴리오의 수익률이 무위험이자율과 동일해야 하므로 콜옵션의 균형가격은 다음과 같이 계산된다.

$$(S_0 - m \times C_0) \times (1 + R_f) = uS - m \times C_u \text{ 또는 } dS - m \times C_d$$
$$\therefore C_0 = \frac{1}{m} \times S_0 - \frac{1}{m} \times \frac{uS - m \times C_u}{1 + R_f} \text{ 또는 } \frac{1}{m} \times S_0 - \frac{1}{m} \times \frac{dS - m \times C_d}{1 + R_f}$$

⑤ 콜옵션가격결정식에서 $\frac{1}{m}$을 **콜옵션의 델타**라고 하며, 옵션의 델타는 기초자산가격의 변동에 대한 옵션가격변동의 민감도를 의미한다.

예제 옵션의 균형가격 – 무위험헤지포트폴리오의 구성

㈜파랑 주식의 현재가격은 ₩10,000이고, 주가는 1년간 40% 상승하거나 10% 하락하며, 주가가 상승할 확률(q)은 60%, 하락할 확률($1-q$)은 40%일 것으로 예상된다. ㈜파랑 주식 1주를 기초자산으로 하고 만기가 1년 후이며 행사가격이 ₩11,500인 유럽형 콜옵션과 풋옵션이 시장에서 거래되고 있고, 연간 무위험이자율은 25%이다.

물음 1 ㈜파랑 주식과 콜옵션을 결합하여 무위험헤지포트폴리오를 구성하고자 한다. ㈜파랑 주식 1주를 매입하는 경우 무위험헤지포트폴리오 구성을 위해 매도해야 하는 콜옵션의 개수를 계산하시오.

2 콜옵션의 균형가격을 계산하시오.

해답 1 콜옵션을 이용한 무위험헤지포트폴리오 구성
(1) 헤지비율의 계산

```
       현재시점                              만기일(1년 후)
                        상승(q=0.6)
                                      ₩14,000 - m × ₩2,500
       ₩10,000 - m × C₀
                                      ₩9,000 - m × ₩0
                        하락(1-q=0.4)
```

₩14,000 − m × ₩2,500 = ₩9,000 − m × ₩0

$$\therefore m = \frac{uS - dS}{C_u - C_d} = \frac{₩14,000 - ₩9,000}{₩2,500 - ₩0} = 2개$$

따라서 무위험헤지포트폴리오 구성을 위해 ㈜파랑 주식 1주를 매입하는 경우 매도해야 하는 콜옵션의 개수는 2개이다.

(2) 1년 후 무위험헤지포트폴리오의 가치
₩14,000 − 2 × ₩2,500 = ₩9,000 − 2 × ₩0 = ₩9,000

2 콜옵션의 균형가격
(₩10,000 − 2 × C_0) × (1 + 25%) = ₩9,000
∴ C_0 = ₩1,400

(3) 위험중립형접근법

① **위험중립형접근법**(Risk-neutral valuation approach)이란 위험중립확률을 이용해서 콜옵션의 만기일 기대가치를 구한 후, 이를 무위험이자율로 할인해서 옵션의 균형가격을 계산하는 방법을 말한다.

- 헤지비율(m) 계산식을 콜옵션가격결정식에 대입하면 콜옵션가격결정식을 다음과 같이 정리할 수 있다.

$$\text{헤지비율: } m = \frac{uS - dS}{C_u - C_d}$$

$$\text{콜옵션가격결정식: } C_0 = \frac{1}{m} \times S_0 - \frac{1}{m} \times \frac{uS - m \times C_u}{1 + R_f}$$

$$\to C_0 = \frac{C_u \times \left[\frac{(1+R_f) - d}{u - d}\right] + C_d \times \left[\frac{u - (1+R_f)}{u - d}\right]}{1 + R_f}$$

- $p = \frac{(1+R_f) - d}{u - d}$ 라고 하면, $1 - p = \frac{u - (1+R_f)}{u - d}$ 가 되므로 위의 식은 다음과 같이 p라는 **위험중립확률**을 이용하여 나타낼 수 있다.

$$C_0 = \frac{C_u \times p + C_d \times (1 - p)}{1 + R_f}$$

위험중립확률을 헤지확률(Hedge probability)이라고도 합니다.

② 위험중립형접근법에 의한 옵션가격의 계산에 이용되는 위험중립확률을 구체적으로 살펴보면 다음과 같다.

- $p = \frac{(1+R_f) - d}{u - d}$ 를 **위험중립확률**(Risk-neutral probability)이라고 하는데, p는 0보다 크고 1보다 작기 때문에 확률과 유사한 속성을 갖는다.
- 콜옵션가격결정식에서 분자항인 $C_u \times p + C_d \times (1 - p)$ 는 p를 이용해서 계산된 콜옵션의 만기일 기대가치로 해석할 수 있으며, 만기일의 기대가치를 무위험이자율로 할인하여 현재가격을 계산하는 투자자는 위험중립형 투자자일 것이므로 p는 위험중립형 투자자들이 예상하는 만기일 콜옵션의 가치가 C_u가 될 확률을 의미한다.
- **위험중립확률**은 **위험중립형투자자들이 예상하는 만기일의 기초자산가격이 상승할 확률**이라고도 할 수 있으므로 위험중립확률은 기초자산가격의 변동과정을 이용하여 계산할 수도 있다.

$$S_0 = \frac{uS \times p + dS \times (1 - p)}{1 + R_f}$$

- 위험중립확률은 **위험자산(기초자산 또는 옵션)의 기대수익률이 무위험이자율과 같아지도록 해 주는 위험자산가격의 상승확률**이라고도 표현할 수 있다.

시험문제 미리보기!

1기간 이항모형의 성립을 가정한다. A 주식의 현재가격은 10,000원이고, 주가는 1년간 20% 상승하거나 20% 하락할 것으로 예상되며, 연간 무위험이자율은 10%이다. 위험중립형투자자들이 예상하는 1년 후 주가가 상승할 확률은 얼마인가?

① 25% ② 40% ③ 60% ④ 75% ⑤ 80%

해설 $p = \dfrac{1 + R_f - d}{u - d} = \dfrac{1.1 - 0.8}{1.2 - 0.8} = 0.75$

정답 ④

예제   옵션의 균형가격 - 위험중립형접근법

㈜파랑 주식의 현재가격은 ₩10,000이고, 주가는 1년간 40% 상승하거나 10% 하락하며, 주가가 상승할 확률(q)은 60%, 하락할 확률($1-q$)은 40%일 것으로 예상된다. ㈜파랑 주식 1주를 기초자산으로 하고 만기가 1년 후이며 행사가격이 ₩11,500인 유럽형 콜옵션과 풋옵션이 시장에서 거래되고 있고, 연간 무위험이자율은 25%이다.

물음 1 위험중립확률을 이용하여 상기 콜옵션의 균형가격을 계산하시오.
　　 2 위험중립확률을 이용하여 상기 풋옵션의 균형가격을 계산하시오.

해답 1 콜옵션의 균형가격
　　(1) 위험중립확률의 계산
　　　$p = \dfrac{1 + R_f - d}{u - d} = \dfrac{1.25 - 0.9}{1.4 - 0.9} = 0.7$
　　(2) 콜옵션의 균형가격
　　　$C_0 = \dfrac{C_u \times p + C_d \times (1-p)}{1 + R_f} = \dfrac{₩2,500 \times 0.7 + ₩0 \times (1-0.7)}{1 + 25\%} = ₩1,400$

　　 2 풋옵션의 균형가격
　　　$P_0 = \dfrac{P_u \times p + P_d \times (1-p)}{1 + R_f} = \dfrac{₩0 \times 0.7 + ₩2,500 \times (1-0.7)}{1 + 25\%} = ₩600$

(4) 1기간 이항모형에 의한 옵션가격의 특성

① 옵션가격은 투자자들이 주관적으로 예상하는 기초자산가격의 상승확률(q)이나 하락확률($1-q$)과는 무관하게 결정된다.
② 옵션가격은 투자자들의 위험에 대한 태도와는 무관하게 결정된다.
③ 옵션가격에 영향을 미치는 유일한 확률변수는 기초자산의 가격뿐이다.

2. 2기간 이항옵션가격결정모형

(1) 2기간 이항모형의 가정

2기간 이항모형에서는 옵션의 만기가 2기간 후이고, 기초자산가격은 1기간마다 변동하여 옵션의 만기일인 2기간 후까지 2회 변동하며, 매 기간 기초자산가격의 상승률과 하락률은 일정하게 유지된다고 가정한다.

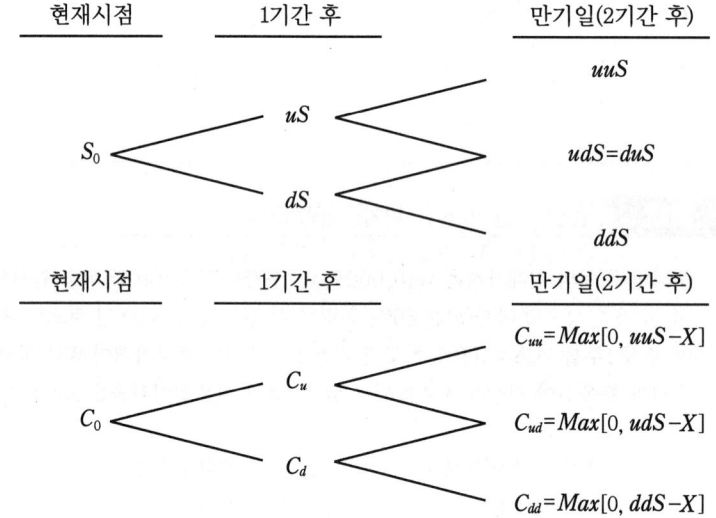

(2) 2기간 이항모형에 의한 옵션가격

2기간 이항모형에 의한 옵션가격은 먼저 2기간 후의 옵션가치에 1기간 모형을 적용하여 1기간 후 기초자산가격 상승 시의 옵션가치(C_u)와 1기간 후 기초자산가격 하락 시의 옵션가치(C_d)를 계산한 후 다시 1기간 후의 옵션가치에 1기간 모형을 적용하여 현재시점 옵션의 균형가격을 다음과 같이 계산한다.

$$\bullet\ C_u = \frac{C_{uu} \times p + C_{ud} \times (1-p)}{1 + R_f}$$

$$\bullet\ C_d = \frac{C_{ud} \times p + C_{dd} \times (1-p)}{1 + R_f}$$

$$\bullet\ C_0 = \frac{C_u \times p + C_d \times (1-p)}{1 + R_f} = \frac{C_{uu} \times p^2 + 2 \times C_{ud} \times p \times (1-p) + C_{dd} \times (1-p)^2}{(1 + R_f)^2}$$

02 블랙-숄즈옵션가격결정모형   중요도 ★

블랙-숄즈옵션가격결정모형(Black-Scholes option pricing model)은 1973년 F. Black & M. Scholes가 개발한 모형으로, 기초자산인 주식의 가격변동이 위너과정(Wiener process)을 따른다고 가정한다. 즉, 주식거래의 연속성으로 인해 **주가는 연속적으로 변동하고 주가의 변동은 로그정규분포(Lognormal distribution)**를 이루며, 주식의 순간적인 수익률이 일정한 기댓값과 분산을 갖는다고 가정한다. 이러한 가정하에서 주식과 옵션을 적절히 결합하여 투자하면 순간적인 주가변동위험을 완전히 헤지할 수 있는 무위험헤지포트폴리오를 구성할 수 있고, 균형상태의 시장에서는 무위험헤지포트폴리오의 순간적인 수익률이 무위험이자율과 동일해야 한다는 미분방정식에 의해 옵션가격결정식을 도출한 모형이다.

1. 옵션가격결정식

블랙-숄즈는 앞에서 설명한 가정하에 옵션의 만기일까지 배당을 지급하지 않는 주식을 기초자산으로 하는 유럽형 옵션을 가정하여 다음과 같은 옵션가격결정식을 도출하였다.

- $C_0 = N(d_1) \times S_0 - \dfrac{X}{e^{R_f \times T}} \times N(d_2)$
- $P_0 = [N(d_1) - 1] \times S_0 + \dfrac{X}{e^{R_f \times T}} \times [1 - N(d_2)]$
- $d_1 = \dfrac{ln\left(\dfrac{S_0}{X}\right) + \left(R_f + \dfrac{1}{2}\sigma^2\right) \times T}{\sigma \sqrt{T}}$
- $d_2 = d_1 - \sigma \sqrt{T}$

(단, e: 자연대수(= 2.71828…),
R_f: 연속복리 연간 무위험이자율,
σ: 연속복리로 계산된 주식수익률의 연간 표준편차,
T: 연 단위로 측정된 옵션의 만기,
$N(d)$: 표준정규분포에서 d 이하의 누적확률)

2. 옵션가격결정식의 의미

(1) 콜옵션가격결정식의 의미

콜옵션가격결정식은 기초자산(주식)의 매입과 무위험이자율로의 차입을 통해 콜옵션 매입을 합성할 수 있음을 보여준다.

$$C_0 = N(d_1) \times S_0 - \dfrac{X}{e^{R_f \times T}} \times N(d_2)$$

→ 콜옵션 1개 매입 = 주식 $N(d_1)$주 매입 + $\dfrac{X}{e^{R_f \times T}} \times N(d_2)$ 차입

또한, 옵션가격결정식은 기초자산(주식)과 콜옵션을 적절히 결합하여 투자하면 순간적인 주가변동위험을 완전히 헤지할 수 있는 무위험헤지포트폴리오를 구성할 수 있음을 보여준다.

- 주식 $N(d_1)$주 매입 + 콜옵션 1개 매도 = 무위험헤지포트폴리오
- 주식 1주 매입 + 콜옵션 $\frac{1}{N(d_1)}$ 개 매도 = 무위험헤지포트폴리오

---

① $N(d_1)$: 무위험헤지포트폴리오 구성을 위한 기초자산(주식)과 콜옵션의 결합비율인 헤지비율이자, 기초자산가격(주가)변동에 대한 콜옵션가격 변동의 민감도를 의미하는 콜옵션의 델타(Delta: Δ)
  - **콜옵션의 델타**: 0~1의 값을 갖는 콜옵션가격선의 기울기
② $N(d_2)$: **옵션만기일의 기초자산가격이 행사가격보다 클 위험중립확률**이자, 옵션만기일에 콜옵션이 내가격상태가 되어서 콜옵션이 행사될 위험중립확률

(2) 풋옵션가격결정식의 의미

풋옵션가격결정식은 기초자산(주식)의 공매와 무위험이자율로의 대출을 통해 풋옵션 매입을 합성할 수 있음을 보여준다.

$$P_0 = [N(d_1) - 1] \times S_0 + \frac{X}{e^{R_f \times T}} \times [1 - N(d_2)]$$

→ 풋옵션 1개 매입 = 주식 $[1 - N(d_1)]$주 공매 + $\frac{X}{e^{R_f \times T}} \times [1 - N(d_2)]$ 대출

또한, 옵션가격결정식은 기초자산(주식)과 풋옵션을 적절히 결합하여 투자하면 순간적인 주가변동위험을 완전히 헤지할 수 있는 무위험헤지포트폴리오를 구성할 수 있음을 보여준다.

- 주식 $[1 - N(d_1)]$주 매입 + 풋옵션 1개 매입 = 무위험헤지포트폴리오
- 주식 1주 매입 + 풋옵션 $\frac{1}{1 - N(d_1)}$ 개 매입 = 무위험헤지포트폴리오

---

① $[N(d_1) - 1]$: 무위험헤지포트폴리오 구성을 위한 기초자산(주식)과 풋옵션의 결합비율인 헤지비율이자, 기초자산가격(주가)변동에 대한 풋옵션가격 변동의 민감도를 의미하는 풋옵션의 델타
  - **풋옵션의 델타**: -1~0 사이의 값을 갖는 풋옵션가격선의 기울기
② $[1 - N(d_2)]$: **옵션만기일의 기초자산가격이 행사가격보다 작을 위험중립확률**이자, 옵션만기일에 풋옵션이 내가격상태가 되어서 풋옵션이 행사될 위험중립확률

03 옵션을 이용한 위험관리   중요도 ★★

1. 옵션가격의 민감도

(1) 옵션의 델타

옵션의 **델타**(Delta: Δ)란 기초자산가격의 변동에 대한 옵션가격변동의 민감도, 즉 기초자산가격의 변동액에 대한 옵션가격 변동액의 비율을 의미하며, 옵션가격을 기초자산가격으로 1차 미분한 값에 해당한다.

① 콜옵션의 델타는 양(+)의 값을 갖고, 풋옵션의 델타는 음(-)의 값을 갖는다.
② 옵션 델타의 절댓값은 1보다 클 수 없으므로 기초자산가격의 변동액에 비해 옵션가격의 변동액이 더 작다.

(2) 옵션가격의 탄력성

옵션가격의 **탄력성**이란 기초자산가격의 변동률에 대한 옵션가격변동률의 비율을 말한다. 기초자산가격의 변동률에 비해 옵션가격의 변동률이 더 크므로 옵션가격 탄력성의 절댓값은 1보다 크다.

> **재무관리 전문가의 TIP**
> 옵션가격의 변동액은 기초자산가격의 변동액보다 작지만, 옵션가격의 변동률은 기초자산가격의 변동률보다 큽니다.

(3) 옵션의 감마

옵션의 **감마**(Gamma: γ)란 기초자산가격의 변동에 대한 옵션델타변동의 민감도를 말한다.

① 콜옵션의 감마와 풋옵션의 감마는 모두 양(+)의 값을 갖는다.
② 등가격옵션의 감마값이 가장 크고 내가격이나 외가격으로 갈수록 감마값은 작아진다.

(4) 옵션의 베가

옵션의 **베가**(Vega: ν)란 기초자산가격의 변동성의 변동에 대한 옵션가격변동의 민감도를 말한다.

① 콜옵션의 베가와 풋옵션의 베가는 모두 양(+)의 값을 갖는다.
② 등가격옵션의 베가값이 가장 크고 내가격이나 외가격으로 갈수록 베가값은 작아진다.

(5) 옵션의 쎄타

옵션의 **쎄타**(Theta: θ)란 시간의 경과, 즉 옵션의 잔존만기가 줄어듦에 따른 옵션가격변동의 민감도를 말한다.

① 콜옵션의 쎄타와 풋옵션의 쎄타는 모두 일반적으로 음(-)의 값을 갖지만, 심내가격 풋옵션의 쎄타는 양(+)의 값을 갖는 경우도 있다.
② 등가격옵션의 쎄타값이 가장 크고 내가격이나 외가격으로 갈수록 쎄타값은 작아진다.

(6) 옵션의 로우

옵션의 **로우**(Rho: ρ)란 무위험이자율의 변동에 대한 옵션가격변동의 민감도를 말한다.

① 콜옵션의 로우는 양(+)의 값을 갖고, 풋옵션의 로우는 음(-)의 값을 갖는다.
② 내재가치가 큰 옵션일수록 옵션 보유에 따른 기회비용이 크므로 내가격옵션의 로우값이 가장 크고, 등가격, 외가격 순으로 로우값은 작아진다.

> **재무관리 전문가의 TIP**
> 델타(Δ), 감마(γ), 베가(ν), 쎄타(θ), 로우(ρ) 등은 그리스어로 표시하므로 통칭하여 그릭스(Greeks)라고도 합니다.

2. 포트폴리오보험전략

포트폴리오보험(Portfolio insurance)전략이란 주식과 옵션 및 무위험채권 등을 적절히 결합하여 주가가 하락하는 불리한 상황에서는 전체 포트폴리오의 가치가 미리 정한 최저수준 이상으로 유지되도록 하고, 주가가 상승하는 유리한 상황에서는 주가 상승에 따른 이득을 추구하는 전략이다.

(1) 풋옵션을 이용한 포트폴리오보험전략($S+P$)

주식포트폴리오를 보유하고 있는 경우 보유 중인 주식포트폴리오를 기초자산으로 하는 풋옵션이 거래되고 있다면 동 풋옵션을 매입하여 포트폴리오보험전략을 실행할 수 있다.

(2) 콜옵션을 이용한 포트폴리오보험전략($C+PV(X)$)

주식포트폴리오를 보유하고 있는 경우 보유 중인 주식포트폴리오를 기초자산으로 하는 풋옵션을 매입하는 보호적풋전략은 동일 조건의 콜옵션 매입과 무위험채권의 매입을 통해서도 복제할 수 있다.

(3) 동적자산배분전략

동적자산배분전략(Dynamic asset allocation)이란 투자자금의 일부는 주식에 투자하고 나머지 자금은 무위험채권에 투자한 후 시장상황의 변화(주가의 상승 또는 하락)에 따라 주식과 무위험채권에 대한 투자비율을 계속적으로 재조정하여 포트폴리오보험전략을 실행하는 것을 말한다.

$$S_0 + P_0 = C_0 + \frac{X}{e^{R_f \times T}} = N(d_1) \times S_0 + \frac{X}{e^{R_f \times T}} \times [1 - N(d_2)]$$

3. 선물과 옵션의 합성

(1) 합성선물

모든 조건이 동일한 콜옵션과 풋옵션을 결합하면 선물과 동일한 손익형태의 포지션을 구성할 수 있다. 즉, **선물을 매입**하는 것과 동일한 손익형태의 포지션은 **콜옵션을 매입하고 풋옵션을 매도**하여 합성할 수 있고, 선물을 매도하는 것과 동일한 손익형태의 포지션은 콜옵션을 매도하고 풋옵션을 매입하여 합성할 수 있다.

(2) 합성옵션

옵션과 선물을 결합하면 다른 옵션과 동일한 손익형태의 포지션을 구성할 수 있다. 즉, 콜옵션을 매입하는 것과 동일한 손익형태의 포지션은 선물을 매입하고 풋옵션을 매입하여 합성할 수 있고, 풋옵션을 매입하는 것과 동일한 손익형태의 포지션은 선물을 매도하고 콜옵션을 매입하여 합성할 수 있다.

(3) 박스스프레드전략

행사가격이 낮은 옵션들을 이용하는 합성선물매입과 행사가격이 높은 옵션들을 이용하는 합성선물매도를 결합하여 만기일 기초자산가격과 무관하게 만기일가치를 확정시키는 전략을 **박스스프레드(Box spread)**라고 하는데, 이는 **콜옵션**을 이용한 **강세스프레드전략**과 **풋옵션**을 이용한 **약세스프레드전략**을 결합하는 전략이라고 할 수 있다.

04 옵션가격결정모형의 응용   중요도 ★

1. 옵션적 특성이 있는 사채

(1) 신주인수권부사채

신주인수권부사채(Bond with warrants:BW)란 사채권자가 특정 기간 내에 특정 가격(인수가격)으로 신주를 인수할 수 있는 권리인 **신주인수권**이 부여된 사채를 말한다. 신주인수권부사채에 부여된 신주인수권은 인수가격을 기업에 납입하고 신주를 인수할 수 있는 권리이므로 콜옵션으로 해석이 가능하고, 사채권자(투자자)가 이러한 권리를 보유하기 때문에 동일조건의 일반사채보다 높은 가격에 거래된다.

(2) 전환사채

전환사채(Convertible bond:CB)란 사채권자가 정해진 기간 내에 보통주로 전환할 수 있는 권리인 **전환권**이 부여된 사채를 말한다. 전환사채에 부여된 전환권은 사채를 포기하고서 주식을 매입할 수 있는 권리이므로 주식에 대한 콜옵션으로 해석이 가능하고, 사채권자(투자자)가 이러한 권리를 보유하기 때문에 동일 조건의 일반사채보다 높은 가격에 거래된다.

(3) 상환청구권부사채

상환청구권부사채(Bond with put option)란 사채권자가 사채의 만기일 이전에 미리 정해진 가격(상환청구가격)으로 사채의 상환을 요구할 수 있는 권리인 **상환청구권**이 부여된 사채를 말한다. 이러한 상환청구권부사채에 부여된 상환청구권은 사채를 상환청구가격에 처분할 수 있는 권리이므로 풋옵션으로 해석이 가능하고, 사채권자(투자자)가 이러한 권리를 보유하기 때문에 동일 조건의 일반사채보다 높은 가격에 거래된다.

(4) 수의상환사채

수의상환사채(Callable bond)란 사채의 발행자가 사채의 만기일 이전에 미리 정해진 가격(수의상환가격)으로 사채를 상환할 수 있는 권리인 **수의상환권**이 부여된 사채를 말한다. 수의상환사채에 부여된 수의상환권은 사채를 수의상환가격에 매입할 수 있는 권리이므로 콜옵션으로 해석이 가능하고, 사채의 발행자가 이러한 권리를 보유하기 때문에 투자자(사채권자) 입장에서는 수의상환위험을 부담하므로 동일 조건의 일반사채보다 낮은 가격에 거래된다.

2. 실물옵션의 평가

실물옵션(Real option)이란 실물투자안에 내재된 옵션을 말한다. 실물투자안 평가 시 실물투자안이 갖는 옵션적 특성도 일종의 옵션으로 해석하여 투자안의 가치평가 시 고려해야 한다.

(1) 대표적인 실물옵션

① 포기옵션(Abandonment option): 투자안을 실행한 후 해당 투자안을 일정한 대가를 받고 포기(또는 처분)할 수 있는 기회를 말한다. 포기옵션(또는 처분옵션)은 기초자산이 포기되는 투자안이고, 행사가격이 투자안 포기에 따른 처분가격인 미국형 풋옵션으로 해석할 수 있다.

② 확장옵션(Expansion option): 투자안을 실행한 후 이를 바탕으로 한 후속투자를 통해 추가적인 가치증대를 얻을 수 있는 기회를 말한다. 확장옵션(또는 후속투자기회의 선택권)은 기초자산이 후속투자안이고, 행사가격이 후속투자안의 투자비용인 미국형 콜옵션으로 해석할 수 있다.

③ 연기옵션(Option to defer): 투자안의 실행을 미래로 연기할 수 있는 가능성을 말한다. 연기옵션이 있는 투자안은 기초자산이 해당 투자안이며, 행사가격이 투자안의 투자비용인 미국형 콜옵션으로 해석할 수 있다.

(2) 옵션가격결정모형을 이용한 실물옵션평가 시의 유의사항

금융자산에 대한 옵션에 비해 실물옵션은 투자안의 동태적인 특성에 따라 복잡한 요소가 많기 때문에 모형 적용에 신중해야 한다.
① 실물투자안은 차익거래가 활발하게 이루어질 수 없다.
② 실물투자안은 변동성의 추정과 안정성에 대한 가정에 문제가 있을 수 있다.
③ 실물옵션은 옵션의 행사, 즉 투자안의 실행이 순간적으로 이루어질 수 없으며 행사가격 자체가 변동될 수 있다.
④ 실물옵션의 행사는 또 다른 새로운 옵션을 창출하는 경우가 많다.

재무관리 전문가의 TIP

전통적인 투자안 평가기법들은 투자전략의 수정기회와 투자안의 전략적 가치를 고려하지 못한다는 문제점이 있습니다.

재무관리 전문가의 TIP

실물옵션을 고려한 투자안의 가치 (또는 NPV)

옵션이 없는 경우의 투자안의 가치 (또는 NPV) + 실물옵션의 가치

ejob.Hackers.com

취업강의 1위, 해커스잡

출제예상문제

난이도: ★★☆

01 기초자산이 무배당주식인 옵션의 1기간 이항옵션가격결정모형에 대한 설명으로 옳지 않은 것은?

① 주가의 연속적인 변동을 가정하며 기초자산의 가격이 옵션만기일에 단 1회 변동한다고 가정한다.
② 주식과 옵션을 적절히 결합하면 옵션만기일의 주가 변동 상황과 무관하게 일정한 가치가 보장되는 무위험헤지포트폴리오를 구성할 수 있다.
③ 주식과 무위험이자율로의 차입(또는 대출)을 결합해서 옵션과 동일한 손익구조를 갖는 복제포트폴리오를 구성할 수 있다.
④ 옵션가격은 투자자들이 주관적으로 예상하는 기초자산가격의 상승확률이나 하락확률과는 무관하게 결정된다.
⑤ 옵션가격은 투자자들의 위험에 대한 태도와는 무관하게 결정된다.

난이도: ★★☆

02 1기간 이항옵션가격결정모형을 이용하며, 무위험이자율은 연 10%이다. 기초자산인 A 주식의 현재 주가는 10,000원이며, 1년 후 주가는 13,000원으로 상승하거나 8,000원으로 하락할 것으로 예상된다. 무배당주식인 A 주식 1주를 기초자산으로 하는 유럽형 콜옵션이 거래되고 있으며, 옵션의 만기는 1년이고, 행사가격은 11,900원일 때, 콜옵션의 균형가격은 얼마인가?

① 500원 ② 600원 ③ 700원 ④ 800원 ⑤ 900원

난이도: ★★☆

03 1기간 이항옵션가격결정모형을 이용하며, 무위험이자율은 연 10%이다. 기초자산인 A 주식의 현재 주가는 10,000원이며, 1년 후 주가는 12,000원으로 상승하거나 8,000원으로 하락할 것으로 예상된다. 무배당주식인 A 주식 1주를 기초자산으로 하는 등가격 유럽형 콜옵션이 거래되고 있으며, 옵션의 만기는 1년이다. A 주식 10주를 매입한 투자자가 무위험포트폴리오를 구성하기 위해 매도해야 하는 콜옵션의 개수는 얼마인가?

① 20개 ② 25개 ③ 30개 ④ 35개 ⑤ 40개

난이도: ★★☆

04 블랙-숄즈옵션가격결정모형의 옵션가격결정식이 다음과 같을 때, 옳지 않은 것은?

- 콜옵션가격결정식: $C_0 = N(d_1) \times S_0 - \dfrac{X}{e^{R_f \times T}} \times N(d_2)$
- 풋옵션가격결정식: $P_0 = [N(d_1) - 1] \times S_0 + \dfrac{X}{e^{R_f \times T}} \times [1 - N(d_2)]$

① $N(d_1)$ 만큼의 기초자산을 매입하고 콜옵션을 1단위 발행하면 무위험헤지포트폴리오를 구성할 수 있다.

② $N(d_1)$ 은 기초자산가격의 변동액에 대한 콜옵션가격 변동액의 민감도를 나타낸다.

③ $N(d_2)$ 는 옵션의 만기일에 콜옵션이 행사될 위험중립확률을 의미한다.

④ 콜옵션의 델타는 $N(d_1)$ 이고, 풋옵션의 델타는 $[1 - N(d_1)]$ 이다.

⑤ 옵션만기일에 풋옵션이 내가격 상태가 될 위험중립확률은 $[1 - N(d_2)]$ 이다.

정답 및 해설

01 ①
이항옵션가격결정모형에서는 주가(기초자산가격)의 이산적인 변동을 가정한다.

02 ②
$p = \dfrac{1 + R_f - d}{u - d} = \dfrac{1.1 - 0.8}{1.3 - 0.8} = 0.6$

$C_0 = \dfrac{1,100원 \times 0.6 + 0원 \times 0.4}{1.1} = 600원$

03 ①
주식 1주 매입 시 매도해야 할 콜옵션 개수
$= \dfrac{12,000원 - 8,000원}{2,000원 - 0원} = 2$
∴ 주식 10주 매입 시 매도해야 할 콜옵션 개수는 20개이다.

04 ④
풋옵션의 델타는 $[N(d_1) - 1]$ 이다.

출제예상문제

난이도: ★☆☆

05 기초자산의 가격이 상승하는 경우 이로 인한 콜옵션가격의 변동에 대한 설명으로 옳은 것은? (단, ΔS와 ΔC는 각각 기초자산가격의 상승액과 콜옵션가격의 상승액을 의미하며, $\frac{\Delta S}{S_0}$와 $\frac{\Delta C}{C_0}$는 각각 기초자산가격의 상승률과 콜옵션가격의 상승률을 의미한다.)

① $\Delta C < \Delta S$이고, $\frac{\Delta C}{C_0} > \frac{\Delta S}{S_0}$이다.

② $\Delta C < \Delta S$이고, $\frac{\Delta C}{C_0} < \frac{\Delta S}{S_0}$이다.

③ $\Delta C = \Delta S$이고, $\frac{\Delta C}{C_0} = \frac{\Delta S}{S_0}$이다.

④ $\Delta C > \Delta S$이고, $\frac{\Delta C}{C_0} < \frac{\Delta S}{S_0}$이다.

⑤ $\Delta C > \Delta S$이고, $\frac{\Delta C}{C_0} > \frac{\Delta S}{S_0}$이다.

난이도: ★☆☆ **대표출제기업:** 한국도로공사

06 기초자산의 현재가격은 10,000원이고, 이에 대한 콜옵션의 현재가격은 2,000원이며 콜옵션의 델타는 0.8이다. 기초자산의 가격이 1,000원 하락할 때, 콜옵션가격은 얼마인가?

① 1,200원   ② 1,300원   ③ 1,400원   ④ 1,500원   ⑤ 1,600원

난이도: ★★☆

07 1기간 이항옵션가격결정모형을 이용하며, 무위험이자율은 연 10%이다. 기초자산인 A 주식의 현재 주가는 10,000원이며, 1년 후 주가는 60%의 확률로 12,000원이 되거나 40%의 확률로 8,000원이 될 것으로 예상한다. 무배당주식인 A 주식 1주를 기초자산으로 하는 유럽형 콜옵션이 거래되고 있으며, 옵션의 만기는 1년이고 행사가격은 9,000원일 때, 콜옵션의 델타는 얼마인가?

① 0.25　　　② 0.4　　　③ 0.5　　　④ 0.6　　　⑤ 0.75

정답 및 해설

05 ①
옵션가격의 변동액은 기초자산가격의 변동액보다 작고, 옵션가격의 변동률은 기초자산가격의 변동률보다 크다.

06 ①
ΔC = 콜옵션의 델타 × ΔS = 0.8 × (−1,000원) = −800원
∴ 기초자산의 가격이 1,000원 하락한 후 콜옵션가격은 1,200원이다.

07 ⑤
콜옵션의 델타 = $\dfrac{C_u - C_d}{uS - dS}$ = $\dfrac{3,000원 - 0원}{12,000원 - 8,000원}$ = 0.75

출제예상문제

난이도: ★★★

08 옵션가격의 민감도에 대한 설명으로 옳지 않은 것은?

① 옵션의 델타는 기초자산가격의 변동에 대한 옵션가격 변동의 정도로, 콜옵션의 델타는 양수(+)이고 풋옵션의 델타는 음수(-)이다.
② 옵션의 감마는 기초자산의 가격변화에 대한 옵션델타의 변화정도로, 콜옵션의 감마는 양수(+)이고 풋옵션의 감마는 음수(-)이다.
③ 옵션의 쎄타는 시간의 경과에 따른 옵션가격의 변화정도를 나타내는 지표로, 대부분의 경우 쎄타는 음수(-)이지만 심내가격 풋옵션의 쎄타는 양수(+)인 경우도 가능하다.
④ 옵션의 베가는 기초자산가격 변동성의 변화에 대한 옵션가격의 변화정도를 나타내는 지표로, 콜옵션의 베가와 풋옵션의 베가는 모두 양수(+)이다.
⑤ 옵션의 로우는 무위험이자율의 변화에 대한 옵션가격의 변화정도를 나타내는 지표로, 콜옵션의 로우는 양수(+)이고, 풋옵션의 로우는 음수(-)이다.

난이도: ★★★

09 옵션의 가치와 옵션가격의 민감도에 대한 설명으로 옳지 않은 것은?

① 다른 조건이 동일하다면 등가격 상태에서 콜옵션의 가격은 풋옵션의 가격보다 높다.
② 다른 조건이 동일하다면 등가격 상태에서 콜옵션의 시간가치는 풋옵션의 시간가치와 동일하다.
③ 옵션 델타의 절댓값은 내가격이 심할수록 크고, 외가격으로 갈수록 감소한다.
④ 옵션 감마와 베타 및 쎄타의 절댓값은 등가격 부근에서 크고, 외가격이나 내가격으로 갈수록 감소한다.
⑤ 옵션 로우의 절댓값은 내가격이 심할수록 크고, 외가격으로 갈수록 감소한다.

난이도: ★☆☆

10 선물매입과 가장 유사한 손익을 실현할 수 있는 옵션거래전략으로 옳은 것은?

① 행사가격이 동일한 콜옵션 1개와 풋옵션 1개를 매입한다.
② 행사가격이 동일한 콜옵션 1개를 매입하고 풋옵션 1개를 매도한다.
③ 행사가격이 낮은 콜옵션 1개와 행사가격이 높은 풋옵션 1개를 매도한다.
④ 행사가격이 동일한 콜옵션 1개를 매도하고 풋옵션 1개를 매입한다.
⑤ 행사가격이 높은 콜옵션 1개와 행사가격이 낮은 풋옵션 1개를 매입한다.

정답 및 해설

08 ②
기초자산의 가격이 상승하는 경우 콜옵션의 델타도 상승(0 → 1)하고 풋옵션의 델타도 상승(-1 → 0)하므로 콜옵션의 감마와 풋옵션의 감마는 모두 양수(+)이다.

09 ②
등가격옵션의 내재가치는 0이므로 등가격옵션의 시간가치는 옵션의 가격과 동일하다. 따라서 다른 조건이 동일하다면 등가격 상태에서 콜옵션의 시간가치는 풋옵션의 시간가치보다 크다.

10 ②
합성선물매입 = 콜옵션 1개 매입 + 풋옵션 1개 매도

제6장 | 금융투자론의 기타주제

> **✓ 핵심 포인트**
>
> | 환율 | 환율의 종류와 환율결정이론 |
> |---|---|
> | 환위험 관리 | 대외적 환위험 관리기법 |
> | 스왑 | 스왑의 이용 목적과 차입비용의 절감 |

01 국제재무관리 중요도 ★★★

1. 환율의 의의와 종류

(1) 환율의 의의와 표시방법

환율(Foreign exchange)이란 외환시장에서 양 국가 통화 간의 교환비율을 말한다.
① 자국통화표시방법: 외국통화를 기준으로 외국통화 1단위의 가격을 자국통화로 표시하는 방법
② 외국통화표시방법: 자국통화를 기준으로 자국통화 1단위의 가격을 외국통화로 표시하는 방법

본 장에서는 특별한 언급이 없는 한 자국통화표시방법을 이용하여 환율을 표시하고 우리나라의 기업(또는 투자자)을 가정하여 살펴보기로 한다.

(2) 환율의 종류와 차익거래

① 기준환율(Basic rate): 대외거래가 가장 많은 외국통화에 대한 환율
② 교차환율(Cross rate): 기준환율의 대상이 되는 외국통화와 제3국통화 간의 환율
③ 재정환율(Arbitrage rate): 기준환율과 교차환율의 관계에서 도출되는 자국통화와 제3국통화 간의 환율

💡 재무관리 전문가의 TIP

자국통화표시방법
- ₩1,000/$
- $1 = ₩1,000

외국통화표시방법
- $0.001/₩
- ₩1 = $0.001

시험문제 미리보기!

원달러환율이 ₩1,000/$이고, 엔달러환율이 ¥100/$인 경우 외환시장이 균형을 이루기 위한 원엔환율(₩/¥100)은 얼마인가?

① ₩900/¥100 ② ₩1,000/¥100 ③ ₩1,100/¥100
④ ₩1,200/¥100 ⑤ ₩1,300/¥100

해설 시장의 균형조건: $\dfrac{₩1,000}{\$1} \times \dfrac{\$1}{¥100} \times \dfrac{¥100}{x} = 1$

∴ $x = ₩1,000$

정답 ②

2. 환율결정이론

(1) 구매력평가설

구매력평가설(Purchasing power parity)이란 환율이 양 국가 통화의 실질구매력에 의해 결정되고, **현물환율의 기대변동률**이 양 국가 **예상인플레이션율(i)의 차이**에 의해 결정된다는 이론이다.

$$E(S_1) = S_0 \times \frac{1+i_K}{1+i_A} \rightarrow \frac{E(S_1) - S_0}{S_0} \approx i_K - i_A$$

(2) 피셔효과와 국제피셔효과

① **피셔효과(Fisher effect)**: 특정 국가의 명목이자율(R)은 실질이자율(r)과 예상인플레이션율에 의해 결정되며, 양 국가의 **명목이자율의 차이**는 양 국가의 **예상인플레이션율의 차이**에 의해 결정된다는 이론

$$\frac{1+R_K}{1+R_A} = \frac{1+i_K}{1+i_A} \rightarrow R_K - R_A = i_K - i_A$$

② **국제피셔효과(International fisher effect)**: 구매력평가설과 피셔효과를 결합한 것으로, **현물환율의 기대변동률**이 양 국가의 **명목이자율의 차이**에 의해 결정된다는 이론

$$E(S_1) = S_0 \times \frac{1+R_K}{1+R_A} \rightarrow \frac{E(S_1) - S_0}{S_0} \approx R_K - R_A$$

> **재무관리 전문가의 TIP**
>
> $(1+R_K) = (1+r_K) \times (1+i_K)$
> $(1+R_A) = (1+r_A) \times (1+i_A)$
> 국가 간 자본이동에 제한이 없다면 국제금융시장의 균형상태에서는 모든 국가의 실질이자율(자본의 한계생산성)이 동일($r_K = r_A$)합니다.

📋 **시험문제 미리보기!**

국제피셔효과의 성립을 가정한다. 현재의 원달러환율이 1,100원/$이고, 한국과 미국의 명목이자율이 각각 20%와 10%인 경우 1년 후 원달러 기대현물환율은 얼마인가?

① ₩900/$ ② ₩1,000/$ ③ ₩1,100/$
④ ₩1,200/$ ⑤ ₩1,300/$

해설 $E(S_1) = S_0 \times \dfrac{1+R_K}{1+R_A} = 1,100원/\$ \times \dfrac{1.2}{1.1} = 1,200원/\$$

정답 ④

(3) 이자율평가설

이자율평가설(Interest rate parity)은 국가마다 명목이자율이 상이할 수 있으나, 선물환율의 할증(할인)에 의해 그 차이 효과가 상쇄되어야 시장의 균형이 달성될 수 있으므로 현물환율 대비 **선물환율의 할증률(할인율)**이 양 국가의 **명목이자율의 차이**에 의해 결정된다는 이론이다.

$$F_0 = S_0 \times \dfrac{1+R_K}{1+R_A} \rightarrow \dfrac{F_0 - S_0}{S_0} \approx R_K - R_A$$

(4) 불편선물환가설

불편선물환가설은 효율적 시장가설(Efficient market hypothesis)이라고도 합니다.

불편선물환가설(Unbiased forward rate hypothesis)은 이자율평가설과 국제피셔효과를 결합한 이론으로, 외환시장이 효율적인 경우 선물환율이 선물만기시점 기대현물환율의 불편추정치가 된다는 이론이다.

$$F_0 = E(S_T) = S_0 \times \left(\dfrac{1+R_K}{1+R_A}\right)^T$$

3. 환위험관리

(1) 환위험의 종류

환위험이란 예상하지 못한 환율의 변동으로 인해 기업의 재무적 성과가 변동될 위험을 말한다. 이때 환위험에 노출된 정도를 환노출 또는 환부담(Foreign exchange exposure)이라고 한다.

① 회계적 환노출(Accounting exposure): 외화로 표시된 재무제표의 항목을 자국통화 단위로 환산할 때 발생하는 회계적 이익의 변동 가능성
② 경제적 환노출(Economic exposure): 환율의 변동으로 인한 기업의 미래현금흐름의 변동위험 및 그에 따른 기업가치의 변동위험
③ 거래적 환노출(Transaction exposure): 환율의 변동으로 인해 외화표시 채권·채무의 결제시점에 실제로 수수하게 될 자국통화금액이 변동될 위험

(2) 대내적 환위험 관리기법

대내적 환위험 관리기법은 기업의 외화표시 자산·부채(채권·채무)의 통화나 규모 및 결제시점 등을 내부적으로 조정하여 환위험을 관리하는 기법이다.

① 상계(Netting): 다국적 기업의 모회사와 자회사 간 또는 자회사 상호 간의 채권·채무를 상계하여 차액만을 수수하는 방법
② 매칭(Matching): 통화별로 미래의 수취액과 지급액의 규모와 시점을 일치시켜서 환위험을 관리하는 방법
③ 리딩(Leading)과 래깅(Lagging): 외화대금의 결제시점을 인위적으로 앞당기거나 늦춤으로써 환위험을 관리하는 방법
④ 결제통화의 조정: 환율변동에 대한 예상에 따라 결제통화를 달리하여 환위험을 관리하는 방법
⑤ 재무상태표헤지: 동일한 외화로 표시되는 화폐성 자산·부채의 규모를 일치시켜서 회계적 환노출을 관리하는 방법

(3) 대외적 환위험 관리기법

대외적 환위험 관리기법은 단기금융시장이나 파생상품시장 등 외부적인 계약관계를 통해서 환위험을 관리하는 기법이다.

① **선물환(통화선물)시장 이용**: 선물환(통화선물)을 이용하여 자국통화로 표시되는 미래의 수수액을 확정시키는 방법
② **단기금융시장 이용**: 특정 통화를 차입하여 다른 통화로 교환한 후 해당 국가의 금융자산에 투자하여 환위험을 관리하는 방법
③ **통화옵션시장 이용**: 통화옵션을 매입하여 자국통화로 표시되는 미래의 최대지급액 또는 최소수취액을 확정시키는 방법
④ **통화스왑 이용**: 서로 다른 통화로 표시된 채무를 부담하고 있는 거래당사자들 간 채무의 상환에 필요한 현금흐름을 상호 간 교환하기로 하는 계약을 체결하는 방법

달러화 수취예정인 한국 수출업자의 환위험관리
- 원달러선물매도
- 달러화 차입해서 매도 후 원화 예금
- 달러화에 대한 풋옵션 매입 and /or 콜옵션 매도
- 통화스왑(달러화 지급, 원화 수취) 계약

예제 대외적 환위험 관리기법

한국의 수출업자인 ㈜파랑은 상품을 수출하고 그 대금으로 1년 후 $110를 수취할 예정이다. 원달러선물과 달러화에 대한 옵션 1계약의 기초자산은 $1이며, 옵션의 행사가격(X)은 ₩1,150/$이다.

1. 한국의 연간 명목이자율(R_K): 20%, 미국의 연간 명목이자율(R_A): 10%
2. 원달러 현물환율(S_0): ₩1,000/$, 1년 만기 원달러 선물환율($F_0$): ₩1,100/$
3. 1년 만기 달러화 콜옵션(C_0): ₩20, 1년 만기 달러화 풋옵션(P_0): ₩50

물음 1 ㈜파랑이 원달러 통화선물을 이용해서 환위험을 관리하고자 하는 경우 1년 후의 원화수취액을 계산하시오.

물음 2 ㈜파랑이 단기금융시장을 이용해서 환위험을 관리하고자 하는 경우 1년 후의 원화수취액을 계산하시오.

물음 3 ㈜파랑이 달러화에 대한 옵션을 매입해서 환위험을 관리하고자 하는 경우 1년 후의 최소원화수취액을 계산하시오. (단, 옵션거래대금에 대한 화폐의 시간가치를 고려한다.)

해답 1 통화선물 이용
   (1) 원달러선물 110계약 매도
   (2) 1년 후 원화수취액: $110 × ₩1,100/$ = ₩121,000
  2 단기금융시장 이용
   (1) 미국에서 $100 = $\frac{\$110}{1+10\%}$를 차입한 후 원화로 교환하여 한국에 예금
   (2) 1년 후 원화수취액: $100 × ₩1,000/$ × (1 + 20%) = ₩120,000
  3 통화옵션 이용
   (1) 달러화에 대한 풋옵션 110계약 매입
   (2) 1년 후 최소원화수취액: $110 × ₩1,150/$ − 110계약 × ₩50 × (1 + 20%)
      = ₩119,900

4. 국제자본예산

(1) 국가 간 자본거래의 유형

① 해외직접투자(Foreign direct investment): 장기적인 이익을 얻을 목적으로 다른 나라에서 기업을 설립하여 생산활동을 직접 수행하거나, 해외기업의 지배권을 획득하는 것

② 해외간접투자(Foreign indirect investment): 해외증권투자라고도 하며, 이자소득이나 배당소득 및 자본이득을 얻을 목적으로 다른 나라의 주식이나 채권에 투자하는 것

 **재무관리 전문가의 TIP**
해외투자안의 평가 시 기대현물환율은 구매력평가설, 국제피셔효과, 불편선물환가설 등을 이용해서 계산할 수 있습니다.

(2) 해외투자안의 평가

해외투자안도 국내투자안과 동일한 자본예산의 논리를 적용하여 평가하며, 다음의 단계를 거쳐 이루어진다.
① 투자안의 기대현금흐름을 현지통화로 추정
② 현지통화로 추정된 기대현금흐름을 기대현물환율을 이용해서 자국통화로 환산
③ 자국통화 기준의 적절한 자본비용으로 할인하여 NPV 산출

(3) 국제분산투자효과와 해외투자안의 자본비용

해외투자안의 평가에 적용할 자본비용을 산출할 때는 **국제분산투자효과와 환위험 및 국가위험의 증가효과**를 고려해야 한다.
① 국제적인 투자가 가능하다면 국내에만 투자하는 경우 공통요인에 해당하는 요인(체계적위험) 중 일부가 특정 국가에 한정된 요인(비체계적위험)이 될 수도 있으므로 국제분산투자를 통해 분산 불가능한 체계적위험이 감소될 수 있다.
② 해외투자 시 국내에만 투자한다면 부담하지 않을 환위험과 국가위험을 추가로 부담하게 된다.

02 스왑

중요도 ★★

1. 스왑의 의의와 유형

스왑(Swap) 또는 스왑거래란 미래 특정 기간 발생하는 일정한 현금흐름을 다른 현금흐름과 정기적으로 교환하기로 하는 연속된 선도계약들의 포트폴리오를 말하는데, 교환하기로 하는 현금흐름의 종류에 따라 이자율스왑과 통화스왑으로 구분된다.

① **이자율스왑(Interest rate swap)**: 동일한 통화로 표시되는 일정 원금에 대한 고정금리이자와 변동금리이자를 교환하기로 하고 **원금의 교환은 불필요**한 계약
② **통화스왑(Currency swap)**: 상이한 통화로 표시되는 일정 원금에 대한 이자뿐만 아니라 **원금까지 교환**하기로 하는 계약

> **재무관리 전문가의 TIP**
> 이자율스왑은 금리스왑이라고도 하며, 통화스왑은 외환스왑이라고도 합니다.

2. 스왑의 이용목적

스왑계약은 옵션이나 선물과 같이 조직화된 거래소에서 표준화된 형태로 체결되기보다는 거래당사자의 필요에 따라 장외시장에서 사적인 형태로 체결되므로 보다 다양한 목적으로 이용될 수 있다.

(1) 위험관리목적

① 이자율위험헤지: 고정금리부사채를 발행한 경우의 시장이자율 하락위험이나 변동금리부사채를 발행한 경우의 시장이자율 상승위험은 이자율스왑 계약을 통해 헤지할 수 있다.
② 환위험헤지: 환율변동에 따른 외화 채권(채무)의 원리금 수취액(지급액)의 변동위험은 통화스왑 계약을 통해 헤지할 수 있다.

> **재무관리 전문가의 TIP**
> • 시장이자율 하락위험 = 부채가치 증가위험
> • 시장이자율 상승위험 = 이자지급액 증가위험

(2) 차입비용 절감목적

스왑계약에 참여하고자 하는 거래당사자들은 자신이 **상대적**으로 **비교우위**에 있는 차입조건으로 차입을 한 후 스왑계약을 체결함으로써 서로의 차입비용을 절감할 수 있다.

사례

20×1년 초 A 기업과 B 기업 모두 금융기관으로부터 각각 100억 원을 차입하고자 하며, 각 기업에 적용되는 차입조건은 다음과 같다고 가정한다.

구분	고정금리 차입조건	변동금리 차입조건
A 기업	10%	LIBOR + 1%
B 기업	15%	LIBOR + 4%
이자율차이	5%	3%

① A 기업은 B 기업에 비하여 고정금리시장에서는 5%의 우위를 가지며, 변동금리시장에서는 3%의 우위를 가진다. 따라서 A 기업은 고정금리시장에서, B 기업은 변동금리시장에서 상대적 비교우위를 가진다.

② A 기업은 미래의 이자율 하락을 예상하여 변동금리조건으로 차입하기를 원하며, B 기업은 재무적 곤경에 처할 가능성이 높아서 고정금리조건으로 차입하기를 원한다면 각 기업은 상대적 비교우위와 스왑계약을 통해서 차입비용을 절감할 수 있다.

③ A 기업이 B 기업에게 매년 말 변동금리이자 LIBOR를 지급하고, 고정금리이자 10%를 수취하는 내용의 스왑계약을 체결한다면, A 기업과 B 기업은 시장에서 직접 차입하는 방식에 비해 차입비용을 각각 1%씩 절감할 수 있다.

구분	차입금리 ①	스왑계약 수취 ②	스왑계약 지급 ③	실제 부담금리 ① - ② + ③	시장에서의 차입조건	차입비용 절감효과
A	고정금리 10%	10%	LIBOR	변동금리 LIBOR	(변동금리 차입 시) LIBOR + 1%	1%
B	변동금리 LIBOR + 4%	LIBOR	10%	고정금리 14%	(고정금리 차입 시) 15%	1%
계						2%

④ 스왑계약 참여자들의 총차입비용 절감이득은 2%인데, 이는 고정금리조건 이자율 차이인 5%와 변동금리조건 이자율 차이인 3%의 차이이며, 스왑계약의 총이득은 스왑계약의 내용에 따라 각 참여자들에게 분배된다.

⑤ 실제 스왑계약체결 시에는 개별기업이 원하는 조건의 계약상대방을 직접 찾는 것이 어렵고 계약상대방의 불이행위험이 존재하기 때문에 중개은행이 개입하게 되는데, 이러한 스왑계약의 중개과정에서 스왑의 총이득 중 일부가 중개은행의 중개이익으로 유출된다.

ejob.Hackers.com

취업강의 1위, **해커스잡**

출제예상문제

제6장 금융투자론의 기타주제

난이도: ★☆☆

01 한국기업은 원달러 현물환율이 1,000원/$인 시점에 미국에서 연 25%의 이자율로 $80을 1년간 차입하였다. 1년 후 차입금 상환시점의 원달러 환율이 1,200원/$일 때, 한국기업이 실제로 부담하게 되는 원화이자율은 얼마인가?

① 10% ② 20% ③ 30% ④ 40% ⑤ 50%

난이도: ★★☆

02 현재 한국외환시장과 미국외환시장에서 달러화와 원화에 대한 동일 만기의 선도환율이 각각 1,200원/$과 0.0008$/원이다. 두 시장에서 동시에 거래할 수 있는 투자자가 실행 가능한 차익거래로 옳은 것은? (단, $\frac{1}{0.0008}$ = 1,250이다.)

① 현재 시장이 균형상태이므로 차익거래의 기회는 없다.
② 한국외환시장에서는 달러화를 매입하고, 미국외환시장에서는 원화를 매도하는 계약을 체결한다.
③ 한국외환시장에서는 달러화를 매도하고, 미국외환시장에서는 원화를 매입하는 계약을 체결한다.
④ 한국외환시장에서는 달러화를 매입하고, 미국외환시장에서는 원화를 매입하는 계약을 체결한다.
⑤ 한국외환시장에서는 달러화를 매도하고, 미국외환시장에서는 원화를 매도하는 계약을 체결한다.

난이도: ★☆☆

03 환율결정이론에 대한 설명으로 옳지 않은 것은?

① 구매력평가설(Purchasing power parity)은 현물환율의 기대변동률이 양 국가의 예상인플레이션율의 차이에 의해 결정된다는 이론이다.
② 피셔효과(Fisher effect)는 양 국가의 명목이자율의 차이가 양 국가의 예상인플레이션율의 차이에 의해 결정된다는 이론이다.
③ 국제피셔효과(International fisher effect)는 구매력평가설과 피셔효과를 결합한 것으로, 현물환율의 기대변동률이 양 국가의 실질이자율의 차이에 의해 결정된다는 이론이다.
④ 이자율평가설(Interest rate parity)은 현물환율 대비 선물환율의 할증률(할인율)이 양 국가의 명목이자율의 차이에 의해 결정된다는 이론이다.
⑤ 불편선물환가설(Unbiased forward rate hypothesis)은 이자율평가설과 국제피셔효과를 결합한 것으로, 외환시장이 효율적인 경우 선물환율이 선물만기시점 기대현물환율의 불편추정치가 된다는 이론이다.

난이도: ★☆☆

04 국제피셔효과를 나타낸 관계식으로 옳은 것은? (단, 환율은 B국 통화 1단위에 대한 A국 통화의 가치로 표시되고, S_0는 현물환율, F_0는 선물환율, $E(S_1)$은 1년 후 기대현물환율, i는 예상인플레이션율, R은 명목이자율이며, 선물의 만기는 1년이다.)

① $E(S_1) = S_0 \times \dfrac{1+i_A}{1+i_B}$ ② $E(S_1) = S_0 \times \dfrac{1+R_A}{1+R_B}$ ③ $F_0 = S_0 \times \dfrac{1+R_A}{1+R_B}$

④ $E(S_1) = S_0 \times \dfrac{1+R_B}{1+R_A}$ ⑤ $F_0 = S_0 \times \dfrac{1+R_B}{1+R_A}$

난이도: ★★☆

05 현재의 원달러 현물환율은 1,000원/$이고, 한국과 미국의 명목이자율은 각각 30%와 25%이다. 10만 원을 보유하고 있는 한국의 투자자 甲이 현물환율로 달러화를 매입한 후 미국의 명목이자율로 1년간 투자하고, 1년 만기 선물환계약을 통해 1년 후 시점의 투자회수액(달러화)에 대한 원화환산액을 확정하였을 때, 투자자 甲의 1년 후 투자회수액(원화)은 얼마인가? (단, 시장의 균형을 가정한다.)

① 110,000원 ② 115,000원 ③ 120,000원 ④ 125,000원 ⑤ 130,000원

정답 및 해설

01 ⑤
현재시점의 차입금액(원화환산액) = $80 × 1,000원/$
= 80,000원
1년 후 원리금상환액(원화환산액) = $80 × 1.25 × 1,200원/$
= 120,000원
실제 부담하는 원화이자율 = $\dfrac{120,000원}{80,000원} - 1 = 0.5$

02 ④
한국외환시장에서의 선도환율(1,250원/$)이 미국외환시장에서의 선도환율($\dfrac{1}{0.0008}$원/$ = 1,250원/$)에 비해 낮으므로 한국외환시장에서는 달러화가 상대적으로 저평가되어 있고, 미국외환시장에서는 달러화가 상대적으로 고평가(원화가 상대적으로 저평가)되어 있다.

03 ③
국제피셔효과에 의하면 현물환율의 기대변동률은 양 국가의 명목이자율의 차이에 의해 결정된다.

04 ②

[오답노트]
① 구매력평가설을 나타낸 관계식이다.
③ 이자율평가설을 나타낸 관계식이다.

05 ⑤
균형선물환율: $F_0 = 1,000원/\$ \times \dfrac{1.3}{1.25} = 1,040원/\$$
투자회수총액: 100,000원 ÷ 1,000원/$ × 1.25 × 1,040원/$
= 100,000원 × 1.3 = 130,000원

출제예상문제

난이도: ★★☆ 대표출제기업: 인천교통공사

06 3개월 후 달러화 수입대금을 지급할 예정인 한국의 수입업자가 환위험을 헤지하기 위해서 취할 수 있는 전략으로 옳은 것은? (단, 선물환과 옵션의 기초자산은 달러화이다.)

① 3개월 만기 풋옵션을 매입한다.
② 3개월 만기 콜옵션을 매도한다.
③ 동일한 행사가격의 3개월 만기 콜옵션과 풋옵션을 동시에 매도한다.
④ 달러를 차입하여 현물환시장에 매도한다.
⑤ 3개월 만기 선물환 매입계약을 체결한다.

난이도: ★☆☆

07 스왑거래에 대한 설명으로 옳지 않은 것은?

① 스왑거래는 미래의 현금흐름을 교환하기로 약정하는 계약이며, 연속된 선도계약들의 포트폴리오라고 할 수 있다.
② 스왑거래는 주로 장외에서 이루어진다.
③ 이자율스왑은 동일한 통화로 표시되는 일정 원금에 대한 고정금리이자와 변동금리이자 및 원금을 교환하기로 약정하는 거래이다.
④ 통화스왑은 상이한 통화로 표시되는 일정 원금에 대한 이자와 원금을 교환하기로 약정하는 거래이다.
⑤ 스왑거래는 표준화되지 않고 당사자 간 필요에 따라 다양하게 설계될 수 있다.

난이도: ★★☆

08 A 기업과 B 기업의 시장 차입조건이 다음과 같은 상황에서 A 기업과 B 기업이 상대적 비교우위와 스왑계약을 이용하여 차입비용을 절감하고자 한다. 계약기간 A 기업과 B 기업이 고정금리 7.7%의 이자와 변동금리 LIBOR의 이자를 수수하기로 스왑계약을 체결하였다면, 이러한 거래를 통해 B 기업이 절감할 수 있는 차입비용은 얼마인가?

구분	고정금리	변동금리
A 기업	8.0%	LIBOR + 0.8%
B 기업	10.0%	LIBOR + 2.0%

① 0.3% ② 0.4% ③ 0.5% ④ 0.6% ⑤ 0.7%

난이도: ★★★

09 A 기업과 B 기업의 시장 차입조건이 다음과 같은 상황에서 은행이 A 기업과 B 기업 간의 스왑을 중계하고자 한다. 스왑으로 인한 은행의 총마진은 0.2%이며, 두 기업의 스왑이득은 동일하다. 만약 은행이 A 기업에 LIBOR를 지급한다면 A 기업이 은행에 지급해야 하는 고정금리는 얼마인가?

구분	고정금리	변동금리
A 기업	8%	LIBOR + 1%
B 기업	9%	LIBOR + 3%

① 6.2%   ② 6.4%   ③ 6.6%   ④ 6.8%   ⑤ 7.0%

정답 및 해설

06 ⑤

오답노트
①, ② 달러화에 대한 옵션을 매입하는 경우 콜옵션을 매입해야 한다.
③ 행사가격이 동일한 콜옵션을 매입하고 풋옵션을 매도하면 선물매입을 복제할 수 있다.
④ 원화로 자금을 차입하여 달러화 현물을 매입한 후 달러화로 예금해야 한다.

07 ③
이자율스왑은 동일한 통화로 표시되는 일정 원금에 대한 고정금리이자와 변동금리이자를 교환하기로 하는 계약이며, 원금의 교환은 불필요하다.

08 ①
B 기업 변동금리 차입 후 스왑계약(고정금리 지급, 변동금리 수취) 체결 시 실제부담금리 = (LIBOR + 2%) − LIBOR + 7.7% = 9.7%
B 기업의 차입비용절감효과 = 10% − 9.7% = 0.3%

09 ③
A 기업과 B 기업의 스왑이득 합계 = {(LIBOR + 3%) − (LIBOR + 1%)} − (9% − 8%) − 0.2% = 0.8%
스왑이득이 두 기업에게 동일하므로 A 기업이 얻는 스왑이득은 0.4%이기 때문에 A 기업이 실제 부담하는 금리가 고정금리 차입조건(8%)보다 0.4%만큼 유리한 7.6%가 되도록 스왑계약이 체결되기 위해서는 은행에 6.6%를 지급해야 한다.

취업강의 1위, 해커스잡
ejob.Hackers.com

❗ 기출동형모의고사 3회독 가이드

① 해커스잡 애플리케이션의 모바일 타이머를 이용하여 1회분당 15문항을 20분 안에 풀어보세요.
② 문제를 풀 때는 문제지에 풀지 말고 기출동형모의고사 정답 및 해설 뒤에 수록된 회독용 답안지를 절취하여 답안지에 정답을 체크하고 채점해 보세요. 채점할 때는 p.324의 '바로 채점 및 성적 분석 서비스' QR코드를 스캔하여 응시 인원 대비 본인의 성적 위치를 확인할 수 있습니다.
③ 채점 후에는 회독용 답안지의 각 회차에 대하여 정확하게 맞은 문제[O], 찍었는데 맞은 문제[△], 틀린 문제[×] 개수를 표시해 보세요.
④ 찍었는데 맞았거나 틀린 문제는 해설의 출제포인트를 활용하여 이론을 복습하세요.
⑤ 이 과정을 3번 반복하면 공기업 재무관리를 모두 내 것으로 만들 수 있습니다.

해커스공기업 쉽게 끝내는 재무관리 기본서

기출동형모의고사

- 제1회 기출동형모의고사
- 제2회 기출동형모의고사
- 정답 및 해설
- 회독용 답안지

공기업 재무관리는 경영학에 포함되는 경우가 많아 출제되는 문항 수가 많지 않은 편이며, 실전에 대비할 수 있도록 실제 시험과 유사하게 1회분당 15문항으로 구성하였습니다. 15문항보다 적게 출제될 수 있는 통합전공 시험 준비생은 이론 학습 및 출제예상문제 풀이 후 전 단원 점검용으로 활용할 수 있습니다.

제1회 | 기출동형모의고사

01 재무관리의 목표로 옳은 것은?

① 주당배당액의 극대화
② 고객만족의 극대화
③ 주당순이익의 극대화
④ 투자수익률의 극대화
⑤ 순현재가치의 극대화

02 투자시점에 300원의 현금유출이 발생하고 이후에 현금유입이 발생하는 A 투자안의 수익성지수가 1.2이고, 자본비용은 10%일 때, A 투자안의 순현재가치는 얼마인가?

① 60원 ② 75원
③ 80원 ④ 100원
⑤ 120원

03 위험자산 A와 위험자산 B의 기대수익률은 각각 10%와 20%이고, 수익률의 표준편차는 각각 30%와 40%이다. 위험자산 A와 위험자산 B를 이용해서 구성되는 포트폴리오의 기대수익률과 수익률의 표준편차에 대한 설명으로 옳지 않은 것은? (단, 상관계수는 위험자산 A와 위험자산 B 수익률 간의 상관계수를 의미한다.)

① 공매가 불가능하고 상관계수가 양수인 경우 수익률의 표준편차가 30%보다 작은 포트폴리오의 구성이 가능하다.
② 공매가 가능하고 상관계수가 0인 경우 기대수익률이 40%인 포트폴리오의 구성이 가능하다.
③ 공매가 가능하고 상관계수가 0인 경우 기대수익률이 0%인 포트폴리오의 구성이 가능하다.
④ 공매가 가능하고 상관계수가 0인 경우 수익률의 표준편차가 60%인 포트폴리오의 구성이 가능하다.
⑤ 공매가 가능하고 상관계수가 0인 경우 수익률의 표준편차가 0%인 포트폴리오의 구성이 가능하다.

04 CAPM의 성립을 가정할 때, 투자자 甲의 최적투자포트폴리오인 A의 베타는 0.8이고, 투자자 乙의 최적투자포트폴리오인 B의 베타는 1.6이다. 다음 설명 중에서 옳지 않은 것은?

① 포트폴리오 A의 체계적위험 1단위당 위험프리미엄은 시장포트폴리오의 위험프리미엄과 동일하다.
② 포트폴리오 B의 위험프리미엄은 포트폴리오 A의 위험프리미엄의 2배이다.
③ 포트폴리오 B의 수익률 표준편차는 포트폴리오 A의 수익률 표준편차의 2배이다.
④ 포트폴리오 B의 기대수익률은 포트폴리오 A의 기대수익률의 2배이다.
⑤ 포트폴리오 A와 포트폴리오 B 수익률 간의 상관계수는 1이다.

05 자산의 수익률이 1개의 공통요인에 의해 설명되며, 차익거래의 기회가 존재하지 않는 균형상태의 시장을 가정할 때, 무위험이자율은 10%이며, 충분히 분산투자된 포트폴리오 A와 포트폴리오 B의 베타가 각각 2와 3이고 포트폴리오 A의 기대수익률은 30%인 경우 포트폴리오 B의 기대수익률은 얼마인가?

① 30% ② 40%
③ 50% ④ 60%
⑤ 70%

06 A 기업의 재무레버리지도는 3이고, 결합레버리지도는 6이며, 영업이익은 40원일 때, A 기업의 고정영업비용은 얼마인가?

① 0원   ② 10원
③ 20원 ④ 30원
⑤ 40원

07 기업의 자본구조와 관련하여 정보비대칭을 고려한 로스의 신호이론에 대한 설명으로 옳지 않은 것은?

① 기업 내부의 경영자는 외부투자자에 비해 보다 우월한 정보를 보유하고 있다.
② 기업의 자본구조는 경영자가 외부투자자에게 전달하는 신호이다.
③ 기업이 신주를 발행해서 자본을 조달하는 것은 부정적 신호이다.
④ 기업의 부채증가는 파산위험을 증가시키므로 기업가치가 감소될 수 있다는 신호가 된다.
⑤ 기업은 유리한 투자기회에 대비해서 현재보다 더 많은 부채조달 여력이 있어야 한다.

08 무부채기업인 A 기업이 무부채기업인 B 기업을 흡수합병하고자 한다. 합병 전 A 기업과 B 기업의 발행주식수는 각각 200주와 100주이고, 주가는 각각 1,000원과 500원이다. 시너지효과의 발생에 따른 기업가치의 증가분은 50,000원으로 예상된다. 주가를 기준으로 의사결정하는 경우 A 기업 주주의 입장에서 허용 가능한 최대주식교환비율은 얼마인가?

① 0.4   ② 0.5
③ 0.6   ④ 0.8
⑤ 1.0

09 배당정책에 대한 설명으로 옳지 않은 것은?

① 수익성 있는 투자기회가 많은 기업일수록 저배당정책을 선호한다.
② 배당의 고객효과에 따르면 높은 세율을 적용받는 고소득자는 저배당기업을 선호하며, 낮은 세율을 적용받는 저소득자는 고배당기업을 선호한다.
③ 정보비대칭이 존재하는 경우 현금배당이 경영자가 보유한 정보를 외부투자자에게 전달하는 효과를 가져올 수 있다.
④ 일반적으로 기업은 주당배당금을 안정적으로 유지하려는 경향이 있다.
⑤ 안정배당정책을 취하는 기업은 순이익이 급격히 증가하는 경우 배당성향이 단기적으로 증가한다.

10 A 기업의 올해 말(t = 1)에 기대되는 주당순이익은 2,000원이고, A 기업의 내부유보율 40%와 유보이익의 재투자수익률 20%는 영구히 일정하게 유지될 것으로 예상한다. A 기업의 자기자본비용이 14%일 때, A 기업 주식의 현재 적정가격은 얼마인가? (단, 배당은 매년 말 연 1회 지급한다.)

① 15,000원   ② 17,500원
③ 20,000원   ④ 22,500원
⑤ 25,000원

11 주가 관련 비율에 대한 설명으로 옳지 않은 것은?

① 주가이익비율(PER)은 주가가 주당순이익에 비해 얼마나 높은 수준인지를 나타낸다.
② 주가대장부금액비율(PBR)은 1주당 주가를 1주당 자산의 장부금액으로 나눈 비율이다.
③ 일반적으로 주가이익비율(PER)은 장래 성장성이 높은 기업일수록 높게 나타난다.
④ 일반적으로 주가대장부금액비율(PBR)은 수익전망이 높은 기업일수록 높게 나타난다.
⑤ 이익을 되도록 적게 계상하는 회계처리방법을 사용하는 기업의 주가이익비율(PER)은 상대적으로 높게 나타날 수 있다.

12 액면금액이 1,000원으로 동일한 1년, 2년 만기 정부발행 무이표채권의 현재가격이 각각 900원과 700원이다. 액면금액은 1,000원이고, 잔존만기는 2년이며, 액면이자율이 10%(연 1회 후급조건)인 정부발행 이표채권의 현재 균형가격은 얼마인가?

① 860원 ② 900원
③ 940원 ④ 980원
⑤ 1,000원

13 채권투자의 위험에 대한 설명으로 옳지 않은 것은?

① 일반적으로 영구채권의 이자율변동위험은 무이표채권이나 이표채권에 비해 더 작다.
② 무이표채권의 이자수익률은 0으로 일정하며 재투자위험이 없다.
③ 액면이자율만 상이한 이표채권 중 할증채에 비해 할인채의 이자율변동위험이 더 크다.
④ 수의상환조건이 있는 채권의 가격은 다른 조건이 동일한 일반채권의 가격보다 낮다.
⑤ 수의상환조건이 있는 채권의 만기수익률은 다른 조건이 동일한 일반채권의 만기수익률보다 높다.

14 현재 주가지수는 100p이고, 주가지수 산출에 포함되는 주식들의 연간 평균배당수익률은 4%이며, 연간 무위험이자율은 16%일 때, 만기일이 9개월 후인 주가지수선물의 균형가격은 얼마인가?

① 103p ② 105p
③ 107p ④ 109p
⑤ 111p

15 보유하고 있는 포트폴리오의 가치가 일정 수준 이하로 하락하는 것을 방지하면서 가치 상승 시 이익을 얻도록 하는 전략으로 옳은 것은?

① 헤지(Hedge)전략
② 스프레드(Spread)전략
③ 포트폴리오보험(Portfolio insurance)전략
④ 차익거래(Arbitrage)전략
⑤ 면역(Immunization)전략

제2회 | 기출동형모의고사

01 이자율은 연 25%이며, PVIF(25%, 2년) = 0.64, PVIF(25%, 3년) = 0.51이라고 가정할 때, 3차년도 말부터 매년 말 100원씩 받는 무성장영구연금의 현재가치는 얼마인가?

① 51원
② 64원
③ 204원
④ 256원
⑤ 400원

02 순현재가치법과 내부수익률법에 대한 설명으로 옳지 않은 것은? (단, 투자시점에 현금유출이 발생하고, 이후 현금유입이 발생하는 투자형 현금흐름을 가정한다.)

① 순현재가치법과 내부수익률법 모두 현금흐름 할인모형이다.
② 순현재가치법과 내부수익률법 모두 화폐의 시간가치를 반영한다.
③ 순현재가치법과 내부수익률법 모두 가치가산의 원칙을 만족시킨다.
④ 순현재가치법과 내부수익률법이 서로 다른 투자결정을 내릴 수 있다.
⑤ 순현재가치법은 절대적 성과에 대한 정보를 제공하고, 내부수익률법은 상대적 성과에 대한 정보를 제공한다.

03 다음은 4개의 자산 A, B, C, D의 기대수익률과 수익률의 표준편차에 대한 자료이다. 다음 중 지배원리를 적용해서 1개의 자산을 선택하여 투자하는 경우에 대한 설명으로 옳지 않은 것은?

구분	자산 A	자산 B	자산 C	자산 D
$E(R_i)$	10%	10%	10%	20%
σ_i	0%	5%	10%	5%

① 자산 A를 선택하는 위험회피형 투자자가 있을 수 있다.
② 자산 D를 선택하는 위험회피형 투자자가 있을 수 있다.
③ 자산 A를 선택하는 위험선호형 투자자가 있을 수 있다.
④ 자산 D를 선택하는 위험선호형 투자자가 있을 수 있다.
⑤ 자산 D를 선택하는 위험중립형 투자자가 있을 수 있다.

04 CAPM의 성립을 가정할 때, 다음 설명 중에서 옳지 않은 것은?

① 자본시장선과 증권시장선은 자산의 위험과 기대수익률 간의 선형관계를 나타내는 식이다.
② 균형하에서 모든 자산의 위험과 기대수익률은 증권시장선상에 위치한다.
③ 비체계적위험을 가진 포트폴리오는 자본시장선상에 놓이지 않는다.
④ 증권시장선상에 있는 자산은 모두 다 자본시장선상에 위치한다.
⑤ 균형하에서 모든 자산의 위험과 기대수익률이 자본시장선상에 위치하는 것은 아니다.

05 시장모형의 성립을 가정하며, 시장포트폴리오 수익률의 표준편차는 20%이다. 베타가 각각 2와 3인 주식 A와 주식 B에 60%와 40%를 투자한 포트폴리오 P 수익률의 표준편차가 60%일 때, 포트폴리오 P의 총위험에 대한 체계적위험의 비율은 얼마인가?

① 16% ② 25%
③ 36% ④ 49%
⑤ 64%

06 레버리지효과와 레버리지도에 대한 설명으로 옳지 않은 것은?

① 영업레버리지도는 매출액이 1% 변화할 때 영업이익의 변화율이며, 재무레버리지도는 영업이익이 1% 변화할 때 당기순이익의 변화율이다.
② 영업이익과 세전이익이 발생하는 기업의 영업레버리지도와 재무레버리지도는 모두 1 이상이며, 그 값이 클수록 손익확대효과가 크다.
③ 고정영업비용과 이자비용이 발생하지 않는 기업의 결합레버리지도는 1이다.
④ 이자비용이 일정하다면 영업이익의 변동과 무관하게 재무레버리지도는 일정하다.
⑤ 결합레버리지도는 영업레버리지도와 재무레버리지도를 곱한 값이다.

07 A 기업의 부채비율은 100%이고, A 기업과 자본구조만 상이한 B 기업의 부채비율은 300%이다. A 기업의 보통주 베타가 0.4일 때, B 기업의 보통주 베타는 얼마인가? (단, MM의 무관련이론(1958)의 성립을 가정하며, 부채는 무위험부채이다.)

① 0.5 ② 0.6
③ 0.8 ④ 1
⑤ 1.2

08 M&A에 대한 설명으로 옳지 않은 것은?

① 자동차 제조기업이 자사에 원료를 공급하는 타이어 제조기업을 인수합병하는 것은 수직적 합병에 해당한다.
② 수익의 증가나 비용의 감소 등과 같은 영업현금흐름의 증가에 따른 기업가치의 증가효과는 영업시너지효과에 해당한다.
③ 합병에 따른 위험과 자본비용의 감소효과로 인한 기업가치의 증가효과는 재무시너지효과에 해당한다.
④ 기업자산의 대체원가를 증권시장에서 평가된 기업의 시장가치로 나눈 값을 토빈의 q비율이라고 한다.
⑤ 토빈의 q비율이 1보다 작은 기업은 그 기업의 시장가치가 저평가되었다는 것을 의미하므로 적대적 M&A의 표적이 되기 쉽다고 판단할 수 있다.

09 완전자본시장을 가정했을 때 배당정책의 효과에 대한 설명으로 옳지 않은 것은? (단, 자사주매입의 경우 매입가격은 시장가격과 동일하다고 가정한다.)

① 현금배당을 지급하는 경우 발행주식수는 변하지 않고 주가는 하락한다.
② 자사주를 매입하는 경우 발행주식수는 감소하고 주가는 변하지 않는다.
③ 주식배당을 실시하는 경우 발행주식수는 증가하고 주가는 하락한다.
④ 현금배당을 지급하는 경우와 자사주를 매입하는 경우 모두 PER이 증가한다.
⑤ 현금배당을 지급하는 경우와 자사주를 매입하는 경우 모두 기존주주의 부는 변하지 않는다.

10 A 기업의 배당성향 60%와 유보이익의 재투자수익률(ROE) 20%는 영구히 일정하게 유지될 것으로 기대된다. A 기업 주주들의 요구수익률은 15%이고, 현재 주가는 적정주가와 동일한 10,000원일 때, A 기업 주식을 매입하는 경우 기대되는 연간 배당수익률 $\left(\dfrac{d_1}{P_0}\right)$은 얼마인가?

① 3%   ② 4%
③ 5%   ④ 6%
⑤ 7%

11 지난 24개월 동안 펀드 A의 연간 평균수익률과 수익률의 표준편차 및 베타는 각각 14%와 15% 및 0.5였다. 같은 기간 한국종합주가지수(KOSPI)의 연간 평균수익률과 수익률의 표준편차가 각각 15%와 10%였으며, 연간 무위험이자율은 5%였을 때, 펀드 A의 젠센지수(젠센의 알파)는 얼마인가?

① 2%   ② 4%
③ 6%   ④ 8%
⑤ 10%

12 이자율의 기간구조이론에 대한 설명으로 옳지 않은 것은?

① 불편기대이론에 따르면 우상향하는 수익률곡선은 미래 이자율의 상승이 예상되는 상황에서만 나타난다.
② 불편기대이론이 성립하는 경우 2년 만기 현물이자율($_0R_2$)이 1년 만기 현물이자율($_0R_1$)보다 높으면 현재로부터 1년 후의 선도이자율($_1f_2$)은 1년 만기 현물이자율($_0R_1$)보다 높다.
③ 불편기대이론이 성립하는 경우 정부 발행 3년 만기 무이표채권에 투자하는 장기투자전략과 정부 발행 1년 만기 무이표채권에 3년 동안 반복해서 투자하는 전략의 사후적인 투자성과는 같다.
④ 유동성프리미엄이론에 따르면 미래 이자율이 일정할 것으로 예상되는 경우 유동성프리미엄이 점차 상승한다면 수익률곡선은 우상향한다.
⑤ 유동성프리미엄이론이 성립하는 경우 미래 이자율의 하락이 예상되는 상황에서 투자자들이 요구하는 유동성프리미엄이 크지 않다면 수평 또는 우하향하는 수익률곡선이 나타날 수 있다.

13 액면이자율만 상이하고 다른 모든 조건은 동일한 채권들이 거래되고 있다. A 채권과 B 채권, C 채권의 액면이자율이 각각 0%와 10%, 20%이고, 시장이자율의 변동이 각 채권의 만기수익률에 동일한 크기의 영향을 미친다고 가정하는 경우에 대한 설명으로 옳지 않은 것은?

① 채권의 현재가격은 C 채권의 현재가격이 가장 높다.
② 채권의 듀레이션은 A 채권의 듀레이션이 가장 길다.
③ A 채권의 듀레이션은 잔존만기보다 길다.
④ C 채권의 듀레이션은 잔존만기보다 짧다.
⑤ 시장이자율이 변동하는 경우 C 채권의 가격변동률이 가장 낮다.

14 무배당주식인 A 주식을 기초자산으로 하는 유럽형 콜옵션을 가정할 때, 옵션가격결정요인이 콜옵션가격에 미치는 영향에 대한 설명으로 옳지 않은 것은?

① A 주식의 가격이 상승하면 콜옵션의 가격은 상승한다.
② 옵션의 행사가격이 높을수록 콜옵션의 가격은 낮게 형성된다.
③ 무위험이자율이 상승하면 콜옵션의 가격은 하락한다.
④ 옵션의 잔존만기가 길수록 콜옵션의 가격은 높게 형성된다.
⑤ A 주식 가격의 변동성이 클수록 콜옵션의 가격은 높게 형성된다.

15 미국에 제품을 수출하고 6개월 후에 달러화 수출대금을 수취할 예정인 한국의 수입업자가 환위험을 헤지하기 위해서 취할 수 있는 전략으로 옳은 것은? (단, 선물환과 옵션의 기초자산은 달러화이다.)

① 6개월 만기 콜옵션을 매입한다.
② 6개월 만기 풋옵션을 매도한다.
③ 행사가격이 동일한 6개월 만기 콜옵션과 풋옵션을 동시에 매입한다.
④ 6개월 만기로 달러를 차입하여 현물환시장에 매도한다.
⑤ 6개월 만기 선물환 매입계약을 체결한다.

정답 및 해설

제1회 | 기출동형모의고사

01	02	03	04	05	06	07	08	09	10
⑤	①	⑤	④	②	⑤	④	⑤	⑤	③
11	12	13	14	15					
②	①	①	④	③					

01 재무관리의 의의와 목표   정답 ⑤

재무관리의 목표는 기업가치의 극대화 또는 자기자본가치(주주부, 주가)의 극대화, 순현재가치의 극대화이다.

02 투자안의 경제성분석   정답 ①

수익성지수 = 1.2 = $\dfrac{PV(\text{유입액})}{PV(\text{유출액})}$ = $\dfrac{PV(\text{유입액})}{300원}$

$PV(\text{유입액})$ = 300원 × 1.2 = 360원

순현재가치(NPV) = $PV(\text{유입액}) - PV(\text{유출액})$
= 360원 - 300원 = 60원
= $(PI - 1) \times$ 초기투자액 = 0.2 × 300원 = 60원

> **더 알아보기**
> 투자안의 경제성분석
> • 회수기간: 투자자금을 회수하는 데 걸리는 기간
> • 회계적이익률: 연평균순이익 ÷ 연평균투자액(또는 총투자액)
> • 순현재가치: PV(유입액) - PV(유출액)
> • 수익성지수: PV(유입액) ÷ PV(유출액)
> • 내부수익률: 'PV(유입액) = PV(유출액)'의 할인율

03 포트폴리오이론   정답 ⑤

공매가 가능한 상황에서도 상관계수가 -1이나 +1이 아니라면 수익률의 표준편차가 0%인 포트폴리오의 구성은 불가능하다.

오답노트
① 상관계수가 양수인 경우에도 $\rho_{AB} < \dfrac{\sigma_A}{\sigma_B}$라면 $\sigma_P < \sigma_A < \sigma_B$인 포트폴리오의 구성이 가능하다.

②, ③ 공매가 가능한 경우 상관계수의 크기와 무관하게 구성 가능한 포트폴리오의 기대수익률은 $-\infty$부터 $+\infty$까지의 모든 값이 가능하다.

④ 공매가 가능한 경우 ρ_{AB} = +1이나 ρ_{AB} = -1이라면 구성 가능한 포트폴리오 수익률의 표준편차는 0%부터 $+\infty$까지의 값이 가능하지만, $-1 < \rho_{AB} < +1$이라면 구성 가능한 포트폴리오 수익률의 표준편차는 σ_{MVP}부터 $+\infty$까지의 값이 가능하다.

04 무위험자산의 존재와 투자의사결정   정답 ④

체계적위험이 2배인 경우 기대수익률이 아닌 위험프리미엄이 2배가 되어야 한다.

오답노트
① CAPM이 성립하는 경우 모든 자산(또는 포트폴리오)의 체계적위험 1단위당 위험프리미엄은 시장포트폴리오의 위험프리미엄인 $[E(R_m) - R_f]$와 동일하다.
② 모든 자산(또는 포트폴리오)의 위험프리미엄은 체계적위험에 비례하고, β_B = 1.6이 β_A = 0.8의 2배이므로 포트폴리오 B의 위험프리미엄은 포트폴리오 A의 위험프리미엄의 2배이다.
③ 모든 투자자의 최적투자포트폴리오는 자본시장선상의 포트폴리오이고, 자본시장선상 포트폴리오의 베타는 시장포트폴리오에 대한 투자비율과 동일하므로 자본시장선상 포트폴리오인 A와 포트폴리오 B의 수익률의 표준편차는 시장포트폴리오에 대한 투자비율과 동일한 베타에 비례한다.
⑤ 자본시장선상의 포트폴리오들은 모두 무위험자산과 시장포트폴리오로 구성되므로 자본시장선상의 포트폴리오인 포트폴리오 A와 포트폴리오 B 수익률 간의 상관계수는 1이다.

> **더 알아보기**
> 자본시장선상 포트폴리오의 특징
> • $E(R_P) = R_f + w_m \times [E(R_m) - R_f]$
>   = $R_f + \dfrac{E(R_m) - R_f}{\sigma_m} \times \sigma_P$

- $\sigma_P = w_m \times \sigma_m$
- $\rho_{Pm} = +1$
- $\beta_P = w_m$

05 차익거래가격결정이론   정답 ②

$$\frac{E(R_A) - R_f}{\beta_A} = \frac{0.3 - 0.1}{2} = \frac{E(R_B) - R_f}{\beta_B} = \frac{E(R_B) - 0.1}{3}$$

$\therefore E(R_B) = 0.4$

06 자본구조이론의 기초개념   정답 ⑤

$DOL = \dfrac{DCL}{DFL} = \dfrac{6}{3} = 2 = \dfrac{공헌이익}{영업이익 = 40원}$

$\therefore$ 공헌이익 = 80원

고정영업비용 = 공헌이익 - 영업이익 = 80원 - 40원 = 40원

🔍 더 알아보기
레버리지분석

- 영업레버리지도: $DOL = \dfrac{영업이익의\ 변동률}{매출액의\ 변동률} = \dfrac{공헌이익}{영업이익}$
- 재무레버리지도: $DFL = \dfrac{순이익의\ 변동률}{영업이익의\ 변동률} = \dfrac{영업이익}{세전이익}$
- 결합레버리지도: $DCL = \dfrac{당기순이익의\ 변동률}{매출액의\ 변동률} = \dfrac{공헌이익}{세전이익}$
  $= DOL \times DFL$

07 기타의 자본구조이론   정답 ④

경영자가 기업의 미래현금흐름에 대해 부정적으로 전망하는 경우 부채를 사용(거짓신호)하지 않으므로 로스의 신호이론에서 기업의 부채증가는 파산위험에 대한 신호로 연결되지는 않는다.

08 인수가격의 결정   정답 ⑤

$1,000원 \leq \dfrac{200주 \times 1,000원 + 100주 \times 500원 + 50,000원 = 300,000원}{200주 + 100주 \times ER}$

$\therefore ER \leq 1$

🔍 더 알아보기
주가기준 주식교환비율의 범위

$V_{AB} = V_A + V_B + \Delta V = NI_{AB} \times PER_{AB}$

- 상한: $P_A \leq \dfrac{V_{AB}}{N_A + N_B \times ER}$
- 하한: $P_B \leq \dfrac{V_{AB}}{N_A + N_B \times ER} \times ER$

09 배당정책   정답 ⑤

안정적인 주당배당금을 지급하는 정책을 취하는 기업은 순이익이 급격히 증가하는 경우 배당성향이 단기적으로 감소한다.

10 내재가치평가모형   정답 ③

$g = 0.4 \times 0.2 = 0.08$

$P_0 = \dfrac{2{,}000원 \times (1 - 0.4)}{0.14 - 0.08} = 20{,}000원$

🔍 더 알아보기
항상성장모형

$g = 유보율 \times 재투자수익률$

$d_1 = EPS_1 \times (1 - b) = EPS_0 \times (1 + g) \times (1 - b)$
$= d_0 \times (1 + g)$

$P_0 = \dfrac{d_1}{k_e - g}$

11 상대가치평가모형   정답 ②

주가대장부금액비율(PBR)은 1주당 주가를 1주당 자기자본의 장부금액으로 나눈 비율이다.

🔍 더 알아보기
주가배수와 적정주가의 계산

- $PER = \dfrac{주가}{기대주당이익} = \dfrac{P_0}{EPS_1}$
  → 적정 P_0 = 적정 $PER \times EPS_1$
- $PBR = \dfrac{주가}{주당자기자본장부금액} = \dfrac{P_0}{BPS_0}$
  → 적정 P_0 = 적정 $PBR \times BPS_0$

12 채권수익률   정답 ①

1년 후 1원의 현재가치는 $\frac{900원}{1,000원}$ = 0.9원이고, 2년 후 1원의 현재가치는 $\frac{700원}{1,000원}$ = 0.7원이다.

P_0 = 100원 × 0.9 + 1,100원 × 0.7 = 860원

> **더 알아보기**
>
> 현물이자율과 만기수익률 및 채권의 가격
>
> $$P_0 = \frac{CF_1}{1+{_0R_1}} + \frac{CF_2}{(1+{_0R_2})^2} + \cdots + \frac{CF_n}{(1+{_0R_n})^n}$$
> $$= \frac{CF_1}{1+YTM} + \frac{CF_2}{(1+YTM)^2} + \cdots + \frac{CF_n}{(1+YTM)^n}$$

13 채권수익률의 결정요인   정답 ①

만기가 긴 채권일수록 동일한 이자율변동에 따른 채권가격의 변동폭이 크므로 만기가 무한대인 영구채권의 이자율변동위험이 일반적으로 더 크다.

[오답노트]
② 이자수익률은 채권가격 대비 액면이자의 비율로, 경상수익률 또는 현행수익률, 현재수익률이라고도 한다. 무이표채권은 액면이자를 지급하지 않으므로 이자수익률$\left(=\frac{액면이자}{채권가격}\right)$은 0으로 일정하며, 재투자위험이 없다.
③ 액면이자율이 낮은 채권일수록 이자율변동에 따른 채권가격의 변동률이 크므로 액면이자율이 낮은 할인채의 이자율변동위험이 더 크다.
④, ⑤ 수의상환조건이 있는 채권은 일반채권에 비해 채권투자자의 수의상환위험이 크므로 일반채권에 비해 가격은 낮고 만기수익률은 높다.

14 균형선물가격   정답 ④

$$균형 F_0 = S_0 \times \left[1 + (R_f - d) \times \frac{T일}{365일}\right]$$
$$= 100p \times \left[1 + (16\% - 4\%) \times \frac{9}{12}\right] = 109p$$

15 옵션을 이용한 위험관리   정답 ③

포트폴리오보험전략은 보유하고 있는 포트폴리오의 가치가 하락하는 불리한 상황에서는 미리 정한 최저수준 이상으로 유지되도록 하고, 가치가 상승하는 유리한 상황에서는 가치 상승에 따른 이득을 추구하는 전략이다.

[오답노트]
① 헤지전략: 헤지 대상의 가치변동위험을 제거하는 전략
② 스프레드전략: 동종옵션에 반대포지션을 취하는 전략
④ 차익거래전략: 시장의 불균형을 이용한 차익거래이익을 추구하는 전략
⑤ 면역전략: 시장이자율의 변동에 따른 위험을 제거하는 전략

> **더 알아보기**
>
> 포트폴리오보험전략
>
> $$S_0 + P_0 = C_0 + \frac{X}{e^{R_f \times T}}$$
> $$= N(d_1) \times S_0 + \frac{X}{e^{R_f \cdot T}} \times [1 - N(d_2)]$$

제2회 | 기출동형모의고사

01	02	03	04	05	06	07	08	09	10
④	③	③	④	⑤	④	③	④	④	⑤

11	12	13	14	15
②	③	③	③	④

01 화폐의 시간가치   정답 ④

$$PV = \frac{100원}{0.25} \times PVIF(25\%, 2년) = 400원 \times 0.64 = 256원$$

🔍 더 알아보기

영구연금의 현재가치
- 무성장영구연금: $PV = \frac{CF}{k}$
- 일정성장영구연금: $PV = \frac{CF_1}{k-g}$ (단, $k > g$)

02 순현재가치법과 내부수익률법의 비교   정답 ③

내부수익률법은 순현재가치법과 달리 가치가산의 원칙이 적용되지 않는다.

오답노트

④ 독립적인 투자안 평가 시 두 방법의 의사결정결과가 동일하지만, 상호배타적인 투자안 평가 시 자본비용(기회비용)이 피셔의 수익률보다 작은 구간에서 두 방법의 의사결정결과가 상반된다.

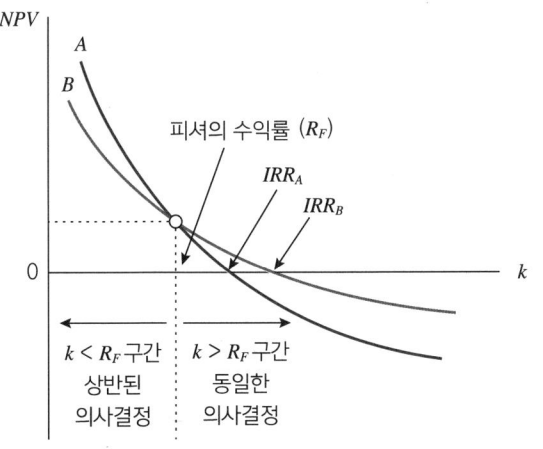

<NPV 및 IRR과 피셔의 수익률>

03 위험과 수익률   정답 ③

위험회피형 투자자는 자산 A 또는 자산 D를 선택하고, 위험선호형 투자자는 자산 C 또는 자산 D를 선택하고, 위험중립형 투자자는 자산 D를 선택하는 것이 최적이다.

오답노트

①, ② 위험회피형 투자자는 기대수익률이 동일한 경우 위험이 작은 순서(A > B > C)로 선호하고, 위험이 동일한 경우 기대수익률이 높은 순서(D > B)로 선호하며, 효율적 자산인 A와 D 간에는 지배관계가 없다.

④ 위험선호형 투자자는 기대수익률이 동일한 경우 위험이 큰 순서(C > B > A)로 선호하고, 위험이 동일한 경우 기대수익률이 높은 순서(D > B)로 선호하며, 효율적 자산인 C와 D 간에는 지배관계가 없으므로 위험선호형 투자자에게 자산 A는 비효율적인 자산이다.

⑤ 위험중립형 투자자는 위험의 크기와 무관하게 기대수익률이 동일한 자산들은 무차별(A = B = C)하며 기대수익률이 높은 자산을 선호(D > A = B = C)하므로 위험중립형 투자자에게 자산 D는 효율적인 자산이다.

04 체계적위험과 증권시장선   정답 ④

증권시장선상에 있는 균형상태의 자산이 효율적인 포트폴리오가 아닌 경우 자본시장선 하단에 위치한다.

오답노트

① 자본시장선은 완전히 분산투자된 효율적인 포트폴리오의 기대수익률과 총위험 간의 선형관계를 나타내는 식이며, 증권시장선은 모든 자산(또는 포트폴리오)의 기대수익률과 체계적위험 간의 선형관계를 나타내는 식이다.

②, ⑤ 균형하에서 모든 자산의 위험과 기대수익률은 증권시장선상에 위치한다.

③ 자본시장선상에 놓이는 것은 완전히 분산투자된 효율적인 포트폴리오이므로 비체계적위험을 가진 개별자산이나 비효율적인 포트폴리오는 자본시장선상이 아닌 자본시장선의 하단에 놓인다.

05 시장모형 정답 ⑤

$\beta_P = w_A\beta_A + w_B\beta_B = 0.6 \times 2 + 0.4 \times 3 = 2.4$

$R^2 = \dfrac{\beta_P^2 Var(R_m)}{Var(R_P)} = \dfrac{2.4^2 \times 0.2^2}{0.6^2} = 0.64$

> **🔍 더 알아보기**
> 결정계수
> $R^2 = \dfrac{체계적위험}{총위험} = \dfrac{\beta_i^2 Var(R_m)}{Var(R_i)} = \rho_{im}^2$

06 자본구조이론의 기초개념 정답 ④

영업이익이 증가하면 재무레버리지도는 감소한다.

> **🔍 더 알아보기**
> - DOL > 1인 경우: 고정영업비용이 일정한 경우에도 매출액이 증가함에 따라 DOL은 점차 감소하여 1에 수렴
> - DFL > 1인 경우: 이자비용이 일정한 경우에도 영업이익이 증가함에 따라 DFL은 점차 감소하여 1에 수렴

07 MM의 무관련이론 정답 ③

$\beta_L^A = 0.4 = \beta_U + (\beta_U - \beta_d)(1-t)\dfrac{B}{S}$
$= \beta_U + (\beta_U - 0) \times (1 - 0) \times 1$
$\therefore \beta_U = 0.2$
$\beta_L^B = 0.2 + (0.2 - 0)(1 - 0) \times 3 = 0.8$

> **🔍 더 알아보기**
> MM의 자본구조이론
> - MM의 무관련이론
> $V_L = V_U$
> $\beta_L = \beta_U + (\beta_U - \beta_d)\dfrac{B}{S}$
> $k_e = \rho + (\rho - k_d)\dfrac{B}{S}$
> $k_0 = \rho$
> $\beta_A = \beta_d\dfrac{B}{V} + \beta_L\dfrac{S}{V} = \beta_U$
>
> - MM의 수정이론
> $V_L = V_U + B \times t$
> $\beta_L = \beta_U + (\beta_U - \beta_d)(1-t)\dfrac{B}{S}$
> $k_e = \rho + (\rho - k_d)(1-t)\dfrac{B}{S}$
> $k_0 = \rho\left(1 - t\dfrac{B}{V}\right)$
> $\beta_A = \beta_d\dfrac{B}{V} + \beta_L\dfrac{S}{V} = \beta_U\dfrac{V_U}{V_L} + \beta_d\dfrac{B \times t}{V_L}$

08 사업결합의 기초개념 정답 ④

토빈의 q비율은 증권시장에서 평가된 기업의 시장가치를 기업자산의 대체원가로 나눈 값이다.

09 배당정책 정답 ④

현금배당을 지급하는 경우와 자사주를 매입하는 경우 모두 PER이 감소한다.

> **🔍 더 알아보기**
> 현금배당과 특수배당정책의 비교
>
> | 구분 | 현금배당 | 자사주매입(시가매입) | 주식배당(무상증자) | 주식분할 | 주식병합 |
> |---|---|---|---|---|---|
> | 발행주식수 | 불변 | 감소 | 증가 | 증가 | 감소 |
> | 주가 | 하락 | 불변 | 하락 | 하락 | 상승 |
> | 주당이익(EPS) | 불변 | 증가 | 감소 | 감소 | 증가 |
> | 주가수익비율(PER) | 감소 | 감소 | 불변 | 불변 | 불변 |

10 내재가치평가모형 정답 ⑤

$g = 0.4 \times 0.2 = 0.08$

$\dfrac{d_1}{P_0} = k_e - g = 0.15 - 0.08 = 0.07$

11 증권분석과 주식투자전략   정답 ②

젠센지수 $= \overline{R_A} - [\overline{R_f} + (\overline{R_m} - \overline{R_f}) \times \beta_A]$
$= 0.14 - [0.05 + (0.15 - 0.05) \times 0.5] = 0.04$

> **🔍 더 알아보기**
> **투자성과의 평가**
> - 샤프지수 $= \dfrac{\overline{R_P} - \overline{R_f}}{\sigma_P}$
> - 트레이너지수 $= \dfrac{\overline{R_P} - \overline{R_f}}{\beta_P}$
> - 젠센지수 $= \overline{R_P} - [\overline{R_f} + (\overline{R_m} - \overline{R_f}) \times \beta_P]$
> $= (\overline{R_P} - \overline{R_f}) - (\overline{R_m} - \overline{R_f}) \times \beta_P$

12 채권수익률의 결정요인   정답 ③

불편기대이론이 성립하는 경우 장기채권에 투자하는 장기투자전략과 단기채권에 대한 반복투자전략의 투자성과는 동일할 것으로 기대되지만, 사후적인 투자성과는 다를 수 있다.

> **🔍 더 알아보기**
> **불편기대이론**
> - $_{n-1}f_n = E(_{n-1}R_n)$
> - 위험중립형 투자자 가정
> - 장·단기채권 간의 완전한 대체관계 가정
> - 미래 이자율 상승 예상 → 우상향의 수익률곡선
> - 미래 이자율 하락 예상 → 우하향의 수익률곡선

13 듀레이션   정답 ③

A 채권은 무이표채권이므로 듀레이션과 잔존만기가 동일하다.

> **🔍 더 알아보기**
> **채권의 종류에 따른 듀레이션**
> - 무이표채권: 잔존만기와 동일
> - 이표채권: 잔존만기보다 짧음
> - 영구채권: $\dfrac{1+R}{R}$
> - 포트폴리오: 개별채권 듀레이션들의 가중평균

14 옵션가격결정의 기초   정답 ③

무위험이자율이 상승하면 콜옵션의 가격은 상승한다.

> **🔍 더 알아보기**
> **옵션가격결정요인**
>
> | 옵션가격결정요인 | | 콜옵션가격 | 풋옵션가격 |
> |---|---|---|---|
> | 기초자산의 현재가격(S_0) | | + | − |
> | 옵션의 행사가격(X) | | − | + |
> | 무위험이자율($R_f \uparrow \Rightarrow PV(X) \downarrow$) | | + | − |
> | 기초자산가격의 변동성(σ^2) | | + | + |
> | 배당($D \uparrow \Rightarrow S \downarrow$) | | − | + |
> | 만기 | $T \uparrow \Rightarrow PV(X) \downarrow$ | + | − |
> | | $T \uparrow \Rightarrow \sigma^2 \uparrow$ | + ? | + ? |
> | | $T \uparrow \Rightarrow D \uparrow \Rightarrow S \downarrow$ | − | + |

15 국제재무관리   정답 ④

달러화 수출대금 수취액으로 해당 차입금을 상환하므로 환위험을 헤지할 수 있다.

오답노트
①, ② 달러화에 대한 옵션을 매입하는 경우 풋옵션을 매입해야 한다.
③ 행사가격이 동일한 콜옵션을 매도하고 풋옵션을 매입하면 선물매도를 복제할 수 있다.
⑤ 선물환을 이용하는 경우 매도계약을 체결한다.

회독용 답안지

해커스공기업 쉽게 끝내는 재무관리 기본서

답안지 활용 방법
1. 회독 차수에 따라 본 답안지에 문제 풀이를 진행하시기 바랍니다.
2. 채점 시 ○, △, ×로 구분하여 채점하시기 바랍니다. (○: 정확하게 맞음, △: 찍었는데 맞음, ×: 틀림)

회독 차수: 진행 날짜:

제1회 기출동형모의고사

1	① ② ③ ④ ⑤	6	① ② ③ ④ ⑤	11	① ② ③ ④ ⑤
2	① ② ③ ④ ⑤	7	① ② ③ ④ ⑤	12	① ② ③ ④ ⑤
3	① ② ③ ④ ⑤	8	① ② ③ ④ ⑤	13	① ② ③ ④ ⑤
4	① ② ③ ④ ⑤	9	① ② ③ ④ ⑤	14	① ② ③ ④ ⑤
5	① ② ③ ④ ⑤	10	① ② ③ ④ ⑤	15	① ② ③ ④ ⑤

맞힌 개수 / 전체 개수: _____ / 15   ○: _____개,   △: _____개,   ×: _____개

제2회 기출동형모의고사

1	① ② ③ ④ ⑤	6	① ② ③ ④ ⑤	11	① ② ③ ④ ⑤
2	① ② ③ ④ ⑤	7	① ② ③ ④ ⑤	12	① ② ③ ④ ⑤
3	① ② ③ ④ ⑤	8	① ② ③ ④ ⑤	13	① ② ③ ④ ⑤
4	① ② ③ ④ ⑤	9	① ② ③ ④ ⑤	14	① ② ③ ④ ⑤
5	① ② ③ ④ ⑤	10	① ② ③ ④ ⑤	15	① ② ③ ④ ⑤

맞힌 개수 / 전체 개수: _____ / 15   ○: _____개,   △: _____개,   ×: _____개

해커스공기업 쉽게 끝내는 재무관리 기본서

회독용 답안지

답안지 활용 방법

1. 회독 차수에 따라 본 답안지에 문제 풀이를 진행하시기 바랍니다.
2. 채점 시 ○, △, ×로 구분하여 채점하시기 바랍니다. (○: 정확하게 맞음, △: 찍었는데 맞음, ×: 틀림)

회독 차수: 진행 날짜:

제1회 기출동형모의고사

1	① ② ③ ④ ⑤	6	① ② ③ ④ ⑤	11	① ② ③ ④ ⑤
2	① ② ③ ④ ⑤	7	① ② ③ ④ ⑤	12	① ② ③ ④ ⑤
3	① ② ③ ④ ⑤	8	① ② ③ ④ ⑤	13	① ② ③ ④ ⑤
4	① ② ③ ④ ⑤	9	① ② ③ ④ ⑤	14	① ② ③ ④ ⑤
5	① ② ③ ④ ⑤	10	① ② ③ ④ ⑤	15	① ② ③ ④ ⑤

맞힌 개수 / 전체 개수: _____ / 15   ○: _____개,   △: _____개,   ×: _____개

제2회 기출동형모의고사

1	① ② ③ ④ ⑤	6	① ② ③ ④ ⑤	11	① ② ③ ④ ⑤
2	① ② ③ ④ ⑤	7	① ② ③ ④ ⑤	12	① ② ③ ④ ⑤
3	① ② ③ ④ ⑤	8	① ② ③ ④ ⑤	13	① ② ③ ④ ⑤
4	① ② ③ ④ ⑤	9	① ② ③ ④ ⑤	14	① ② ③ ④ ⑤
5	① ② ③ ④ ⑤	10	① ② ③ ④ ⑤	15	① ② ③ ④ ⑤

맞힌 개수 / 전체 개수: _____ / 15   ○: _____개,   △: _____개,   ×: _____개

해커스공기업 쉽게 끝내는 재무관리 기본서

회독용 답안지

답안지 활용 방법

1. 회독 차수에 따라 본 답안지에 문제 풀이를 진행하시기 바랍니다.
2. 채점 시 O, △, ×로 구분하여 채점하시기 바랍니다. (O: 정확하게 맞음, △: 찍었는데 맞음, ×: 틀림)

회독 차수: 진행 날짜:

제1회 기출동형모의고사

1	① ② ③ ④ ⑤	6	① ② ③ ④ ⑤	11	① ② ③ ④ ⑤
2	① ② ③ ④ ⑤	7	① ② ③ ④ ⑤	12	① ② ③ ④ ⑤
3	① ② ③ ④ ⑤	8	① ② ③ ④ ⑤	13	① ② ③ ④ ⑤
4	① ② ③ ④ ⑤	9	① ② ③ ④ ⑤	14	① ② ③ ④ ⑤
5	① ② ③ ④ ⑤	10	① ② ③ ④ ⑤	15	① ② ③ ④ ⑤

맞힌 개수 / 전체 개수: _____ / 15   O: _____개,   △: _____개,   ×: _____개

제2회 기출동형모의고사

1	① ② ③ ④ ⑤	6	① ② ③ ④ ⑤	11	① ② ③ ④ ⑤
2	① ② ③ ④ ⑤	7	① ② ③ ④ ⑤	12	① ② ③ ④ ⑤
3	① ② ③ ④ ⑤	8	① ② ③ ④ ⑤	13	① ② ③ ④ ⑤
4	① ② ③ ④ ⑤	9	① ② ③ ④ ⑤	14	① ② ③ ④ ⑤
5	① ② ③ ④ ⑤	10	① ② ③ ④ ⑤	15	① ② ③ ④ ⑤

맞힌 개수 / 전체 개수: _____ / 15   O: _____개,   △: _____개,   ×: _____개

취업강의 1위, 해커스잡
ejob.Hackers.com

해커스공기업 쉽게 끝내는 재무관리 기본서

부록

- 기초수학
- 기초회계
- 이자요소

기초수학

지수와 로그 및 수열

01 지수

1. 지수의 정의

a를 n번 곱하는 경우에 이를 a의 n제곱이라고 하며, a^n으로 표시한다. 여기서 n을 지수, a를 밑수라고 한다. 또한, $a^n = x$를 만족하는 수인 a를 x의 n제곱근이라고 하며, $a = \sqrt[n]{x}$으로 표시한다.

$$a^n = x \;\rightarrow\; a = \sqrt[n]{x}$$

[예] $3^2 = 3 \times 3 = 9$ $\qquad\qquad\qquad\qquad$ $3 = \sqrt[2]{9} = \sqrt{9}$
$\quad\;\;3^3 = 3 \times 3 \times 3 = 27$ $\qquad\qquad\;\,$ $3 = \sqrt[3]{27}$

2. 지수의 법칙

① $a^0 = 1$ $\qquad\qquad\qquad\qquad$ [예] $2^0 = 1$
② $a^{-n} = \dfrac{1}{a^n}$ $\qquad\qquad\qquad$ [예] $2^{-1} = \dfrac{1}{2^1} = \dfrac{1}{2}$
③ $a^m \times a^n = a^{(m+n)}$ $\qquad\quad$ [예] $2^3 \times 2^2 = 2^{(3+2)} = 2^5$
④ $a^m \div a^n = a^{(m-n)}$ $\qquad\quad$ [예] $2^3 \div 2^2 = 2^{(3-2)} = 2^1 = 2$
⑤ $(a^n)^m = a^{n \times m}$ $\qquad\qquad\;$ [예] $(2^2)^3 = 2^{(2 \times 3)} = 2^6$
⑥ $(a \times b)^n = a^n \times b^n$ $\qquad\;\;$ [예] $(2 \times 3)^2 = 2^2 \times 3^2$
⑦ $\left(\dfrac{a}{b}\right)^n = \dfrac{a^n}{b^n}$ $\qquad\qquad\;\;$ [예] $\left(\dfrac{2}{3}\right)^2 = \dfrac{2^2}{3^2}$

02 로그

1. 로그의 정의

$a^n = x$를 만족하는 n을 $\log_a x$로 나타내고, a를 밑수로 하는 x의 로그라고 한다. 여기서 x를 진수, a를 밑수라고 한다.

$$a^n = x \;\rightarrow\; \log_a x = n$$

예) $2^3 = 8$ → $\log_2 8 = 3$
$5^2 = 25$ → $\log_5 25 = 2$
$10^3 = 1000$ → $\log_{10} 1000 = 3$

2. 로그의 성질

① $\log_a a = 1$ 예) $2^1 = 2$ → $\log_2 2 = 1$
② $\log_a 1 = 0$ 예) $2^0 = 1$ → $\log_2 1 = 0$
③ $\log_a A^n = n \times \log_a A$ 예) $\log_2 8 = \log_2 2^3 = 3 \times \log_2 2 = 3$
④ $\log_a A + \log_a B = \log_a (A \times B)$ 예) $\log_2 8 + \log_2 4 = \log_2 (8 \times 4) = \log_2 32 = \log_2 2^5 = 5$
⑤ $\log_a A - \log_a B = \log_a (A \div B)$ 예) $\log_2 8 - \log_2 4 = \log_2 (8 \div 4) = \log_2 2 = 1$

3. 상용로그와 자연로그

상용로그란 밑수가 10인 로그를 말하며, 밑수 10을 생략하고 log 라는 기호만 쓴다.

$$\log_{10} x = \log x$$

자연로그란 밑수가 자연대수(e)인 로그를 말하며, log 대신에 ln 이라는 기호를 쓴다.

$$\log_e x = \ln x$$

여기서 자연대수(e)는 다음과 같이 정의된다.

$$e = \lim_{x \to 0}(1+x)^{\frac{1}{x}} = \lim_{x \to \infty}\left(1 + \frac{1}{x}\right)^x = 2.71828\cdots$$

03 수열

수열이란 일정한 규칙을 갖는 수의 나열을 말하는데, 대표적으로 항간의 차가 일정한 등차수열과 항간의 비가 일정한 등비수열이 있다.

1. 등차수열

등차수열이란 어떤 수(a)에 일정한 수(d)를 차례대로 더하여 얻어지는 수열을 말한다. 여기서 더하는 일정한 수(d)를 공차라고 한다.

① 첫째 항이 a_1이고 공차가 d인 등차수열의 n번째 항을 등차수열의 일반항(a_n)이라고 한다.

$$a_n = a_1 + (n-1) \times d$$

② 등차수열의 첫째 항(a_1)부터 n번째 항(a_n)까지의 합인 등차수열의 합(S_n)은 다음과 같이 나타낼 수 있다.

$$S_n = a_1 + a_2 + \cdots + a_n = \sum_{k=1}^{n} a_k = \frac{n \times (a_1 + a_n)}{2}$$

예 1, 4, 7, $\cdots$, 46, 49인 등차수열의 합
$49 = 1 + (n-1) \times 3$
$\therefore n = 17$
$S_{17} = \dfrac{17 \times (1+49)}{2} = 425$

참고
Σ(시그마)란 수열의 합계(Sum)를 의미하며 그리스어 알파벳의 대문자(S)를 나타내는 기호이다. Σ의 성질은 다음과 같다.
① $\sum_{k=1}^{n}(a_k \pm b_k) = \sum_{k=1}^{n} a_k \pm \sum_{k=1}^{n} b_k$
② $\sum_{k=1}^{n}(C \times a_k) = C \times \sum_{k=1}^{n} a_k$ (단, C는 상수이다.)
 예 $\sum_{k=1}^{n}(3 \times a_k + 5 \times b_k) = \sum_{k=1}^{n}(3 \times a_k) + \sum_{k=1}^{n}(5 \times b_k) = 3 \times \sum_{k=1}^{n} a_k + 5 \times \sum_{k=1}^{n} b_k$

2. 등비수열

등비수열이란 어떤 수(a)에 일정한 수(r)를 차례대로 곱하여 얻어지는 수열을 말한다. 여기서 곱하는 일정한 수(r)를 공비라고 한다.

① 첫째 항이 a_1이고 공비가 r인 등비수열의 n번째 항을 등비수열의 일반항(a_n)이라고 한다.

$$a_n = a_1 \times r^{n-1}$$

② 등비수열의 첫째 항(a_1)부터 n번째 항(a_n)까지의 합인 유한등비수열의 합(S_n)은 다음과 같이 나타낼 수 있다.

$$S_n = a_1 + a_1 r + a_1 r^2 + \cdots + a_1 r^{n-2} + a_1 r^{n-1}$$
$$r \times S_n = a_1 r + a_1 r^2 + a_1 r^3 + \cdots + a_1 r^{n-1} + a_1 r^n$$
$$(1-r) \times S_n = a_1 - a_1 r^n$$
$$\therefore S_n = a_1 \times \frac{1-r^n}{1-r} \text{ 또는 } a_1 \times \frac{r^n - 1}{r-1}$$

③ 첫째항이 a_1이고 공비가 r인 무한등비수열의 합(S)은 다음과 같이 나타낼 수 있다. 단, 공비(r)의 절댓값은 1보다 작은 경우를 가정하며, 이러한 경우에 $\lim_{n \to \infty} r^n = r^\infty = 0$이다.

$$S = a_1 + a_1 r + a_1 r^2 + \cdots = \lim_{n \to \infty} S_n = \lim_{n \to \infty}\left(a_1 \times \frac{1-r^n}{1-r}\right) = a_1 \times \frac{1}{1-r}$$

> [예] 100, 50, 25, …인 무한등비수열의 합
> $$S = a_1 \times \frac{1}{1-r} = 100 \times \frac{1}{1-0.5} = 200$$

함수와 미분

01 함수

함수(Function)란 독립변수(x)의 값이 대입되었을 때 종속변수(y)의 값이 하나씩 정해지는 독립변수와 종속변수 간의 대응관계를 말한다. 이러한 함수는 일반적으로 독립변수의 수에 따라 일변수함수와 다변수함수로 구분된다.

일변수함수: $y = f(x)$
다변수함수: $y = f(x_1, x_2, x_3, \cdots, x_n)$

1. 일변수함수

일변수함수란 독립변수의 수가 하나인 함수를 말하는데, 유리함수와 무리함수로 구분되며, 유리함수는 다항함수(상수함수, 일차함수, 이차함수, 삼차함수 등)와 분수함수로 세분된다. 여기서 유리함수는 $y = f(x)$에서 $f(x)$가 x에 대한 유리식인 함수이며, 무리함수는 $y = f(x)$에서 $f(x)$가 x에 대한 무리식인 함수이다. 참고로 유리수는 정수(양의 정수인 자연수, 0, 음의 정수)와 정수가 아닌 유리수(유한소수와 순환무한소수)를 말하며, 무리수는 $\sqrt{2}$, π 등의 비순환무한소수를 말한다.

(1) 일차함수

일차함수란 $y = f(x)$에서 $f(x)$가 x에 대한 일차식으로 나타나는 함수를 말하며 다음과 같이 표현된다. 단, a와 b는 상수이고, $a \neq 0$이다.

$$y = a \times x + b$$

일차함수식에서 a를 기울기라고 하며, b는 y절편이라고 하는데, 여기서 기울기란 독립변수의 변화량(Δx)에 대한 종속변수의 변화량(Δy)의 비율을 말한다.

$$\text{기울기: } a = \frac{\text{종속변수의 변화량}}{\text{독립변수의 변화량}} = \frac{\Delta y}{\Delta x}$$

① $a > 0$인 경우: 우상향하는 직선의 그래프
② $a < 0$인 경우: 우하향하는 직선의 그래프

(2) 이차함수

이차함수란 $y = f(x)$에서 $f(x)$가 x에 대한 이차식으로 나타나는 함수를 말하며 다음과 같이 표현된다. 단, a와 b, c는 상수이고, $a \neq 0$이다.

$$y = a \times x^2 + b \times x + c$$

이차함수는 완전제곱식을 이용하여 $y = a \times (x-p)^2 + q$의 형태로 정리할 수 있고, 이러한 경우에 이차함수의 그래프는 (p, q)를 꼭짓점으로 하는 포물선으로 나타난다.
① $a > 0$인 경우: 아래로 볼록하며, $x = p$에서 y의 값은 최솟값 q이다.
② $a < 0$인 경우: 위로 볼록하며, $x = p$에서 y의 값은 최댓값 q이다.

(3) 분수함수

분수함수란 $y = \frac{1}{x}$이나 $y = \frac{1}{x-4} + 5$와 같이 $y = f(x)$에서 $f(x)$가 x에 대한 분수식으로 나타나는 함수를 말한다. 이러한 분수함수의 그래프는 대칭인 직각쌍곡선의 형태로 나타난다.

(4) 무리함수

무리함수란 $y = \sqrt{x}$ (단, $x > 0$)와 같이 $y = f(x)$에서 $f(x)$가 x에 대한 무리식으로 나타나는 함수를 말한다. $y = \sqrt{x}$인 무리함수의 경우에 함수의 그래프는 체감적으로 증가하는 형태로 나타난다.

2. 다변수함수

다변수함수란 독립변수의 수가 둘 이상인 함수를 말하는데, 2변수함수인 $y = f(x_1, x_2)$의 경우에는 집합 X_1에 속한 원소 x_1과 집합 X_2에 속한 원소 x_2의 조합인 독립변수의 조합 (x_1, x_2)과 종속변수 y의 대응관계를 나타낸다. 일변수함수의 경우에는 함수의 그래프가 선의 형태로 나타나지만, $y = f(x_1, x_2)$와 같은 2변수함수의 경우에는 함수의 그래프가 면의 형태로 나타난다.

02 미분

1. 평균변화율

평균변화율이란 독립변수의 변화량(Δx)에 대한 종속변수의 변화량(Δy)의 비율 $\left(\frac{\Delta y}{\Delta x}\right)$을 말하며, 차분계수라고도 한다. 즉, 함수 $y = f(x)$에서 독립변수인 x가 a에서 b로 변하는 경우에 종속변수인 y는 $f(a)$에서 $f(b)$로 변하므로 평균변화율(차분계수)은 $[a, f(a)]$와 $[b, f(b)]$를 지나는 직선의 기울기를 의미한다.

$$\text{평균변화율(차분계수)}: \frac{\Delta y}{\Delta x} = \frac{f(b) - f(a)}{b - a} = \frac{f(a + \Delta x) - f(a)}{\Delta x}$$

2. 순간변화율

순간변화율이란 독립변수의 극히 미미한 변화량$\left(\lim_{\Delta x \to 0}\right)$에 대한 종속변수의 변화량($\Delta y$)의 비율$\left(\lim_{\Delta x \to 0} \dfrac{\Delta y}{\Delta x}\right)$을 말하며, 미분계수라고도 한다. 즉, $x = a$에서 함수 $y = f(x)$의 순간변화율(미분계수)은 점$[a, f(a)]$에서의 접선의 기울기를 의미하며, y'나 $f'(x)$로 표시하기도 한다.

$$\text{순간변화율(미분계수):} \lim_{\Delta x \to 0} \frac{\Delta y}{\Delta x} = \frac{dy}{dx} = y' = f'(x)$$

한편, 함수 $y = f(x)$에서 독립변수 x에 대한 미분계수 y'의 대응관계를 x에 관한 y의 도함수라고도 한다.

3. 미분법의 공식

① $y = C$ (단, C는 상수) → $y' = 0$
[예] $y = 3$ → $y' = 0$

② $y = x^n$ → $y' = n \times x^{n-1}$
[예] $y = x^3$ → $y' = 3x^2$

③ $y = C \times f(x)$ → $y' = C \times f'(x)$
[예] $y = 4x^3$ → $y' = 12x^2$

④ $y = f(x) \pm g(x)$ → $y' = f'(x) \pm g'(x)$
[예] $y = 4x^3 + 5x^2$ → $y' = 12x^2 + 10x$

⑤ $y = f[g(x)]$ → $y' = f'[g(x)] \times g'(x)$
[예] $y = (3x^4 + 1)^2$ → $y' = 2 \times (3x^4 + 1) \times 12x^3 = 72x^7 + 24x^3$

4. 볼록함수와 오목함수

볼록함수란 아래로 볼록한 모양을 가지는 함수를 말한다. 즉, 함수 $y = f(x)$에서 독립변수인 x가 증가함에 따라 접선의 기울기를 의미하는 $f'(x)$가 점차 증가하는 함수를 볼록함수라고 한다. 이러한 볼록함수의 경우에는 독립변수인 x가 증가함에 따른 기울기의 변화를 의미하는 2차도함수 $f''(x)$가 양(+)의 값으로 나타나며, 극솟값을 갖게 된다. 여기서 극솟값이란 $x = a$에서 함수 $f(x)$가 감소상태$[f'(x) < 0]$에서 증가상태$[f'(x) > 0]$로 변화하여 $f'(x) = 0$인 경우의 $f(a)$값을 말한다.

$$\text{극솟값의 조건: } f'(x) = 0,\ f''(x) > 0$$

오목함수란 아래로 오목한 모양을 가지는 함수를 말한다. 즉, 함수 $y = f(x)$에서 독립변수인 x가 증가함에 따라 접선의 기울기를 의미하는 $f'(x)$가 점차 감소하는 함수를 오목함수라고 한다. 이러한 오목함수의 경우에는 독립변수인 x가 증가함에 따른 기울기의 변화를 의미하는 2차도함수 $f''(x)$가 음(-)의 값으로 나타나며, 극댓값을 갖게 된다. 여기서 극댓값이란 $x = a$에서 함수 $f(x)$가 증가상태[$f'(x) > 0$]에서 감소상태[$f'(x) < 0$]로 변화하여 $f'(x) = 0$인 경우의 $f(a)$값을 말한다.

> 극댓값의 조건: $f'(x) = 0, f''(x) < 0$

확률과 통계

01 확률과 통계적 측정치

확률이란 어떤 시행에서 특정 사건의 발생 가능성을 0과 1 사이의 숫자로 표현한 것을 말한다. 여기서 시행이란 그 결과가 우연에 의해 나타나는 시험이나 관찰을 의미한다.

사례 기대수익률과 위험의 측정

다음은 경기상황에 따라서 주식 1과 주식 2로부터 1년 후에 실현될 것으로 예상되는 수익률(확률변수)의 확률분포이다.

미래상황	발생확률(p_s)	실현수익률(R_{is})	
		주식 1	주식 2
호황	0.5	10%	15%
불황	0.5	0%	-5%

1. 기대수익률

기대수익률은 각각의 미래상황에서 실현되는 수익률에 대한 기댓값을 의미한다. 이러한 기대수익률[$E(R_i)$]은 각 상황에서의 실현수익률(R_{is})에 발생확률(p_s)을 곱한 후 모두 더하여 계산되며, 미래의 실현수익률이 평균적으로 어느 정도 값이 될 것인지를 나타내는 통계치라고 할 수 있다.

$$E(R_i) = \sum_{s=1}^{n} p_s \times R_{is}$$

(단, p_s: 상황 s가 발생할 확률
R_{is}: 상황 s에서 자산 i의 실현수익률)

[사례]의 경우에 주식 1과 주식 2의 기대수익률을 계산하면 다음과 같다.

$$E(R_1) = 0.5 \times 10\% + 0.5 \times 0\% = 5\%$$
$$E(R_2) = 0.5 \times 15\% + 0.5 \times (-5\%) = 5\%$$

따라서 [사례]의 경우 주식 1과 주식 2의 기대수익률은 10%로 동일함을 알 수 있다.

2. 위험의 통계적 측정치

[사례]의 경우 주식 1과 주식 2의 기대수익률은 동일하지만, 각 상황에서의 실현수익률이 기대수익률에서 벗어나는 정도, 즉 위험의 정도는 서로 다르다. 이와 같은 위험의 정도, 즉 실현수익률과 기대수익률의 차이를 수익률의 편차라고 하며, 이러한 위험의 크기를 측정하는 통계적 측정치로 이용되는 것이 분산과 표준편차이다.

(1) 분산

분산(Variance)이란 각 상황에서의 실현수익률과 기대수익률의 차이인 편차를 제곱한 값에 발생확률을 곱해서 모두 더한 값을 의미하며, $Var(R_i)$ 또는 σ_i^2으로 표시한다.

$$Var(R_i) = \sigma_i^2 = \sum_{s=1}^{n} p_s \times [R_{is} - E(R_i)]^2$$

[사례]의 경우 주식 1과 주식 2의 수익률의 분산을 계산하면 다음과 같다.

$$Var(R_1) = \sigma_1^2 = 0.5 \times (10\% - 5\%)^2 + 0.5 \times (0\% - 5\%)^2 = 25\%^2$$
$$Var(R_2) = \sigma_2^2 = 0.5 \times (15\% - 5\%)^2 + 0.5 \times (-5\% - 5\%)^2 = 100\%^2$$

[사례]의 경우 주식 1보다 주식 2의 분산이 크다. 분산이 크다는 것은 그만큼 미래상황에서의 수익률이 보다 넓은 범위에 걸쳐 분포하고 있다는 것을 의미하며, 이는 곧 위험이 크다는 것과 동일한 의미로 해석할 수 있다.

한편, 분산과 관련하여 주의할 점은 분산의 단위가 확률변수 단위의 제곱이라는 것이다. 즉, 확률변수로써 수익률인 %를 사용하는 경우 분산의 단위는 %의 제곱이 되며, 따라서 분산의 단위에 대한 해석에 문제가 발생한다.

(2) 표준편차

분산이 갖는 단위적용의 문제점 때문에 이용하는 위험의 통계적 측정치가 표준편차이다. 표준편차(Standard deviation)는 분산에 양(+)의 제곱근을 취하여 통계치의 단위가 확률변수의 단위와 동일하게 되도록 표준화한 값으로서 σ_i로 표시한다.

$$\sigma_i = \sqrt{Var(R_i)}$$

[사례]의 경우 주식 1과 주식 2의 수익률의 표준편차를 계산하면 다음과 같다.

$$\sigma_1 = \sqrt{Var(R_1)} = \sqrt{25\%^2} = 5\%$$
$$\sigma_2 = \sqrt{Var(R_2)} = \sqrt{100\%^2} = 10\%$$

3. 확률변수들 간의 관계에 대한 통계적 측정치

위험을 측정하는 경우 개별자산 수익률의 분산과 표준편차뿐만 아니라 개별자산 수익률들 간에 존재하는 상호관련성에 대해서도 측정할 필요가 있다. 이러한 확률변수들 간의 상호관련성을 측정하는 통계적 측정치에는 공분산과 상관계수가 있다.

(1) 공분산

공분산(Covariance)이란 각 상황에서 각 자산의 실현수익률과 기대수익률의 차이인 수익률의 편차를 곱한 값에 발생확률을 곱하여 모두 더한 값을 의미하며, $Cov(R_i, R_j)$ 또는 σ_{ij}로 표시한다.

$$Cov(R_i, R_j) = \sigma_{ij} = \sum_{s=1}^{n} p_s \times [R_{is} - E(R_i)] \times [R_{js} - E(R_j)]$$

[사례]의 경우 주식 1과 주식 2의 수익률의 공분산을 계산하면 다음과 같다.

$$Cov(R_1, R_2) = \sigma_{12} = \sum_{s=1}^{n} p_s \times [R_{1s} - E(R_1)] \times [R_{2s} - E(R_2)]$$
$$= 0.5 \times (10\% - 5\%) \times (15\% - 5\%) + 0.5 \times (0\% - 5\%) \times (-5\% - 5\%) = 50\%^2$$

이와 같이 계산되는 공분산은 두 자산의 수익률, 즉 두 확률변수들 간의 상호관련성을 나타내는 측정치이다. 이러한 공분산의 의미에 대해 구체적으로 살펴보면 다음과 같다.

① 공분산이 양(+)의 값을 갖는 경우는 두 확률변수가 평균적으로 같은 방향으로 변동하는 경우이며, 여기서 같은 방향으로 변동한다는 것은 두 확률변수에서 발생하는 각 상황에서의 편차가 동일한 부호로 발생함을 의미한다.
② 공분산이 음(-)의 값을 갖는 경우는 두 확률변수가 평균적으로 반대 방향으로 변동하는 경우이며, 여기서 반대 방향으로 변동한다는 것은 두 확률변수에서 발생하는 각 상황에서의 편차가 상반된 부호로 발생함을 의미한다.
③ 공분산이 0의 값을 갖는 경우는 두 확률변수가 일정한 관계없이 서로 무관하게 독립적으로 변동하는 경우이다.

이와 같이 공분산의 부호는 두 확률변수의 평균적인 변동의 방향을 보여주지만, 공분산의 크기는 별다른 의미를 갖지 못하며, 단위도 $\%^2$이므로 적용상에 문제가 있다.

(2) 상관계수

공분산이 갖는 단위적용의 문제점 때문에 공분산을 표준화한 통계적 측정치로 이용하는 것이 상관계수이다. 상관계수(Correlation coefficient)는 공분산을 각 확률변수의 표준편차의 곱으로 나누어 표준화한 값으로서 ρ_{ij}로 표시한다.

$$\rho_{ij} = \frac{\sigma_{ij}}{\sigma_i \times \sigma_j} = \frac{\sum_{s=1}^{n} p_s \times [R_{is} - E(R_i)] \times [R_{js} - E(R_j)]}{\sqrt{\sum_{s=1}^{n} p_s \times [R_{is} - E(R_i)]^2} \times \sqrt{\sum_{s=1}^{n} p_s \times [R_{js} - E(R_j)]^2}}$$

[사례]의 경우 주식 1과 주식 2의 수익률의 상관계수를 계산하면 다음과 같다.

$$\rho_{12} = \frac{\sigma_{12}}{\sigma_1 \times \sigma_2} = \frac{50\%^2}{5\% \times 10\%} = +1$$

이와 같이 계산되는 상관계수는 -1부터 +1까지의 값을 갖게 된다. 이러한 상관계수 값의 의미에 대해 구체적으로 살펴보면 다음과 같다.

① 상관계수의 값이 +1인 경우를 완전한 정(+)의 상관관계라고 하며, 이러한 경우에 각 상황에서의 두 확률변수는 같은 방향으로 정비례하여 변동한다.
② 상관계수의 값이 -1인 경우를 완전한 부(-)의 상관관계라고 하며, 이러한 경우에 각 상황에서의 두 확률변수는 반대 방향으로 정비례하여 변동한다.

③ 상관계수의 값이 0인 경우는 두 확률변수가 선형의 상관관계 없이 독립적으로 변동하는 경우이다.

02 통계적 측정치의 연산법칙

(1) 기대수익률
① $E(10\%) = 10\%$: 상수의 기댓값은 상수 자체이다.
② $E(3 \times R_1) = 3 \times E(R_1)$
③ $E(R_1 + R_2) = E(R_1) + E(R_2)$
④ $E(3 \times R_1 + 4 \times R_2) = 3 \times E(R_1) + 4 \times E(R_2)$

(2) 공분산
① $Cov(10\%, R_1) = 0$: 상수와 변수는 서로 독립적이다.
② $Cov(R_1, R_1) = Var(R_1)$: 확률변수 자신과의 공분산은 분산과 동일하다.
③ $Cov(R_1, R_2) = Cov(R_2, R_1)$
④ $Cov(3 \times R_1, R_2) = 3 \times Cov(R_1, R_2)$
⑤ $Cov(R_1, R_2 + R_3) = Cov(R_1, R_2) + Cov(R_1, R_3)$
⑥ $Cov(3 \times R_1 + 4 \times R_2, 5 \times R_3 + 6 \times R_4)$
  $= 3 \times 5 \times Cov(R_1, R_3) + 3 \times 6 \times Cov(R_1, R_4) + 4 \times 5 \times Cov(R_2, R_3) + 4 \times 6 \times Cov(R_2, R_4)$

(3) 분산
① $Var(10\%) = 0$: 상수는 변동될 가능성이 없으므로 상수의 분산은 0이다.
② $Var(3 \times R_1) = 3^2 \times Var(R_1)$
③ $Var(R_1 + R_2) = Var(R_1) + Var(R_2) + 2 \times Cov(R_1, R_2)$
④ $Var(3 \times R_1 + 4 \times R_2) = 3^2 \times Var(R_1) + 4^2 \times Var(R_2) + 2 \times 3 \times 4 \times Cov(R_1, R_2)$

비례식과 방정식

01 비례식

비례식이란 a : b = c : d와 같이 비의 값이 같은 두 비를 등식으로 나타낸 식을 말하며, 비례식의 바깥에 있는 a와 d를 외항, 안쪽에 있는 b와 c를 내항이라고 한다. 이러한 비례식의 특성을 살펴보면 다음과 같다.

① a : b = c : d → $\dfrac{a}{b} = \dfrac{c}{d}$

② a : b = c : d → $a \times d = b \times c$

③ $\dfrac{a}{b} = \dfrac{c}{d}$ → $a \times d = b \times c$

02 방정식

방정식이란 미지수의 값이 특수한 값을 가질 때에만 성립하는 등식을 말하며, 해당 방정식을 만족시키는 미지수의 값을 그 방정식의 해(또는 근)라고 한다.

1. 연립일차방정식의 해법

연립일차방정식이란 미지수의 개수가 2개이고 미지수의 차수가 일차인 두 개의 방정식을 함께 나타낸 식을 말한다. 이러한 연립일차방정식의 해를 찾는 방법에는 소거법이 이용되는데, 소거법은 적용하는 방식에 따라 가감법, 대입법, 등치법으로 구분된다.

> [예] $2x + 3y = 23$ …… ①
> $x + 6y = 34$ …… ②

(1) 가감법

가감법이란 특정 미지수의 계수가 일치하도록 조정한 후에 두 식을 가감하여 해당 미지수를 제거함으로써 해를 찾는 방법이다.

> [예] ①×2: $4x + 6y = 46$ …… ①′
> $x + 6y = 34$ …… ②
> ①′ − ②: $3x = 12$
> ∴ $x = 4$
> $y = (34 - x) \div 6 = (34 - 4) \div 6 = 5$

(2) 대입법

대입법이란 하나의 식을 특정 미지수에 대해 정리한 후 나머지 식에 대입하여 해를 찾는 방법이다.

> [예] $x = 34 - 6y$ …… ②′
> ②′를 ①에 대입: $2 \times (34 - 6y) + 3y = 23$
> ∴ $y = 5$
> $x = 34 - 6 \times y = 34 - 6 \times 5 = 4$

(3) 등치법

등치법이란 두 식을 각각 하나의 미지수에 대해 정리한 후 두 식이 같다고 놓고 해를 찾는 방법이다.

[예] $x = \dfrac{23}{2} - \dfrac{3}{2}y$ ······ ①'

$x = 34 - 6y$ ······ ②'

①' = ②' : $\dfrac{23}{2} - \dfrac{3}{2}y = 34 - 6y$

∴ $y = 5$

$x = 34 - 6 \times y = 34 - 6 \times 5 = 4$

2. 이차방정식의 해법

이차방정식이란 $a \times x^2 + b \times x + c = 0$(단, 상수인 $a \neq 0$)과 같이 미지수의 차수가 2차인 방정식을 말한다. 이러한 이차방정식의 해법에는 인수분해에 의한 해법과 근의 공식에 의한 해법이 있다.

(1) 인수분해에 의한 해법

인수분해에 의한 해법을 이용해서 이차방정식의 해를 찾는 경우에는 다음과 같은 인수분해공식이 이용된다.

① $m \times a + m \times b = m \times (a + b)$
② $a^2 + 2 \times a \times b + b^2 = (a+b)^2$
③ $a^2 - 2 \times a \times b + b^2 = (a-b)^2$
④ $a^2 - b^2 = (a+b) \times (a-b)$
⑤ $x^2 + (a+b) \times x + a \times b = (x+a) \times (x+b)$

[예] $x^2 + 7 \times x + 12 = 0$의 해

$x^2 + (3+4) \times x + (3 \times 4) = (x+3) \times (x+4) = 0$

∴ $x = -3$ 또는 -4

(2) 근의 공식에 의한 해법

근의 공식에 의한 해법은 다음과 같은 이차방정식의 근의 공식을 이용해서 해를 찾는 방법이다.

$$ax^2 + bx + c = 0 \ (단, a \neq 0)$$

$$x^2 + \dfrac{b}{a}x + \dfrac{c}{a} = x^2 + \dfrac{b}{a}x + \left(\dfrac{b}{2a}\right)^2 - \left(\dfrac{b}{2a}\right)^2 + \dfrac{c}{a} = \left(x + \dfrac{b}{2a}\right)^2 - \dfrac{b^2 - 4ac}{4a^2} = 0$$

$$\therefore x = -\dfrac{b}{2a} \pm \sqrt{\dfrac{b^2 - 4ac}{4a^2}} = \dfrac{-b \pm \sqrt{b^2 - 4ac}}{2a}$$

기초회계

장부기록

01 부기의 의의

부기(장부기록)란 기업의 재산상태와 경영성과를 파악하기 위해 재산의 증감·변화를 체계적으로 기록하는 방법을 말한다. 이러한 부기는 단식부기와 복식부기로 구분되는데, 단식부기는 개별 항목의 변동만을 발생순서에 따라 단순하게 기록하는 방법이며, 복식부기는 개별 항목의 변동뿐만 아니라 관련된 항목까지도 동시에 기록하는 방법이다. 대부분의 기업에서는 복식부기를 이용하며, 일반적으로 부기라 하면 곧 복식부기를 의미한다.

1. 재무상태의 측정과 재무상태표

재무상태란 일정 시점에 있어서 기업의 재산상태를 말하며, 자산, 부채, 자본으로 구분하여 재무상태표(대차대조표 Balance sheet:B/S)를 이용해서 나타낸다.
① 자산: 기업이 소유하는 현금, 상품, 건물, 토지, 매출채권, 대여금 등 재화와 채권
② 부채: 기업이 미래에 상환해야 하는 매입채무, 차입금 등의 채무
③ 자본: 자산총액에서 부채총액을 차감한 잔액인 순자산
④ 재무상태표 등식: 자산 = 부채 + 자본

2. 경영성과의 계산과 포괄손익계산서

경영성과란 일정 기간 동안 발생된 수익에서 비용을 차감한 순이익을 말하며, 포괄손익계산서(Income statement:I/S)를 이용해서 나타낸다.
① 수익: 매출액, 이자수익, 임대료 등 재화나 용역을 제공한 대가로 획득한 금액
② 비용: 매출원가, 이자비용, 임차료, 종업원급여 등 소비된 자산이나 용역의 원가
③ 순이익: 수익총액에서 비용총액을 차감한 잔액
④ 손익계산서 등식: 비용 + 순이익 = 수익

3. 회계기간(보고기간)

회계기간이란 일정 기간마다 재무상태와 경영성과를 파악하기 위하여 인위적으로 구분한 기간을 말한다.
① 기초: 회계기간이 시작되는 시점
② 기말: 회계기간이 끝나는 시점
③ 당기: 해당 회계기간
④ 전기: 직전 회계기간
⑤ 차기: 다음 회계기간

02 기중 거래의 기록

1. 거래요소의 결합관계

모든 거래는 자산의 증가와 감소, 부채의 증가와 감소, 자본의 증가와 감소 및 수익의 발생과 비용의 발생이라는 8가지 요소로 구성된다. 재무상태표등식과 포괄손익계산서등식을 기초로 하여 거래요소를 차변(Debit)요소와 대변(Credit)요소로 구분하면 다음과 같다.

왼쪽(차변)	오른쪽(대변)
자산의 증가	자산의 감소
부채의 감소	부채의 증가
자본의 감소	자본의 증가
비용의 발생	수익의 발생

2. 계정

계정(Account)이란 자산, 부채, 자본, 수익, 비용의 구체적인 항목별로 설정된 기록, 계산의 단위를 말한다. 계정은 현금, 매출채권, 차입금 등의 재무상태표계정과 매출액, 매출원가, 이자비용 등의 포괄손익계산서계정으로 구분되는데, 일반적으로 많이 사용하는 계정의 형식은 다음과 같은 T계정양식이다.

계정명칭

(차변)　　　　　　　　　　　　　　　　　　　　　　　　　　　　　　　　　(대변)

3. 기입방법

거래요소의 결합관계에서의 차변요소와 대변요소를 고려하여 각 계정의 차변과 대변에 거래를 기록한다.
① 자산계정: 자산의 증가(감소)는 해당 자산계정의 차변(대변)에 기록한다.
② 부채계정: 부채의 증가(감소)는 해당 부채계정의 대변(차변)에 기록한다.
③ 자본계정: 자본의 증가(감소)는 해당 자본계정의 대변(차변)에 기록한다.
④ 수익계정: 수익의 발생은 해당 수익계정의 대변에 기록한다.
⑤ 비용계정: 비용의 발생은 해당 비용계정의 차변에 기록한다.

4. 분개와 분개장

분개(Journalizing)란 거래를 각 계정에 기입하기 전에 거래를 기입할 계정과 기입할 금액 등을 파악하는 절차를 말하며, 분개를 기록하는 장부를 분개장이라고 한다. 사례의 기중 거래를 분개장에 분개하는 방법은 다음과 같다.

	사례	A기업의 20×1년 기중 거래

1월 1일	현금 ₩300을 자본금으로 하여 영업을 개시하다.
1월 1일	건물을 현금 ₩100을 지급하고 구입하다.
2월 1일	은행에서 ₩120을 차입하다.
3월 1일	상품 ₩150을 매입하면서, 현금 ₩100을 지급하고 잔액은 외상이다.
4월 1일	원가 ₩100인 상품을 현금 ₩200에 판매하였다.
5월 1일	종업원에 대한 급여 ₩30을 현금으로 지급하였다.

일자	회계처리			
1/1	(차) 현금	300	(대) 자본금	300
1/1	(차) 건물	100	(대) 현금	100
2/1	(차) 현금	120	(대) 차입금	120
3/1	(차) 상품	150	(대) 현금	100
			매입채무	50
4/1	(차) 현금	200	(대) 매출	200
	매출원가	100	상품	100
5/1	(차) 급여	30	(대) 현금	30

5. 전기와 총계정원장

전기(posting)란 분개장에 분개한 기록을 해당 계정에 옮겨 적는 절차를 말하며, 이들 계정이 설정되어 있는 장부를 총계정원장이라고 한다. 앞서 분개한 내역을 총계정원장의 각 계정에 전기하는 방법은 다음과 같다.

현금					자본금	
1/1	300	1/1	100		1/1	300
2/1	120	3/1	100			
4/1	200	5/1	30			

건물			차입금	
1/1	100		2/1	120

상품				매입채무	
3/1	150	4/1	100		3/1	50

매출			매출원가	
	4/1	200	4/1	100

급여	
5/1	30

03 기말 결산

결산이란 일정 시점에서 장부를 마감하여 재무상태(자산, 부채, 자본)와 경영성과(수익, 비용, 손익)를 정확하게 파악하는 절차를 말한다.

1. 기말수정분개

결산을 위해서는 기중 거래의 기록(분개와 전기) 이외에 기말수정분개가 추가로 이루어진다. 이러한 기말수정분개의 대표적인 사항으로는 감가상각과 손익의 결산정리가 있다.

(1) 감가상각

감가상각이란 건물이나 기계장치와 같이 장기간 사용하는 자산들의 경우 최초의 취득원가를 해당 자산을 사용하는 기간에 배분하여 비용으로 인식하는 것을 말한다.

사례

A기업이 20×1년 초에 취득원가 ₩100을 지급하고 구입한 건물의 내용연수가 3년, 내용연수 말 잔존가치가 ₩10으로 예상되는 경우 취득원가에서 잔존가치를 차감한 감가상각대상금액 ₩90을 내용연수 3년간 배분하여 비용으로 인식한다. 정액법(매 기간 동일한 금액을 비용으로 인식)을 적용하는 경우 A기업이 20×1년 말에 행할 기말수정분개는 다음과 같다.

일자	기말수정분개			
12/31	(차) 감가상각비	30	(대) 건물 (또는 감가상각누계액)	30

(2) 손익의 결산정리

손익의 결산정리란 기중에 현금으로 수수한 금액 중에 차기에 속하는 수익이나 비용에 대한 정리, 또는 당기에 현금의 수수가 없었더라도 당기에 발생한 수익이나 비용에 대한 정리를 말한다. 이와 관련된 계정으로는 선급비용이나 미수수익과 같은 자산계정과 선수수익이나 미지급비용과 같은 부채계정이 있다.

사례

A기업이 20×1년 2월 1일에 차입한 차입금 ₩100에 대한 1년간의 이자 ₩12를 20×2년 1월 31일에 지급하기로 한 경우 ₩11만큼의 이자는 20×1년의 비용으로 인식해야 한다. 따라서 A기업이 20×1년 말에 행할 기말수정분개는 다음과 같다.

일자	기말수정분개			
12/31	(차) 이자비용	11	(대) 미지급이자	11

2. 재무상태표와 포괄손익계산서의 작성

기말수정분개가 반영된 후의 계정 중에서 각 수익계정과 비용계정의 잔액(차변합계와 대변합계의 차액)을 이용해서 포괄손익계산서를 작성할 수 있고, 각 자산계정, 부채계정, 자본계정의 잔액을 이용해서 재무상태표를 작성할 수 있다. 다만, 재무상태표 작성 시 수익과 비용의 차액인 당기순이익만큼의 자본 증가를 이익잉여금이라는 자본계정에 반영해야 한다.

현금				자본금		
1/1	300	1/1	100		1/1	300
2/1	120	3/1	100			
4/1	200	5/1	30			

건물				차입금		
1/1	100	12/31	30		2/1	120

상품				매입채무		
3/1	150	4/1	100		3/1	50

매출				매출원가		
		4/1	200	4/1	100	

급여				감가상각비		
5/1	30			12/31	30	

이자비용				미지급이자		
12/31	11				12/31	11

재무상태표				포괄손익계산서			
현금	390	차입금	120	매출원가	100	매출	200
건물	70	매입채무	50	급여	30		
상품	50	미지급이자	11	감가상각비	30		
		자본금	300	이자비용	11		
		이익잉여금	29	당기순이익	29		
합계	510	합계	510	합계	200	합계	200

기업의 분류와 주식회사

01 기업의 분류

기업은 국가(또는 공공 단체)에 의해 설립·운영되는 공기업과 1인의 개인이 소유·경영하는 개인기업, 2인 이상의 개인이 공동으로 출자·경영하는 조합기업 및 상법상의 회사인 법인기업으로 분류할 수 있다. 이 중에서 법인기업에 대해 상법에서는 다음과 같이 분류하고 있다.

합명회사	무한책임사원만으로 구성
합자회사	무한책임사원과 유한책임사원으로 구성
유한회사	유한책임사원만으로 구성(주로 소규모 기업)
유한책임회사	유한책임사원만으로 구성(내부적으로는 조합의 특성)
주식회사	유한책임사원(주주)만으로 구성(주로 대규모 기업)

① 법인: 법에 의해서 권리와 의무의 주체가 될 수 있는 자격을 부여받은 자
② 회사: 사원(출자자, 소유주)이 다수인 기업
③ 무한책임사원: 회사 채무에 대해 무한책임을 부담하는 사원
④ 유한책임사원: 회사 채무에 대해 출자금액을 한도로 책임을 부담하는 사원

02 주식회사

1. 주식회사의 특징

현대사회에서 거의 대부분의 기업은 주식회사이며, 주식회사는 사원인 주주의 유한책임 외에 다음과 같은 특징이 있다.
① 주식을 발행하여 자본을 조달한다.
② 대규모 자금의 조달이 용이하다.
③ 지분(주식)의 양수도가 자유롭다.
④ 소유와 경영이 분리된다.

2. 주식회사의 기관

주식회사의 기관은 주주총회와 이사회 및 감사(또는 감사위원회)로 구성되며, 각 기관의 특징은 다음과 같다.
① 주주총회: 주주들로 구성된 회사의 최고 의사결정기관
② 이사회: 주주총회에서 선임된 이사들로 구성된 회사의 업무집행에 관한 의사결정기관
③ 감사(감사위원회): 이사회의 업무집행을 감사하는 기관

3. 주식회사의 유형

주식회사는 주식시장 상장 여부에 따라 주권상장기업과 주권비상장기업으로 구분된다.
① 주권상장기업: 주식시장에서 매매 대상으로 등록되어 시장에서 공개적으로 주식이 거래되는 기업으로, 상장된 시장에 따라 한국거래소의 유가증권시장에 상장된 유가증권시장상장기업과 코스닥시장에 상장된 코스닥시장상장기업으로 분류된다.
② 주권비상장기업

03 주식과 채권

1. 주식

주식회사가 여러 종류의 주식을 발행한 경우에 해당 주식들은 보통주와 우선주로 구분된다. 다만, 단일 종류의 주식만 발행한 주식회사의 경우에는 그 단일 종류의 주식이 보통주이다.

① 보통주: 표준이 되는 주식을 말하며, 보통주를 보유하는 주주는 주주총회에서 보유주식수에 비례한 의결권을 행사할 수 있고, 이익배당을 받을 권리를 보유하며, 기업이 유상증자를 통해 신주를 발행하는 경우에 기존의 지분율만큼 신주를 우선적으로 인수할 수 있는 권리가 있다.

② 우선주: 보통주에 비해 특정한 사항에 대해서 우선적 지위를 갖는 주식을 말한다. 예를 들어, 이익배당우선주를 보유하는 주주는 보통주에 비해 우선적으로 이익배당을 받을 수 있는 권리를 보유한다. 다만, 우선주는 주주총회에서의 의결권은 없는 것이 일반적이다.

2. 채권

채권이란 채무자인 발행자가 자금을 조달하기 위해 이자와 원금을 지급할 것을 채권자인 (채권)투자자에게 약속하기 위해 발행하는 증서를 말한다. 여기서 만기에 상환하는 원금을 액면금액(Face value)이라 하고, 매 이자지급일에 지급하는 이자를 액면이자(= 액면금액 × 액면이자율)라 하며, 이자지급액의 결정을 위해 채권에 표시되어 있는 이자율을 액면이자율(표시이자율, 표면이자율)이라고 한다.

재무제표

재무제표는 특정 기업의 재무상태(재무상태표)와 경영성과(포괄손익계산서), 자본의 변동내역(자본변동표) 및 현금흐름(현금흐름표)에 대한 정보를 제공하는 4가지 재무제표와 더불어 주석으로 구성된다. 여기서 주석이라 함은 재무제표에 표시하는 항목에 대해 세분화하여 구체적으로 설명하는 정보를 말한다. 더불어 한 기업(지배기업)이 다른 기업(종속기업)을 지배하는 경우에는 지배기업과 종속기업을 하나의 보고기업으로 하여 지배기업과 종속기업의 통합된 재무제표를 작성하며, 그 보고기업의 재무제표를 '연결재무제표'라고 한다.

01 재무상태표

재무상태표는 일정 시점의 재무상태를 나타내는 정태적 재무제표이며, 기업의 재무상태는 자산과 부채 및 자본으로 구분하여 표시한다. 여기서 자산은 기업이 소유하는 경제적자원을 말하는데, '과거사건의 결과로 기업이 통제하는 현재의 경제적자원이며, 경제적자원은 경제적효익을 창출할 잠재력을 지닌 권리'로 정의된다. 부채는 기업이 소유하는 경제적자원에 대한 의무를 말하는데, '과거사건의 결과로 기업이 경제적자원을 이전해야 하는 현재의무'로 정의되며, 자본은 기업이 소유하는 경제적자원 중에서 소유주(주주)의 지분, 즉 자산에서 부채를 차감한 잔여지분을 말한다. 이러한 재무상태표의 일반적인 양식은 다음과 같다.

재무상태표	
××회사	20×1년 12월 31일

유동자산 비유동자산	유동부채 비유동부채
	자본금 자본잉여금 자본조정 이익잉여금 기타포괄손익누계액
자산총계	부채와 자본총계

1. 자산

자산은 원칙적으로 유동자산과 비유동자산으로 구분하는데, 여기서 유동자산은 재무상태표일로부터 12개월(또는 정상영업주기) 이내에 실현될 것으로 예상되거나, 판매 또는 소비 목적 및 단기매매 목적으로 보유하는 자산을 말하며, 이외의 자산은 비유동자산으로 분류된다.

① 현금및현금성자산: 현금과 요구불예금 및 현금성자산
② 재고자산: 정상적인 영업과정에서 판매를 목적으로 보유하는 상품이나 제품 등
③ 매출채권: 재고자산(상품이나 제품 등)을 외상으로 판매함에 따라 발생한 채권
④ 미수금: 재고자산 이외의 자산을 외상으로 판매함에 따라 발생한 채권
⑤ 대여금: 현금을 대여함에 따라 발생한 채권
⑥ 선급비용: 현금으로 지급한 비용 중에서 차기에 속하는 부분
⑦ 미수수익: 당기에 발생한 수익으로 아직 수취하지 않은 부분
⑧ 유형자산: 장기간 영업에 사용할 목적으로 보유하는 물리적 실체가 있는 자산
⑨ 무형자산: 장기간 영업에 사용할 목적으로 보유하는 물리적 실체가 없는 자산
⑩ 투자부동산: 임대수익이나 시세차익을 목적으로 보유하는 부동산

2. 부채

부채도 원칙적으로 유동부채와 비유동부채로 구분하는데, 여기서 유동부채는 재무상태표일로부터 12개월(또는 정상영업주기) 이내에 지급할 것으로 예상되는 부채를 말하며, 이외의 부채는 비유동부채로 분류된다.

① 매입채무: 재고자산을 외상으로 매입함에 따라 발생한 채무
② 미지급금: 재고자산 이외의 자산을 외상으로 매입함에 따라 발생한 채무
③ 차입금: 현금을 차입함에 따라 발생한 채무
④ 선수수익: 현금으로 수취한 수익 중에서 차기에 속하는 부분
⑤ 미지급비용: 당기에 발생한 비용으로 아직 지급하지 않은 부분
⑥ 사채: 주식회사가 채권을 발행하여 차입함에 따라 발생한 채무

3. 자본

자본은 자산에서 부채를 차감한 잔여지분으로 소유주지분 또는 순자산, 자기자본이라고 하며 주식회사의 경우 주주지분이라고도 한다. 자본은 소유주가 기업에 납입한 납입자본(자본금, 자본잉여금, 자본조정)과 이익잉여금 및 기타포괄손익누계액으로 분류한다.

① 자본금: 주식회사가 발행한 주식의 액면금액
② 자본잉여금: 자본금 이외에 주주들이 추가로 회사에 투자한 금액
③ 자본조정: 주주가 투자한 납입자본 중에서 자본금과 자본잉여금 이외의 부분
④ 이익잉여금: 창출한 이익 중에서 사외로 유출되지 않고 사내에 유보된 부분
⑤ 기타포괄손익누계액: 당기순손익에 포함되지 않는 수익과 비용들의 누계액

02 포괄손익계산서

포괄손익계산서는 일정 기간 동안의 경영성과를 나타내는 동태적 재무제표이며, 기업의 경영성과는 수익에서 비용을 차감하여 계산한다. 여기서 수익은 재화나 서비스를 제공함에 대한 대가로 획득한 금액을 말하는데, '자산의 증가 또는 부채의 감소로써 자본의 증가를 가져오며, 자본청구권 보유자(소유주)의 출자와 관련된 것을 제외한다.'고 정의된다. 비용은 수익을 얻기 위해 소비된 재화나 서비스의 원가를 말하는데, '자산의 감소 또는 부채의 증가로써 자본의 감소를 가져오며, 자본청구권 보유자(소유주)에 대한 분배와 관련된 것을 제외한다.'고 정의된다. 이러한 포괄손익계산서의 일반적인 양식은 다음과 같다.

포괄손익계산서

××회사　　　　　　　　　　　　　　　　　　　　　　　　　20×1년 1월 1일~20×1년 12월 31일

매출액 매출원가
매출총이익 판매비와관리비
영업이익 영업외수익 영업외비용
법인세비용차감전순손익 법인세비용
당기순손익 기타포괄손익
총포괄손익

1. 구분손익

포괄손익계산서에 표시되는 경영성과는 수익에서 비용을 차감하여 계산되는데, 수익에서 비용을 차감한 이익은 여러 단계로 구분하여 표시한다.

① 매출총이익 = 매출액 – 매출원가
② 영업이익 = 매출총이익 – 판매비와관리비
③ 법인세비용차감전순손익 = 영업이익 + 영업외수익 – 영업외비용

④ 당기순손익 = 법인세비용차감전순손익 − 법인세비용
⑤ 총포괄손익 = 당기순손익 ± 기타포괄손익

2. 수익과 비용

기업의 경영성과를 구성하는 각각의 수익과 비용에 대해 구체적으로 살펴보면 다음과 같다.
① 매출액: 주요 영업활동에서 재화나 서비스를 제공함에 따라 발생하는 수익
② 매출원가: 매출을 획득하기 위해 직접 소비된 원가
③ 판매비와관리비: 매출원가 이외의 영업 관련 비용
④ 영업외수익: 주요 영업활동과는 관련없이 부수적으로 발생하는 수익
⑤ 영업외비용: 주요 영업활동과는 관련없이 부수적으로 발생하는 비용
⑥ 법인세비용: 당기의 이익에 대한 법인세
⑦ 기타포괄손익: 당기에 창출한 총손익 중에서 소유주에게 분배가 불가능한 손익

3. 기타포괄손익

기타포괄손익의 대표적인 예로는 공정가치가 장부금액보다 증가한 유형자산을 공정가치로 재평가하는 경우에 발생하는 재평가잉여금을 들 수 있는데, 영업활동에 사용할 목적으로 보유하는 유형자산에서 발생되는 재평가잉여금은 단기간 내에 실현될 수 없으므로 소유주에게 분배할 수 있는 이익잉여금을 구성하는 당기순손익으로 처리하지 않고 기타포괄손익으로 처리하여 재무상태표의 자본항목 중에서 기타포괄손익누계액으로 계상한다.

03 자본변동표

자본변동표는 일정 시점의 자본의 구성과 더불어 일정 기간 동안의 자본구성항목의 변동 내역을 나타내는 재무제표이며, 일반적인 양식은 다음과 같다.

자본변동표

××회사   20×1년 1월 1일 ~ 20×1년 12월 31일

구분	자본금	자본잉여금	자본조정	이익잉여금	기타포괄손익누계액	총계
20×1년 1월 1일						
전기이익처분						
연차배당						
기타 이익처분						
기타 변동사항						
유상증자						
자기주식취득						
……						
총포괄손익						
20×1년 12월 31일						

04 현금흐름표

현금흐름표에서의 현금은 재무상태표의 현금및현금성자산을 말한다. 현금흐름표는 일정 기간 동안의 현금유입과 현금유출의 내역을 나타내는 재무제표이며, 현금의 증감내역을 영업활동과 투자활동 및 재무활동으로 구분하여 내는데, 일반적인 양식은 다음과 같다.

현금흐름표

××회사 20×1년 1월 1일 ~ 20×1년 12월 31일

영업활동현금흐름 투자활동현금흐름 재무활동현금흐름
현금및현금성자산의 증가(감소) 기초의 현금및현금성자산
기말의 현금및현금성자산

ejob.Hackers.com

취업강의 1위, **해커스잡**

이자요소

현재가치이자요소

$$PVIF_{(R:\text{이자율},\ n:\text{기간})} = \frac{1}{(1+R)^n}$$

R \ n	1%	2%	3%	4%	5%	6%	7%	8%	9%	10%
1	0.99010	0.98039	0.97087	0.96154	0.95238	0.94340	0.93458	0.92593	0.91743	0.90909
2	0.98030	0.96117	0.94260	0.92456	0.90703	0.89000	0.87344	0.85734	0.84168	0.82645
3	0.97059	0.94232	0.91514	0.88900	0.86384	0.83962	0.81630	0.79383	0.77218	0.75131
4	0.96098	0.92385	0.88849	0.85480	0.82270	0.79209	0.76290	0.73503	0.70843	0.68301
5	0.95147	0.90573	0.86261	0.82193	0.78353	0.74726	0.71299	0.68058	0.64993	0.62092
6	0.94205	0.88797	0.83748	0.79031	0.74622	0.70496	0.66634	0.63017	0.59627	0.56447
7	0.93272	0.87056	0.81309	0.75992	0.71068	0.66506	0.62275	0.58349	0.54703	0.51316
8	0.92348	0.85349	0.78941	0.73069	0.67684	0.62741	0.58201	0.54027	0.50187	0.46651
9	0.91434	0.83676	0.76642	0.70259	0.64461	0.59190	0.54393	0.50025	0.46043	0.42410
10	0.90529	0.82035	0.74409	0.67556	0.61391	0.55839	0.50835	0.46319	0.42241	0.38554
11	0.89632	0.80426	0.72242	0.64958	0.58468	0.52679	0.47509	0.42888	0.38753	0.35049
12	0.88745	0.78849	0.70138	0.62460	0.55684	0.49697	0.44401	0.39711	0.35553	0.31863
13	0.87866	0.77303	0.68095	0.60057	0.53032	0.46884	0.41496	0.36770	0.32618	0.28966
14	0.86996	0.75788	0.66112	0.57748	0.50507	0.44230	0.38782	0.34046	0.29925	0.26333
15	0.86135	0.74301	0.64186	0.55526	0.48102	0.41727	0.36245	0.31524	0.27454	0.23939
16	0.85282	0.72845	0.62317	0.53391	0.45811	0.39365	0.33873	0.29189	0.25187	0.21763
17	0.84438	0.71416	0.60502	0.51337	0.43630	0.37136	0.31657	0.27027	0.23107	0.19784
18	0.83602	0.70016	0.58739	0.49363	0.41552	0.35034	0.29586	0.25025	0.21199	0.17986
19	0.82774	0.68643	0.57029	0.47464	0.39573	0.33051	0.27651	0.23171	0.19449	0.16351
20	0.81954	0.67297	0.55368	0.45639	0.37689	0.31180	0.25842	0.21455	0.17843	0.14864

R \ n	11%	12%	13%	14%	15%	16%	17%	18%	19%	20%
1	0.90090	0.89286	0.88496	0.87719	0.86957	0.86207	0.85470	0.84746	0.84034	0.83333
2	0.81162	0.79719	0.78315	0.76947	0.75614	0.74316	0.73051	0.71818	0.70616	0.69444
3	0.73119	0.71178	0.69305	0.67497	0.65752	0.64066	0.62437	0.60863	0.59342	0.57870
4	0.65873	0.63552	0.61332	0.59208	0.57175	0.55229	0.53365	0.51579	0.49867	0.48225
5	0.59345	0.56743	0.54276	0.51937	0.49718	0.47611	0.45611	0.43711	0.41905	0.40188
6	0.53464	0.50663	0.48032	0.45559	0.43233	0.41044	0.38984	0.37043	0.35214	0.33490
7	0.48166	0.45235	0.42506	0.39964	0.37594	0.35383	0.33320	0.31393	0.29592	0.27908
8	0.43393	0.40388	0.37616	0.35056	0.32690	0.30503	0.28478	0.26604	0.24867	0.23257
9	0.39092	0.36061	0.33288	0.30751	0.28426	0.26295	0.24340	0.22546	0.20897	0.19381
10	0.35218	0.32197	0.29459	0.26974	0.24718	0.22668	0.20804	0.19106	0.17560	0.16151
11	0.31728	0.28748	0.26070	0.23662	0.21494	0.19542	0.17781	0.16192	0.14757	0.13459
12	0.28584	0.25668	0.23071	0.20756	0.18691	0.16846	0.15197	0.13722	0.12400	0.11216
13	0.25751	0.22917	0.20416	0.18207	0.16253	0.14523	0.12989	0.11629	0.10421	0.09346
14	0.23199	0.20462	0.18068	0.15971	0.14133	0.12520	0.11102	0.09855	0.08757	0.07789
15	0.20900	0.18270	0.15989	0.14010	0.12289	0.10793	0.09489	0.08352	0.07359	0.06491
16	0.18829	0.16312	0.14150	0.12289	0.10686	0.09304	0.08110	0.07078	0.06184	0.05409
17	0.16963	0.14564	0.12522	0.10780	0.09293	0.08021	0.06932	0.05998	0.05196	0.04507
18	0.15282	0.13004	0.11081	0.09456	0.08081	0.06914	0.05925	0.05083	0.04367	0.03756
19	0.13768	0.11611	0.09806	0.08295	0.07027	0.05961	0.05064	0.04308	0.03670	0.03130
20	0.12403	0.10367	0.08678	0.07276	0.06110	0.05139	0.04328	0.03651	0.03084	0.02608

연금의 현재가치이자요소

$$PVIFA_{(R, n)} = \frac{(1+R)^n - 1}{R(1+R)^n}$$

R \ n	1%	2%	3%	4%	5%	6%	7%	8%	9%	10%
1	0.99010	0.98039	0.97087	0.96154	0.95238	0.94340	0.93458	0.92593	0.91743	0.90909
2	1.97040	1.94156	1.91347	1.88609	1.85941	1.83339	1.80802	1.78326	1.75911	1.73554
3	2.94099	2.88388	2.82861	2.77509	2.72325	2.67301	2.62432	2.57710	2.53129	2.48685
4	3.90197	3.80773	3.71710	3.62990	3.54595	3.46511	3.38721	3.31213	3.23972	3.16987
5	4.85343	4.71346	4.57971	4.45182	4.32948	4.21236	4.10020	3.99271	3.88965	3.79079
6	5.79548	5.60143	5.41719	5.24214	5.07569	4.91732	4.76654	4.62288	4.48592	4.35526
7	6.72819	6.47199	6.23028	6.00205	5.78637	5.58238	5.38929	5.20637	5.03295	4.86842
8	7.65168	7.32548	7.01969	6.73274	6.46321	6.20979	5.97130	5.74664	5.53482	5.33493
9	8.56602	8.16224	7.78611	7.43533	7.10782	6.80169	6.51523	6.24689	5.99525	5.75902
10	9.47130	8.98259	8.53020	8.11090	7.72173	7.36009	7.02358	6.71008	6.41766	6.14457
11	10.36763	9.78685	9.25262	8.76048	8.30641	7.88687	7.49867	7.13896	6.80519	6.49506
12	11.25508	10.57534	9.95400	9.38507	8.86325	8.38384	7.94269	7.53608	7.16073	6.81369
13	12.13374	11.34837	10.63496	9.98565	9.39357	8.85268	8.35765	7.90378	7.48690	7.10336
14	13.00370	12.10625	11.29607	10.56312	9.89864	9.29498	8.74547	8.24424	7.78615	7.36669
15	13.86505	12.84926	11.93794	11.11839	10.37966	9.71225	9.10791	8.55948	8.06069	7.60608
16	14.71787	13.57771	12.56110	11.65230	10.83777	10.10590	9.44665	8.85137	8.31256	7.82371
17	15.56225	14.29187	13.16612	12.16567	11.27407	10.47726	9.76322	9.12164	8.54363	8.02155
18	16.39827	14.99203	13.75351	12.65930	11.68959	10.82760	10.05909	9.37189	8.75563	8.20141
19	17.22601	15.67846	14.32380	13.13394	12.08532	11.15812	10.33560	9.60360	8.95011	8.36492
20	18.04555	16.35143	14.87747	13.59033	12.46221	11.46992	10.59401	9.81815	9.12855	8.51356

R \ n	11%	12%	13%	14%	15%	16%	17%	18%	19%	20%
1	0.90090	0.89286	0.88496	0.87719	0.86957	0.86207	0.85470	0.84746	0.84034	0.83333
2	1.71252	1.69005	1.66810	1.64666	1.62571	1.60523	1.58521	1.56564	1.54650	1.52778
3	2.44371	2.40183	2.36115	2.32163	2.28323	2.24589	2.20958	2.17427	2.13992	2.10648
4	3.10245	3.03735	2.97447	2.91371	2.85498	2.79818	2.74324	2.69006	2.63859	2.58873
5	3.69590	3.60478	3.51723	3.43308	3.35216	3.27429	3.19935	3.12717	3.05763	2.99061
6	4.23054	4.11141	3.99755	3.88867	3.78448	3.68474	3.58918	3.49760	3.40978	3.32551
7	4.71220	4.56376	4.42261	4.28830	4.16042	4.03857	3.92238	3.81153	3.70570	3.60459
8	5.14612	4.96764	4.79877	4.63886	4.48732	4.34359	4.20716	4.07757	3.95437	3.83716
9	5.53705	5.32825	5.13166	4.94637	4.77158	4.60654	4.45057	4.30302	4.16333	4.03097
10	5.88923	5.65022	5.42624	5.21612	5.01877	4.83323	4.65860	4.49409	4.33893	4.19247
11	6.20652	5.93770	5.68694	5.45273	5.23371	5.02864	4.83641	4.65601	4.48650	4.32706
12	6.49236	6.19437	5.91765	5.66029	5.42062	5.19711	4.98839	4.79322	4.61050	4.43922
13	6.74987	6.42355	6.12181	5.84236	5.58315	5.34233	5.11828	4.90951	4.71471	4.53268
14	6.98187	6.62817	6.30249	6.00207	5.72448	5.46753	5.22930	5.00806	4.80228	4.61057
15	7.19087	6.81086	6.46238	6.14217	5.84737	5.57546	5.32419	5.09158	4.87586	4.67547
16	7.37916	6.97399	6.60388	6.26506	5.95423	5.66850	5.40529	5.16235	4.93770	4.72956
17	7.54879	7.11963	6.72909	6.37286	6.04716	5.74870	5.47461	5.22233	4.98966	4.77463
18	7.70162	7.24967	6.83991	6.46742	6.12797	5.81785	5.53385	5.27316	5.03333	4.81219
19	7.83929	7.36578	6.93797	6.55037	6.19823	5.87746	5.58449	5.31624	5.07003	4.84350
20	7.96333	7.46944	7.02475	6.62313	6.25933	5.92884	5.62777	5.35275	5.10086	4.86958

미래가치이자요소

$$FVIF_{(R,\ n)} = (1+R)^n$$

n \ R	1%	2%	3%	4%	5%	6%	7%	8%	9%	10%
1	1.01000	1.02000	1.03000	1.04000	1.05000	1.06000	1.07000	1.08000	1.09000	1.10000
2	1.02010	1.04040	1.06090	1.08160	1.10250	1.12360	1.14490	1.16640	1.18810	1.21000
3	1.03030	1.06121	1.09273	1.12486	1.15763	1.19102	1.22504	1.25971	1.29503	1.33100
4	1.04060	1.08243	1.12551	1.16986	1.21551	1.26248	1.31080	1.36049	1.41158	1.46410
5	1.05101	1.10408	1.15927	1.21665	1.27628	1.33823	1.40255	1.46933	1.53862	1.61051
6	1.06152	1.12616	1.19405	1.26532	1.34010	1.41852	1.50073	1.58687	1.67710	1.77156
7	1.07214	1.14869	1.22987	1.31593	1.40710	1.50363	1.60578	1.71382	1.82804	1.94872
8	1.08286	1.17166	1.26677	1.36857	1.47746	1.59385	1.71819	1.85093	1.99256	2.14359
9	1.09369	1.19509	1.30477	1.42331	1.55133	1.68948	1.83846	1.99900	2.17189	2.35795
10	1.10462	1.21899	1.34392	1.48024	1.62889	1.79085	1.96715	2.15892	2.36736	2.59374
11	1.11567	1.24337	1.38423	1.53945	1.71034	1.89830	2.10485	2.33164	2.58043	2.85312
12	1.12683	1.26824	1.42576	1.60103	1.79586	2.01220	2.25219	2.51817	2.81266	3.13843
13	1.13809	1.29361	1.46853	1.66507	1.88565	2.13293	2.40985	2.71962	3.06580	3.45227
14	1.14947	1.31948	1.51259	1.73168	1.97993	2.26090	2.57853	2.93719	3.34173	3.79750
15	1.16097	1.34587	1.55797	1.80094	2.07893	2.39656	2.75903	3.17217	3.64248	4.17725
16	1.17258	1.37279	1.60471	1.87298	2.18287	2.54035	2.95216	3.42594	3.97031	4.59497
17	1.18430	1.40024	1.65285	1.94790	2.29202	2.69277	3.15882	3.70002	4.32763	5.05447
18	1.19615	1.42825	1.70243	2.02582	2.40662	2.85434	3.37993	3.99602	4.71712	5.55992
19	1.20811	1.45681	1.75351	2.10685	2.52695	3.02560	3.61653	4.31570	5.14166	6.11591
20	1.22019	1.48595	1.80611	2.19112	2.65330	3.20714	3.86968	4.66096	5.60441	6.72750

n \ R	11%	12%	13%	14%	15%	16%	17%	18%	19%	20%
1	1.11000	1.12000	1.13000	1.14000	1.15000	1.16000	1.17000	1.18000	1.19000	1.20000
2	1.23210	1.25440	1.27690	1.29960	1.32250	1.34560	1.36890	1.39240	1.41610	1.44000
3	1.36763	1.40493	1.44290	1.48154	1.52088	1.56090	1.60161	1.64303	1.68516	1.72800
4	1.51807	1.57352	1.63047	1.68896	1.74901	1.81064	1.87389	1.93878	2.00534	2.07360
5	1.68506	1.76234	1.84244	1.92541	2.01136	2.10034	2.19245	2.28776	2.38635	2.48832
6	1.87041	1.97382	2.08195	2.19497	2.31306	2.43640	2.56516	2.69955	2.83976	2.98598
7	2.07616	2.21068	2.35261	2.50227	2.66002	2.82622	3.00124	3.18547	3.37932	3.58318
8	2.30454	2.47596	2.65844	2.85259	3.05902	3.27841	3.51145	3.75886	4.02139	4.29982
9	2.55804	2.77308	3.00404	3.25195	3.51788	3.80296	4.10840	4.43545	4.78545	5.15978
10	2.83942	3.10585	3.39457	3.70722	4.04556	4.41144	4.80683	5.23384	5.69468	6.19174
11	3.15176	3.47855	3.83586	4.22623	4.65239	5.11726	5.62399	6.17593	6.77667	7.43008
12	3.49845	3.89598	4.33452	4.81790	5.35025	5.93603	6.58007	7.28759	8.06424	8.91610
13	3.88328	4.36349	4.89801	5.49241	6.15279	6.88579	7.69868	8.59936	9.59645	10.69932
14	4.31044	4.88711	5.53475	6.26135	7.07571	7.98752	9.00745	10.14724	11.41977	12.83918
15	4.78459	5.47357	6.25427	7.13794	8.13706	9.26552	10.53872	11.97375	13.58953	15.40702
16	5.31089	6.13039	7.06733	8.13725	9.35762	10.74800	12.33030	14.12902	16.17154	18.48843
17	5.89509	6.86604	7.98608	9.27646	10.76126	12.46768	14.42646	16.67225	19.24413	22.18611
18	6.54355	7.68997	9.02427	10.57517	12.37545	14.46251	16.87895	19.67325	22.90052	26.62333
19	7.26334	8.61276	10.19742	12.05569	14.23177	16.77652	19.74838	23.21444	27.25162	31.94800
20	8.06231	9.64629	11.52309	13.74349	16.36654	19.46076	23.10560	27.39303	32.42942	38.33760

연금의 미래가치이자요소

$$FVIFA_{(R,\ n)} = \frac{(1+R)^n - 1}{R}$$

R \ n	1%	2%	3%	4%	5%	6%	7%	8%	9%	10%
1	1.00000	1.00000	1.00000	1.00000	1.00000	1.00000	1.00000	1.00000	1.00000	1.00000
2	2.01000	2.02000	2.03000	2.04000	2.05000	2.06000	2.07000	2.08000	2.09000	2.10000
3	3.03010	3.06040	3.09090	3.12160	3.15250	3.18360	3.21490	3.24640	3.27810	3.31000
4	4.06040	4.12161	4.18363	4.24646	4.31013	4.37462	4.43994	4.50611	4.57313	4.64100
5	5.10101	5.20404	5.30914	5.41632	5.52563	5.63709	5.75074	5.86660	5.98471	6.10510
6	6.15202	6.30812	6.46841	6.63298	6.80191	6.97532	7.15329	7.33593	7.52333	7.71561
7	7.21354	7.43428	7.66246	7.89829	8.14201	8.39384	8.65402	8.92280	9.20043	9.48717
8	8.28567	8.58297	8.89234	9.21423	9.54911	9.89747	10.25980	10.63663	11.02847	11.43589
9	9.36853	9.75463	10.15911	10.58280	11.02656	11.49132	11.97799	12.48756	13.02104	13.57948
10	10.46221	10.94972	11.46388	12.00611	12.57789	13.18079	13.81645	14.48656	15.19293	15.93742
11	11.56683	12.16872	12.80780	13.48635	14.20679	14.97164	15.78360	16.64549	17.56029	18.53117
12	12.68250	13.41209	14.19203	15.02581	15.91713	16.86994	17.88845	18.97713	20.14072	21.38428
13	13.80933	14.68033	15.61779	16.62684	17.71298	18.88214	20.14064	21.49530	22.95338	24.52271
14	14.94742	15.97394	17.08632	18.29191	19.59863	21.01507	22.55049	24.21492	26.01919	27.97498
15	16.09690	17.29342	18.59891	20.02359	21.57856	23.27597	25.12902	27.15211	29.36092	31.77248
16	17.25786	18.63929	20.15688	21.82453	23.65749	25.67253	27.88805	30.32428	33.00340	35.94973
17	18.43044	20.01207	21.76159	23.69751	25.84037	28.21288	30.84022	33.75023	36.97370	40.54470
18	19.61475	21.41231	23.41444	25.64541	28.13238	30.90565	33.99903	37.45024	41.30134	45.59917
19	20.81090	22.84056	25.11687	27.67123	30.53900	33.75999	37.37896	41.44626	46.01846	51.15909
20	22.01900	24.29737	26.87037	29.77808	33.06595	36.78559	40.99549	45.76196	51.16012	57.27500

R \ n	11%	12%	13%	14%	15%	16%	17%	18%	19%	20%
1	1.00000	1.00000	1.00000	1.00000	1.00000	1.00000	1.00000	1.00000	1.00000	1.00000
2	2.11000	2.12000	2.13000	2.14000	2.15000	2.16000	2.17000	2.18000	2.19000	2.20000
3	3.34210	3.37440	3.40690	3.43960	3.47250	3.50560	3.53890	3.57240	3.60610	3.64000
4	4.70973	4.77933	4.84980	4.92114	4.99338	5.06650	5.14051	5.21543	5.29126	5.36800
5	6.22780	6.35285	6.48027	6.61010	6.74238	6.87714	7.01440	7.15421	7.29660	7.44160
6	7.91286	8.11519	8.32271	8.53552	8.75374	8.97748	9.20685	9.44197	9.68295	9.92992
7	9.78327	10.08901	10.40466	10.73049	11.06680	11.41387	11.77201	12.14152	12.52271	12.91590
8	11.85943	12.29969	12.75726	13.23276	13.72682	14.24009	14.77325	15.32700	15.90203	16.49908
9	14.16397	14.77566	15.41571	16.08535	16.78584	17.51851	18.28471	19.08585	19.92341	20.79890
10	16.72201	17.54874	18.41975	19.33730	20.30372	21.32147	22.39311	23.52131	24.70886	25.95868
11	19.56143	20.65458	21.81432	23.04452	24.34928	25.73290	27.19994	28.75514	30.40355	32.15042
12	22.71319	24.13313	25.65018	27.27075	29.00167	30.85017	32.82393	34.93107	37.18022	39.58050
13	26.21164	28.02911	29.98470	32.08865	34.35192	36.78620	39.40399	42.21866	45.24446	48.49660
14	30.09492	32.39260	34.88271	37.58107	40.50471	43.67199	47.10267	50.81802	54.84091	59.19592
15	34.40536	37.27971	40.41746	43.84241	47.58041	51.65951	56.11013	60.96527	66.26068	72.03511
16	39.18995	42.75328	46.67173	50.98035	55.71747	60.92503	66.64885	72.93901	79.85021	87.44213
17	44.50084	48.88367	53.73906	59.11760	65.07509	71.67303	78.97915	87.06804	96.02175	105.93056
18	50.39594	55.74971	61.72514	68.39407	75.83636	84.14072	93.40561	103.74028	115.26588	128.11667
19	56.93949	63.43968	70.74941	78.96923	88.21181	98.60323	110.28456	123.41353	138.16640	154.74000
20	64.20283	72.05244	80.94683	91.02493	102.44358	115.37975	130.03294	146.62797	165.41802	186.68800

Note

Note

Note

해커스공기업 쉽게 끝내는 재무관리 기본서

개정 2판 1쇄 발행 2025년 8월 19일

지은이	윤민호
펴낸곳	㈜챔프스터디
펴낸이	챔프스터디 출판팀
주소	서울특별시 서초구 강남대로61길 23 ㈜챔프스터디
고객센터	02-537-5000
교재 관련 문의	publishing@hackers.com
	해커스잡 사이트(ejob.Hackers.com) 교재 Q&A 게시판
학원 강의 및 동영상강의	ejob.Hackers.com
ISBN	978-89-6965-627-8 (13320)
Serial Number	02-01-01

저작권자 ⓒ 2025, 윤민호

이 책의 모든 내용, 이미지, 디자인, 편집 형태는 저작권법에 의해 보호받고 있습니다.
서면에 의한 저자와 출판사의 허락 없이 내용의 일부 혹은 전부를 인용, 발췌하거나 복제, 배포할 수 없습니다.

취업강의 1위,
해커스잡(ejob.Hackers.com)

해커스잡

- 재무관리 전문 스타강사의 **본 교재 인강**(교재 내 할인쿠폰 수록)
- 시험장까지 가져가는 **재무관리 핵심이론/OX 정리노트**
- 쉽게 배우고 이해하는 **공기업 경영학 인강**(교재 내 수강권 수록)
- 내 점수와 석차를 확인하는 **무료 바로 채점 및 성적 분석 서비스**

헤럴드 선정 2018 대학생 선호 브랜드 대상 '취업강의' 부문 1위

20년 연속 베스트셀러 1위*
대한민국 영어강자 해커스!

"1분 레벨테스트"로
바로 확인하는 내 토익 레벨! ▶

토익 교재 시리즈

		500점+ 목표	600점+ 목표	700점+ 목표	800점+ 목표	900점+ 목표
유형 + 문제	한권 시리즈	해커스 첫토익 LC+RC+VOCA	한 권으로 끝내는 해커스 토익 600+ LC+RC+VOCA	한 권으로 끝내는 해커스 토익 700+ LC+RC+VOCA	한 권으로 끝내는 해커스 토익 800+ LC+RC+VOCA	한 권으로 끝내는 해커스 토익 900+ LC+RC+VOCA
	오리지널	해커스 토익 왕기초 리딩/리스닝	해커스 토익 스타트 리딩/리스닝	해커스 토익 750+ 리딩/리스닝	해커스 토익 리딩/리스닝	

실전 모의고사
해커스 토익 실전 LC+RC 1
해커스 토익 실전 LC+RC 2
해커스 토익 실전 LC+RC 3
해커스 토익 실전 1000제 1 리딩/리스닝 (문제집+해설집)
해커스 토익 실전 1000제 2 리딩/리스닝 (문제집+해설집)
해커스 토익 실전 1000제 3 리딩/리스닝 (문제집+해설집)

보카
해커스 토익 기출 보카

파트별 문제집
스타토익 필수 문법 공식 Part 5&6
해커스 토익 Part 7 집중공략 777

문법 · 독해
그래머 게이트웨이 베이직 Light Version
그래머 게이트웨이 베이직 [한국어판/영문판]
그래머 게이트웨이 인터미디엇 [한국어판/영문판]
해커스 그래머 스타트
해커스 구문독해 100

토익스피킹 교재 시리즈

해커스 토익스피킹 스타트
만능 템플릿과 위기탈출 표현으로 해커스 토익스피킹 5일 완성
해커스 토익스피킹
해커스 토익스피킹 실전모의고사 15회

오픽 교재 시리즈

해커스 오픽 스타트 Intermediate 공략
서베이부터 실전까지 해커스 오픽 매뉴얼
해커스 오픽 Advanced 공략

* [해커스 어학연구소] 교보문고 종합 베스트셀러 토익/토플 분야 1위
(2005~2024 연간 베스트셀러 기준, 해커스 토익 보카 12회/해커스 토익 리딩 8회)